"十二五"职业教育国家规划教材

列车运行控制系统
（第四版）

林瑜筠　张铁增◎主编

中国铁道出版社有限公司

2025年·北　京

内容简介

本书为“十二五”职业教育国家规划教材。书中系统介绍了列车运行控制系统的技术和设备。全书共六章，包括列车运行控制系统综述、CTCS-0级列控系统、CTCS-2级列控系统、CTCS-3级列控系统、列控车载动态监测及传输系统、轨道车运行控制系统。

本书可作为高等职业院校铁道信号自动控制、中等职业学校铁道信号施工与维护专业教材，也可供铁路信号工作人员学习参考。

图书在版编目(CIP)数据

列车运行控制系统 / 林瑜筠，张铁增主编. -- 4版. 北京 ：中国铁道出版社有限公司，2025. 5. --（“十二五”职业教育国家规划教材）. -- ISBN 978-7-113-32209-0

Ⅰ. U284.48

中国国家版本馆CIP数据核字第2025C5Y889号

书　　名：列车运行控制系统
作　　者：林瑜筠　张铁增

策　　划：吕继函
责任编辑：石华琨　吕继函　　**编辑部电话**：(010)51873205　　**电子邮箱**：312705696@qq.com
封面设计：陈东山　郑春鹏
责任校对：刘　畅
责任印制：赵星辰

出版发行：中国铁道出版社有限公司(100054，北京市西城区右安门西街8号)
网　　址：https://www.tdpress.com
印　　刷：河北京平诚乾印刷有限公司
版　　次：2009年1月第1版　2025年5月第4版　2025年5月第1次印刷
开　　本：787 mm×1 092 mm　1/16　**印张**：21　**字数**：524千
书　　号：ISBN 978-7-113-32209-0
定　　价：49.00元

第四版前言

本教材为"十二五"职业教育国家规划教材。

近年来，随着我国铁路，尤其是高速铁路的迅速发展，作为列车提速、高速的关键技术——列车运行控制技术，取得了长足的进步，也发生了一些变化，2020年出版的《列车运行控制系统》(第三版)已经不能满足铁路列控技术发展的需要。为了紧跟铁路信号现代化的发展步伐，做到与时俱进，我们根据列控技术变化，对《列车运行控制系统》(第三版)进行了全面修改。

首先，对教材进行了调整，将原第二章机车信号车载设备、第三章列车运行监控装置、第八章站内轨道电路电码化整合为第二章CTCS-0级列控系统，这样就与现场实际运用情况相一致。

其次，对列控系统出现的新技术、新设备及时纳入本教材。在第二章CTCS-0级列控系统中增加了新一代的列车运行监控装置——LKJ-15列车运行监控系统。在第三章CTCS-2级列控系统中，增加了车载设备功能扩展——站台信息提示、自动过分相，以及CTCS2+ATO。在第四章CTCS-3级列控系统中，增加了车载设备功能扩展——CTCS-3与CTCS-2行车许可安全比较、数据无线下载与诊断，以及CTCS3+ATO、5G-R适配。在第六章轨道车运行控制系统中，增加了新一代的轨道车运行控制系统——GYK-160G。

对于CTCS-4级列控系统也进行了介绍。

本教材的重点是CTCS-2级列控系统和CTCS-3级列控系统。各院校在组织教学时，可根据实际情况予以取舍。

为方便使用，站内轨道电路电码化电路图不采用插页的方式，而与《计算机联锁图册》(第三版)配套，用其中有关站内轨道电路电码化的图。

本书由南京铁道职业技术学院林瑜筠、辽宁铁道职业技术学院张铁增任主编。南京铁道职业技术学院邓丽敏、付帅，中国铁路济南局集团有限公司济南电务段李佳，中国铁路济南局集团有限公司安全监察室王垒任副主编。林瑜筠筹划，编写第一章、第二章第二节、第三节，第六章，并对全书进行统稿；张铁增编写第二章第一节；李佳编写第三章；邓丽敏、付帅编写第四章；王垒编写第五章。

本书大部分内容为铁路近来发展的列控技术，在运用中设备还会不断有所变化和完善。因资料搜集不全，加之编者水平有限，书中难免有不妥和疏漏之处，敬请广大读者批评指正。

编者

2025年3月

目　录

第一章
列车运行控制系统综述

第一节　列车运行控制的基本原理

一、列车自动防护

1. 列车自动防护的基本概念

列车自动防护(automatic train protection,ATP)是随着列车运行速度的提高和行车密度的加大,必须装备的一种列车超速防护系统,用来保证行车安全。对于高速铁路,ATP 更是保证列车运行安全的最重要的技术支持手段之一。ATP 不仅可用来保证列车之间的运行安全,还用于受曲线等线路条件、通过道岔、慢行区间等限制而需要限速的区段。因此,限速等级是根据后续列车和先行列车之间的距离、线路条件等决定的。ATP 可对列车运行速度进行分级监督或连续监督。当列车实际速度超过允许速度值时,控制列车进行全常用制动或紧急制动,使列车停在显示红灯的信号机或停车标志前方。ATP 以数字方式、指针方式和曲线方式通过人机界面(DMI)向司机显示列车运行速度、列车允许速度、列车目标速度及目标距离等信息,监控列车安全运行。可见,该种监控方式能可靠地保证列车在运行中不超速、不冒进。

列车自动防护的核心是铁路信号速度化,要求信号信息具备明确的速度含义,并根据这些信息对列车运行速度实时连续监控。地面列控信息主要根据进路、线路条件及前后列车的运行位置,在分级速度控制时,产生不同的出口速度信息;在采用目标距离连续速度控制时,产生目标距离、目标速度、允许速度等信息。ATP 车载设备依据接收到的信息,根据列车构造速度、制动性能计算出控制曲线,对列车是否遵守信号(速度)指令进行实际运行速度的监控。当列车在允许速度控制曲线以下运行时,ATP 车载设备相当于"机车信号",只不过信号显示已不仅是灯光颜色,而是允许速度值的量化显示;当列车的实际运行速度接近、超过允许速度曲线时,ATP 车载设备就报警、卸载(仅对内燃机车)、制动,起到防止"两冒一超"的作用。也就是说,只要 ATP 设备正常工作,列车就不会发生"两冒一超"方面的行车事故。

ATP 是由地面信号设备(含列车占用检查、运行位置定位、信息传输等)和车载信号设备共同构成的系统。在列车占用检查和运行位置定位上,一般采用轨道电路或应答器等信号设备;在信息传输上,一般采用模拟轨道电路、数字轨道电路、轨道环线、应答器及铁路无线通信系统(GSM-R)。早期的车载设备往往由模拟或数字集成电路等纯硬件构成,现今则主要采用以车载安全型计算机为核心的多系冗余系统。从世界各国的铁路来看,ATP 系统主要用于提速区段和高速铁路,驾驶操作包括列车加速等仍由司机完成,而防止"两冒一超"的安全性操作则由系统自动完成,大大提高了提速区段和高速列车的安全保证等级。

伴随着我国铁路列车的提速,列车制动距离随之增加,信号显示距离已显不足,当时在用信号显示制式和列车速度控制方式已难以满足行车安全的要求。列车运行速度超过 160 km/h

时，司机难以辨认地面信号。因此，传统的以司机为主、以地面信号为依据的列车运行控制系统难以保证列车的安全运行，必须要大力发展和采用以设备为主，以车载信号为行车凭证，用车载信号设备直接控制列车减速或停车的 ATP。

2. ATP 的功能

ATP 的功能主要有：

(1)停车点防护。

(2)超速防护。

(3)列车间隔控制。

(4)测速测距。

(5)车门控制。

3. ATP 的分类

ATP 按地面信息的传输方式分为点式、连续式和点连式三种。

(1)点式 ATP

点式 ATP 由车载设备和地面设备组成。车载设备不仅接收信号点或标志点的应答器信息，还接收列车速度和制动压力等信息，输出控制命令和向司机显示。地面应答器向列车传送每一信号点的允许速度、目标速度、目标距离、线路坡度、信号机号码等信息。应答器本身无源，接收车上应答器发射的能量，供内部电路与回答发送用。

点式 ATP 难以胜任列车密度大的情况。后续列车驶过时，尽管前行列车已驶离，但后续列车因得不到新的信息只能减速运行，直到抵达运行前方的地面应答器才能加速。

(2)连续式 ATP

连续式 ATP 包括轨道电路、轨间电缆和 GSM-R 无线传输等方式。

①轨道电路方式

采用轨道电路传输列车控制信息是最普遍的方式，此时轨道电路既作为检测列车的设备，又发送列车控制信息。但轨道电路利用钢轨传输信息，钢轨的传输性能不理想，集肤效应非常明显，传输距离受到限制，通过轨道电路传输难以实现车—地间的大容量信息交换。

②轨间电缆方式

轨间电缆方式利用轨间铺设的电缆传输信息。控制中心存储线路的固定数据：区间线路坡度、弯道、缓行区段的位置及长度等。经联锁设备，将沿线的信号显示、道岔位置等信息传送至控制中心。列车将其数据，如载重量、车长、制动率、所在位置、实际速度等传给控制中心。控制中心的计算机根据这些数据计算出该时刻的列车允许速度，此速度值经电缆传送给运行在线路上的相应列车。列车获得此速度值，一方面显示出来，另一方面对列车速度进行监控。这种方式统一指挥全部列车运行，遇有发生行车晚点或其他障碍，可迅速地将行车命令传给列车，但控制中心故障则全线瘫痪。因此采用另一种控制方式，控制中心将有关信息(线路坡度、弯道缓行区段位置、目标距离或目标速度等)传送至列车，由车载计算机计算其允许速度。但轨道电缆及其铺设方法与机械化养路作业存在着矛盾，造价和维修费用高，未得到推广。后来又研制了用微波代替轨道电缆进行传输。

③GSM-R 无线传输方式

该方式利用 GSM-R 无线通信方式传输信息。地面编码器生成编码信息，通过轨道天线向车上发送。信号显示控制接口负责检测要发送的信号显示，并从已编程的数据中选出有用数据送编码器，同时选出与限制速度、坡度、距离等有关的轨道数据。编码器用高安全度的代码将这些数据编码，经过载波调制，馈送至各基站通过天线向列车发送。列车上设有 GSM-R 无线接收设备。无线接收设备接收限制速度、坡度、距离后，由车载计算机计算出目标速度，对列车进行监控。我国的 CTCS-3 级是基于 GSM-R 的列车运行控制系统。

(3)点连式 ATP

点连式 ATP 利用轨道电路传输连续信息，应答器传输点式信息，构成列车运行控制系统，简称列控系统。

我国的 CTCS-2 级是基于 ZPW-2000A 轨道电路和应答器的列车运行控制系统，是点连式 ATP。

4. 分级制动和一次制动

列车制动控制模式分为分级制动模式和一次制动模式。一次制动模式又称目标距离连续速度控制模式。

(1)分级制动

分级制动是以闭塞分区为单元，每个闭塞分区设一个速度等级，根据与前行列车的运行距离来调整列车速度的。各闭塞分区采用不同的低频频率调制，指示不同的速度等级，在此基础上确定限速值。分级制动模式又分为阶梯型和曲线型。

阶梯型分级制动模式俗称大台阶型。它将一个列车全制动距离划分为 3～4 个闭塞分区，每个闭塞分区根据与前行列车距离确定限速值。如法国 TGV 速度控制即采用该方式，速度分为 270 km/h、220 km/h、160 km/h、0 km/h 四个等级。对 270 km/h 和 220 km/h，检查值高于标定值 15 km/h；对于 160 km/h，检查值高于标定值 10 km/h；对于 0 km/h，留有 35 km/h 开口。当列车速度高于检查值时，列车自动制动。该方式为滞后监督方式，即在闭塞分区出口才监督是否超速，所以为确保安全，必须设有“保护区段”。阶梯型分级制动模式的速度曲线如图 1-1 所示。

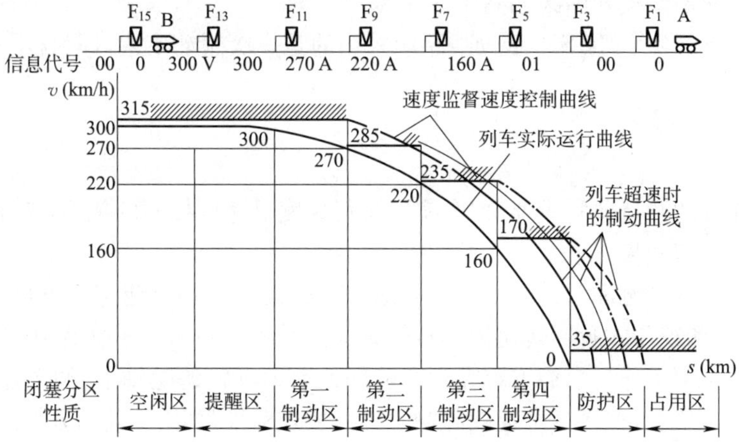

图 1-1　阶梯型分级制动模式的速度曲线

阶梯型分级速度控制方法虽然构成较为简单，但具有较多缺点：

①设有防护区段，会影响通过能力。

②由于其在闭塞分区出口处才给出下一闭塞分区的允许入口速度，司机有时会措手不及。

③列车在进站信号机前停车或进站停车时，司机怕“撞墙(超速)”引起紧急制动，往往要压

低速度运行，影响运输效率。所以，日本和法国在其新建高速铁路的 ATP 系统中，改为速度—距离模式曲线控制方式。模式曲线是根据该闭塞分区提供的允许速度值及列车参数和线路常数由车载计算机计算出来的（或将各种制动模式曲线存储调用）。模式曲线控制方式的速度曲线如图 1-2 所示。

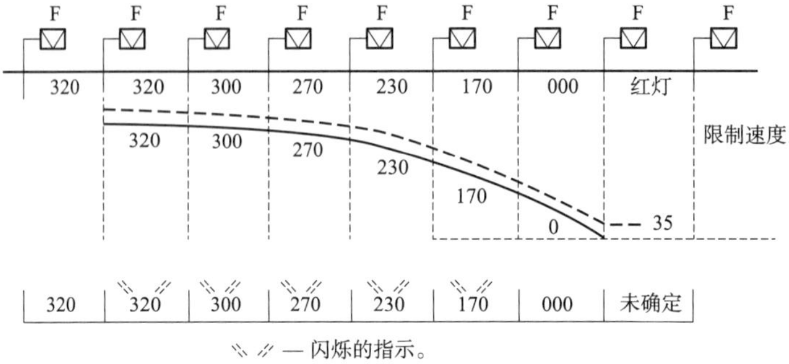

图 1-2　模式曲线控制方式的速度曲线（单位：km/h）

(2)一次制动

一次制动是按目标距离制动的，也称目标—距离连续速度控制模式。根据距前行列车的距离或距运行前方停车站的距离，由车载安全计算机根据目标距离、列车参数和线路参数计算出列车制动模式曲线，按制动模式曲线控制列车运行。信息传输有多信息轨道电路传输、点式信息传输和无线信息传输等方式。无论何种方式，传输的信息必须包括线路允许速度、目标速度、目标距离。一次制动方式最能合理地控制列车运行速度，是列车自动控制技术的发展方向。一次制动模式曲线如图 1-3 所示。

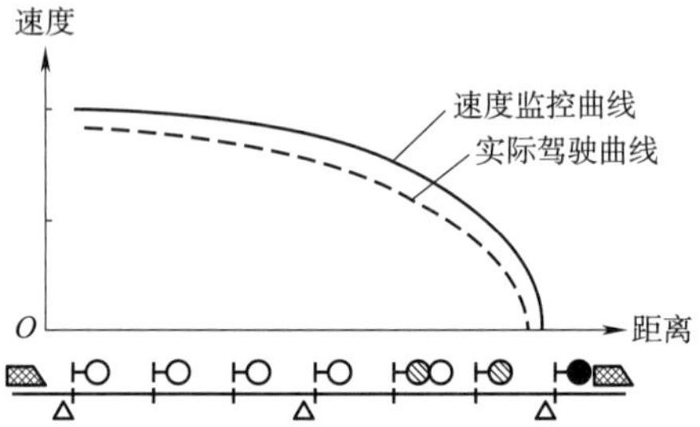

图 1-3　一次制动模式曲线

我国的 CTCS-2 级、CTCS-3 级列控系统采用的是一次制动模式，即目标—距离连续速度控制模式。

5. 测速和测距

(1)测速

列车运行速度的测量非常重要，列车实际运行速度是速度控制的依据，该速度值的准确度和精度直接影响调速效果。

测速有车载设备自测和系统测量两种方法。车载设备自测有测速发电机、路程脉冲发生器、光电式传感器和霍尔式脉冲转速传感器等方法。系统采用两个传感器，其中一个传感器故障不影响系统的正常工作。它们安装在列车前部无动力车辆的轮轴上，两个速度传感器应该安装在不同的转向架上，如果一个速度脉冲发生器装在前轴（如第 2 轮对）的左轮上，另一个应接到后轴（第 3 轮对）的右轮上；反之亦然，可以安装在列车的两侧。

系统测量有卫星测速和雷达测速等方法，可以安装在列车的两侧。

①测速发电机

早期采用测速发电机测速。测速发电机安装在车轮轴头上，它发出的电压与车速成正比，该电压经处理后产生模拟量和数字量两个输出，分别用来驱动速度表和进入车上主机用于速度比较。测速发电机结构简单，但在低速范围内精度较差，可靠性也不高。

②路程脉冲发生器

路程脉冲发生器的核心部件是一个 16 极的凸轮，它与车轮一起旋转。随着车轮的转动，发生一系列脉冲，车速越快，脉冲数越多，只要在一定时间内记录下脉冲的数目，即能换算成列车的实际速度。

③光电式传感器

光电式传感器应用光学传感技术，它有一个多列光圈盘，随着车轮的转动，光线不断地通过和被阻挡，使光电式传感器产生电脉冲，记录脉冲数目来测量车速。

④霍尔式脉冲转速传感器

车轮转动时，使霍尔式传感器产生频率正比于车轮转速的信号，来进行测速。需采用两路测速，以对车轮空转、蠕滑、抱闸等引起的误差进行修正。

⑤雷达测速

由于测速传感器无法精确补偿车轮空转和滑行，为了能够对列车的速度和位置进行精确测量，防止列车空转打滑的影响，因此用一台多普勒雷达装置，向 ATP 系统输入第三个车速信息，这个信息跟测速输入的车速相比较，以检验车速测量系统的可靠性，即雷达提供另一套距离、方向和速度的测量系统。它通过串行接口，能修正列车空转和打滑误差。雷达单独安装在列车底部的车架下，必须安装在轨道扣件的上方，靠钢轨的内侧，调向运行轨的相邻区域。雷达和道床反射面之间的距离为 500～1 000 mm。

用雷达波来侦测移动物体速度的原理源于“多普勒效应”。雷达天线发射波在传输中，其反射波频率随与物体接近和远离而发生改变。通过其频率差值即可计算出物体与雷达的相对速度。当无线电波碰到一个静止的物体时，被反射回来的电波频率与发射的电波频率一样，其差频为零；当无线电波碰到一个移动的物体时(不论该物体是迎着发射源还是背离发射源)，被反射回来的电波频率与发射的电波频率不一样，其差频与移动物体的速度成正比，与发射源的工作波长成反比，并与雷达辐射方向和移动物体方向间的夹角有关。雷达测速的工作原理如图 1-4 所示。

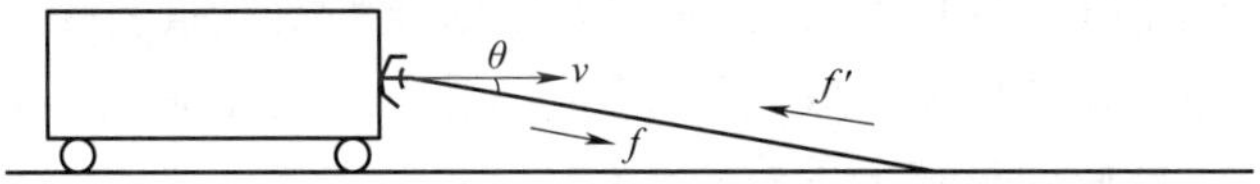

图 1-4　雷达测速的工作原理

雷达天线由列车向地面发射频率为 f 的微波波束，电磁波被地面反射回来，由于反射体的相对运动，产生多普勒效应，其频率将偏离 f 而变成 f'。f' 与 f 的差值 f_d 称为多普勒频率，为

$$f_d = |f' - f| = 2fv\cos\theta/c$$

式中　v——列车运行速度；

c——电磁波在空气中的传播速度；

f——雷达天线发射电磁波的频率；

θ——雷达电磁波辐射方向与列车运动速度方向之间的夹角。

多普勒频率 f_d 与车速成正比，测得 f_d，即可得到列车的运行速度。

图 1-5 显示了多普勒雷达的探测范围。

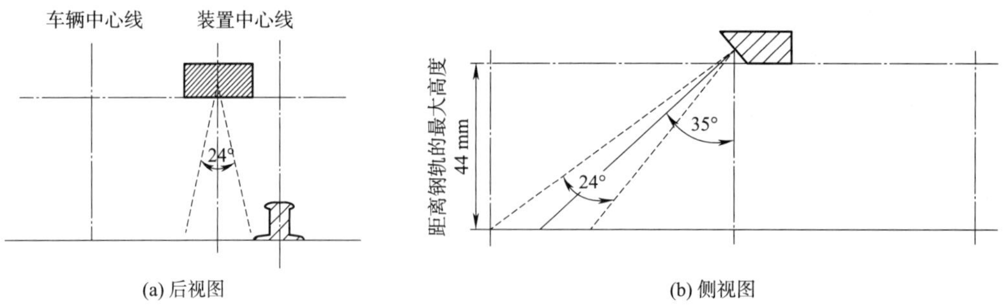

图 1-5　多普勒雷达的探测范围

(2)测距

在目标距离模式中，列车位置对于安全性至关重要。如果列车无法掌握它在线路中的准确位置，那么它就无法保证在抵达障碍物或限制区之前停下或减速。如何测量距停车点的精确距离是列车运行超速防护系统的重要任务。通过连续确定列车行驶距离，ATP 车载设备可以随时查找列车的精确位置。

测距是通过测速与轮径完成的，距离测量系统记录车轮旋转的次数，考虑运行方向和车轮直径，计算出列车走行的距离。距离测量系统利用两个速度传感器测得的数据，通过两个通道进行比较。如果结果不一致，为可靠起见，取其中的最大值。

车轮直径长时间运行，车轮磨损在所难免。虽然这种磨损不大，但是车轮旋转的次数非常大，测距的误差就相当大。必须进行轮径校正，对车轮磨损予以补偿。

ATP 允许输入正确的车轮直径，由此来确保正确测量速度和距离。当维护人员输入密码后，通过面板上的开关和显示器就可设置轮径，数据进入 ATP 单元后会存放至可擦编程只读存储器(EPROM)。此项来自 ATP 处理器的安全输入，可以以步长 1 cm 进行调整，以对磨损予以补偿。

6. 紧急制动和常用制动

紧急制动是将压缩空气全部排入大气，使副风缸内压缩空气很快推动活塞，施行制动，使列车很快停下来。车载设备利用紧急放风阀控制列车制动。紧急制动时，列车冲击大，中途不能缓解，充风时间长，不能使列车安全平稳地运行。

常用制动是直接控制列车主管压力使机车制动与缓解，不影响原有列车制动系统的功能。它缩短了制动空走时间，大大减小了制动时的纵向冲击加速度，使列车运行更安全和更舒适。

在常用制动失效后，可施行紧急制动。

7. 机控优先和人控优先

列控系统车载设备有机控(设备制动)优先和人控(司机制动)优先两个可选择的控制方式。

ATP 设备通过开关选择可实现机控优先和人控优先。

(1)机控优先

机控优先是指设备能够按照曲线模式自动控制列车速度。当列车速度高于模式曲线规定的允许速度后，列车自动实施常用制动并减速。一旦满足缓解条件，设备将自动缓解。以上过程不需要司机参与，必要时司机可去追加操作。机控优先可以适当缩短两列列车追踪间隔。

当采用机控优先模式时，在确保列车行车安全、满足旅客舒适度的前提下，对列车制动与缓解的控制均由列控装置自动完成，根据需要司机可追加或实施更强烈的制动控制。此时，制动输出共4挡,1挡紧急制动,3挡常用制动,由设备根据制动的需要自动追加。机控优先模式曲线如图1-6所示。当列车运行速度超过常用制动线后输出常用制动,列车自动减速,减速至缓解速度以下之后,列控车载设备自动缓解常用制动。

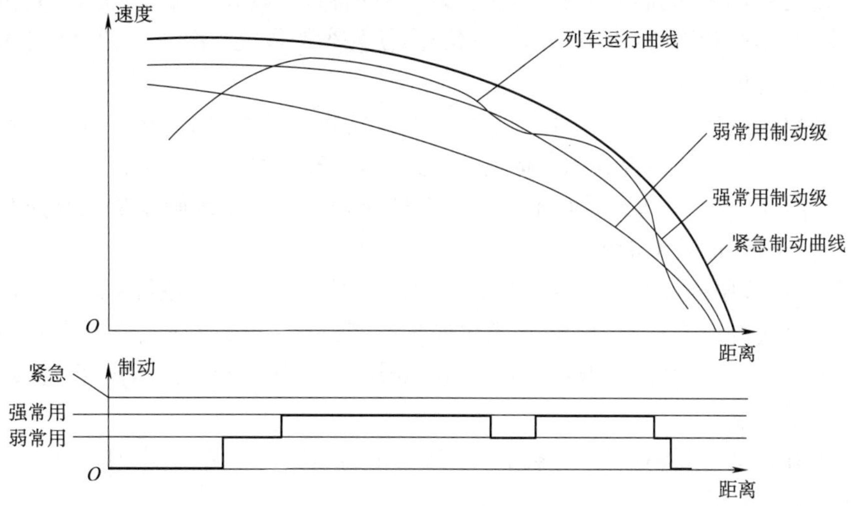

图1-6　机控优先模式曲线

(2)人控优先

人控优先是指司机按模式曲线控制列车运行。列车正常运行时设备不干预司机操作。当列车运行速度超过模式曲线规定的允许速度后,设备自动介入实施制动。

当采用人控优先模式时,列控车载设备只有两挡制动输出,最大常用制动与紧急制动。当列车速度在最大常用制动曲线以下时,由司机负责实施制动,列控车载设备不干预司机的操作。当列车速度超过最大常用制动曲线后,列控车载设备将触发制动,当速度降低到一定范围内时,由司机缓解。人控优先模式曲线如图1-7所示。当列控车载设备输出常用制动,列车自动减速,减速至缓解速度以下之后,如果人工按压"缓解"键,列控车载设备缓解常用制动。

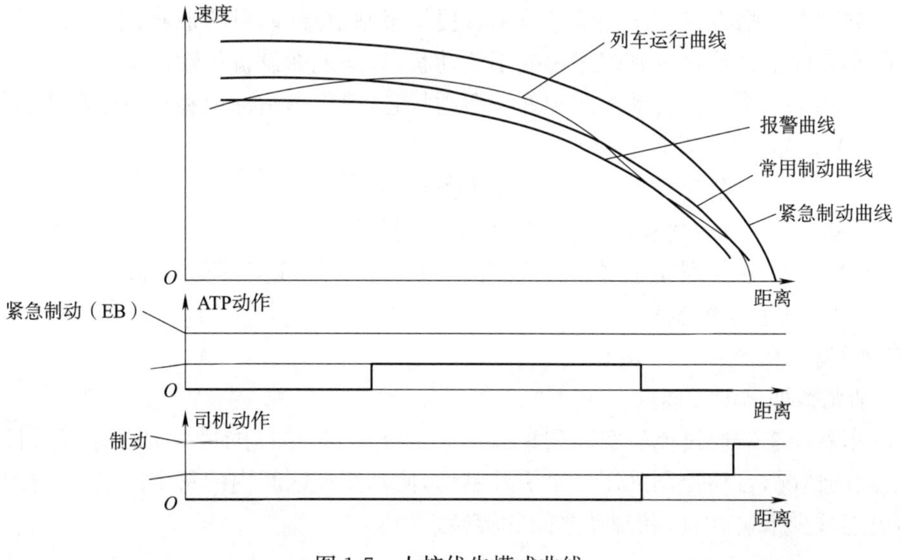

图1-7　人控优先模式曲线

二、列车自动运行

列车自动运行(automatic train operation,ATO)系统主要作用是实现“地对车控制”,即用地面信息实现对列车驱动、制动的控制,包括列车自动折返,根据控制中心指令自动完成对列车的起动、牵引、惰行和制动,送出车门开关信号,使列车按最佳工况正点、安全、平稳地运行。

1. ATO 系统基本概念

ATO 控制列车自动运行,主要目的是模拟最佳司机的驾驶,实现正常情况下高质量的自动驾驶,提高列车运行效率,提高列车运行的舒适度,节省能源。

ATP 系统是高速列车运行时必不可少的安全保障,ATO 系统则是提高高速列车运行水平(准点、平稳、节能)的技术措施。

ATO 子系统采用的基本功能模块与 ATP 系统相同。与 ATP 系统一样,ATO 也载有有关轨道布置和坡度的所有资料,以便能优化列车控制指令。ATO 还装有一个双向的通信系统,使列车能够直接与车站内的调度集中(centralized traffic control,CTC)系统接口,保证实现最佳的运行图控制。

当列车处在自动驾驶模式时,车载 ATO 运用牵引和制动控制,实现列车自动运行。

2. ATO 系统的组成

ATO 系统由轨旁设备和车载设备组成。

ATO 地面设备通常兼用 ATP 轨旁设备,接收与列车自动运行有关的信息。

ATO 车载设备由设在列车每一端司机室内的 ATO 控制器(包括司机控制台)及 ATO 附件组成,这些附件用于速度测量、定位和司机接口。ATO 车载设备通常和 ATP 车载设备安装在一个机架内。

ATO 具有双向通信系统,允许列车直接与车站内的 CTC 系统连接,可以实现最佳的运营控制,完成 ATO 功能,有程序停车、运行图和时刻表调整、地面/列车数据交换、目的地和进路控制功能等。

ATO 还具有定位停车系统,为列车提供精确的位置信息,包括车底部的查询器及每个车站站台设置的一组应答器。

ATO 向列车广播设备及车厢信息显示牌提供报站信息(即目的地号、下一车站号)。

ATO 车载通信系统在所有模式中处于活动状态,向地面设备传输信息。

ATO 车辆报告系统在自动模式中处于活动状态,提供车站标识和车站停车状态信息。

3. ATO 系统的主要功能

ATO 系统的功能分为基本控制功能和服务功能。

基本控制功能是自动驾驶、自动折返、自动控制车门开闭。这三个控制功能相互之间独立地运行。服务功能包括:列车位置、允许速度、巡航/惰行、PTI 支持功能等。

(1)ATO 系统基本控制功能

①自动驾驶

a. 自动调整列车运行速度

ATO 车载控制器通过比较实际列车运行速度及 ATP 给出的最大允许速度及目标速度,并根据线路的情况,自动控制列车的牵引及制动,使列车在区间内的每个区段始终控制速度运行,并尽可能减少牵引、惰行和制动之间的转换。

b. 停车点的目标制动

车站停车点作为目标点，由 ATP 地面单元和 CTC 系统控制。当停车特征被启动后，ATO 系统基于列车速度、预先决定的制动率和距停止点的距离计算出一个制动曲线，采用最合适的减速度（制动率）使列车准确、平稳地停在规定的停车点。与列车定位系统相配合，可使停车位置的误差达到 0.5 m 以下。

假如列车超过了停车点，ATP 准许后退一定距离。如果超过后退速度限制值，向列车司机发出声音和视觉报警。

c. 从车站自动发车

当发车安全条件符合时（在 ATO 模式下，关闭了车门，这时由 ATP 系统监视），ATO 系统给出启动显示，司机按"启动"按钮，ATO 系统使列车从制动停车状态转为驱动状态，停车制动将被缓解，然后列车加速。ATO 通过预设的数据提供牵引控制，该牵引控制可使列车平稳加速。

停站时间由 CTC 控制，并传送给 ATP。另外，基于车站和方向的停车时间也存储在 ATP 地面单元中，用作 CTC 故障下的后备程序。

d. 区间内临时停车

由 ATP 系统给出目标点位置（例如前方有车）及制度动曲线，并将数据传送给 ATO 系统车载单元，ATO 系统得到目标速度为"0"的速度信息后自动启动列车制动器，使列车平稳地停在目标点前方 10 m 左右。此时车门还是由 ATP 系统锁住的。一旦前方停车目标点取消，速度信息改为进行码后，ATO 系统使列车自动起动。假如车门由紧急开门打开，或是司机手柄被移至非零位置，那么列车必须由司机重新起动。

在危险情况下，例如：按下"紧急停车"按钮，或是因常用制动不充分而使列车超过紧急制动曲线，由 ATP 启动紧急制动。ATO 向司机发出视觉和音响警报，5 s 以后音响警报自动停止。

e. 限速区间

临时性限速区间的数据由应答器传输给 ATP 车载设备，再由 ATP 车载设备将减速命令经 ATO 系统传达给列车驱动制动控制设备。此时 ATO 车载设备的功能犹如 ATP 系统与驱动、制动控制设备之间的一个接口。对于长期的限速区间，数据可事先输入 ATO 系统，在执行自动驾驶时，ATO 系统会自动考虑到该限速区间。

②自动控制车门开闭

由 ATP 系统监督开门条件，当 ATP 系统给出开门命令时，可以按事先的设定由 ATO 系统自动地打开车门，也可由司机手动打开正确一侧的车门。车门的关闭只能由司机完成。

（2）ATO 系统服务功能

①列车位置

列车位置功能从 ATP 功能中接收到当前列车的位置和速度等详细信息。根据上一次计算后所运行的距离来调整列车的实际位置。此调整也考虑到在 ATP 功能计算列车位置时传送和接收的延迟时间，以及打滑和滑行。

另外，ATO 功能同测速单元的接口为控制提供更高的测量精确性。列车位置功能也接收到地面同步的详细信息，由此确定列车的实际位置和计算列车位置的误差。对列车位置调整可在由 ATO 功能规定的、直至接近实际停车点 10～15 m 的任意位置开始。由于这种调整，停车精度由 ATO 控制在希望的范围内。

②允许速度

允许速度功能为 ATO 速度控制器提供列车在轨道任意点的对应速度值。这个速度没有被优化，只是低于当前速度限制和制动曲线给的限制。允许列车速度调整是为了能源优化或由巡航/惰行功能完成的列车运行。

③巡航/惰行

巡航/惰行功能的任务是按照时刻表自动实现列车区间运行的惰行控制，同时节省能源，保证最大能量效率。

ATO 巡航/惰行功能协同 CTC，并通过确定列车运行时间和能源优化轨迹功能实现巡航/惰行功能。

a. 确定列车运行时间

由 ATO 和 CTC 确定的列车运行时间，通过车站轨道电路占用完成同步。当列车在 ATO 功能下，从报文给定的列车运行时间中减去通过计时器测定的已运行时间，以确定到下一站有效的可用时间。

b. 能源优化轨迹

能源优化轨迹的计算要考虑加速度、坡度制动及曲线制动。因此，整套系统的轨道曲线信息都存储在 ATO 存储器中。借助此信息，并使用最大加速度，巡航/惰行功能计算出到下一停车点的速度距离轨迹。

4. ATO 系统的基本工作原理

(1)列车自动驾驶

与 ATP 系统一样，ATO 也存储了轨道布局和坡度信息，能够优化列车控制命令。ATO 中有一套最大安全速度数据，与 ATP 的最大安全速度数据互相独立。这样，为了保证乘坐的舒适性，ATO 可按照最大速度行驶，不过这一速度要小于 ATP 的最大安全速度。ATO 的最大速度可以设置，梯进精度为 1 km/h。

ATO 利用通过地面 ATP 设备传来的编码得知前方未被占用的轨道电路数目或者前行列车的位置，知道当前本次列车的位置，列车就可以在到达安全停车点之前，综合考虑安全因素，尽量以全速行驶。

ATO 系统的自动驾驶功能是通过 ATO 车载设备控制列车牵引和制动系统而实现的。为此，ATO 需要 ATP 的数据：从 ATP 地面单元接收到的全部 ATP 运行命令、测速单元提供的当前列车位置和实际速度信息、位置识别和定位系统的信息、列车长度、CTC 通过向 ATP 地面设备发送的出站命令和到下一站的计划时间。

如果 ATO 自检测成功完成，并且 ATP 设备释放了自动驾驶，信号显示“ATO 启动”，可以实施 ATO 驾驶。

由 ATO 系统执行的自动驾驶过程是一个闭环反馈控制过程，其基本关系框图如图 1-8 所示。测速单元通过 ATP 向 ATO 发送列车的实际位置信息。反馈环路的基准输入是从 ATP 数据和运营控制数据中得出的。ATO 向牵引和制动控制提供数据输出。

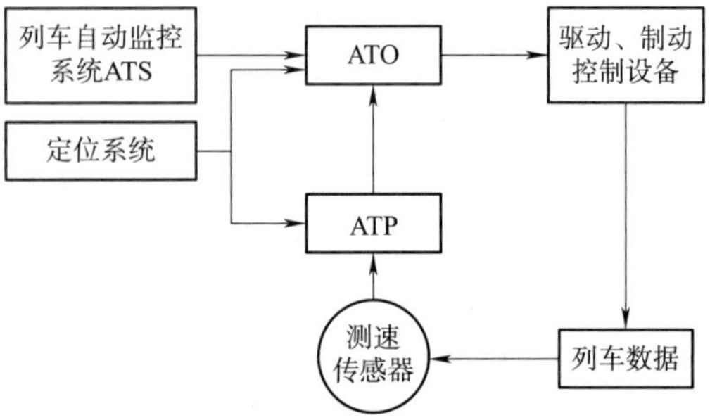

图 1-8　自动驾驶的闭环控制

ATO 模式在以下条件下被激活：

①ATP 在列车自动防护驾驶模式中。

②已过了车站停车时间。

③联锁系统排列了进路。

④车门关闭。

⑤驾驶手柄处于零位。

司机通过按压“启动”按钮开始 ATO 模式，列车加速达到计算的速度曲线。假如其中一项条件不能满足，启动无效，ATP 关闭 ATO 至牵引的控制信号。

在达到计算速度时，系统根据这个速度曲线控制列车的运行。当接近制动启动点时，ATO 设备将自动控制常用制动使列车运行跟随制动曲线。

(2)车站程序停车

线路上的车站都有预先确定的停站时间间隔。CTC 监督列车时刻表，计算需要的停站时间以保证列车正点到达下一个车站。由车站 CTC 传送给 ATO 车载设备。

调度中心能通过车站 CTC 缩短或延长车站停站时间。如果调度中心离线，车站 CTC 预置一个缺省的停站时间，该时间是可编程的。

(3)车站定位停车

车站精确停车通过在车站区域的轨道电路标识来进行。轨道电路标识被用来确定停车特征的合适起始点。该距离分界用于达到所要求的位置精度。

当停车特征启动后，ATO 基于列车速度、预先确定的制动率和距停止点的距离计算制动特征。ATO 将通过根据要求改变牵引和制动需求来遵循此特征。制动率调整值通过 ATO 环线轨旁 ATO 取得。此调整是动态，是根据异常线路情况做出的。

停车点是列车头尾和车站头尾的匹配。一旦列车停车，ATO 会保持制动，以避免列车运动。

(4)性能等级

性能等级是列车标识的一部分，可以被 CTC 所修改。列车从轨旁接收到由 CTC 所确定的性能等级。性能等级由速度限制、命令的加速、预定的减速构成。为了减少数据的传输量，一张 6 个性能等级的表存放在列车上。为了修改当前性能等级，CTC 发送单数字命令。

(5)滑行模式

滑行模式是一种额外的性能等级，使列车在上电的间隙进行滑行，并且允许列车的实际速度在重新上电之前下降。

5. ATO 与 ATP 的关系

在 ATP 系统的基础上安装了 ATO 系统，列车就可采用手动方式或自动方式进行驾驶。在选择自动驾驶方式时，ATO 系统代替司机操纵，诸如列车起动加速、匀速惰行、制动等基本驾驶功能均能自动进行。然而，不论是由司机手动驾驶，还是由 ATO 系统自动驾驶，ATP 系统始终是执行其速度监督和超速防护功能。可以这样认为：

手动驾驶＝司机人工驾驶＋ATP 系统

自动驾驶＝ATO 系统自动驾驶＋ATP 系统

图 1-9 表示了三种制动曲线，曲线①表示列车的紧急制动曲线，由 ATP 系统计算及监督。列车速度一旦触及该制动曲线，立即启动紧急制动，以保证列车停在停车点。曲线①对应列车的最大减速度，一旦启用紧急制动，列车务必停稳后经过若干时间才能重新起动。因此，这是一种非正常运行状态，应该尽量避免发生。曲线②表示由 ATP 系统计算，在驾驶室内显示出来的最大允许速度，它略低于紧急制动曲线。当列车速度达到该曲线值时，应给出告警，但不启用紧急制动。显然，曲线②对应的列车减速度小于曲线①的减速度，一般取与最大常用制动

对应的减速度。曲线③则是由 ATO 系统动态计算的制动曲线,也即正常运行情况下的停车制动曲线。通常将与此曲线对应的减速度设计为可以达到平稳地减速和停车的目的。

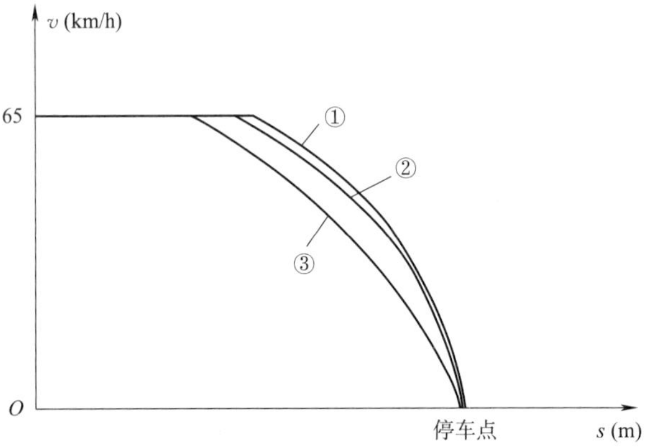

图 1-9 三种制动曲线

从这三条停车制动曲线可以明显地看出:ATP 系统主要负责“超速防护”,起保证安全的作用;ATO 系统主要负责正常情况下列车高质量地运行。

因此,ATP 是 ATO 的基础,ATO 不能脱离 ATP 单独工作,必须从 ATP 系统基础信息。而且,只有在 ATP 的基础上才能实现 ATO,列车安全运行才有保证。ATO 是 ATP 的发展和技术延伸,ATO 在 ATP 的基础上实现自动驾驶,而不仅仅停留在超速防护的水平上。

三、全自动无人驾驶

1. 自动运行等级(GoA)

根据自动运行的程度,城市轨道交通的 GoA 可分为四个等级:

GoA1a,不连续监督下的人工驾驶运行,列车运行控制系统在特定的位置上监督列车速度,为点式控制方式。

GoA1b,连续监督下的人工驾驶运行,列车运行控制系统连续地监督列车速度,为 ATP 模式。

GoA2,半自动运行,装有 ATO 的人工驾驶运行,又称为 ATO 模式。

GoA3,无司机运行,列车上不再安排专职司机,司机被 ATO 的系统功能所取代,仅安排乘务人员以应对突发事件。

GoA4,无人监督运行,列车上不安排任何乘务人员。

2. 自动驾驶模式

自动驾驶(AM)模式分为有人驾驶的自动运行(STO)模式、无人驾驶有人跟车的自动运行(DTO)模式、全自动无人驾驶(UTO)模式。

STO 模式,列车发车由司机确认起动,列车牵引、制动、停车、开关车门由信号系统自动实现。

UTO 模式,整个运营过程都无人参与,包括在动车段(所)内运行、洗车、列车运营、列车内空调、PIS、照明等都无人操作。列车不再需要司机,而只是以乘务员的角色服务旅客及进行系统故障的应急处理。

两者的主要区别是,在 STO 模式下,当 ATO 模块收到发车指令,MMI 上显示提示信息,通知司机按压“ATO”按钮;而 UTO 模式无须司机干预。

UTO 模式的特点是：原来由司机进行的操作全部通过 CTC 自动进行，这就需要信号系统高冗余、高可靠、高功能，综合监控系统高可靠、实时传输，列车网络功能、诊断性更强。

3. 全自动无人驾驶的功能及实现

(1)驾驶控制功能

UTO 模式完全由信号系统根据运行图控制列车运行。CTC 控制车载 ATO，通过多功能车辆总线(MVB)传输到列车管理系统(TCMS)、逆变器控制单元(ICU)、制动控制单元(BCU)。

(2)唤醒功能

每天运营前或有列车插入时，信号系统根据列车运行图给每列列车自动分配识别号，两端驾驶室都选择自动模式。列车发车前调度所自动向列车发送唤醒指令，列车收到该指令后车载各子系统执行启动、自检和静态测试等程序。各子系统进行静态自检，TCMS 汇总各子系统的自检情况、列车唤醒工况等信息，发送给信号系统和调度所。如唤醒成功，列车可随时投入运营，等待信号系统发送发车指令。若唤醒不成功，行车调度员根据列车的相应故障信息进行人工干预。在任何时候，行车调度员均可远程唤醒列车。

(3)休眠功能

列车运营结束后入动车段(所)停放，列车停稳后，为节省能源，UTO 对列车自动启动休眠程序。在休眠前，ATO 给地面列车维护系统发送是否下载列车维护信息的指令。在一定时间内，列车关闭车载子系统，进入休眠状态。休眠后 ATO 系统的唤醒模块一直有电。

(4)车门控制功能

全自动无人驾驶除具有车门联动、开关门控制外，还具备系统故障应对功能。

(5)停车控制功能

雨天或轮缘有油会导致停站距离加大或不准，此时 ATO 重新调整停车，采用缓慢跳跃式调整直到停车点。若列车越过站台 5 m 或超过给定次数的调整后仍未停准，则列车自动启动越过本车站行驶至下一车站，并自动告警至调度所，同时通过车载乘客信息系统(PIS)向旅客广播。

(6)后备蠕动功能

若 ATS 发送的牵引/制动指令故障或丢失，行车调度员确认故障并远程起动以不超过 20 km/h 的速度运行，此时，ATP 监督，进入车站并停稳后，司机上车人工驾驶对位停车。

此外，全自动无人驾驶具备广播、视频、故障数据传输、火灾报警、障碍物检测等功能。

视频

铁路列车运行控制系统

第二节　中国列车运行控制系统

一、中国列车运行控制系统的等级

CTCS 就是中国列车运行控制系统(Chinese train control system)的英文字头。

CTCS 系统分为 CTCS-0 级、CTCS-1 级、CTCS-2 级、CTCS-3 级和 CTCS-4 级五个级别。

CTCS-0 级为既有线的系统，是由通用式机车信号和列车运行监控装置(以下简称监控装置)LKJ 组成的系统。

CTCS-1 级是由主体化机车信号、安全型监控装置和点式应答器组成的系统。

CTCS-2 级是基于轨道电路(模拟或数字轨道电路)传输信息的列车运行控制系统。

CTCS-3 级是基于无线(GSM-R)传输信息，并采用轨道电路等方式检查列车占用的列车运行控制系统。

CTCS-4 级则是完全基于无线(GSM-R)传输信息的列车运行控制系统。

CTCS-2 级以上设备具备超速防护功能。CTCS 等级比较见表 1-1。

表 1-1　CTCS 等级比较

项目	CTCS-0 级	CTCS-1 级	CTCS-2 级	CTCS-3 级	CTCS-4 级
地面设备组成	轨道电路	轨道电路、应答器及地面电子单元(LEU)	列控中心(TCC)、轨道电路、应答器及 LEU	列控中心(TCC)、无线闭塞中心、GSM-R 地面设备、轨道电路、应答器及 LEU	列控中心 GSM-R 地面设备、无线闭塞中心
车载设备组成	通用机车信号、LKJ	主体机车信号、应答器信息接收模块、安全型 LKJ	ATP(含机车信号、应答器信息接收功能)、LKJ	GSM-R 接收模块、ATP	GSM-R 接收模块、ATP
地—车信息传输	多信息轨道电路	多信息轨道电路＋应答器	多信息轨道电路＋应答器，或数字轨道电路	无线通信双向信息传输	无线通信双向信息传输
适用区段	160 km/h 及以下	160 km/h 及以下	200～250 km/h 提速干线和高速新线	300～350 km/h 高速新线	特殊线路
对应欧洲标准	—	—	ETCS-1 级	ETCS-2 级	ETCS-3 级

2000 年，结合哈大线电化工程，实现了通过增加应答器替代司机人工介入的操作，基本形成 CTCS-1 级列控系统的框架模式。此后又先后在兰青线、渝怀线、大秦线等安排了试验，进一步验证了 CTCS-1 方案的可行性。目前，CTCS-1 的有关标准尚未确定，还没有系统进行研究。CTCS-4 级列控系统已投入试用。CTCS-0 级运用于普速铁路，CTCS-2 级运用于 200～250 km/h 的高速铁路和 160～200 km/h 的城际铁路，CTCS-3 级运用于 300～350 km/h 高速铁路。

二、CTCS 的运用

1. 普速铁路 CTCS 的运用

设计速度 160 km/h 及以下线路宜采用 CTCS-0 级列控系统。全路大部分普速铁路为 160 km/h 以下线路，均以地面信号机作为指挥列车的行车凭证，利用联锁和自动闭塞设备，配合车载“机车信号＋监控装置”构成 CTCS-0，作为行车安全的辅助设备。加上司机的人工介入，CTCS-0 级可以满足当前的使用要求。但由于地面提供的信息不足，不得不采用司机人工介入的方式，一旦司机失误，仍存在严重的不安全因素。随着列车的提速，交路延长，问题的严重性日益明显，亟须地面补充相关信息，以减少人工介入，消除安全隐患。

设计速度 160～200 km/h 的线路宜采用 CTCS-2 级列控系统。

2. 高速铁路 CTCS 的运用

设计速度 200～250 km/h 的线路宜采用 CTCS-2 级列控系统。

设计速度 250 km/h 的线路宜采用 CTCS-3 级列控系统，也可采用 CTCS-2 级列控系统。

设计速度 250 km/h 以上线路采用 CTCS-3 级列控系统。

动车段、动车运用所与相邻车站间的动车走行作业宜采用列车作业方式，此时按 CTCS-2

级设计。

京张高速铁路、京雄高速铁路为智能高速铁路，对于列车运行控制来说，就是要采用ATO。

3. 城际铁路 CTCS 的运用

设计速度 200 km/h 的线路采用 CTCS-2 级列控系统。

设计速度 160 km/h 及以下的线路，应根据行车间隔、站间距、停车精度等的要求，可采用CTCS-0 或 CTCS-2 级列控系统。

采用 CTCS-2 级列控系统时可根据需要设置 ATO 子系统。

第三节　列车运行控制系统的发展

由于早期缺乏系统设计，我国铁路的列车运行控制，是各种设备单独进行的，直到第六次大提速，才开始建立完整的列车运行控制系统。

一、机车信号的发展

1. 机车信号的普及

我国铁路从 1959 年开始安装机车信号，但长期以来对它的作用认识不足，发展十分缓慢。直到 1978 年杨庄事故后，才引起了各有关方面的高度重视。20 世纪 80 年代后，加快了安装机车信号、列车自动停车和无线列调三项设备的步伐。到 20 世纪 80 年代末，已基本普及机车信号，地面设备和车载设备整备率都达到 90%以上。

早期，机车信号按接收轨面信息的特征，分为交流计数机车信号、移频机车信号和极频机车信号等，为的是与运行在该区段内的自动闭塞区段的轨道电路信息制式相一致。由于历史的各种原因，我国铁路自动闭塞的建设，出现了不同线路、不同区段建有不同制式的自动闭塞，特别是在枢纽地区，周边相连的几条线路自动闭塞制式大多在两种以上。当时是相应于不同的自动闭塞制式，配套相应制式的机车信号，相互之间不能兼容，并且电气化区段与非电气化区段也不兼容，造成进入枢纽的列车，在安装一套机车信号时，不能保证机车信号在枢纽内连续不间断的显示。各制式间机车信号不通用，除枢纽内不能保证连续不间断的显示外，给机车长交路运行带来一定的影响，甚至一台机车安装两种以上车载设备。自动闭塞制式的不统一，导致机车信号制式不统一，不利于机车长交路运行的实施，更不利于设备的养护和维修。

2. 机车信号的通用化

为满足机车长交路的要求，必须解决机车信号多制式兼容的问题。

1980 年采用微机系统来解决机车信号多制式兼容问题的方法首次初提出，于 20 世纪 80 年代中期开始通用式机车信号的研究。

1991 年第一代的通用式机车信号"非电化区段通用式机车信号"通过铁道部技术鉴定，1992 年第二代的通用式机车信号"电化区段通用式机车信号"通过铁道部技术鉴定，1995 年第三代的"JT1-A/B 型(即 SJ-93/SJ-94 型)数字化通用式机车信号"通过铁道部技术鉴定。通用式机车信号利用微机和数字信号处理技术，能自动识别各种制式的机车信号信息，可用于各种制式的自动闭塞和半自动闭塞区段。在一段时间期间，通用式机车信号发展非常迅速。

从铁路运输的要求来看，列车速度越来越高，机车交路越来越长，对机车信号的要求也越来越高。JT1-A/B 型通用式机车信号较好地解决了机车交路在不同自动闭塞制式的问题，即多制式通用的问题及与监控装置结合、提供信息的问题。但是，通用式机车信号存在着可靠性不高，未按主体化进行设计的问题，不能成为主体信号使用。

3. 机车信号的主体化

在我国铁路列车运行控制系统发展过程中，长期以来都是以地面信号为主体信号，就是说司机主要依据地面信号显示行车，而机车信号只作为辅助信号使用。随着列车运行速度的提高，司机已无法直接凭视觉反应及时确认地面信号的变化。因此，为保证运行安全，提出了以机车信号作为行车凭证的要求。

随着机车信号地位的提高，各方对机车信号问题有了进一步的深入和统一的认识，我国铁路提出了机车信号主体化的概念，规定："作为行车凭证的机车信号为主体机车信号，是由车载信号和地面信号设备共同构成的系统，必须符合'故障—安全'的原则，车载设备应具有运行数据记录的功能；地面信号设备应能正确发送信息。"由于铁路运输的发展、列车提速和安全的需要，机车信号主体化已迫在眉睫。

从电子技术的发展来看，数字信号处理(DSP)应用技术发展迅速，JT1-A/B 型通用式机车信号是基于 20 世纪 90 年代初的 DSP 应用技术，而当今的 DSP 应用技术又为新一代机车信号设备研发提供了极为先进的条件，当今的信息存储技术也为机车信号记录器研发提供了极为有利的条件。JT1-CZ2000 型主体化机车信号车载系统是在当今多项先进技术背景下研制成功的。

2002 年，在全面总结通用式机车信号运用经验的基础上，在当今多项先进技术背景下，进行了大量的技术改进，北京交通大学完成了第四代的 JT1-CZ2000 型主体化机车信号车载系统的研制，2003 年 10 月，通过了铁道部技术鉴定。研制 JT1-CZ2000 是为了更好地解决提速区段机车信号主体化的问题。

JT1-CZ2000 型主体化机车信号，是在 JT1-A/B 通用式机车信号大面积推广运用的经验和成熟技术基础上，采用多项先进技术和系统化的安全设计方案，满足铁路信号"故障—安全"原则，具有数据记录功能，在地面信号具备条件时可作为主体化机车信号应用。JT1-CZ2000 是具备机车信号主体化条件的车载设备。后将机车信号主体化修改为可作为行车凭证使用，即当地面发送设备十分可靠并满足"故障—安全"时，JT1-CZ2000 型机车信号可作为行车凭证使用。

最初，JT1-CZ2000 型主体化机车信号的接线盒、上/下行开关盒单独设置，称为分体式结构。后改进为一体式，其主机和接线盒一体化、机车信号机和上/下行开关盒一体化。

在铁路快速发展的进程中，要构建我国铁路列车运行控制系统，其重点是发展作为行车凭证的机车信号和列车超速防护。作为行车凭证的机车信号是列车超速防护的基础，必须符合"故障—安全"原则，实现主体化机车信号必须同步推进地面设备和车载设备的改造。机车信号作为行车凭证将彻底改变机车信号只能用作列车运行辅助信号的被动局面，大大提高行车安全程度和效率。

在普速铁路统一自动闭塞制式改造的同时，应同步采用作为行车凭证的机车信号设备；新建自动闭塞，应同步装备作为行车凭证的机车信号设备；其他通用式机车信号也已安排计划改造，以提高机车信号显示的可靠性。

二、列车运行监控装置的发展

1. 从自动停车装置(ZTL)到 LKJ

机车信号只是对地面信号的复示，并不能从根本上保证列车的运行安全。随着列车运行重大事故的不断出现，在总结教训的基础上，我国铁路在机车信号基础上加装 ZTL。

ZTL 于 20 世纪 80 年代在我国铁路获得了推广，并且从 ZTL-1 型发展到 ZTL-3 型。该装置与机车信号的显示发生联系，当列车运行前方地面信号显示红灯，机车信号显示禁止信号时再构成音响报警。司机应在规定时间内通过按压“警惕”按钮做出反应。如果司机未按压“警惕”按钮和未采取有效制动措施，当报警时间超过规定时间后，ZTL 将打开列车制动系统内的放风阀，强迫列车自动停车。

ZTL 的使用在一定程度上消除了因司机失去警惕而造成的列车冒进信号，但是由于 ZTL 存在“警惕”按钮，司机在不清醒状态下，若通过习惯性地按压“警惕”按钮，仍会使 ZTL 不起作用。此外，ZTL 报警时，司机在操纵列车的同时还必须兼顾按压“警惕”按钮，给司机的正常操作带来一定的影响。另外，ZTL 功能简单，使用中并未能与列车运行中的速度控制发生联系。为有效地控制列车运行速度，减少因列车超速或冒进信号引起的事故，必须要开发研制列车超速防护系统(ATP)。

全路有多家单位研制 LKJ。1995 年研制成功 LKJ-93 型和 JK-2H 型，通过铁道部技术鉴定并在全路普及。2000 年底，LKJ2000 研制完成并投入使用，进一步提升了列车运行控制水平。LKJ-15S 则是新一代的列车运行监控装置。

随着 LKJ 的出现，ZTL 已被淘汰，到 20 世纪 90 年代末，几乎所有机车都安装使用了 LKJ，范围遍及所有普速铁路。

2. LKJ 的完善

2006 年至 2010 年是 LKJ 系统发展和完善的重要时期，该时期根据运输安全的需求，围绕铁路第六次大提速、LKJ 技术和管理职能调整、新型 LKJ 系统的研究等方面做了大量工作。

硬件方面增加了 GPS 信息接收装置、本/补切换装置、机车鸣笛记录系统等，进一步规范和完善了 LKJ 系统的功能，同时为了适应 CRH 系列动车组上 LKJ 作为列控车载设备的热备需求，设计了 H 型监控装置。

软件方面增加了特殊前行、警惕、客运列车固定径路和防洪地段提示显示等多项控制功能，扩充出万吨模式和无防冒控制模式。

2008 年，LKJ 管理职能由机务部门划归电务部门，并强化了管理。

3. LKJ 的发展

目前，LKJ 广泛运用于 160 km/h 以下的线路，在采用 CTCS-2 级的线路作为后备设备使用。但是，LKJ 的地面数据不是由地面实时传递的，而是预先存储在机车上，随着列车运行按列车坐标提取。运行中机车要不断地对标，一旦发生对标错误或者地面数据变化时未及时更新，将危及行车安全。同时 LKJ 的监控部分不符合列车超速防护系统所要求的“故障—安全”原则，不具备实际意义的列车超速防护功能。因此只能作为一种过渡设备使用。

为进一步提高 LKJ 系统的安全等级，并进行技术升级储备，开发了符合安全度等级(SIL)4 安全完整性等级的 LKJ05 型列车运行监控车载系统，研究和验证了应答器提供 LKJ 基础数据的方案，联合开发了 LKJ 优化统一软件。

2013 年，开始“新一代 LKJ 技术研究”，2015 年 LKJ-15S 型列车运行监控系统研制成功，

2019 年加快推进 LKJ-15S 的应用。LKJ-15S 型系统采用 2 乘 2 取 2 安全计算机，安全完整性等级达到 SIL4 级、LKJ-15S 型系统设有应答器传输模块(BTM)能实时接收地面信息，其安全可靠性大大优于 LKJ2000 型系统。

三、站内轨道电路电码化的发展

1. 从切换方式到叠加方式

电码化有切换方式和叠加方式两种。站内轨道电路电码化则经历了固定切换、脉动切换到叠加的发展阶段。

电码化起初采用固定切换方式。固定切换方式电码化是在被占用时转为发送移频信息，列车占用下一相邻轨道电路区段后恢复原轨道电路，即原轨道电路和电码化电路切换使用。最初采用固定切换方式，即本轨道电路区段被占用实现电码化时，起转换开关作用的轨道发码继电器固定在励磁状态，向轨道发送移频信息，待列车压入下一相邻轨道电路区段后，本区段的轨道发码继电器才落下，恢复原轨道电路。此种方式存在着在某些正常的调车作业或列车折返时已移频化的股道轨道电路不能自动恢复的缺点。

为此，改为采用脉动切换方式的轨道电路电码化，即某一轨道区段电码化时，使传输继电器处于脉动状态，当其励磁时向轨道发送移频信息，失磁时将原轨道电路设备接向钢轨，列车出清时轨道电路自动恢复。此方式不仅克服了固定切换方式的缺点，而且可以做到移频化电路与车站联锁电路之间的联系最少，从而使各种车站的电码化电路做到基本统一。但是，切换方式因存在较多问题，特别是在列车提速的情况下，当列车以较高速度通过站内较短的轨道电路区段时，由于传输继电器有 0.6 s 的落下时间而造成“掉码”，使机车信号不能连续工作，不利于行车安全。所以，切换方式电码化已不再采用。

目前正线多采用逐段预叠加方式，侧线采用叠加方式。

叠加方式是将移频信息叠加在原轨道电路上。叠加方式为“占用发码”，在被占用时原轨道电路和移频轨道电路同时起作用，列车占用下一相邻轨道电路区段后恢复原轨道电路，即原轨道电路和移频信息叠加起来使用，两种类型的轨道电路由隔离器隔离而互不影响。预叠加方式采用逐段预发码技术，将“占用发码”改为“预先发码”，提前在列车占用前一相邻轨道电路区段时移频轨道电路就叠加使用，提前一个区段发码，即列车占用前一区段时，本区段就发码，能保证机车信号及时、连续地接收移频信息，而没有任何瞬间中断，不会造成“掉码”。

曾经采用过闭环电码化方式，即在各轨道电路的送电端接入检测盒，对各区段发码电路、发码电缆、发码轨道电路等进行全程闭环检测，通过检测电码化信息，随时检测发码的完整性，以提高电码化的可靠性。但是该方式电路复杂，效果又不明显，已停止发展。

2. 站内轨道电路电码化范围的扩大

电码化范围起初只包括正线(接车进路、股道和发车进路)，在出现了危及行车安全的事故后，扩大到侧线，但是侧线轨道电路电码化范围仅仅是股道。

四、列车运行控制系统的发展

1. 早期的探索

20 世纪 90 年代初我国铁路在京广线郑武段电气化改造工程中首次使用 UM-71 轨道电路和 TVM300 带速度监督的机车信号，即 U-T 系统。TVM300 采用滞后的阶梯型分级控制模式，地面自动闭塞必须设置双红灯防护区段，列车超速防护的制动方式只能采用紧急制动。

经实践检验，TVM300 不适于我国站间间隔小、客货混运的繁忙干线区段，在运用中出现较多问题，而不得不停止使用。

随后，在广深准高速工程中，采用了具有 UM71 与移频制式兼容功能的 ZLSK 型准高速客车速度分级控制系统，其基本原理与 TVM300 相同，但在制动模式上进行了改进。它依据闭塞分区的长度、坡道，通过不同的低频信息将列车监控速度进行分级。系统为双机热备，常用制动和紧急制动分用。

在川黔线进行过点式 ATP 试验。在京九线商埠段试验过列车超速防护(LCF)系统，在北京环行铁道试验线进行过点连式 LSK-2000 和 LCF-200 系统的试验。

2002 年在秦沈客运专线建设中，采用了 UM2000 型数字轨道电路和 TVM430 型带速度监督机车信号的列车超速防护系统。由 UM2000 提供地面信息，包含闭塞分区长度、曲线坡度、监控速度等信息，实现速度—距离模式曲线方式控制列车运行。

2006 年在青藏线采用增强型列车运行控制系统(ITCS)。ITCS 是基于无线传输的虚拟自动闭塞及超速防护系统，在较大车站采用计算机联锁，中、小车站及区间不设轨道电路和信号机，室外仅有转辙机和相应的电缆。

在第六次大提速前，就全国铁路而言，还没有建立起完整的列车运行控制系统。

2. CTCS 技术标准的制定

列车超速防护系统是当今世界各国普遍采用的安全技术设备，经过引进和吸收，我国已经具备了发展中国列车运行控制系统 CTCS 的基础和条件。在铁路快速发展的进程中，应结合普速铁路提速和高速铁路建设进行总体规划，系统设计，分步实施，积极发展，逐步建成集 CTC 和 CTCS 于一体的列车运行控制中心，对列车进行安全控制，实现行车指挥的综合现代化。

2002 年在研究国外典型铁路列车运行控制系统技术体系和关键技术应用的基础上，本着设备兼容、互联互通和技术发展的原则，我国确定了发展高速、先进、适用和可持续发展的 CTCS 的目标。

2003 年，参照欧州列车运行控制系统(ETCS)标准，研究制定了我国的 CTCS 发展装备暂行技术标准，即《CTCS 技术规范总则(暂行)》，宣布 CTCS 的基本架构和分级，并于 2004 年颁布了《CTCS 技术规范总则》，确定了 CTCS 的总体技术框架，总则发布了 CTCS 系统的框架。

3. CTCS 技术的成熟

CTCS 技术开始于既有线第六次大提速，在高速铁路发展中 CTCS-2 级和 CTCS-3 级列控系统日趋成熟，并大面积推广。

(1)CTCS-2 级列控系统的发展

我国铁路既有线原本没有列控地面设备，也没有列控车载设备。铁路既有线第六次提速中，在计算机联锁或继电联锁、区间自动闭塞、CTC/列车调度指挥系统(TDCS)的基础上，通过地面设备改造，增加了列控地面设备，有列控中心(train control center，TCC)、LEU 和应答器，在动车组列车上装备 CTCS-2 级列控车载设备，并且进行系统集成，通过轨道电路完成列车占用和完整性检查，连续向列车传送控制信息，并采用点式应答器向高速列车传送定位信息、进路参数、线路参数、限速和停车信息等，满足 200～250 km/h 动车组列车的运行需要。

从 2008 年合宁高速铁路开始，在运营速度 200～250 km/h 的高速铁路上，CTCS-2 级列控系统得到了广泛采用。

既有线提速时采用 LKD_1 系列列控中心，暂按独立列控方式设置。新建高速铁路采用 LKD_2 系列列控中心，与 LKD_1 系列相比，增加了不少功能，实现了列控、区间一体化，即将轨道电路纳入控制，对于区间自动闭塞进行数字编码，取消了站内电码化，增加了如区间方向控制、区间信号点灯等。随之也增加了很多接口，并且与联锁等的接口协议和接口方式等也有了变化。

(2)CTCS-3D列控系统的运用

京津城际铁路2008年开通。当时CTCS-3级列控系统尚未研制成功，于是其列车运行控制系统基于由轨道电路实现列车占用及空闲检查，由应答器和轨道电路传输行车许可，并采用目标距离模式监控列车安全运行，实现ETCS1级列控系统和CTCS-2级列控系统功能，命名为“CTCS-3D列车运行控制系统”。

(3)CTCS-3级列控系统的发展

2009年采用CTCS-3级列车运行控制系统的武广高速铁路成功开通运营，列车运行时速达350 km，标志着我国高速铁路列车运行控制技术已经达到世界先进水平。

此后，在300～350 km/h的高速铁路上，CTCS-3级列控系统成为唯一选项。

(4)CTCS-4级列控系统的研发

CTCS-4级列控系统是基于无线传输信息的列车运行控制系统，面向高速新线或特殊线路，基于无线通信传输平台，可实现虚拟闭塞或移动闭塞，由无线闭塞中心(RBC)和车载验证系统共同完成列车定位和列车完整性检查，地面不设通过信号机，进、出站信号机常灭，凭车载信号行车；此外，不设置轨道电路，仅设置少量无源应答器，减少了轨旁设备，降低了运维成本。

CTCS-4级列控系统的技术创新和主要特点是：移动闭塞；基于北斗全球卫星导航系统(BDS)或其他设备进行列车定位；地面设备集成化(列控中心和联锁一体化设计)；轨旁设备精简化(取消轨道电路并减少应答器数量)；高可靠无线通信。

CTCS-4级列控系统的地面/中心设备有：CTC、临时限速服务器(TSRS)、RBC、列控联锁一体化设备(TIS)、目标控制器(OC)、铁路长期演进通信系统(LTE-R)或GSM-R无线通信(应急条件下可通过卫星差分站进行卫星通信)。区间无轨道电路，车站可设置计轴器或轨道电路进行占用检查；控车设备为CTCS-4级ATP(2乘2取2架构的车载安全计算机，支持CTCS-2/CTCS-3/CTCS-4模式控车)；设置列尾无线通信电台。

TIS融合了列控中心和计算机联锁的功能，实现了联锁、闭塞一体化控制。通过光纤通信和目标控制器，可以实现远程操控无人车站。

转辙机、站内信号机及站内占用检查设备由目标控制器进行控制。线路所、三股道以下小站可只配置目标控制器，由邻近大站的TIS通过专用数据通信网控制。

CTCS-4级列控系统通过BDS进行自主定位，利用卫星差分站提高定位精度，也可通过无源应答器(采用虚拟应答器替代)、测速传感器进行辅助定位。长隧道采用无源应答器定位，速度传感器、惯性导航辅助定位。

区间和无占用检查设备车站由RBC通过列车发送的位置信息实现占用检查，有占用检查设备车站由占用检查设备实现占用检查。

对于固定编组列车，通过车载列车完整性检查系统(TIMS)自主完成完整性检查。对于非固定编组列车，通过列车完整性检查列首装置(HOT)+列车完整性检查列尾装置(EOT)进行完整性检查。

行车许可由RBC下发，也可通过车载行车许可计算单元计算。临时限速由TSRS下发。线路电子地图(包括轨道电子地图数据和站场数据)由TSRS下发校核更新。列车发车前从TSRS下载(无线路电子地图时)或校核线路电子地图数据版本。

车载轨道电路信息接收模块(STM)读取轨道电路数据。车载BTM读取应答器数据。速度传感器用于辅助定位。BDS单元负责卫星定位和向车载ATP触发虚拟应答器报文,ATP无线通信电台用于接收列控信息。可选装ATO单元,ATO信息通过ATO无线通信电台传输,用于接收列尾信息。

CTCS-4级列控系统可支持GoA3级自动驾驶。ATO信息通过无线通信发送,TSRS完成运行计划处理和转发,站间数据存储、调用、发送。

CTCS-4级列控系统的后备模式为站间自动闭塞。CTCS-4级列控系统于2021年在库(尔勒)格(尔木)铁路试用。

五、全自动无人驾驶的探索

2016年,莞惠城际、佛肇城际实施了CTCS2+ATO,在世界上首次将自动驾驶功能适用于200 km/h的动车组列车上,后又在广州东环线城际铁路上运用。

2020年京张高铁、京沈高铁采用GoA2(CTCS3+ATO),ATO可实现自动发车、区间按图自动运行、到站精确停车、自动控制车门/站台门,具备自动驾驶功能的350 km/h动车组列车在世界上尚无先例。京雄高铁也采用CTCS3+ATO。

GoA3、GoA4无人驾驶对于车载信号设备、地面信号设备、车辆、车站、线路及运营等都提出了更高大的要求,涉及面广,短期内不具备实施条件,是下一阶段的研究方向。我国计划在2021年至2025年突破GoA3,在2026年至2035年探索GoA4。

六、列控车载动态监测及传输系统的发展

列控车载动态监测及传输系统(DMS)的发展运用经历了系统研发试运用、全路推广使用、系统整体优化完善和扩展三个阶段。

1. 系统研发试运用

伴随着动车组的开行,2006年,我国根据动车组列控系统车载设备维护工作的需要,组织相关单位提出列控系统监测的需求,并着手DMS方案的研究。2007年,列控动态监测系统完成初步研发工作,形成了架构体系。2007年初,在CRH2型动车组上加装了DMS车载设备,实现了在提速期间电务维护人员对动车组车载列控设备和地面设备工作状态的实时监测;2007年底,又完成CRH1型速度为200 km/h的动车组加装DMS车载设备工作,进一步扩大了系统的现场试运用范围。

2. 全路推广使用

2008年初,铁道部组织制定了DMS车载设备与200C类和C-3D类列控系统车载设备的通信接口规范。2008年3月,印发了《列控设备动态监测系统技术条件(暂行)》,对DMS的体系架构、系统接口、功能和要求等做了明确规定,各配属动车组的铁路局电务处、电务段等地按规定设置DMS用户终端,在全路相关铁路局电务维护管理部门逐步推广DMS系统运用。

3. 系统整体优化完善和扩展

随着CTCS-3级列控系统在国内多条高速铁路的运用,DMS在对既有的系统软、硬件进行完善的基础上,及时扩展了CTCS-3级列控系统车载设备的接口,补充了列控系统车载设备物理接口和通信协议,实现了所有车型动车组运行状态和列控设备工作状态的实时监测。

伴随着全路运行动车组和各相关铁路局集团公司 DMS 用户终端的数量不断增加，DMS 系统的数据量急剧增长，系统原有的临时地面数据服务器和数据网络已经无法满足运用需求。2011 年，按照系统用户需求，评审通过了《列控设备动态监测及动车组司机操控信息分析系统总体方案》，明确了系统建立铁道部和铁路局两级 DMS 数据中心的标准和方案，实现铁道部、铁路局及站段的三级应用。2012 年初，铁道部 DMS 数据中心和铁路局 DMS 数据中心建成并投入使用，系统的稳定性和可用性得到了极大的提高。

2011 年，为进一步提高 DMS 数据车—地传输的实时性，同时保证系统数据的安全，研究讨论 DMS 通过 GSM-R 和公网通用分组无线业务（GPRS）双网传输数据的可行性和具体实施方案，并进行运用试验，试验效果良好。2012 年，GSM-R 传输模块作为 DMS 设备的标准单元模块，在全路所有动车组 DMS 车载设备进行加装，大大提高了 DMS 系统数据传输的实时性和安全性。

2011 年之前，DMS 运用依托于互联网，为了提高系统数据传输的安全性和稳定性及扩大系统适用范围，2011 年，完成了 DMS 运用接入铁路内部网的工作。通过 GSM-R 传输的车载数据直接接入铁路内部网；通过公网 GPRS 传输的车载数据通过安全平台防护后接入铁路内部网。

2010 年，基于 DMS 架构扩展动车组司机操控信息分析系统的实施方案的研究，研发了动车组司机操控信息分析系统终端，为机务部门规范司机操作提供一个有效手段。

2011 年 9 月，基于 GPS、速度传感器和应答器等进行列车定位的高速铁路列车追踪接近预警系统的立项研究工作开展起来。2011 年底，完成了在既有 DMS 系统基础上扩展预警系统的系统构架和软硬件研发工作。

目前，全路所有动车组均已安装了 DMS 车载设备，实现了列控设备运行的实时监测，对及时分析和处理列控设备运行故障发挥了重要作用，并形成了中国国家铁路集团公司（以下简称国铁集团）监督指导，铁路局集团公司数据管理，电务段分析运用维护的管理模式。同时，DMS 通过信息扩展为铁路机务和运输调度部门实时掌握动车组运行状态及司机操作状况提供了重要手段。

七、轨道车运行控制设备的发展

2008 年底，铁道部进行职能调整，将轨道车控制设备的管理由机务转至电务部门，并制定了一系列整改措施。

2009 年 6 月，为进一步规范轨道车运行控制（GYK）设备的技术标准，统一控制模式，统一运用管理，铁道部下发了《关于统一轨道车运行控制设备技术规范和调整管理模式的通知》，同年 8 月下发了关于印发《轨道车运行控制设备技术规范 V1.0》的通知。规范规定了轨道车运行控制设备的组成、技术要求、系统功能、显示界面，制定了轨道车 5 种控制模式，对轨道车运行控制设备的生产和研发提供了一个统一的标准。

在铁道部的统一领导下，有关公司根据《轨道车运行控制设备技术规范 V1.0》新标准，进行第二代轨道车运行控制设备及控制模式的研发，按照规范重新开发了新的地面数据分析软件、GYK 基本数据编辑软件和揭示信息编辑软件。于 2009 年底通过铁道部质量监督检验中心检验，GYK 控制软件通过铁道部技术评审，2010 年初，第二代 GYK 正式投入运行。

GYK-160G 是新一代轨道车运行控制设备，其主机采用 2 乘 2 取 2 架构，安全等级达到 SIL4 级，具有 BTM 信息接收功能，能满足在 160 km/h 运行速度下的安全性、可靠性要求。

目前，GYK 已在全路推广，有效地防止了轨道车“两冒一超过”事故的发生。

复习思考题

1. 什么是 ATP？ATP 有哪些功能？
2. ATP 如何分类？
3. 什么是分级制动？什么是一次制动？
4. 分级制动和一次制动有什么区别？
5. 如何测速？
6. 如何测距？
7. 紧急制动和常用制动有什么不同？
8. 机控优先和人控优先有什么不同？
9. 什么是 ATO？ATO 有哪些功能？
10. 简述 ATO 与 ATP 的关系。
11. 什么是 CTCS？如何分级？
12. 普速铁路如何运用 CTCS？
13. 高速铁路如何运用 CTCS？
14. 城际铁路如何运用 CTCS？
15. 简述机车信号的发展。
16. 简述监控装置的发展。
17. 简述站内轨道电路电码化的发展。
18. 简述列车运行控制系统的发展。
19. 简述 DMS 的发展。
20. 简述轨道车运行控制设备的发展。

第二章
CTCS-0 级列控系统

CTCS-0 级列控系统由机车信号车载设备、列车运行监控装置和站内轨道电路电码化组成，用于普速铁路。

第一节　机车信号车载设备

一、JT1-CZ2000 型机车信号

在一个相当长的时期内我国自动闭塞制式不统一，导致长交路运行时机车信号制式不统一。对于可能经过多种制式区段的机车，为保证机车信号连续工作，需设置多套机车信号设备。这不仅在机车安装空间上存在问题，而且对设备的运用、维护也带来不利。

为解决这一难题，北京交通大学于 20 世纪 90 年代初研制出数字化通用式机车信号。数字化通用式机车信号分为 JT1-A 型和 JT1-B 型。JT1-A 型为单套通用式机车信号主机，JT1-B 型为双套通用式机车信号主机。20 世纪 90 年代在我国铁路获得了广泛应用。

为满足列车提速对机车信号的要求，在总结通用机车信号运用经验的基础上对机车信号车载设备进行了改进和提高，研制出新一代机车信号车载系统，即 JT1-CZ2000 型机车信号。

JT1-CZ2000 型机车信号为“2 乘 2 取 2”安全计算机结构，采用频域处理和时域处理相结合的方式对信号进行译码。系统采用主机双套、电源双套、接收线圈双路等冗余技术和动态控制安全点灯电源等“故障—安全”措施，提高了工作的安全性和可靠性。同时 JT1-CZ2000 型机车信号还具有数据记录功能，其记录接收的信号波形及有关数据为故障查找、故障分析及维护管理创造了良好的条件。

JT1-CZ2000 型机车信号系统由地面设备和车载设备两部分构成。地面设备主要包括区间轨道电路和站内轨道电路电码化。JT1-CZ2000 型机车信号系统地面设备应采用ZPW-2000 系列轨道电路。当地面设备能保证连续可靠地向列车提供机车信号信息时，JT1-CZ2000 型机车信号可作为行车凭证。

1. 系统构成及主要技术条件

(1)系统构成

JT1-CZ2000 型机车信号车载系统由机车信号主机、机车信号双路接收线圈、机车信号机、含电源接线盒及连接电缆等构成。

JT1-CZ2000 型机车信号车载系统如图 2-1 所示。其中，机车信号主机包含机车信号记录器。机车信号显示器可选用双面八色灯发光二极管(LED)机车信号机，也可选用双面点阵式机车信号显示器。新的设计将机车电源与连接端子合为一体，称为含电源接线盒。

①机车信号主机

JT1-CZ2000 型机车信号主机由 2 块主机板、2 块电源板、1 块转换板和 1 块记录板构成，其主要作用是对接收信号进行处理、解码、译码，得到机车信号信息。将信息输出给机车信号

机，构成各种显示。同时将信息输出给监控装置(LKJ)作为控车的基本条件。

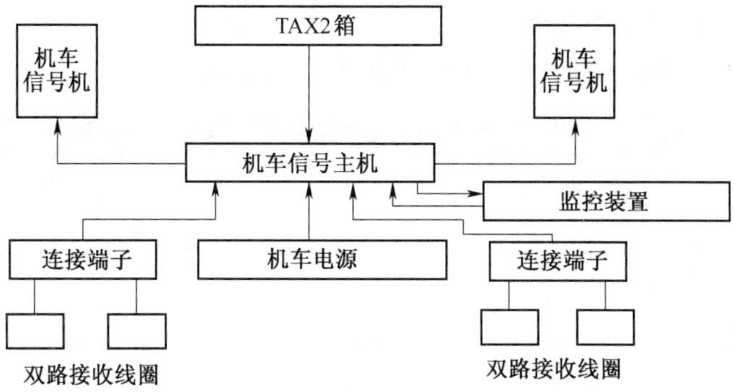

图 2-1　JT1-CZ2000 型机车信号车载系统

通过机车信号记录器对机车信号的运行状态和地面信息等动态数据进行采集和储存。同时接收 LKJ 的机车安全信息综合监测装置(TAX)2 箱输出的列车定位等信息。

机车信号主机应具有开机自检功能。自检正常后进入工作状态并给出工作正常表示。

机车信号主机应具有良好的可测试性。在检修时可自动测试各项功能及指标。

主机安装在机车内便于检测的位置。

②双路接收线圈

双路接收线圈安装于机车转向架前端，通过与钢轨的电磁耦合接收钢轨上的信号，然后传送给机车信号主机。接收线圈内部为双路冗余线圈，保证当一路线圈断线或中间连线故障而使主机无法接收轨面信息时，另一路接收线圈仍保证机车信号主机正常译码输出。

接收线圈内部的冗余线圈也可作为测试线圈使用。测试设备可通过冗余线圈对车载信号设备进行闭环测试。

接收线圈可接收 ZPW-2000 系列信息。

③机车信号机

机车信号机通常采用双面八灯 LED 机车信号机，也可选用双面点阵式机车信号机。

双面八灯机车信号机采用 LED 显示器，其供电电压为直流 48 V，功耗为 6 W。双面八灯 LED 机车信号机与载频切换(上/下行)开关和模式选择开关一体化设计。除可保证八种稳定灯光显示、三种闪光显示外，还可提供操作端显示、上/下行显示及 ZPW-2000 显示。

(2)主要技术条件

①设备采用“2 乘 2 取 2”的容错安全结构，保证系统的“故障—安全”性。采用主机双套热备，双套电源、双路接收线圈接收等冗余技术和 LED 机车信号机，提高了系统的可靠性。

②设备应能接收各种制式的轨道电路信息。

③机车信号灵敏度。机车信号灵敏度指机车信号设备工作(稳定译码)时的最小的钢轨短路电流值。

接收 ZPW-2000 系列轨道电路信息时，钢轨最小短路电流及机车信号灵敏度见表 2-1。

表 2-1　ZPW-2000 系列轨道电路钢轨最小短路电流及机车信号灵敏度

载频/Hz	1 700	2 000	2 300	2 600
钢轨最小短路电流/mA	500	500	500	450
机车信号灵敏度(钢轨短路电流值)/mA	310±31	275±28	255±26	235±24
主机电压值/mV	100±10	100±10	100±10	100±10

④信号应变时间。机车信号应变时间指机车信号设备从钢轨线路接收到新信息开始到给出相应机车信号显示所需要的时间。

接收 ZPW-2000 系列轨道电路信息时，机车信号显示应变时间见表 2-2。

表 2-2 ZPW-2000 系列轨道电路机车信号显示应变时间

低频信息/Hz	10.3	11.4	12.5	13.6	14.7	15.8	16.9	18	19.1
应变时间/s	2.0	2.0	1.9	1.7	1.6	1.5	1.4	1.3	1.2
低频信息/Hz	20.2	21.3	22.4	23.5	24.6	26.8	29	有信息到无信息	
应变时间/s	1.2	1.2	1.0	1.0	1.0	0.9	0.8	4	

⑤抗电气化干扰。在钢轨回流为 1 000 A，不平衡系数为 10%的电气化区段，设备应能正常译码。

⑥载频切换与锁闭。在 ZPW-2000 系列区段，根据地面传递的载频切换信息可实现接收载频的自动切换和锁闭。载频切换与锁闭信息码使用见表 2-3。

表 2-3 载频切换与锁闭信息码使用

标号	载频及低频	功　能
D_1	1700-1，25.7 Hz	设备锁定接收 1 700 Hz
D_2	2000-1，25.7 Hz	设备锁定接收 2 000 Hz
D_3	2300-1，25.7 Hz	设备锁定接收 2 300 Hz
D_4	2600-1，25.7 Hz	设备锁定接收 2 600 Hz
S_1	1700-2，25.7 Hz	设备切换到接收 1 700/2 300 Hz
S_2	2000-2，25.7 Hz	设备切换到接收 2 000/2 600 Hz
S_3	2300-2，25.7 Hz	设备切换到接收 1 700/2 300 Hz
S_4	2600-2，25.7 Hz	设备切换到接收 1 700/2 600 Hz

设备若没有收到载频信息码，可通过载频选择（上/下行）开关进行信息切换和接收。

⑦系统应符合《CTCS 技术规范总则（暂行）》的要求。设备应具有数据记录功能，可为 LKJ 提供机车信号信息。

⑧车载设备应具有良好的可测试性。可通过便携式测试设备，实现在车上对系统的功能测试。

2. 机车信号主机

(1)机车信号主机箱构成

JT1-CZ2000 型机车信号主机箱采用合体式六槽机箱结构。主机箱从左向右设有记录板、主机 A 板、主机 B 板、连接板及电源 1 板和电源 2 板。

①主机板

主机箱前面板如图 2-2 所示。

主机 A 板和主机 B 板结构相同，构成双套电路。正常工作时，两板一块处于工作状态，另一块处于热备状态。板面上设有上行和下行指示灯。机车上行方向运行接收上行载频频对时，上行表示灯亮灯。机车下行方向运行接收下行载频频对时，下行表示灯亮灯。测试时也可扳动设于机车信号机机构下部的上/下行开关，根据其位置接通主机板上的上行表示灯或下行表示灯。

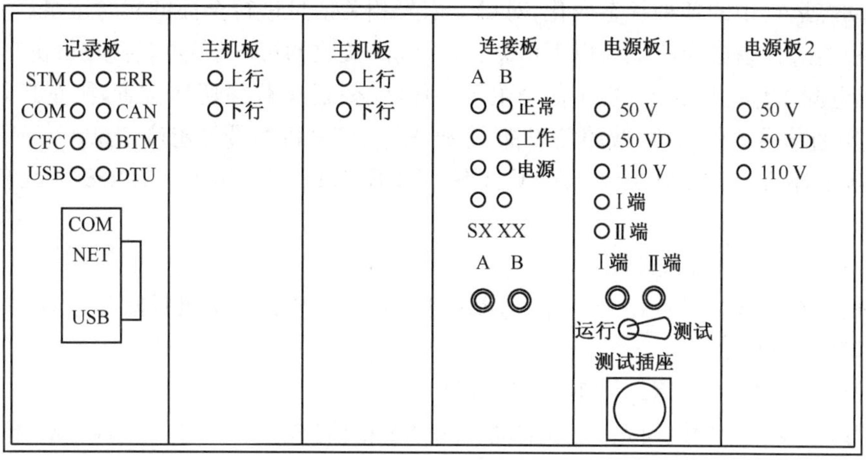

图 2-2　主机箱前面板示意

②电源板

两块电源板电路基本相同，构成双套电源供电。其中电源板 2 内部还设有一个 12 V 电源模块专用于为采用无线通信的机车信号远程监测车载终端(DTU)的终端盒供电。

电源板的输入电压为 110 V，输出双路直流 50 V。一路 50 V 供给机车信号主机，另一路 50 VD 为动态控制安全点灯电源。由于机车上环境差、振动大、干扰强，电压波动范围较大。针对这一情况，新型电源板进行了较大改进。采用了高可靠的电子器件，保证输入端与输出端的完全隔离。同时增加了过流、过压保护措施，提高了输出功率的富余量。

电源板 1 和电源板 2 均设有 50 V、50 VD 和 110 V 指示灯。主机工作电源正常供电时，50 V 灯亮。动态控制点灯电源正常供电时，50 VD 灯亮。110 V 机车电源正常时，110 V 灯亮。在电源板 1 板面上还设有Ⅰ端和Ⅱ端按钮及Ⅰ端、Ⅱ端表示灯。通过按压Ⅰ端或Ⅱ端按钮可完成机车Ⅰ端和Ⅱ端接收线圈的切换。同时为方便使用与维护，在电源板 1 上还设有供测试用的航空插座和测试开关。

③连接板

连接板主要实现电源的分配，主机 A 和主机 B 的自动或人工切换及对主机、电源及上/下行工作状态的监督等。

连接板上设有监督主机 A 和主机 B 的正常表示灯、工作表示灯、电源表示灯、上/下行输入表示灯和 A 机 B 机切换按钮。

主机 A 和主机 B 均工作正常时，两个正常表示灯均亮灯。主机 A 处于工作状态，主机 B 处于热备状态时，主机 A 工作表示灯亮，主机 B 工作表示灯灭。反之，主机 B 工作，主机 A 热备时，B 工作灯亮，A 工作灯灭。主机 A 和主机 B 供电均正常时，两个电源表示灯均点亮。

正常工作接通电源后，主机 A 和主机 B 那个处于工作状态，那个处于热备状态是随机的。也可通过设于连接板上的 A 机、B 机按钮人工切换 A、B 机的在线状态。

④记录板

记录板上插有能实时记录机车运行过程中各种动态信息的大容量的 CF 卡和用于完成信息转录的通用串行总线(USB)插口。通过大容量 CF 卡作为记录介质的记录器能真实地反映机车信号动态运行中的各种状态变化，对机车信号相关信息进行全面的实时记录。

记录板通过记录器应能记录以下信息：接收线圈接收的机车信号信息波形；机车信号输出信息；机车电源工作电压状态；机车信号主机工作状态；机车载频切换位置，机车运行方向；来自 TAX2 箱通信接口的时刻、线路公里标、车站编号、信号机编号等定位信息。

记录板上还设有：STM、COM、CFC、USB、ERR、DTU、BTM 和 CAN 8 个红色表示灯。其中：

a. STM——主机板状态指示灯

主机板工作正常时，显示 2 s 一个周期的闪光信号（慢闪）。主机板故障，显示 1 s 一个周期的闪光信号（快闪）。

b. COM——主机、TAX2 串口状态指示灯

平时每 0.5 s 一个周期闪光，表示主机和 TAX2 箱信息都正常。1 s 周期闪光（亮 0.125 s，灭 0.875 s）表示主机串口正常，无 TAX2 信息。1 s 周期闪光（亮 0.875 s，灭 0.125 s）表示 TAX2 信息正常，无主机串口信息。

TAX2 箱向机车信号记录器传送由 LKJ 输出的线路公里标、速度、时刻、信号机类型和编号、机车号、车站号、司机号等信息。

c. CFC——CF 卡状态指示灯

每 0.05 s 一个周期快速闪烁，表示正在操作，读/写 CF 卡。每 2 s 亮 25 ms，表示没有操作。常亮表示 CF 卡有故障或无卡。

d. USB——U 盘状态指示灯

每 0.05 s 一个周期快速闪烁，表示正在向 U 盘转储数据。每 2 s 亮 25 ms，表示没有操作。常亮表示转储失败。

e. ERR——异常指示灯

设备正常灭灯。指示灯闪光，表示操作故障或系统时钟源故障。

f. DTU——远程监测指示灯

用于采用远程监测的区段，工作时闪光。

g. BTM——应答器接收灯

暂未用，平时灭灯。

h. CAN——总线（预留）表示灯

暂未用，平时灭灯。

主机箱后面设有 8 个电缆连接航空插座和 1 个测试插座。主机箱后面插座如图 2-3 所示。

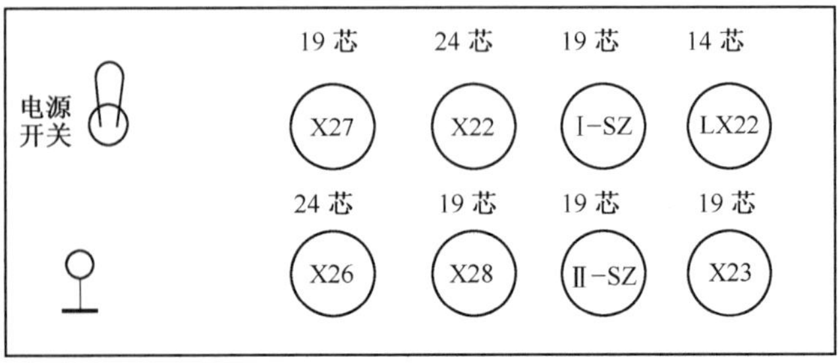

图 2-3　主机箱后面插座示意

主机箱共使用 8 个航空插座与外部相连。其中 X27、X28，19 芯，分别与机车信号机点灯电路相连。X22，24 芯，与监控装置相连。Ⅰ-SZ 和Ⅱ-SZ，19 芯，分别与机车信号机模式开关、上/下行开关等相连。X26，24 芯，与接收线圈、110 V 电源等相连。X23，19 芯，与主机串口等相连。

(2)主机主要功能与原理

JT1-CZ2000 型机车信号主机的主要功能是处理、解调和译制轨面上传送的机车信号信息，根据译码结果控制机车信号点灯。同时将译码结果输出给 LKJ 或 ATP 设备作为控车的基本条件。JT1-CZ2000 型机车信号主机还可通过具有 USB 输出的记录器对机车信号的运行状态、地面信息及监控装置 TAX2 箱输出的列车定位等信息进行实时记录。同时主机还配有远程监测功能接口，可通过无线通信向地面处理系统实时传送车载机车信号信息及部分列车运行信息，实现对机车信号的动态监测和故障诊断。

机车信号主机主要由主机电路、连接电路、母线电路、记录器电路、记录器接口电路、电源电路及八显控制电路、模式开关电路、上/下行开关电路等构成。主机结构原理如图 2-4 所示。

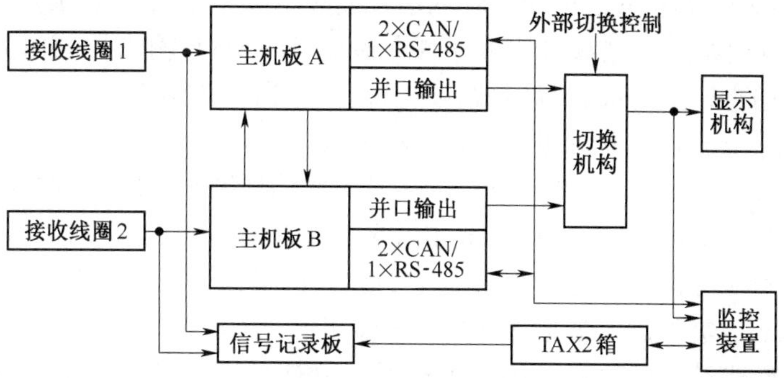

图 2-4　主机结构原理

轨道电路信息通过机车接收线圈 1 和机车接收线圈 2 双路感应接收。双路接收线圈中的每路信号分别对应一个主机板，由主机板中的两路接收电路同时接收。主机输出除原来的并口输出外还预留了控制器局域网(CAN)总线输出或 RS-485 输出。可支持双向信息传输，以便与监控装置或超防设备进行大容量的双向信息传输。

进入主机板的信号首先经隔离放大器进行隔离，然后经 A/D 转换，由 DSP 芯片进行处理、译码。

DSP 芯片采用循环运算，平行作业，同时接收各类制式信号。如果机车运行交路没有某种制式，则应通过设置(短、断设置线)使程序不接收该制式。

JT1-CZ2000 型机车信号的安全性和可靠性主要由“2 取 2”原理和双套热备原理实现。

“2 取 2”原理是指系统中有两台计算机同时工作，两台计算机的输出结果必须完全一致，系统才能输出。否则认为出现故障，必须导向安全侧。

主机的每块主机板采用“2 取 2”容错安全结构，其含义是主机 A 和主机 B 每块主机板中均有两路独立接收译码通道。两路译码通道的译码输出要进行比较，比较一致才有有效输出。

“2 取 2”原理结构如图 2-5 所示。

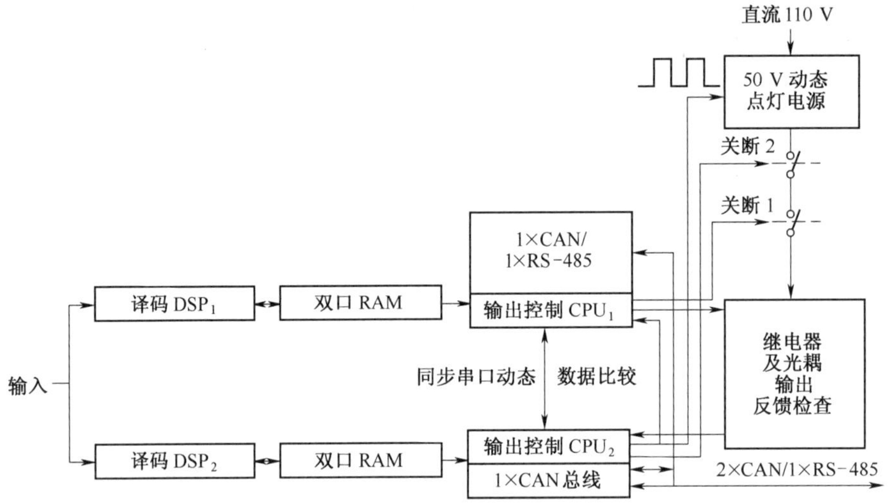

图 2-5 “2 取 2”原理结构

每块主机板对应一路接收线圈组。输入信号经隔离放大和 A/D 转换后同时送入 DSP_1 和 DSP_2 进行译码。译码结果通过双口随机存取存储器(RAM)与输出控制部分进行数据交换。输出控制部分通过同步串口同时对译码结果进行比较,当比较结果一致时控制输出。如果输出结果不一致,则禁止输出并立即进入复位自检模式。

主机板上的并口输出,由双中央处理单元(CPU)共同控制并增加了动态受控点灯电源。其中 CPU_1 完成点灯信息输出,控制关断 1(光电开关),并进行输出的反馈检查;CPU_2 控制关断 2(大接点继电器),控制动态受控点灯电源,并进行输出的反馈检查。动态受控电源位于电源板内,由 CPU_2 的动态方波控制。如果无动态方波输出或动态输出的频率较低,都无法满足动态点灯电源工作要求,造成点灯电源关闭。主机板预留有 CAN 总线或 RS-485 输出,可与监控设备进行大容量信息传输。

双套热备原理是指 JT1-CZ2000 型机车信号的主要部件机车信号译码主机、电源和接收线圈均设置为双套,共同构成了车载主要设备的双套热备系统,并由主机完成双套热备输出的切换。

主机上电后随机由双套主机板中的一套占据输出位置,即处于工作状态,另外一套处于备用状态。当占据输出位置的主机板故障时,将自动关断点灯电源失去输出位置状态,而由备机板获得输出位置状态,从而实现双机的自动切换。JT1-CZ2000 型机车信号的双套主机板之间有动态方波信号进行信息交换,当工作主机前级故障“掉灯”时,备机正常“有码”信息会传递到工作主机,工作主机会短时自动切掉输出,使得系统自动转到备机工作,实现完全双套热备份的功能。

通过外部切换控制(人工按压主机箱连接板按钮 A 或 B)可强行设置 A 机为工作态 B 机为热备态或 B 机为工作态 A 机为热备态。人工切换为系统的自动测试提供了条件。

不论是自动切换还是人工切换,A、B 机转换时间均不大于 0.5 s。

(3)机车信号记录器

JT1-CZ2000 型机车信号主机包含有机车信号记录器,这也是它和 JT1-A/B 通用机车信号的主要区别。

机车信号记录器以独立插件形式插接在机车信号主机箱内。记录器以大容量 CF 卡作为记录介质进行记录。CF 卡的配套应在 256 MB～2 GB 间。使用中 CF 卡的标准配置为 512 MB。电路设计时保证，记录器故障后不影响机车信号系统的正常工作。

①主要功能

机车信号记录器的主要功能是完成机车信号运行过程中动态信息的数据采集和存储，实时反映机车信号的状态变化，对机车信号相关信息进行全面记录。记录器记录的信息通过 U 盘转储后经地面数据处理系统进行再现，为机车信号地面系统和车载系统的工作状态分析和故障查找提供重要依据。

机车信号记录器系统由车载部分和地面数据处理两部分构成。

车载部分的主要功能是对机车信号运行过程中的有关动态信息进行采集，并应用大容量 CF 卡作为记录介质进行记录。

地面数据处理部分的主要功能是将车载部分的 CF 卡内信息通过具有 USB 接口的 CF 卡读卡器或 U 盘进行读取、转换、显示、回放和分析，以文本及图形方式展示界面，并提供自动统计、分析、列表、打印输出等功能。

②车载部分设备构成

记录器车载部分设备构成如图 2-6 所示。

a. 中央处理模块

由中央处理器、数据存储器、温度传感器及总线驱动器构成。中央处理器模块贴装温度传感器以间接得到机车信号主机的运行环境温度。

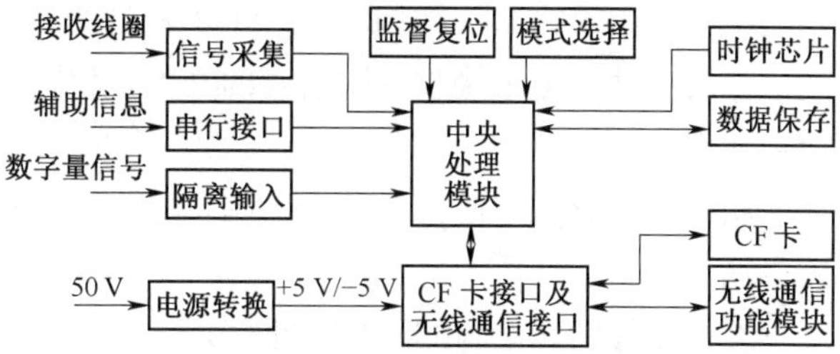

图 2-6　记录器车载部分设备构成

b. 信号采集

由光电隔离输入接口和 A/D 转换电路组成，主要完成对接收线圈波形的采集和模/数转换。

c. 隔离输入

采用高阻光电隔离电路完成对开关量的采集。

d. 串行接口

串行接口用来接收来自监控装置 TAX2 箱提供的列车运行信息，如车次、机车号、车站编号、信号机编号、速度、线路公里标等定位信息和预留的 CAN 总线信息。

e. 时钟芯片

采用 DS17487 芯片，为记录数据提供时间信息。

f. 数据保存

为保存记录板断电和上电时间、故障代码、记录器非法操作等关键数据而设。采用容量为 32 KB 非易失性铁电存储芯片构成。该芯片失电过程中数据可自动保护，失电后数据能长期保存。

g. USB 口/网口

通过 USB 口可向 U 盘转储 CF 卡的数据。网口暂预留。

h. CF 卡接口

用可编程逻辑器件实现的 CPU 与 CF 卡间的接口。

i. CF 卡

作为记录器的存储介质，方便地面处理系统对记录数据的读取。平时需取得基本状态数据时，可通过 USB 接口将数据转存至 U 盘。要获取所有信息数据时应拔下 CF 卡送至地面处理系统。

j. 模式选择

根据用户实际需要，通过调整电路板上的设置端子，实现对不同功能的设置以满足不同区段的使用。

(a)监督复位

记录器设置监督复位电路，以保证当系统运行异常，如死机和电源电压过低时的系统复位。当死机时间超过 200 ms 或电源转换系统输出的 5 V、3.3 V、1.9 V 电压过低时监督复位电路对系统产生复位信号。

(b)电源转换

电源转换输入 50 V，输出 5 V 做主机板主电源。为降低主机板 CPU 功耗，电源转换电路还输出 3.3 V 和 1.9 V 供主机板 CPU 工作。

③文件记录

记录器记录在 CF 卡中的文件可分为四种。一种是记录开关量信号的文件，又称为状态文件。另一种是记录接收线圈信号的文件，又称为波形文件。除此之外还有索引文件和实时信息文件。

状态文件分配空间固定为 16 MB，与选用的 CF 卡容量无关，可保证 3 天的记录容量，记满后循环刷新。

波形文件的容量与 CF 卡容量有关。以标准配置 512 MB 的 CF 卡为例，波形记录的总时间为 8 h，适合应用在专门记录掉白灯(掉码，点白灯)时的波形模式，可记录 1 800 次掉白灯时触发的波形记录。当需要做全程信号的分析与评估时，可选用 1 GB 容量的 CF 卡，可连续记录约 17 h 波形文件。

记录器记录的状态文件信息包括：

机车信号条件输入信息——上/下行开关输入，Ⅰ、Ⅱ端条件输入、机车运行方向等。

机车信号输出信息——灯位显示、速度等级、信号制式、过绝缘节及主机内双套工作正常表示及工作状态等。

主机译码信息——信号载频、信号低频、信号幅度、应答器信息等。

运用环境信息——主机内温度、机车 110 V 电源电压。

辅助信息——记录器内时间、来自 TAX2 箱的线路公里标、限速值、速度值、信号机类型及编号、司机号、机车号及车次等。

记录器记录的波形文件为接收线圈接收的各区段的轨面信号波形。信号波形采用无压缩存储，为后期的信号分析、事故原因查找提供了真实可信的数据。

④地面数据处理部分

记录器地面数据处理部分是记录器系统的另一个重要组成部分。它由硬件和软件两部分构成。

地面数据处理系统如图 2-7 所示。

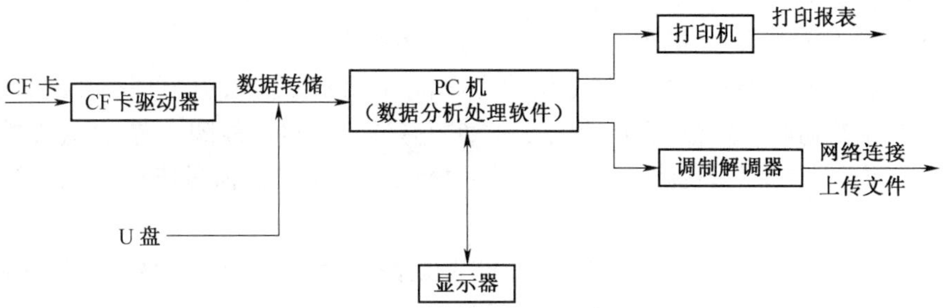

图 2-7 地面数据处理系统

地面数据处理系统硬件主要包括个人计算机(PC)、CF 卡及 CF 卡驱动器、U 盘、打印机和调制解调器等。其中,打印机和调制解调器为可选设备,机车信号车间可根据自己的实际需要进行选配。

CF 卡从机车主机上取出后,首先插入 CF 卡驱动器。在 PC 相应的数据分析处理软件控制下,将 CF 卡的记录数据分别以状态文件和波形文件等形式转存到计算机中。对于通常的测试,只需通过主机箱上的 USB 口将 CF 卡内容转储到 U 盘上,再将 U 盘插入到计算机中。文件转存到计算机后需使用数据分析处理软件对相应文件进行分析处理。分析过程中,用户可直接通过显示器与 PC 进行信息交互,操作分析过程,得出分析结果。根据需要,各种分析结果可通过打印机进行打印输出。

机车信号记录器数据分析处理软件主要包括 4 部分功能:文件管理与数据转换、状态文件分析、波形文件显示和波形频谱分析。

文件管理与数据转换包括:转存 CF 卡数据,并形成相应的状态文件和波形文件;按指定字段条件排序当前状态文件列表;打印当前列表文件;删除指定文件或指定文件夹;文件的网络上传(需要网络支持);刷新当前屏幕显示;系统设置。

状态文件分析包括:状态文件记录的图表显示;状态文件记录/事件操作;状态文件记录/事件的定位与多条件查询;查找/显示/播放状态文件记录中指定的波形文件;状态文件记录/事件的异常情况统计;状态信息记录/事件的列表打印。

波形文件分析包括:波形显示模式(线模式、点模式和点线模式);波形图像的保存、复制、打印预览与打印;波形图像的显示操作(放大、缩小和还原);波形有效值计算;波形信号回放;波形信号工频干扰滤除。

波形频谱分析包括:波形频谱图像的显示模式(线模式、点模式和点线模式);波形频谱图像的保存、复制、打印预览和打印;波形频谱数据报表的显示、保存和打印;波形频谱的显示操作(放大、缩小和还原);计算频谱峰值点频率;计算频谱峰值差频频率;计算波形的快速傅里叶变换。

为及时发现和解决机车信号车载和地面设备存在的问题,保证机车信号和 LKJ 的正常工作,电务段在机务段所在地设置车载车间。车载车间各工区应密切配合,做好设备的检测、检修、整治和养护。同时,对机车信号记录文件及 LKJ 运行记录文件进行分析、存档。为准确分析和解决机车信号异常问题,机车信号车载车间应通过地面数据处理系统对 CF 卡内容进行读取、转换、显示、回放,对发现的问题及时反馈、跟踪和处理。

3. 双路接收线圈

接收线圈又称传感器,是机车信号车载设备的接收器件。

接收线圈利用电磁耦合原理保持地面信号设备与车载设备间的信息联系。当地面轨道电路电流在钢轨中流通时,围绕钢轨产生交变磁通。磁通穿过接收线圈铁芯,使绕在铁芯上的线圈感应出电动势,即产生与轨面电流相同的信号电流。感应出的信号电流经机车信号主机放大译码后动作机车信号车载设备。

JT1-CZ2000 型机车信号采用 JT1 · JS-Ⅱ型双路接收线圈。当一路线圈、线圈电缆、插接件等故障时,另一路接收线圈仍可维持系统正常工作,从而提高了系统的可靠性。

双路接收线圈内部设计为双路,即每个接收线圈盒内设有两个独立的接收线圈。每路接收线圈与另一线圈盒内对应串联后对应主机中的一块电路板。接收线圈中一路存在故障时,主机通过自动切换控制电路,把对应正常接收线圈的主机转为工作机。

双路接收线圈可实现车载系统的闭环自动测试。测试时,一路作为测试线圈发送信号,另一路可接收信号,并控制与接收线圈相连的主机译码接收,从而实现对车载系统的闭环测试。

双路接收线圈设于一个白色的塑封盒内。接收线圈盒长 420 mm、宽 96 mm、高 96 mm。

双路接收线圈内部构成如图 2-8 所示。

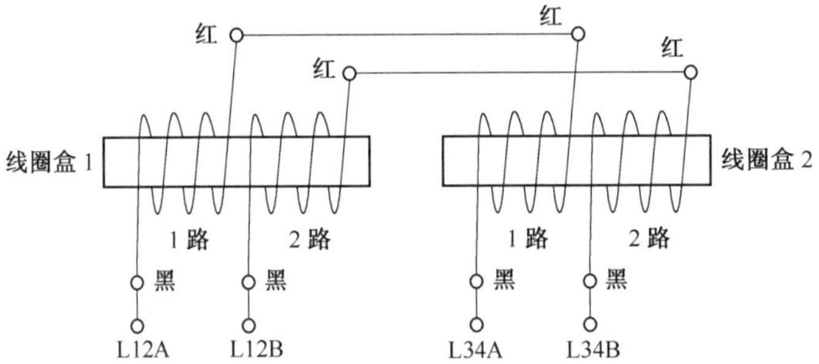

图 2-8　双路接收线圈内部构成

每个接收线圈盒内设有两个接收线圈:1 路线圈和 2 路线圈。每个接收线圈盒共引出 4 条线,2 条黑色和 2 条红色线。

使用中,不同接收线圈盒相同路的红线相连。黑线 L12A 接线圈盒 1 的 1 路,黑线 L12B 接线圈盒 1 的 2 路,黑线 L34A 接线圈盒 2 的 1 路,黑线 L34B 接线圈盒 2 的 2 路。不同线圈盒的不同路的黑线通过电缆与主机相连。其中,L12A 和 L34A 对应主机中的一块电路板,L12B 和 L34B 对应主机中的另一块电路板。

双路接收线圈安装在机车排障器后与第一轮对之间距第一轮对轴心水平距离不大于 1.5 m 处的两吊架上。

双路接收线圈安装如图 2-9 所示。

两吊架安装孔中心距为(350±1) mm。安装孔中心至接收线圈底部距离 L 有两种数值,L 为 205 mm 时为短杆安装,L 为 260 mm 时为长杆安装。

不论长杆安装还是短杆安装,安装时必须保证接收线圈底部与钢轨轨面距离为(155±5) mm,接收线圈中心与轨面中心位移相差±5 mm。安装时必须使接收线圈外壳上方箭头指向一致,以免接反同名端。

接收线圈要求安装牢固。其安装位置能抗最高允许车速下冰雪、飞石等冲击,应具有良好

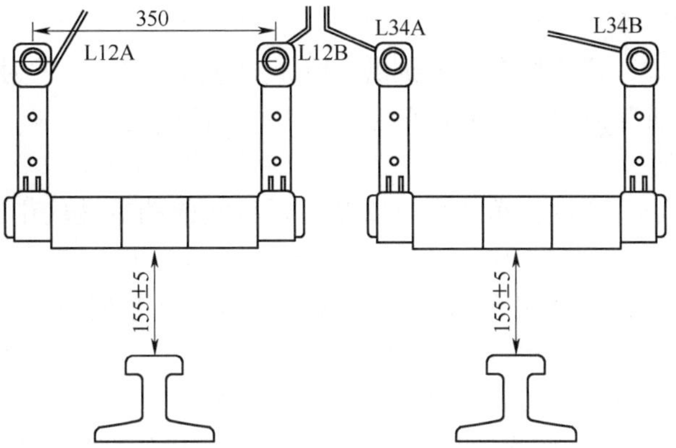

图 2-9　双路接收线圈安装(单位:mm)

的防水、防潮性能。

当接收线圈每一路线圈与 4 kΩ 电阻相连时,在规定的钢轨短路电流和频率下,各接收线圈应达到规定的电压。上述条件下任一路接收线圈开路时,另一路接收线圈的接收电压变化量应不大于 15%,并保证车载设备仍工作正常。

4. 机车信号机

JT1-CZ2000 型机车信号机可选用两种类型。一种为 J・XS-8 型双面八灯 LED 机车信号机,另一种为双面点阵式机车信号机。现多采用 J・XS-8 型双面八灯 LED 机车信号机。

传统的机车信号机是基于色灯显示信息的。每个显示器中对应 8 个灯泡,通过灯泡前面的有色玻璃片区分灯光。灯泡功率从 5 W 到 8 W 不等。在长期使用中,灯泡显示的不断转换及列车运行中出现的振动都会导致灯泡中的灯丝断丝,影响机车信号的正常工作。特别是新的机车信号定义标准中又出现了闪光显示,电流的不断通断极易造成灯丝断丝。因此,传统的用灯泡产生光源的机车信号机无法满足作为行车凭证的机车信号机的基本要求。

(1)双面八灯 LED 机车信号机

J・XS-8 型双面八灯 LED 机车信号机外形如图 2-10 所示。

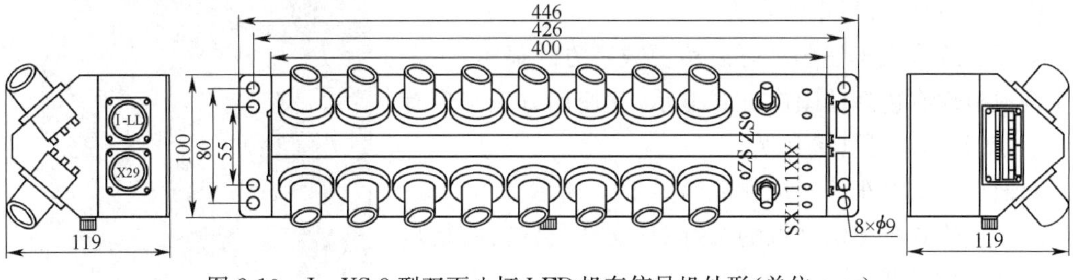

图 2-10　J・XS-8 型双面八灯 LED 机车信号机外形(单位:mm)

与 JT1-C2000 型机车信号配套设计的 J・XS-8 型双面八灯 LED 机车信号机采用 LED 作为发光体,克服了传统的机车信号机的缺陷。这种信号机不仅耗电量小,而且使用寿命长,可靠性高。该显示器经过严格的电磁兼容试验,包括 2 000 V 浪涌试验,均能长时间稳定可靠地工作。

J・XS-8 双面八灯 LED 机车信号机与载频切换(上/下行)开关和模式选择开关一体化设计。信号机除 8 灯(可构成 11 种)显示外,机构下部还设有操作端显示、上/下行显示、制式显示。

J·XS-8 型双面八灯 LED 机车信号机供电电压为直流 48 V，功耗为 6 W。机车信号机的颜色显示由上向下分别为：绿色、半绿半黄色、黄色、黄 2 色（黄色带有 2 字）、半黄半红色、双半黄色、红色和白色 8 种。

J·XS-8 型双面八灯 LED 机车信号机安装在司机室前挡风玻璃中间便于司机观察。机车信号机安装后，外形尺寸为：宽 100 mm，厚 119 mm，高 466 mm，双面间折角为 60°。

J·XS-8 型双面八灯 LED 机车信号机构内设有 3 块电路板：八灯 LED 控制板 BXKZ、上/下行开关板 SXXKG 和模式开关板 MSKG。

八显控制板 BXKZ 连接可构成双面显示的 16 个 LED。

上/下行开关板 SXXKG 上设有上/下行开关 SXKG、操作端灯 CZD、上行表示灯 SXBS、下行表示灯 XXBS 和制式表示灯 ZS。各表示灯均采用 LED。

模式开关板 MSKG 上设有模式开关 MSKG、新标模式灯 XB 和制式灯 ZS。各表示灯也均为 LED。

在 J·XS-8 型机车信号机机构最下部带有两个航空插座。每个插座为 19 芯。其中 1 个为灯线插座 X29。X29 通过电缆与主机箱后面插座 X27 相连，构成机车信号控制板与机车信号主机的连接。另 1 个插座为模式开关、上/下行开关及备用线插座Ⅰ-LL。Ⅰ-LL 通过电缆与主机箱后面插座Ⅰ-SZ 相连。实现机车信号与机车信号主机的连接。

J·XS-8 型双面八灯 LED 机车信号机插座使用见表 2-4。

表 2-4　J·XS-8 型双面八灯 LED 机车信号机插座使用

设　备	编　号	功　能	芯　数	型　号
信号机	X29 X30	灯线	19	XC24F19Z1D1
	Ⅰ-LL Ⅱ-LL	模式开关、上/下行开关、备用	19	XC24F19Z1D1

插座 X29、Ⅰ-LL 用于机车Ⅰ端信号机，X30、Ⅱ-LL 用于机车Ⅱ端信号机。

(2)双面点阵式机车信号机

双面点阵式机车信号机可以实现数字方式显示，也可以实现模拟现有色灯的图像方式显示，其使用方法与现有色灯显示器兼容，可直接互换。

双面点阵式机车信号机外观如图 2-11 所示。

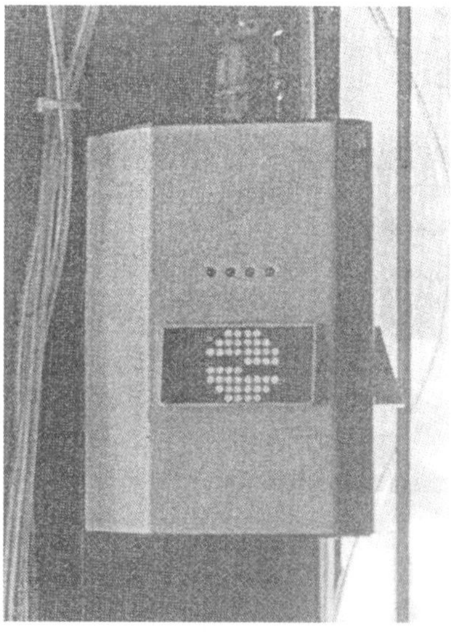

图 2-11　双面点阵式机车信号机外观

双面点阵式机车信号机的“故障—安全”措施：一是显示器从灯位输出取得供电电源，在机车信号主机无输出时，显示器一定无显示输出；二是在电路中利用双 CPU 来共同进行信号输入，扫描显示，对点阵输出进行反馈检查。

双面点阵式信号机以点阵式数码管代替八灯位显示机构，在一块显示模块上可以显示不同意义的信息，减少了显示设备的体积。它既可以显示图形，又可以显示数字符号，显示意义可以扩展，克服了原有双面显示机构显示信息少的缺点。点阵中个别数码管故障，不会影响显示信息的整体内容，且个别数码管故障可以立即被发现，从而得到及时维修。

双面点阵式信号机的特点有：

①使用方式与原有显示器兼容，工作电源取自灯线输出。

②双 CPU 同时采集来自点灯电缆中的点灯信息，通过串行口进行比较。比较内容包括灯位编码、显示图形的缓冲数据和数码管显示控制电路反馈数据。

③显示器工作电源取自灯线输出，可以确保信号灯灭灯时系统无显示，符合“故障—安全”原则。

④信息译码经双 CPU 校核，以防止编码错误。

⑤图形显示的数据经双 CPU 校核，以防止数据存储单元出现故障。

⑥采用看门狗电路设计，以防止系统死机等异常状态。

⑦任何一个 CPU 发生故障都可以切断显示模块的显示操作。

5. 系统连接

JT1-CZ2000 型主体化机车信号车载系统包括双路接收线圈、机车信号主机、双面八灯 LED 机车信号机等。系统间通过专用电缆进行连接。

主体化机车信号系统连接如图 2-12 所示。

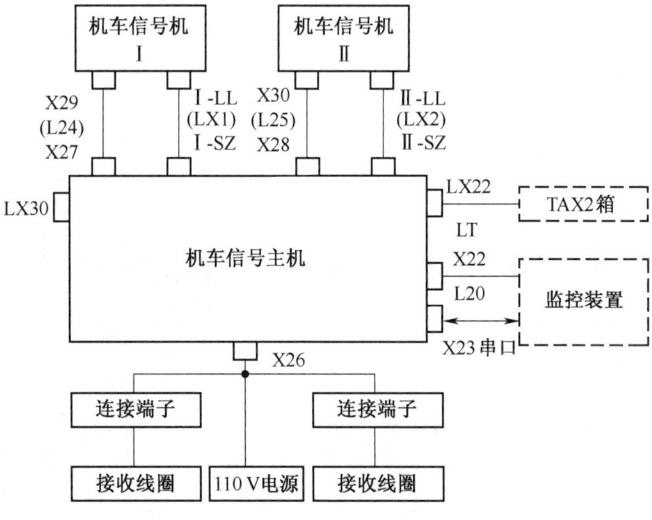

图 2-12　主体化机车信号系统连接

机车信号主机箱上的航空插座包括与Ⅰ端八显信号机相连的插座 X27、Ⅰ-SZ，与Ⅱ端八显示信号机相连的插座 X28，Ⅱ-SZ 和通过连接端子与双路接收线圈及电源相连的插座 X26，与 LKJ 相连的插座 X22，与 ATX2 箱相连的插座 LX22 和与 LKJ 串口相连的插座 X23。J · XS-8 型双面八灯 LED 机车信号机Ⅰ端插座为 X29 和Ⅰ-LL，Ⅱ端插座为 X30 和Ⅱ-LL。主机箱上插座 LX30 于测试时使用。

系统连接各航空插座的信号定义见表 2-5。

表 2-5　系统连接各航空插座的信号定义

信号代码	信号说明	对主机关　系	机车信号主机								机车信号机		
			X26	X27/X28	X22	X23	Ⅰ-SZ	Ⅱ-SZ	LX22	LX30	X29/X30	Ⅰ-LL	Ⅱ-LL
L	绿灯	出		1	1					1	1		
LU	绿黄灯	出		2	2					2	2		
U	黄灯	出		3	3					3	3		
U2	黄 2 灯	出		4	4					4	4		
HU	红黄灯	出		5	5					5	5		
UU	双黄灯	出		6	6					6	6		
H	红灯	出		7	7					7	7		
B	白灯	出		8	8					8	8		
−50 V	50 V 地线	出		9	13		9	9		9	9	9	9
SD1	速度等级 1	出		10	9					10	10		
ZS	UM71 制式	出		11						13	11		
JY	绝缘节	出		13	12					14	13		
SD2	速度等级 2	出		16	10					11	16		
SD3	速度等级 3	出		17	11					12	17		
JE	信号机故障	入		18							18		
屏蔽	机壳		6,12,13,18,21,24	19	24	3,5,10,13,16,19	19	19	4,5,10,14	32	19	19	19
SX	上行输入	入			14		2	2		25		2	2
XX	下行输入	入			15		1	1		26		1	1
+50 V	50 V 输出	出			20		7	7		31		7	7
Ⅰ50 V	Ⅰ端开关盒电源	出					3					3	
Ⅱ50 V	Ⅱ端开关盒电源	出						3					3
SXBS	上行表示	出					6	6				6	6
XXBS	下行表示	出					5	5				5	5

续上表

信号代码	信号说明	对主机关系	机车信号主机								机车信号机		
			X26	X27/X28	X22	X23	Ⅰ-SZ	Ⅱ-SZ	LX22	LX30	X29/X30	Ⅰ-LL	Ⅱ-LL
CSAGA	强制 A 机工作	入								23			
CSBGA	强制 B 机工作	入								24			
F	制式选择新标	入					16	16				16	16
+12 V	DTU 电源	出					10		11			10	
-12 V	DTU 电源	出					8		12			8	
+110 V	机车电源	入	7							29			
-110 V	机车电源	入	9							30			
Ⅰ DIN	司控开关Ⅰ端	入	10										
Ⅱ DIN	司控开关Ⅱ端	入	11										
CS Ⅰ D	测试Ⅰ端	入								26			
CS Ⅱ D	测试Ⅱ端	入								27			
IN11	线圈Ⅰ端 1 组	入	14										
IN12	线圈Ⅰ端 1 组	入	15										
IN21	线圈Ⅱ端 1 组	入	16										
IN22	线圈Ⅱ端 1 组	入	17										
IN13	线圈Ⅰ端 2 组	入	19										
IN14	线圈Ⅰ端 2 组	入	20										
IN23	线圈Ⅱ端 2 组	入	22										
IN24	线圈Ⅱ端 2 组	入	23										
AI -	选择后 1 组	入/出			16					15			
AI +	选择后 1 组	入/出			17					16			
BI -	选择后 2 组	入/出								17			
BI +	选择后 2 组	入/出								18			

续上表

信号代码	信号说明	对主机关系	机车信号主机								机车信号机		
			X26	X27/X28	X22	X23	Ⅰ-SZ	Ⅱ-SZ	LX22	LX30	X29/X30	Ⅰ-LL	Ⅱ-LL
A +	主机 RS-485 +	双向				2				20			
B –	主机 RS-485	双向				1				19			
CANAH	A 主机 CAN	双向				6							
CANAL	A 主机 CAN	双向				7							
CANBH	B 主机 CAN	双向				8				21			
CANBL	B 主机 CAN	双向				9				22			
AII	TAX2 箱串口	入							1				
BII	TAX2 箱串口	入							2				
GSMA +	DTU 串口线	出					11		6			11	
GSMB –	DTU 串口线	出					12		7			12	
G _ Y	备用串口线						17		8			17	
G _ Z	备用串口线						18		9			18	
CANAH	航插备用针					14							
CANAL	航插备用针					15							
CANBH	航插备用针					17							
CANBL	航插备用针					18							
BI –	航插备用针				18								
BI +	航插备用针				19								

机车信号主机到Ⅰ端八显信号机连接只使用两条电缆。

第一条电缆起于机车信号主机箱插座X27，终到Ⅰ端八显示信号机插座X29。电缆为19芯，共使用连接线16条。线1至线8分别接通信号机绿灯、绿黄灯、黄灯、黄2灯、红黄灯、双黄灯、红灯和白灯。线9接－50 V地线。线10、16、17为速度等级线，分别接SD1、SD2和SD3。线13为过绝缘节线JY。线18为信号机故障线JE。线19为屏蔽线接机壳。线12、14、15未用。

第二条电缆起于信号主机箱插座Ⅰ-SZ，终到Ⅰ端八显示信号机插座Ⅰ-LL。电缆19芯，共使用连接线18条。其中两个插座的线1和线2分别连接下行输入线XX和上行输入线SX。线3连接Ⅰ端开关盒电源。线5和线6接通了下行表示线XXBS和上行表示线SXBS。线8和线10连接DTU电源－12 V和＋12 V。线7和线9连接＋50 V和－50 V电源。线11和线12为DTU串口线。线13、14、15、16分别构成制式选择J、Z、G、F。线17和线18为备用串口。线19接机壳构成屏蔽。线4未用。

通过电缆将主机箱上的X28插座与机车信号机X30插座相连，将主机箱上的Ⅱ-SZ插座与机车信号机Ⅱ-LL插座相连即可实现主机箱与Ⅱ端八显示信号机的连接。

主机箱上其他插座的使用可根据表2-5查找。

机车双端安装八显示机车信号机时电缆使用见表2-6。

表2-6　双端安装八显示机车信号机时电缆使用

电缆编号	电缆名称	起点A	终点B	芯线数	电缆型号
1	主机到Ⅰ端信号机电缆	X27	X29	19	ZR-RVVP-15×0.5
2	主机到Ⅰ端信号机电缆	Ⅰ-SZ	Ⅰ-LL	19	ZR-RVVP-9×2×0.5
3	主机到Ⅱ端信号机电缆	X28	X30	19	ZR-RVVP-15×0.5
4	主机到Ⅱ端信号机电缆	Ⅱ-SZ	Ⅱ-LL	19	ZR-RVVP-6×2×0.5
5	主机到监控电缆	X22	X32	24	ZR-RVVP-19×0.5
6	主机到电源和感应器电缆	X26	电源	24	ZR-RVVP-2×0.75
			Ⅰ端连接端子		ZR-RVVP-2×0.5
			Ⅱ端连接端子		ZR-RVVP-2×0.5
7	主机到TAX2箱电缆	LX22	TAX2箱	14	ZR-RVVP-2×0.5
8	主机到LKJ电缆	X23	LKJ	19	—

6. 机车信号远程监测装置

机车信号远程监测装置（以下简称远程监测装置）是通过无线信道将车载机车信号有关信息实时传回到地面监测中心，实现对机车信号的远程动态监测和故障诊断的装置。远程监测装置是机车信号车载设备的组成部分，是机车信号可靠性保障措施之一，所实现的远程监测是机车信号维护、检测的重要手段，是铁路信息化的重要标志。

（1）研制背景

远程监测装置是在既有现场应用需求，又有当今多项先进技术依托背景下研制的。

JT1-CZ2000机车信号在现场应用过程中，存在如下问题：

①机车运行交路长，部分机车半个月才回库检修一次。机车信号维护人员难以随时掌握运行中的机车信号状态，既存在隐患，又不便管理和维修。

②机车信号设备升级为行车安全设备，设备故障后，准许列车以20 km/h速度运行到下

一站更换机车。这不仅直接影响了行车，还由于维修人员不能提前确定被扣机车的机车信号故障原因，影响维修。

③因电务相关设备引起行车事故，需要对机车信号记录数据进行分析时，技术人员需要到现场导出数据，延长了事故分析和故障恢复的时间。

鉴于上述情况，开展“远程监测装置”的研制，将进一步提高机车信号的可靠性、可用性、可维护性和安全性，有利于保证行车安全和提高行车效率，对机车信号的应用、管理和维护具有深远的现实意义和实用价值。现代无线通信技术和计算机网络技术的发展，通用分组无线业务(GPRS)网络的全国性覆盖，为远程监测装置的研制提供了条件。

(2)系统作用

远程监测装置通过车载终端经由无线信道实时将机车信号数据及部分列车运行信息传回到地面监测中心，实现用户动态跟踪在线列车，及时掌握机车信号运行情况，对机车信号进行动态监测和故障诊断。地面和车载通过实时交互，实现对机车信号实时监测，如果出现故障或异常及时报警；实现对机车信号在线诊断，提高其可维护性；提高工作效率；提高信号故障处理应急能力，信号安全部门可在办公室而非到现场，当时即可快速下载故障数据，分析故障原因，做到尽早排除故障，并确定事故责任。

(3)系统特点

①传输信息量大、速度快、实时性强

实现车—地信息双向传输。车载终端可接收地面控制命令，系统可实现车载和地面信息的双向传输。

由于采用了 GPRS 无线通道，最高传输速率达 171 kbit/s，传输信息量足以满足要求。

②安全、可靠、准确性高

系统采用传输控制协议/互联网协议(TCP/IP)传输数据，数据传输安全可靠。系统数据记录、统计、分析及报表输出都由设备完成，避免了人工疏漏，准确率高。

③容量大

系统利用无线移动网和 Internet 网络构成地面中心与车载终端数据传输体系。地面监测中心数据服务器具有大容量数据存储器，高速运算处理能力，一个铁路局集团公司设置一个地面数据服务器基本满足应用需求。

④信息分析全面

不仅有机车信号信息，还有地面轨道电路信息；不仅有单车分析，还有多车比对分析。

⑤不受地域限制实现在线远程监测

只要有移动网络信号覆盖，车载信息即可传回地面。电务段技术人员、检修人员或电务上级领导在任何地点都可在线查看机车信号信息。

⑥实现机车信号在线故障诊断与维护

相对于当前机车信号的故障诊断与维修，必须通过添乘或机车回库后通过移动存储设备将数据转出后进行，本系统可以实现在线故障诊断和维修，合法用户可随时、随地登录地面监测中心，获取机车信号信息。

此外，远程监测装置面向不同层次的用户，最大限度满足应用需求，为构建全国性机车信号管理网络平台奠定了基础，为电务信息化迈出了重要一步。

(4)系统结构

远程监测装置由车载终端和地面设备两部分组成。

DTU 安装在机车上，可安装在机车信号主机上，也可单独安装。DTU 主要由监测单元和 GPRS 模块构成。监测单元主要监测机车信号的运行状况，提取机车信号及轨道电路信息，执行地面服务器的相关指令，等等。GPRS 单元主要把监测单元提取的信息传送到地面处理服务器，把地面服务器的指令传送给监测单元。

安装在地面的设备为机车信号远程监测地面设备（又称地面监测中心），主要由地面中心数据服务器、客户终端等设备构成。中心数据服务器应具有全天候接入 Internet，并且具备静态 IP 的条件，客户终端只要具备接入 Internet 的条件即可，接入形式不限。

车载终端与地面监测中心通过 GPRS 与 Internet 构成星形网络结构，中心与车载终端采用 TCP/IP 协议，系统结构如图 2-13 所示。

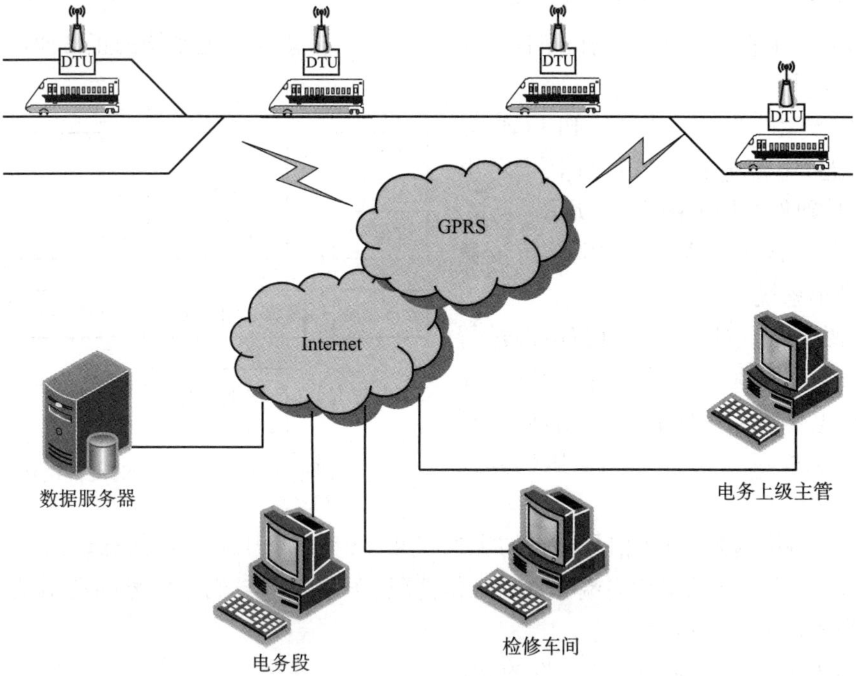

图 2-13　车载终端与地面监测中心系统结构示意

（5）系统组成

①车载终端

车载终端是车载监测设备，不影响被监测机车信号的工作，能真实、可靠地测出机车信号的实际工作情况，并把结果和必要的数据传送到地面服务器。

a. 主要功能

车载终端通过串口接收机车信号实时运行信息，对接收到的机车信号信息进行分析处理，当车载终端从所得到的数据中分析出任一路主机发生故障、掉灯和灭灯、变灯、绝缘节变化、制式变化、主机切换、上/下行切换、电源异常、载频超标、低频超标、幅度超标等情况之一时，将按照应用层协议，把分析结果及关键数据经过 GPRS 无线通道传送给控制中心。车载终端同时也接收并执行地面服务器的相关指令。

车载终端不仅主动、及时地向控制中心传输机车信号的运行情况及数据，而且还随时接收并执行控制中心的命令及查询。

b. 技术要求

(a)应易于与机车信号系统连接。

(b)应采集机车信号工作状态实时数据,以及 TAX2 型机车安全信息综合监测装置数据。

(c)对采集到的信息按照一定的规则进行筛选后,把符合规则的数据通过无线信道上传到地面监测中心。

(d)在 GPRS 与地面监测中心的通信链路中断后,应自动重新建立起通信链路。

(e)在通信链路中断后,自动存储数据,以保证数据不丢失。数据不丢失时间应大于 8 min。

(f)应具有接收地面监测中心控制与查询指令的功能。

(g)应具有工作指示和故障报警功能。

(h)车载终端故障,不能影响机车信号正常工作,不应影响其他系统的正常使用。

c. 硬件结构

车载终端由 CPU、RAM、EPROM、晶振、复位电路、电源电路、接口电路、指示电路等组成,其硬件结构如图 2-14 所示。

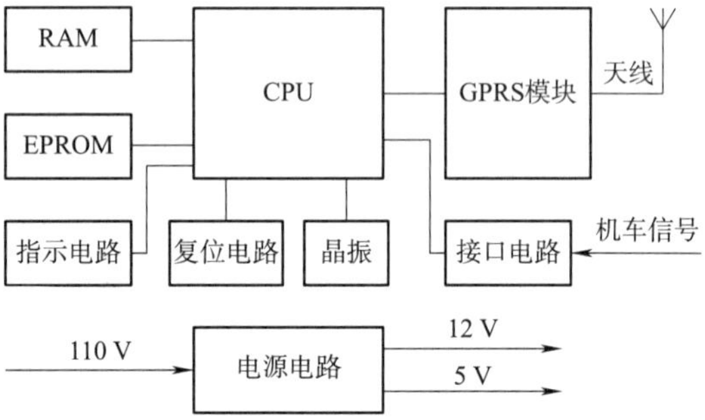

图 2-14　车载终端的硬件结构

(a)CPU、RAM、晶振、复位电路组成微控制器的最小系统。

(b)电源电路。对 110 V 直流电源进行 Π 型滤波,再经过 DC/DC 模块变换出 12 V 电压,12 V 电压供 GPRS 模块使用,同时再经过线性电源模块变换出 5 V 电压供其他电路使用。

(c)接口电路。接收机车信号运行的实时信息,以及部分 TAX2 箱信息。

(d)指示电路。指示车载终端本身的工作情况、车载终端与机车信号的通信情况、车载终端与地面服务器的通信情况。

(e)EPROM 用来存储一些永久性的设置。

(f)GPRS 模块提供车载终端与地面服务器之间的无线通信链路。

d. 车载终端连接

车载终端电源通过接线盒引出,TAX2 箱数据通过数据线传给机车信号的记录器,记录器将机车信号的实时信息与 TAX2 箱数据通过串口传给车载终端。

车载终端使用电源从机车信号引出,车载终端具体连接方式如图 2-15 所示。

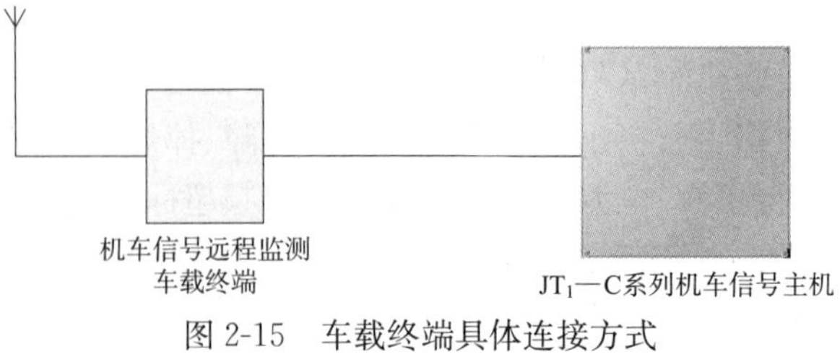

图 2-15　车载终端具体连接方式

②地面设备

地面监控中心根据车载终端传来的信息,再进行进一步的分析判断,给出车载机车信号及地面轨道电路所发生的事件，以及导致发生相关事件的原因，从而实现对机车信号的远程监测和故障诊断。

a. 技术要求

(a)地面监测中心数据服务器应具备静态 IP 地址、全天候接入 Internet 网络、2M 及以上带宽的条件。

(b)地面监测中心数据服务器和用户终端机的运算速度和存储能力应满足地面软件运行要求。

(c)地面服务器应具有防止攻击、防止数据丢失、用户身份标识码(ID)识别等安全措施。

b. 数据服务器

地面监测中心配置数据服务器，数据服务器应具备通过静态 IP 地址接入 Internet 网络的条件，其运算速度和存储能力应满足远程监测装置应用要求，并能够 24 h 全天候不间断运行。

c. 客户终端

客户终端可以是普通台式计算机或便携式计算机。客户终端应具备通过宽带或无线网卡上网条件。

③无线数据传输通道

a. GPRS 网络

GPRS 是在 GSM 基础上通过增加业务支持节点(SGSN)和网关业务支持节点(GGSN)实现的。GPRS 提供了移动网到 TCP/IP 网络或 X. 25 网络的接口，实现了用户数据与无线网络资源的最佳结合，实现了 IP 协议的透明传输，具有传输速度高、建立时间短、永远在线、信道资源利用率高、收费低等特点。GPRS 适用于间断的、突发性的和频繁的、少量的数据传输，也适用于偶尔的大数据量传输。

b. 无线通道

远程监测装置无线通道可通过两种方式实现，即单独通道方式和综合数据业务平台接入方式。单独通道方式是车载终端内设置 GPRS 模块，独立建立无线通道。综合数据业务平台接入方式是车载终端内不设 GPRS 模块，只通过接口与综合数据业务平台连接，通道由平台提供。

车载终端与地面中心数据服务器进行信息交换前需要建立链路连接和应用层连接，其目的是建立通信链路并实现机车号和 IP 地址绑定，完成车载终端在地面中心的注册。图 2-16 为建立连接服务过程。

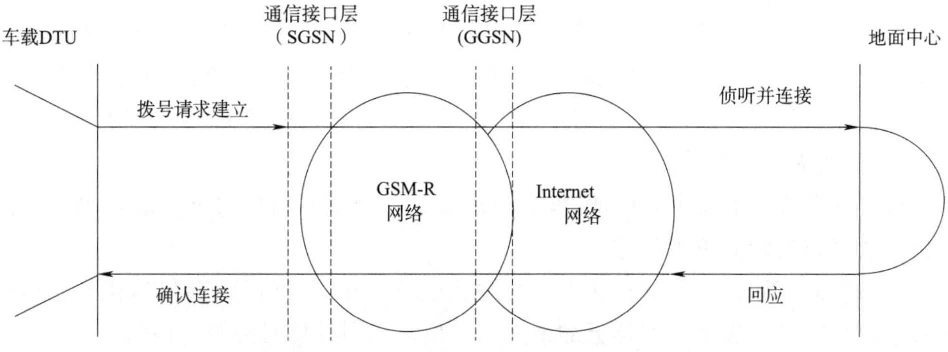

图 2-16　建立连接服务过程示意

(a)建立链路

车载终端上电自动请求连接,地面中心正处在侦听状态;地面中心接到连接请求后,建立连接并向车载终端回示,完成链路建立。车载终端处于透明通道状态,按规则向地面中心发送数据。

(b)发送注册信息

发送注册信息,完成应用层连接。

(c)连接拆除业务

车载和地面通过心跳线确定机车是否在册。车载终端 3 次收不到回执视为断线,地面中心在 120 s 内未收到 DTU 数据视为断线。

(d)断链后的再连接业务

链路因场强未覆盖、干扰、电信检修中断后,自动再连接。

二、机车信号低频信息

1. 机车信号信息定义

以前的机车信号信息分配没有统一的标准,主要是因为机车交路短及设计部门间设计不统一,对机车交路的延长及规划和发展机车信号及列车超防设备是十分不利的。为此,原铁道部颁布了《机车信号信息定义及分配》(TB/T 3060—2002),对机车信号信息分配制定了统一标准,实现了我国机车信号低频信息的统一。《机车信号信息定义及分配》(TB/T 3060—2016)又进行了修改。

列车提速对行车安全和运输效率提出了新的要求,随着列车提速,所需机车信号地面信息越来越多。《机车信号信息定义及分配》对机车信号信息的含义进行了明确的规定。

(1)半自动闭塞区段

L 码——准许列车按规定速度运行,机车信号机显示一个绿色灯光。

LU 码——准许列车按规定速度注意运行,机车信号机显示一个半绿半黄色灯光。

U 码——要求列车注意运行,机车信号机显示一个黄色灯光。

U2S 码——要求列车注意运行,机车信号机显示一个带“2”字的黄色闪光。预告列车接近的地面信号机所有防护的区段开通发送“UUS 码”的进路。

U2 码——要求列车注意运行,机车信号机显示一个带“2”字的黄色灯光。预告列车接近的地面信号机所有防护的区段开通发送“UU 码”的进路。

UUS 码——要求列车限速运行,机车信号机显示一个双半黄色闪光。表示列车接近的地面信号机开放经 18 号及以上道岔侧向位置进路,且次一架信号机开通直向进路或开放经 18 号及以上道岔侧向位置进路;或表示列车接近的地面信号机开放经 18 号及以上道岔侧向位置进路,并开往站间无显示联系的区间。

UU 码——要求列车限速运行,机车信号机显示一个双半黄色灯光。表示列车接近的地面信号机开放经道岔侧向位置的进路。

HB 码——准许列车以不高于 20 km/h 的速度越过接近的地面信号机,机车信号机显示一个半黄半红色闪光。表示列车接近的地面信号机显示引导信号或容许信号。

HU 码——要求及时采取停车措施,机车信号机显示一个半黄半红色灯光。表示列车接近的地面信号机显示禁止信号。

(2)自动闭塞区段

L 码——准许列车按规定速度运行,机车信号机显示一个绿色灯光。

LU 码——准许列车按规定速度注意运行,机车信号机显示一个半绿半黄色灯光。

U 码——要求列车注意运行,机车信号显示一个黄色灯光。

U2S 码——要求列车注意运行,机车信号机显示一个带"2"字的黄色闪光。预告列车接近的地面信号机所防护区段开通发送"UUS 码"的进路。

U2 码——要求列车注意运行,机车信号机显示一个带"2"字的黄色灯光。预告列车接近的地面信号机所防护区段开通发送"UU 码"的进路。

UUS 码——要求列车限速运行,机车信号机显示一个双半黄色闪光。表示列车接近的地面信号机开放经 18 号及以上道岔侧向位置进路,且次一架信号机开通直向进路或开放经 18 号及以上道岔侧向位置进路;或表示列车接近的地面信号机开放经 18 号及以上道岔侧向位置进路,并开往站间无显示联系的区间。

UU 码——要求列车限速运行,机车信号机显示一个双半黄色灯光。表示列车接近的地面信号机开放经道岔侧向位置的进路。

HB 码——准许列车以不高于 20 km/h 的速度越过接近的地面信号机,机车信号机显示一个半黄半红闪光。表示列车接近的地面信号机显示引导信号或容许信号。

HU 码——要求及时采取停车措施,机车信号机显示一个半黄半红色灯光。表示列车接近的地面信号机显示禁止信号。

H 码——要求立即采取紧急停车措施,机车信号机显示一个红色灯光。

(3)自动站间闭塞区段

自动站间闭塞区段与其关联的区段相同。

(4)调车信号机外方接近区段

HB 码——准许列车按规定速度注意运行,机车信号机显示一个半黄半红色闪光。表示准许列车越过前方显示允许信号的调车信号机。

HU 码——要求及时采取停车措施,机车信号机显示一个半黄半红色灯光。表示调车信号机显示禁止信号。

(5)CTCS-2 级及 CTCS-3 级区段

L5 码——列控车载设备人机界面(DMI)显示一个带"5"字的绿色灯光。表示列车运行前方至少有 7 个闭塞分区空闲。

L4 码——列控车载设备 DMI 显示一个带"4"字的绿色灯光。表示列车运行前方有 6 个闭塞分区空闲。

L3 码——列控车载设备 DMI 显示一个带"3"字的绿色灯光。表示列车运行前方有 5 个闭塞分区空闲。

L2 码——列控车载设备 DMI 显示一个带"2"字的绿色灯光。表示列车运行前方有 4 个闭塞分区空闲。

L 码——列控车载设备 DMI 显示一个绿色灯光。表示列车运行前方有 3 个闭塞分区空闲。

LU 码——列控车载设备 DMI 显示一个半绿半黄色灯光。表示列车运行前方有 2 个闭塞分区空闲。

U 码——列控车载设备 DMI 显示一个黄色灯光。表示列车运行前方有 1 个闭塞分区空闲。

U2S 码——列控车载设备 DMI 显示带“2”字的黄色闪光。预告列车接近的地面信号(机)所防护区段开通发送“UUS 码”的进路。

U2 码——列控车载设备 DMI 显示一个带“2”字的黄色灯光。预告列车接近的地面信号(机)所防护区段开通发送“UU 码”的进路。

UUS 码——准许列车按规定速度越过接近的地面信号机,列控车载设备 DMI 显示一个双半黄色闪光。

对于高速铁路及仅运行动车组的区段,表示列车接近的地面信号机开通经 18 号及以上道岔侧向位置进路,且进路允许速度不低于 80 km/h。

对于普速铁路区段,表示列车接近的地面信号机开放经 18 号及以上道岔侧向位置进路,且次一架信号机开通直向进路或开放经 18 号及以上道岔侧向位置进路;或表示列车接近的地面信号机开放经 18 号及以上道岔侧向位置进路,并开往站间无显示联系的区间。

UU 码——准许列车以不高于 45 km/h 的速度越过接近的地面信号机,列控车载设备 DMI 显示一个双半黄色灯光。

HB 码——列控车载设备 DMI 显示一个半黄半红闪光。表示列车接近的地面信号机开通引导进路。

HU 码——列控车载设备 DMI 显示一个半黄半红色灯光。表示列车接近的地面信号机未开通进路。

H 码——列控车载设备 DMI 显示一个红色灯光。表示列车已进入未建立的进路,或表示列车所在区段有灾害发生。

对于运行在高速铁路的非 CTCS-2/CTCS-3 级列控车载设备的列车,收到“L 码”“L2 码”“L3 码”“L4 码”“L5 码”时,机车信号机均显示一个绿色灯光,表示列车运行前方有 3 个及以上闭塞分区空闲;在高速铁路及仅运行动车组的区段,“UUS 码”要求列车限速运行,最高运行速度不超过 45 km/h。

(6)特殊信息

JC 码,仅用于轨道电路占用检查。

SP 码,用于机车信号设备的载频锁定或切换。

2. 低频信息分配

ZPW-2000 制式低频信息分配见表 2-7。

表 2-7 ZPW-2000 制式低频信息分配表

序 号	1	2	3	4	5	6	7	8	9
信息名称	L3 码	L 码	L2 码	LU 码	U2 码	预留	U 码	UU 码	UUS 码
机车信号显示	L 绿	L 绿	L 绿	LU 绿黄	U2 黄 2		U 黄	UU 双黄	UUS 双黄闪
DMI 显示	L3 绿	L 绿	L2 绿	LU 绿黄	U2 黄 2		U 黄	UU 双黄	UUS 双黄闪
频率/Hz	10.3	11.4	12.5	13.6	14.7	15.8	16.9	18.0	19.1

续上表

序　　号	10	11	12	13	14	15	16	17	18
信息名称	U2S 码	L5 码	预留	L4 码	HB 码	SP 码	HU 码	JC 码	H 码
机车信号显示	U2S 黄 2 闪	L 绿		L 绿	HUS 红黄闪		HU 红黄	B 或 H 白或红	H 红
DMI 显示	U2S 黄 2 闪	L5 绿		L4 绿	HUS 红黄闪		HU 红黄		H 红
频率/Hz	20.2	21.3	22.4	23.5	24.6	25.7	26.8	27.9	29.0

3. 机车信号信息使用

以下以使用 ZPW-2000 系列轨道电路的四显示自动闭塞区段为例，介绍机车信号信息使用及轨面信息与机车信号显示对应关系。

(1)进站信号机显示红灯

进站信号机显示红灯时，机车信号信息使用如图 2-17 所示。

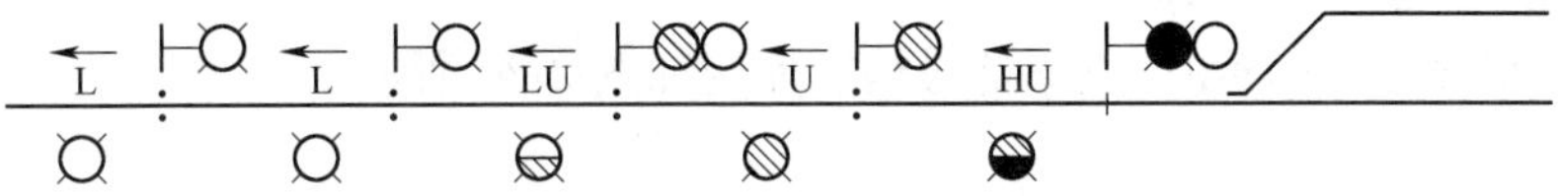

图 2-17　进站信号机显示红灯机车信号信息使用

进站信号显示红灯，向三接近区段发送 HU 码(26.8 Hz)。防护三接近的通过信号机显示黄灯，同时向二接近区段发送 U 码(16.9 Hz)。收到 U 码后防护二接近区段的通过信号机显示绿黄灯，同时向一接近区段发送 LU 码(13.6 Hz)。防护一接近区段通过信号机收到 LU 码后显示绿灯，同时向前一区段发送 L 码(11.4 Hz)。前一区段收到 L 码后信号机显示绿灯，同时向前发 L 码。

机车运行时接收到 L 码后，机车信号显示绿灯。机车进入一接近区段后，机车信号显示绿黄灯。机车进入二接近区段后，接收 U 码，机车信号显示黄灯。机车进入三接近区段后，接收 HU 码，机车信号显示红黄灯。

(2)进站信号机显示黄灯

进站信号机显示黄灯时，机车信号信息使用如图 2-18 所示。

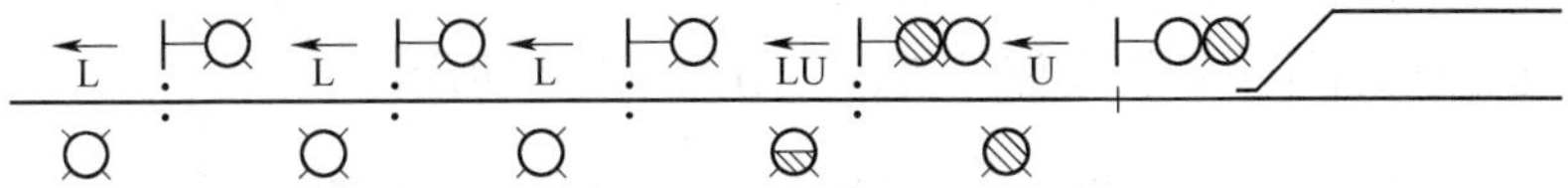

图 2-18　进站信号机显示黄灯机车信号信息使用

进站信号显示黄灯表示经道岔直向位置进站并准备停车。

进站信号显示黄灯向三接近区段发 U 码。防护三接近的通过信号机收到 U 码后显示绿黄灯，同时向二接近区段发 LU 码。防护二接近区段的通过信号机收到 LU 码后显示绿灯，同时向一接近区段发 L 码。一接近信号机收到 L 码显示绿灯，同时向前发 L 码。

机车运行时收到 L 码后，机车信号显示绿灯。机车进入二接近区段收到 LU 码后机车信号显示绿黄灯。机车进入三接近区段后，收到 U 码机车信号显示黄灯。

(3)进站信号机显示双黄灯

进站信号机显示双黄灯机车信号信息使用如图 2-19 所示。

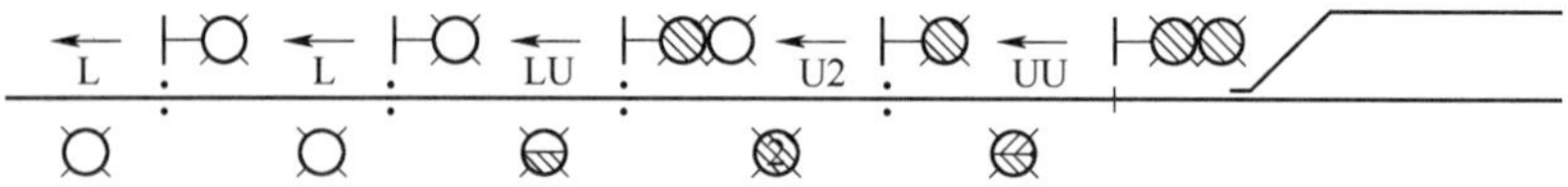

图 2-19 进站信号机显示双黄灯机车信号信息使用

进站信号显示双黄灯表示经道岔侧向位置进站并准备停车。进站信号显示双黄灯向三接近区段发送 UU 码(18 Hz)。防护三接近区段的预告信号机显示黄灯,同时向二接近区段发 U2 码(14.7 Hz)。防护二接近区段的通过信号机接收 U2 码后显示绿黄灯,同时向一接近区段发送 LU 码。一接近区段信号机接收 LU 码后显示绿灯,向前一区段发 L 码。

机车接收轨面 L 码后机车信号显示绿灯。机车接收轨面 LU 码后机车信号显示绿黄灯。机车进入二接近区段后,接收轨面 U2 码,机车信号显示黄 2 灯。机车进入三接近区段后,接收轨面 UU 码,机车信号显示双半黄灯。

(4)进站信号机显示黄闪黄

进站信号机显示黄闪黄时,机车信号信息使用如图 2-20 所示。

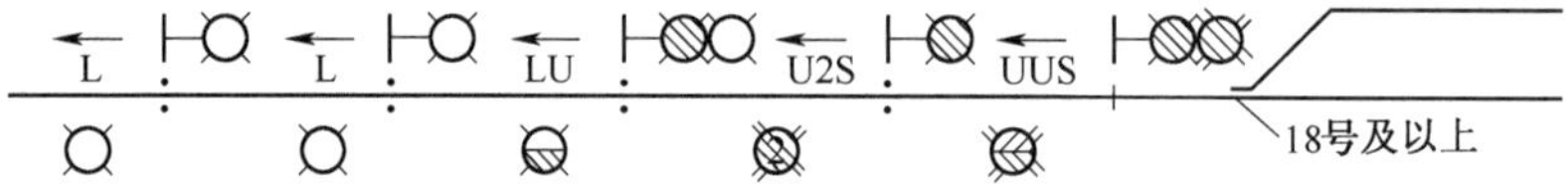

图 2-20 进站信号机显示黄闪黄机车信号信息使用

进站信号显示黄闪黄表示开通了经 18 号及以上道岔侧向位置,且次一架信号机开放经道岔的直向或 18 号及以上道岔侧向位置的进路。进站信号显示黄闪黄后向三接近区段发送 UUS 码(19.1 Hz)。防护三接近的通过信号机收到 UUS 码后显示黄灯,同时向二接近区段发送 U2S 码(20.2 Hz)。防护三接近的通过信号机接收到 U2S 码后显示绿黄灯,同时向一接近区段发送 LU 码。一接近区段通过信号机收到 LU 码后显示绿灯并向前发送 L 码。

机车接收 L 码后机车信号显示绿灯。机车接收 LU 码后机车信号显示绿黄灯。机车进入二接近区段接收 U2S 码后机车信号显示黄 2 闪灯。机车进入三接近区段后,接收 UUS 码机车信号显示双黄闪灯。

(5)进站信号机显示引导信号

进站信号机显示引导信号机车信号信息使用如图 2-21 所示。

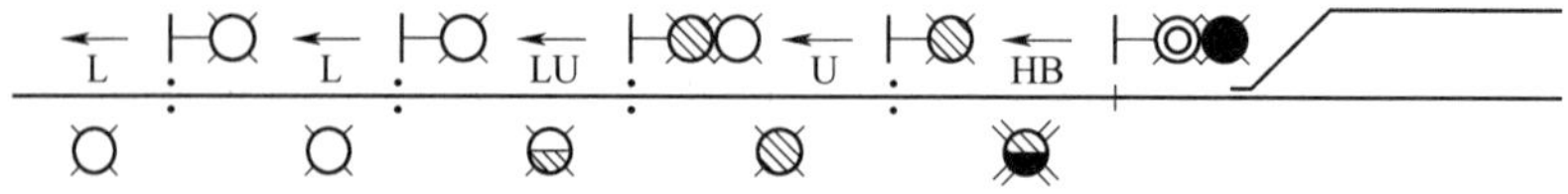

图 2-21 进站信号机显示引导信号机车信号信息使用

进站信号显示引导信号(一个红灯和一个引导白灯同时点亮)指示列车可不停车,以不超过 20 km/h 的速度进站并随时准备停车。进站信号开放引导信号后向三接近区段发送 HB 码(24.6 Hz)。防护三接近的预告信号机收到 HB 码后显示黄灯,同时向二接近区段发送 U 码。防护二接近区段的通过信号机收到 U 码后显示绿黄灯。该信号机显示绿黄灯后向一接近区段发送 LU 码使前区段信号机显示绿灯。

机车接收 LU 码机车信号显示绿黄灯。机车进入二接近区段后接收 U 码机车信号显示黄灯。机车进入三接近区段后，接收 HB 码，机车信号显示红黄闪灯。

(6)通过信号机显示容许信号

通过信号机显示容许信号机车信号信息使用如图 2-22 所示。

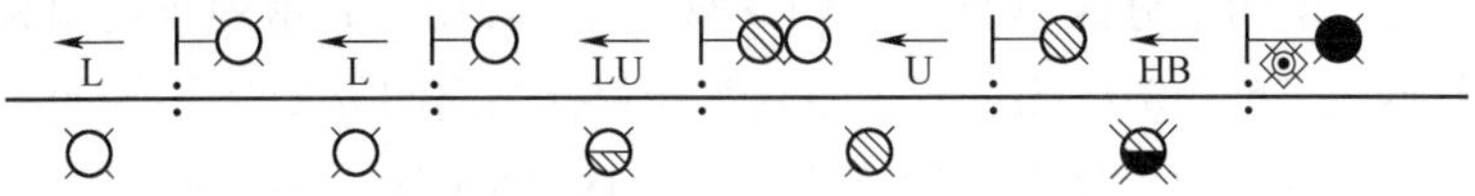

图 2-22　通过信号机显示容许信号机车信号信息使用

通过信号机显示容许信号，即一个红灯和一个蓝灯同时点亮，指示列车可不停车，以不超过 20 km/h 速度越过容许信号并按次一架信号机的显示行车。通过信号机显示容许信号后依次向通过信号机前一区段、前二区段、前三区段发送 HB 码、U 码、LU 码。

机车接收 LU 码后，机车信号显示绿黄灯。机车接收 U 码后，机车信号显示黄灯。机车进入 HB 码区段后，机车信号显示红黄闪灯。

(7)机车信号显示白灯

机车信号显示白灯如图 2-23 所示。

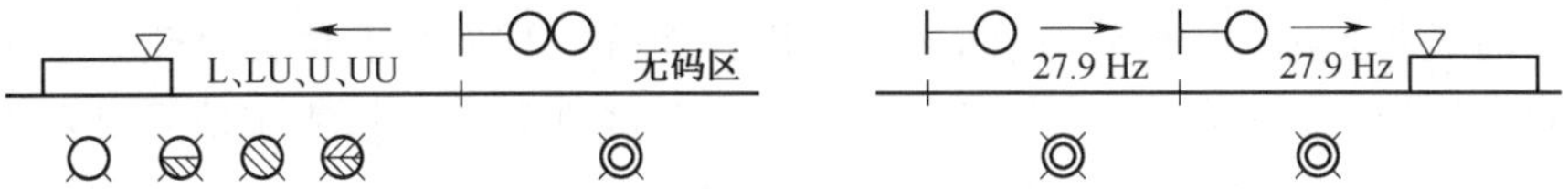

(a)　(b)

图 2-23　机车信号显示白灯

机车信号显示白灯有两种情况，分别如图 2-23(a)和图 2-23(b)所示。

图 2-23(a)，当机车由接收允许码信息(L 码、LU 码、U 码、UU 码……)进入无码区段后，机车信号显示白灯。

图 2-23(b)，自动闭塞区段列车反方向运行按站间闭塞行车时轨道电路送受端改变位置。列车反向运行时，除反向进站信号机的接近区段发送与反向进站信号机显示意义一致的信息外，其他区段均迎着反方向运行列车发送 27.9 Hz 信息。机车接收 27.9 Hz 信息后，机车信号显示白灯。

(8)机车信号显示红灯

机车信号显示红灯如图 2-24 所示。

当列车由接收 HU 码区段进入无码区段后，机车信号显示红灯。

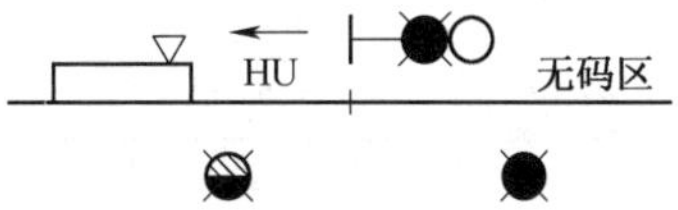

图 2-24　机车信号显示红灯

(9)CTCS-2 级区段车载信号信息使用

CTCS-2 级区段车载信号信息使用如图 2-25 所示。

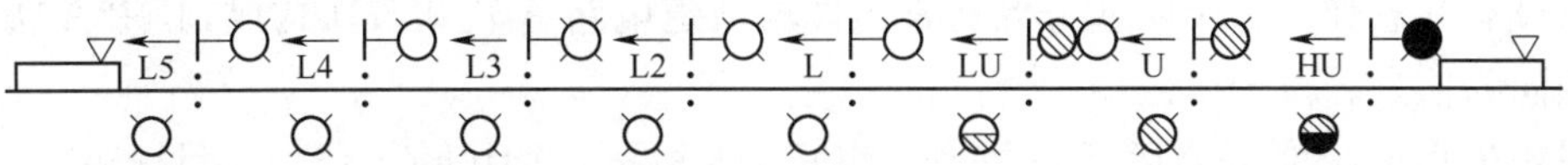

图 2-25　CTCS-2 级区段车载信号信息使用

在 CTCS-2 级区段两动车组正常追踪运行时，至少间隔 7 个闭塞分区。

列车接收 L5 码(21.3 Hz)时，表示列车与目标距离(前方动车组)至少间隔 7 个闭塞分区；列车接收 L4 码(23.5 Hz)时，表示列车与目标距离间隔 6 个闭塞分区；列车接收 L3 码(10.3 Hz)时，表示列车与目标距离间隔 5 个闭塞分区；列车接收 L2 码(12.5 Hz)时，表示列车与目标距离间隔 4 个闭塞分区；列车接收 L 码(11.4 Hz)时，表示列车与目标距离间隔 3 个闭塞分区；列车接收 LU 码(13.6 Hz)时，表示列车与目标距离间隔 2 个闭塞分区；列车接收 U 码(16.9 Hz)时，表示与列车目标距离间隔 1 个闭塞分区；列车接收 HU 码(26.8 Hz)时，表示前方即为停车目标，应立即停车。

在 CTCS-2 级区段，列车接收到相应的信息码后便可计算出距目标点的空闲的闭塞分区数。闭塞分区长度为定值时，便可计算出列车距目标点的目标距离。根据目标距离、线路情况及列车自身参数由车载安全计算机自动生成目标—距离连续速度控制曲线，监控列车安全运行。

装备 CTCS-2 级车载设备的列车在 CTCS-2 级区段运行时采用 ATP 控车，此时不再使用机车信号行车，而采用车载信号行车。车载信号通过人机界面(DMI)以数字、指针、曲线及光标方式显示列车实际运行速度、列车允许速度、列车目标速度和目标距离等信息。

当 CTCS-2 级车载设备故障时，CTCS-2 级可降级使用，改用由 LKJ 控车。此时，ATP 的数字、指针、曲线和光标方式已不存在，但在人机界面(DMI)上右上角会出现一个机车信号圆形图标，司机凭机车信号圆形图标显示行车。当机车接收 L5 码时，机车信号显示中间带有阿拉伯 5 字的绿色图标；当机车接收 L4 码时，机车信号显示中间带有阿拉伯 4 字的绿色图标；当机车接收 L3 码时，机车信号显示中间带有阿拉伯 3 字的绿色图标；当机车接收 L2 码时，机车信号显示中间带有阿拉伯 2 字的绿色图标；当机车接收 L 码时，机车信号显示中间无字的绿色图标；当机车接收 LU 码时，机车信号显示半绿半黄色图标；当机车接收 U 码时，机车信号显示一个黄色图标；当机车接收 HU 码时，机车信号显示一个半黄半红图标。

当装备有 CTCS-2 级车载设备的列车进入普速铁路运行时，因缺失 CTCS-2 级列控系统地面信息支持，列车降为 CTCS-0 级使用。此时，根据接收信息的人机界面(DMI)也以如上圆形图标形式显示机车信号并采用 LKJ 控车。

(10)CTCS-3 级区段车载信号信息使用

CTCS-3 级区段车载信号信息使用如图 2-26 所示。

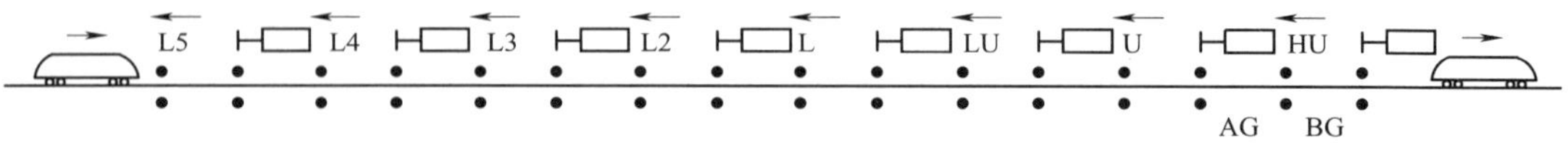

图 2-26　CTCS-3 级区段车载信号信息使用

CTCS-3 级区段列车运行速度可达 300～350 km/h。此时不设地面信号机，仅在闭塞分区入口设有标志牌。一个闭塞分区通常由两段轨道电路 A 轨和 B 轨构成，其中 A 轨和 B 轨发送相同的信息。

图 2-26 可见，区间正常运行时，两动车组间至少相隔 7 个闭塞分区运行，目标距离约 15 km 以上。图中，动车接收 L5 码时，表示与目标距离至少间隔 7 个闭塞分区；动车接收 L4 码时，表示与目标距离间隔 6 个闭塞分区；动车接收 L3 码时，表示与目标距离间隔 5 个闭塞

分区；动车接收 L2 码时，表示与目标距离间隔 4 个闭塞分区；动车接收 L 码时，表示与目标距离间隔 3 个闭塞分区；动车接收 LU 码时，表示与目标距离间隔 2 个闭塞分区；动车接收 U 码时，表示与目标距离间隔 1 个闭塞分区；动车接收 HU 码时，表示前方为停车目标，应立即停车。

同 CTCS-2 级列控系统一样，CTCS-3 级当车载设备具备列控所需的全部基本信息，如列车参数、线路参数和行车许可等，列控设备可自动生成目标—距离连续速度控制模式曲线，监控列车安全运行。司机凭车载信号显示的列车运行速度、允许速度、目标速度、目标距离等信息行车。

需说明的是在 CTCS-3 级区段，车载安全计算机 CTCS-3 级控车单元和 CTCS-2 级控车单元同时工作，不再装设 LKJ。当无线闭塞中心故障或 GSM-R 专用模块故障后 CTCS-3 级系统自动降至后备 CTCS-2 级系统工作。CTCS-3 级和 CTCS-2 级列控系统使用的车载信号信息相同。

三、机车信号设备维护

机车信号设备质量直接关系到列车运行安全。为确保设备可靠工作，必须坚持“质量第一，预防为主”的原则，对机车信号设备进行严格的检修和精心的维护。

1. 维护机构设置

为搞好设备维护，全路各电务段应在本地区机务段所在地设置车载车间。车载车间通常设有器材检修工区、库修工区、检修工区和分析工区等。

器材检修工区主要负责机车、轨道车车载设备器材的检修、测试，负责器材履历管理和技术改造。

库修工区主要负责车载设备的拆装、整治、试验和交车。

检测工区主要负责出入库车载设备检测；发放和回收车载设备检测合格证；负责 LKJ 运行记录数据、机车信号文件及语音录音文件的转储和发送。

分析工区主要负责车载设备的专项分析工作，如 LKJ 运行记录文件、主体化机车信号文件，语音录音文件等的质量分析、存档等；负责对发现的质量问题及时反馈与跟踪。

2. 监测范围与标准

(1)机车信号主机

①主机外观检查及清洁

a. 检查机车信号主机外观，安装是否牢固。

b. 清洁机箱内外部及安装位置周围环境。检查主机地线是否牢固，各插头是否良好，插头配线无老化、破损等。

c. 检查主机记录板 SUB 口状态。

d. 检查主机箱底座安装螺栓紧固无锈蚀、无松动。

②主机文件分析

a. 记录中是否存在 A/B 机切换、断电、A/B 机工作异常及是否存在故障代码。

b. 记录中是否存在灭灯、多灯、掉码、乱码、错码、信号突变等情况。

c. 记录中载频、低频、幅度、波形是否符合标准，是否存在地面发码入口电流低、补偿电容失效、载频、低频超标等情况。

d. 记录中机车电源电压是否超标。

e. 记录中制式信息 ZS 输出、绝缘节 ZY 信号输出、上/下行开关位置与列车实际走行等是否有异常。

f. 分析记录中采集 TAX 箱的时间、速度、公里标、站名、信号机编号等信息是否正常。

(2)接收线圈

①外观检查及清洁

a. 检查接收线圈外观清洁,无破损,防尘防水良好。

b. 检查线圈出口处弯头状态,无松动断裂现象。

c. 检查接收线圈配线防护管及插头状态。

d. 检查接收线圈各部螺栓、螺帽、垫片、开口销齐全,开口销劈开角度 60°～90°。

e. 检查接线盒防护罩是否安装牢固、垫片、弹簧片、开口销是否齐全。各插头与接线盒线号对应是否正确。

②电气特性测试

接收线圈电气特性测试应满足:

a. 用万用表直流电阻挡测试,双路接收线圈单圈直流电阻不大于 8 Ω。

b. 在 1 000 Hz 条件下,单个接收线圈的每路电感应不小于 60 mH,品质因数应不小于 5.5,接收线圈绝缘电阻应大于 30 mΩ。

③机械特性测试

接收线圈安装应满足:接收线圈底部距钢轨轨面(155±5) mm;接收线圈中心与钢轨轨面中心为(0±5) mm。

接收线圈安装时,要注意保持两个接收线圈上的箭头方向一致,避免同名端安反,同时线圈插头与接线盒插座连接一定正确。

(3)机车信号机

①检查信号机安装位置是否正确牢固,加锁加封是否良好。

②检查各插头连接是否正确,接触是否良好,配线有无老化、破损等现象。

③检查信号机机构完整、遮檐良好,螺栓紧固,外部清洁。

④检查 LED 指示灯显示正确。上/下行开关作用良好,动作灵活。当上/下行循环发码时各灯位显示正常,指示灯显示正确。

⑤电气测试时应满足机车信号 LED 指示灯工作电压 DC (48±4.8) V,适应工作电压范围 35～65 V,最大正向工作电流不大于 20 mA。

(4)机车信号灵敏度及返还等数测试

①设备的整机返还系数应不小于 75%。

②接收 ZPW-2000 信息时,机车信号灵敏度(钢轨短路电流)应符合表 2-1 的规定。

(5)信号显示应变时间

接收 ZPW-2000 系列信息时应变时间应不大于表 2-2 的规定。

3. 系统维护

不论地面设备,还是车上系统,任一部分故障均可导致 JT1-CZ2000 型机车信号不能正常工作。JT1-CZ2000 型机车信号主要故障现象及原因见表 2-8。

表 2-8　JT1-CZ2000 型机车信号主要故障现象及原因

故障现象	故障原因
上电后不点灯	电源连接板故障； 机车信号机故障； 主机故障； 点灯线上负载过大； 电缆或电缆插头故障
熔断器熔断	主机故障； 机车电源接地故障； 电源板故障
某一灯位不显示	显示器故障； 主机译码故障； 输出线上负载过大； 电缆或电缆插头故障
点白灯后不译码	地面轨道电路信息故障； 上/下行开关电路故障； 主机故障； 接收线圈故障或接线错误； 电缆或电缆插头故障
上行或下行某一方向不译码	上/下行开关电路故障； 主机故障； 某一端接收线圈故障； 电缆或电缆插头故障
使用中闪白灯	地面轨道电路信息故障； 上/下行开关接触不良； 连接板接触不良； 主机译码故障； 接收线圈安装位置、参数不对； 接收线圈电缆屏蔽层没有单点接地； 电缆或电缆插头故障
机车接收灵敏度不合格	接收线圈安装位置、参数不对； 接线错误； 主机故障

出现故障时维修人员必须要对具体现象进行分析和调查，是个别机车偶尔出现的故障还是多台机车易出现的故障，是固定地点经常发生的故障还是随机发生的故障。

JT1-CZ2000 型机车信号系统维护应做到以下几点：

(1)通过机车信号记录器记录的数据进行一般分析，初步确定故障类型。

(2)使用便携式机车信号测试仪对车载系统进行测试，初步判断故障地点。

(3)在室内利用机车信号测试台检查和测试主机是否工作正常。

(4)根据电路图测试接线是否良好，维修电源电路，更换故障元件。

(5)用万用表测量线圈电阻，用兆欧表测量线圈绝缘电阻，确定接收线圈是否工作良好。

(6)根据机车信号机电路图检查内部电路是否完好，更换电路内部器件。

(7)对记录器记录的地面信息波形进行分析。通过对波形幅度、频率及其他参数的分析判断地面轨道电路信息是否正常。

(8)用机车信号计算机测试台或其他仪器测试机车信号的各项指标。

(9)主机内部故障定位：主机故障后确定是主机板故障、连接板故障还是机箱内部配线故障。可用分析方法或电路板替换方法确定并排除故障。

(10)主机板输入电路维修,掌握主机板输入电路工作原理及各点输出波形参数,进行输入电路的故障判断及修复。

(11)主机板故障判断,掌握故障代码显示器显示的故障说明,根据故障代码显示器显示的内容进行故障判断与处理。

第二节　列车运行监控装置

监控装置是我国铁路研制的以保障列车运行安全为主要目的的列车速度控制装置。该装置在实现安全速度控制的同时,采集记录与列车安全运行有关的各种机车运行状态信息,促进了机车运行管理的自动化。

监控装置以轨道电路及机车信号作为列车运行指令信息源,以预置于主机的方式获取运行线路参数信息,采用计算机智能处理对列车运行速度进行安全监控。

我国监控装置的研究开发从 20 世纪 90 年代开始,1995 年起形成全路普及的规模。使用的监控装置主要为 LKJ-93 型和 JK-2H 型。LKJ2000 型监控装置吸取了两者的成熟技术,在技术等级、功能、性能和可靠性等方面都有了较大程度的提高,并且在功能扩展和与各项发展中的技术设备的接口方面做了适应设计,LKJ-15S 则是新一代的监控装置。

监控装置目前广泛应用于 160 km/h 以下铁路,并且在采用 CTCS-2 级列控系统的高速铁路作为备用系统。

一、LKJ2000 型监控装置概述

1. LKJ2000 型监控装置的特点

(1)车载存储线路参数

将全部线路设施资料存储于主机中,不需要地—车间的传输环节,地面不增设附加设备,节省投资和维护费用。对于地点特征、特殊要求信息,设计了接收地面传输信息的接口。

(2)采用连续平滑速度模式曲线控制

将线路固定限速、闭塞指令限速等各种控制要求的控制值沿运行里程形成连续平滑速度模式曲线,最大限度地适应正常人工操纵和运行效率的提高,提高了控制精度。

(3)实时计算取得速度控制值

对每一速度控制值均针对限速目标进行计算取得。采用了 32 位 CPU 作为系统主机,具有更高的运行速度、控制精度和更强的数据处理能力。实时计算中考虑本列车设备类型和状况、本地线路参数、本地特殊控制要求等随机变化因素,最大限度地使控制符合运行实际。

(4)主要控制过程全部采用计算机实现

全国铁路采用统一的硬件和统一的基本控制软件,对各运行区域的不同线路条件和不同行车要求,通过写入不同的线路资料和控制条件予以适应,适应性强,便于规范管理。

(5)提高可靠性设计

采用模块级主从机热备冗余。当工作机发生故障,便自动切换到热备机工作;当任何一个单元或通道出现故障,便自动启动备用单元和备用通道。采用控制器局域网(CAN)做系统内部通信方式进行数据交换,具有高强的检错与纠错能力,传输可靠性大为提高。

(6)提高安全性设计

故障安全措施较前代做了很大加强。在双机数据处理方面,对速度信号故障、轨道绝缘节

识别故障、通信故障等的检测、判断和处理方面均进行了专门设计。

(7)采用了图形化屏幕显示器

采用 10 英寸薄膜晶体管(TFT)高亮度液晶显示器,以动态图形方式预示运行前方线路的弯道、坡道、桥梁、隧道、道岔以及信号机布置等情况,随列车运行滚动显示控制模式限速曲线。显示直观,认读性好,司机操作的交互性好。也可选配数码显示器。

2. LKJ2000 型列车运行监控装置的功能

LKJ2000 的主要作用,一是防止列车越过关闭的地面信号机,二是防止列车在任何区段运行中超过机车车辆的构造速度、线路允许的最高运行速度和道岔的限制速度。

(1)监控功能

①防止列车越过关闭的信号机。

②防止列车超过线路(或道岔)允许速度以及机车车辆的构造速度。

③防止机车以高于规定的限制速度进行调车作业。

④在列车停车情况下,防止车辆溜逸。

⑤可按临时增加的运行要求控制列车不超过临时限速。

⑥在自动闭塞区段,列车在显示停车的通过信号机前停车 2 min 后又继续向此信号机防护的分区运行时,保证在该信号机防护的闭塞分区内运行速度不超过规定的限制速度。

⑦列车通过显示黄灯、双黄灯、黄闪黄的进站信号机进入站内无码区段时,LKJ2000 按前方信号机关闭进行控制。经司机确认操作后,允许列车以低于规定的限制速度通过该信号机。

(2)记录功能

①一次性记录项目

a. 开机记录,包括日期、时间、机型、机车号、监控装置编号、车轮轮径。

b. 输入参数记录,包括车次、司机号、副司机号、区段代号、车站代号、客货车别、本务补机别、牵引总重、载重、计长、辆数、支线号、侧线股道号、出入段时间。

②运行参数记录项目

a. 时间。

b. 线路公里标。

c. 距前方信号机距离。

d. 前方信号机种类及编号。

e. 机车信号显示状态。

f. 地面传输信息。

g. 运行实际速度。

h. 限制速度。

i. 列车管压力、机车制动缸压力。

j. 机车工况(牵引制动别、零位、运行前后方向别)。

k. 柴油机转速(内燃机车)、原边牵引电流(电力机车)。

l. 监控装置控制指令输出状况(动力切除、常用制动、紧急制动、允许缓解等)。

m. 监控装置报警。

n. 司机操作装置状况(开车、调车、解锁、警惕键、坐标调整、集成电路(IC)卡操作、事件打点记录等)。

o. 监控装置异常状况。

p. 平面调车灯显装置信息变化。

③记录条件

a. 运行记录

当满足下列条件之一时产生一次参数记录:实际速度变化 2 km/h;限制速度变化 2 km/h;列车管压力或机车制动缸压力变化 20 kPa;柴油机转速变化 100 r/min;机车信号显示及平面调车灯显信息变化;机车工况变化;机车过闭塞分区(轨道绝缘节);监控装置控制指令输出;司机操作装置;地面传输信息变化;监控装置报警;监控装置异常。

b. 运行事故状态记录

机车走行距离每变化 5 m 将上述“运行参数记录项目”内容记录一次。

(3)显示和声音提示功能

显示和提示功能由监控装置配置的数码显示器或屏幕显示器实现。

①数码显示器

a. 显示实际运行速度、限制速度/目标速度。

b. 显示机车信号信息。

c. 可选择显示装置原始设定的参数、司机输入信息 、运行参数、地面传输信息、监控装置故障信息。

d. 声音提示内容。进行下列各类信息的声音提示:机车信号灯状况;前方信号机处限速值变化;司机输入有关信息;临时限速地点及限速值;监控装置实施动力切除、常用或紧急制动;监控装置允许缓解;车机联控作业;进入侧线股道或支线地点;监控装置报警;监控装置状况;事故状态记录器状况。

②屏幕显示器

屏幕显示器全部涵盖数码显示器的显示和提示内容。屏幕显示具有信息量大、显示方式灵活的特点,可充分发挥图形、符号、曲线的优势。屏幕显示器主要分两类显示界面形式。

a. 综合信息显示

(a)运行已经过的 1 km 路程至当前所处地点的实际运行速度值轨迹曲线。

(b)显示运行前方 3 km 路程内线路允许速度、机车车辆构造限速或临时限制速度三者的较低速度值曲线。

(c)显示运行前方 3 km 路程内线路控制模式限制速度曲线。

(d)以曲线、图形、符号和文字形式,沿线路里程的延展显示运行已经过的 1 km 路程至运行前方 3 km 路程内的线路平面曲线、桥梁、隧道、坡道、信号机、平交道口、电气化断电标、车机联控作业地点及车站的布置情况。

(e)显示运行前方 3 km 路程内机车优化操纵运行速度曲线和手柄级位或牵引电流曲线;显示站间运行图规定运行时间。

(f)以图形或数字方式显示实际运行速度、控制模式限制速度、距前方信号机距离、时钟等。

b. 单项信息显示

与数码显示器中选择显示功能内容相对应的各种显示均以单项信息方式显示,每种显示依其功能性质采取了适宜的图形、表格等形式。

3. 监控装置速度控制模式

(1)速度监控的依据

为了实现速度监控的目标,监控装置需要获得行车指令要求、运行线路状况和列车自身状况的信息。

行车指令要求主要指是否允许列车运行及允许运行的速度，是通过机车信号获得的。

运行线路状况指线路的坡道、曲线、隧道情况，以及道岔、信号机布置情况，是通过将有关参数预先存储于监控装置的主机中获得的。

列车自身状况指编组辆数、实际运行速度、列车所处线路的位置等。列车编组辆数是通过司机用键盘输入获得的。运行速度由机车轴端速度传感器得到。列车位置信息根据列车运行速度计算走行里程得到，并通过轨道电路校准。

速度监控装置以获得的上述各种信息作为依据，按照运行规章的要求进行一系列的计算、判断和控制，完成速度监控功能。

(2)速度监控的基本原理

监控装置采集列车和线路参数，获取运行指令，对照指令目标处的速度值计算出列车运行当前必须限定的速度值(限速值)，将采集的实际运行速度与限速值进行比较，对实际运行速度达到限速值的情况发出报警，以切除牵引控制指令进行速度控制。

监控装置的核心是当前限速值的计算。计算的数学模型必须符合列车牵引计算的相关规定，且要考虑系统参数采集存在的误差和列车控制系统性能的离散性而包含安全余量。

沿列车运行线路里程坐标将运行在各处的计算所得限速值连接，形成连续曲线。该限速值称为控制模式限速值(或简称模式限速值、计算限速值)；限速值曲线称为控制模式限速曲线(简称模式曲线)。模式曲线分为两类，一是依据线路条件和机车车辆构造条件确定的限速值形成的模式曲线，其在一定区域内是固定不变的，图 2-27 中机车信号显示 L 的区域，称为固定模式曲线；另一是根据前方指令目标处的速度控制值的要求，模式限速值沿线路里程坐标形成渐变下降的曲线，图 2-27 中机车信号显示 U 或 H/U 的区域，称为降速模式曲线。

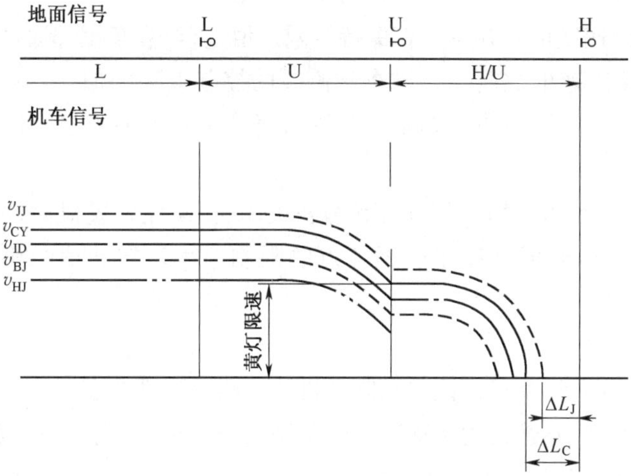

v_{BJ}—报警速度整定值，$v_a \geqslant v_{BJ}$ 语音报警；v_{ID}—卸载整定值，$v_a \geqslant v_{ID}$ 机车卸载；

v_{CY}—启动常用制动模式曲线，$v_a \geqslant v_{CY}$ 常用制动动作；v_{JJ}—启动紧急制动模式曲线，$v_a \geqslant v_{JJ}$ 紧急制动动作；

v_{HJ}—缓解模式曲线，$v_a \geqslant v_{HJ}$ 允许人工缓解，装置启动的常用制动在 H/U 灯区域，一般均设定停车后才能进行人工缓解；

ΔL_J—紧急制动预留安全距离；ΔL_C—常用制动预留安全距离。

图 2-27　监控装置速度控制模式曲线示意

注：图中假设监控装置实时计算的模式限制速度曲线与常用制动模式曲线重叠。

(3)速度控制模式

模式限速值和模式曲线是监控装置各控制指令速度值形成的基础。

对于固定模式曲线,监控装置依据线路的曲线和坡道、桥梁、隧道、道岔等的固定限速要求以及机车车辆的构造限速要求直接形成模式曲线。

对于降速模式曲线,监控装置根据前方指令目标处的速度控制值的要求,分别按常用制动方式和紧急制动方式数学模型计算取得两个限速值。一般把按常用制动方式数学模型计算取得限速值形成的限速曲线作为模式曲线,而对于没有电控常用制动机构的机车,则把按紧急制动方式数学模型计算取得限速值形成的限速曲线作为模式曲线。

此外,监控装置还设置了报警和切除牵引(俗称卸载)控制指令输出信号,以便在常用制动或紧急制动执行之前,提醒司机操纵减速或通过切除机车动力实施惰性运行减速,减少制动排风。在监控装置实施常用制动并达到了减速要求后,设有允许缓解的提示功能。

①各种信号状态基本控制功能

a. 当机车信号为绿灯条件时,允许列车按线路最高允许速度或机车车辆的最大构造速度运行,监控装置的报警、切除牵引、常用制动(及其允许缓解速度值)、紧急制动速度值均以线路最高允许速度或机车车辆的最大构造速度为基准进行设置。

b. 当机车信号为黄灯(或绿/黄灯、黄 2 灯)条件时,监控装置将按保证列车在通过显示黄灯(或绿/黄灯、黄 2 灯)的信号机时降为其规定的限制速度的要求,根据《列车牵引计算　第 1 部分:机车牵引式列车》(以下简称《牵规》)规定的常用及紧急制动计算公式进行实时计算取得控制指令速度值。

c. 当机车信号显示双黄灯时,监控装置根据已存入装置内的进站信号机到相应道岔岔尖的距离及道岔的限制速度,以道岔岔尖为指令目标地点,实时计算出列车在各点允许运行的速度,将其设置为限制速度值。并且一直保持该限速值,直至列车尾部通过出站道岔。

d. 对局部线路限速的控制与对进车站侧线的控制道理相似,只是将指令目标地点改为局部线路限速要求的起始地点,并同样将限制速度值一直保持至列车尾部通过终止限速地点。

e. 当机车信号显示红/黄灯,即地面信号机关闭时,监控装置根据《牵规》实时进行制动计算,按保证在该信号机前可靠停车设置各点的限制速度。在此信号机前,模式限制速度变为零。

②安全余量

考虑到各种参数采集存在的误差和制动机构性能离散性会引起实际制动距离与计算距离发生误差,为确保安全,不管常用制动还是紧急制动,均设一个制动距离安全余量(ΔL)。

在三显示自动闭塞区段,列车从绿灯进入黄灯再接近红灯区间,监控装置速度控制模式曲线如图 2-27 所示。

③监控模式计算

a. 指令值的形成

一般地,监控装置首先按照一定控制要求根据规定的数学模型计算确定出限速模式值,再通过与限速模式值的差值关系形成常用制动、紧急制动、报警、切除牵引等实施输出指令值。仅在降速模式区域,常用制动控制指令速度值和紧急制动控制指令速度值才分别直接取自常用制动数学模型计算限速值和紧急制动数学模型计算限速值。

速度差值是指实施指令的整定值与监控装置实时计算确定限制速度值之间的差值，有：报警开始速度差、切除牵引（卸载）速度差、常用制动速度差、紧急制动速度差、允许缓解速度差等。以上各种速度差值在装置的降级控制方式、调车方式和固定模式区、降速模式区、停车模式区分别设置不同的值，以适应各种控制的需要。

b. 制动距离计算中的有关参数

制动距离计算中的参数包括：空走时间、制动初速、紧急制动换算制动率、常用制动换算制动率、换算摩擦系数 、列车单位基本阻力、安全预留距离、安全距离速度项系数等。

c. 各种限速要求取值

(a)一般线路限速

由固定的线路允许速度或机车车辆构造速度决定，在地面数据中客货车可以分别取值，一般取线路限速或机车车辆构造限速的最小值。

(b)局部线路限速

由于施工慢行或桥梁、隧道等形成的对某区段的特殊限制速度，在地面数据中按始末公里标决定限速地段并按要求取值。

(c)进/出站道岔限速

按各股道的进/出站道岔限制速度要求取值。

(d)站内黄灯限速

按进站信号机处的黄灯限制速度值决定取值。

(e)区间黄灯限速

由各铁路局集团公司根据需要规定。

(f)调车限速

按对调车限速的规定设置，一般取 40 km/h。

(g)引导进站限速值

按规定取 20 km/h。

d. 解锁速度、距离

对监控装置解除模式控制（解锁）时的运行速度限制及距前方信号机距离限制，由使用部门根据各种解锁要求、线路条件、司机操作方法等情况规定。

二、LKJ2000 型监控装置组成及工作原理

1. 系统组成

LKJ2000 型监控装置主要由监控主机箱、监控显示器、列车事故状态记录器、速度传感器、压力传感器、机车鸣笛记录接口装置、BDS（北斗）信息接收装置、总线扩展盒、本/补切换装置、调车灯显接口盒等组成，如图 2-28 所示。

与 LKJ 配套工作的设备还有转储器、TAX2 箱、铁路车号自动识别系统（ATIS）车载设备、列车运行状态信息系统（LAIS）车载设备、双针速度表、数模转换盒、机车语音箱、常用制动接线盒等。

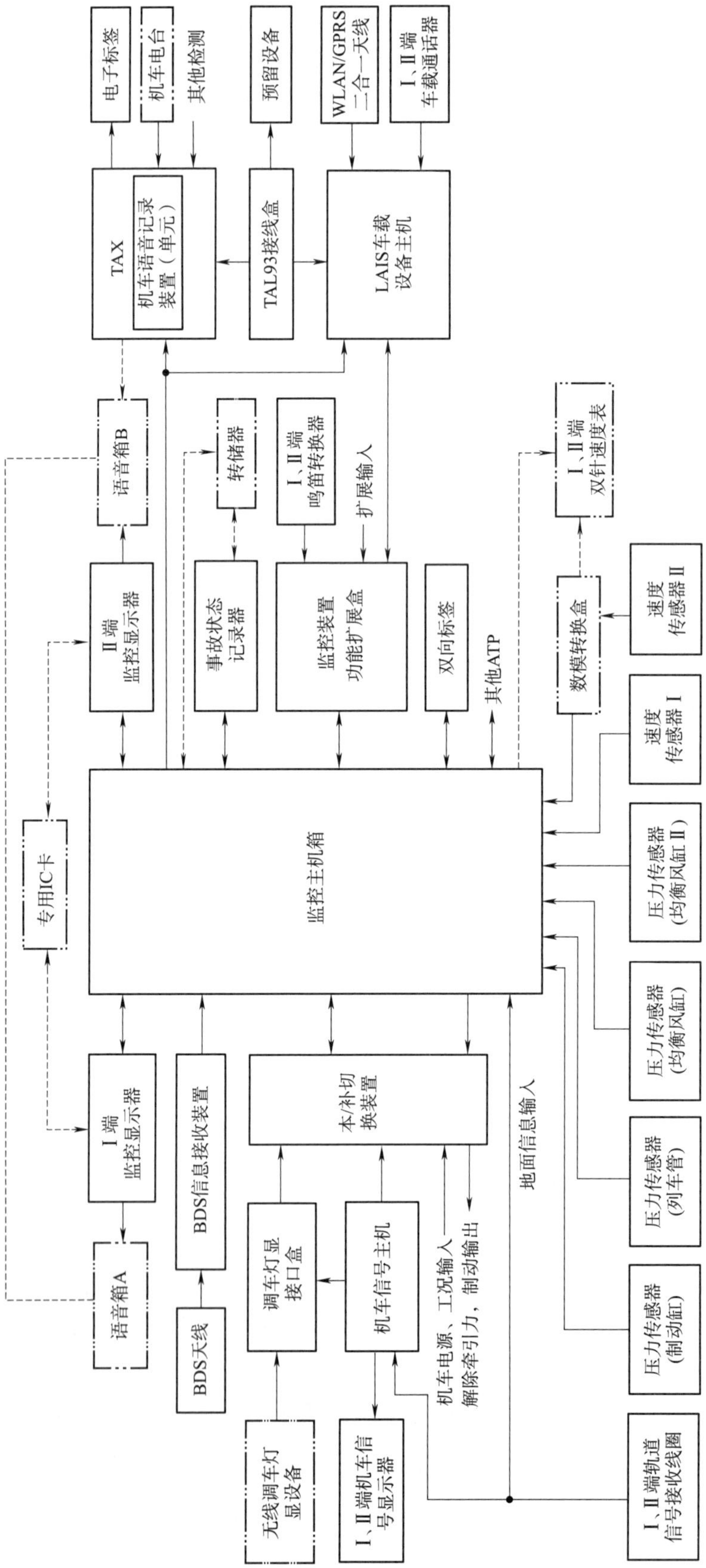

图 2-28 LKJ2000型监控装置组成

(1)监控主机箱

监控主机箱采用 6U(1U=44.45 mm)、19 英寸标准机箱结构,其宽度尺寸为 84R(1R=5.08 mm),深度 300 mm。插件尺寸为 6U(高度)×160(深度)标准插件。监控主机箱为装置的控制中心,其内部由 A、B 二组完全相同的控制单元组成,每组有 8 个插件位置(包括一个预留位置),各插件位置以机箱中心线为基准对称排列,从中心线开始往左、右,各插件排列顺序依次为:监控记录、地面信息、通信、模拟量输入/输出、预留、数字量输入、数字量输入/输出、电源,主机箱插件排列如图 2-29 所示。各插件之间采用 VME 标准总线母板连接。机箱采用背板对外出线方式,所有输入/输出信号均通过机箱背部连接器引出。

电源A	数字量入/出A	数字量输入A	扩展通信A	模拟量入/出A	通信A	地面信息A	监控记录A	监控记录B	地面信息B	通信B	模拟量入/出B	扩展通信B	数字量输入B	数字量入/出B	电源B

图 2-29 监控主机箱插件排列

(2)监控显示器

作为人机界面(DMI)的显示器有数码显示器与屏幕显示器两种。

屏幕显示器方式采用 10 英寸 TFT 高亮度液晶显示屏,以屏幕滚动方式显示实际运行速度轨迹曲线及模式限制速度(或线路允许速度)曲线,以图形、符号和文字形式显示地面信号机的位置、种类,以及运行线路的曲线、坡道、桥梁、隧道及道口等信息,同时显示指导性机车优化操纵运行速度曲线和手柄级位曲线,以提示或引导司机操作。屏幕显示器内部采用 PC104 模块结构,具备语音提示功能以及大容量 IC 卡数据读写功能。

(3)列车事故状态记录器

列车事故状态记录器(黑匣子)记录 30 min 以内的最新列车运行状态数据(事故发生将自动停止记录),其记录密度大大高于监控主机数据记录密度,列车走行距离超过 5 m 时,将产生一次相关参数记录。在发生事故后可提供详细、准确的列车运行状态数据。事故状态记录器具备抗冲击性能。

(4)速度传感器

速度传感器提供速度信息——与车轮转数成比例的电脉冲信号。采用 TQG15 型或 DF16 型光电式速度传感器,安装在机车轮对上。速度信号的基本配置为二通道(可扩充至三通道、四通道),如果二通道速度信号相位相差 90°,则可满足相位防溜功能的需要。在此功能时,速度信号可分别取自两个速度传感器。

(5)压力传感器

压力传感器提供压力信息。采用 TQG14 型机车压力变送器。压力信息除了检测列车管压力外,还检测机车均衡风缸压力及制动缸压力。均衡风缸压力信号用于反馈控制以提高常用制动减压量控制精度;制动缸压力信号主要在机车单机运行时作为状态记录依据。

(6)机车鸣笛记录接口装置

机车鸣笛记录接口装置由监控装置功能扩展盒、鸣笛转换器、相关电缆及地面软件组成。

功能扩展盒具有 8 路 110 V 开关量输入通道、4 路 110 V 开关量输出通道。功能扩展盒与监控装置接口为双路 CAN 总线。

鸣笛转换器检测机车喇叭鸣笛时的气压,将鸣笛时的气压信号转换成电信号,并通过扩展盒输入给监控装置,作为鸣笛记录用。鸣笛转换器触点为常开,动作压力为 200 kPa。

机车鸣笛转换器安装在喇叭风路上，对于一般机车，每端司机室外均有三个喇叭，分别是2个高音喇叭并联在一起，还有一个单独的低音喇叭。鸣笛开关1、鸣笛开关2是指正、副司机台上的手按风笛开关，该开关可能是风路管道按压阀，也可能是电开关控制电空阀。鸣笛开关3是指正司机台下的脚踏风笛开关，该开关可能是风路管道按压阀，也可能是电开关控制电空阀。

对于司机台上没有接头、没有喇叭风管的机车，如 SS_{3B} 重联机车，正、副司机手按风笛开关及脚踏风笛开关均为电空阀控制，而且喇叭风管走司机内墙上机车顶部，可以选择在电空阀后安装鸣笛转换器，还有个风管接头在电空阀的正后方。风管接头位置即为选择安装鸣笛转换器的位置。

(7)BDS信息接收装置

BDS信息接收装置为监控装置提供了定位信息，支持定位、测速、校时等需要。

监控装置可利用BDS提供的速度信息，消除因为机车空转、轮滑造成监控装置过大的位置误差；为机车监控自动校时；为地面提供准确地BDS定位。

(8)总线扩展盒

总线扩展盒用于LKJ主机与LAIS车载主机、监控装置功能扩展盒和BDS控制盒通信接口。总线扩展盒安装位置要求在LKJ2000主机箱邻近的位置，必须保证原有通信电缆能与接插件可靠接触。

(9)本/补切换装置

本/补切换装置主要实现硬件切换电气隔离的功能。

装置具有以下特点：操作简便，装置上只有一个切换开关供操作使用；控制模式切换更可靠，有效防止误操作；现场安装简便，方便在现有设备之间的转接安装。

(10)调车灯显接口盒

调车灯显接口盒提供无线调车灯显设备与监控装置之间的接口，能够在调车时实现机车信号与无线调车灯显信息的转换，并使LKJ能够接收无线调车灯显信息而无须对LKJ进行改动，同时接口盒也为无线调车灯显设备提供稳定的工作电源。

2. 系统通信结构

系统通信结构如图2-30所示。

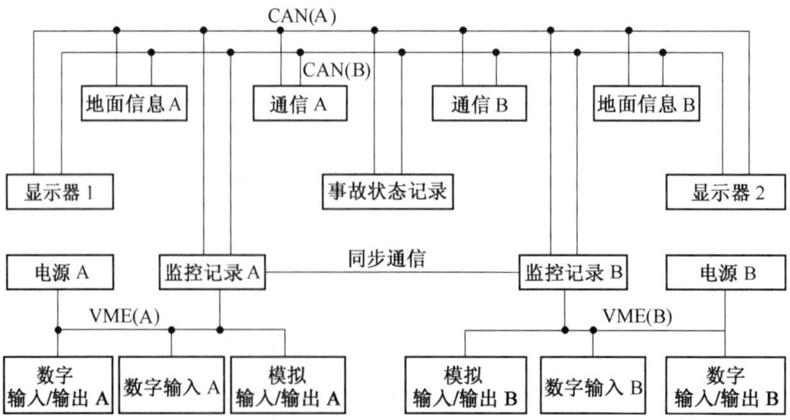

图2-30　系统通信结构

监控装置主机采用双套热备冗余工作方式，由 A、B 两组完全独立的控制单元组成。每组单元都有完整的信号输入及控制输出接口模块，单元内部各不带 CPU 的模块，包括模拟量输入/输出模块、数字量输入模块、数字量输入/输出模块及电源模块，模块之间采用 VME 并行总线与监控记录模块连接。带 CPU 的模块，包括监控记录模块、地面信息处理模块及通信模块，模块之间采用 CAN 标准串行总线连接。监控记录模块作为 VME 并行总线的主机单元。

系统内部串行通信网络 CAN 也采用 A、B 组冗余方式。由于 CAN 总线采用多主通信方式，各模块在通信上不存在主/从关系，因此任何模块均可主动对外发送数据，而 CAN 的数据链路层协议可以避免数据的冲突。系统 A、B 组监控记录模块之间采用同步通信方式进行数据交换，同步通信主要用于 A、B 机记录数据的传输，以实现两机记录数据的完全一致。主机箱与显示器及事故状态记录器之间亦采用双路 CAN 网络进行连接。

3. 信号输入/输出电路

(1)信号输入电路

①数字信号输入电路

数字量输入信号包括机车信号点灯条件输入和机车工况信号输入。机车信号输入为 50 V 电平信号，取自机车信号。机车工况输入为 110 V 电平信号，取自机车控制回路。监控装置从机车信号获得机车信号点灯条件后同时输入至数字输入插件 A 及数字输入插件 B，经隔离等处理后分别输出监控记录 A 及监控记录 B。机车工况信号输入主机后，先经过压抑制板处理(抗干扰)，然后输入至数字输入/输出插件 A 及数字输入/输出插件 B。

②模拟信号输入电路

a. 压力信号输入

监控装置可提供 4 路压力信号输入接口。在通常情况下，输入列车管压力信号、制动缸压力信号以及均衡风缸压力信号各 1 路。有时根据不同的车型，需要输入 2 路制动缸压力信号或均衡风缸压力信号。压力信号采集全部采用相同的 TQG14 型压力传感器，各压力传感器采用同一 15 V 供电电源，此电源由 A、B 机电源插件输出的压力传感器电源并联后供给。每路压力信号同时输入至 A、B 机模拟量输入/输出插件的压力信号接口。

b. 速度信号输入

装置可提供 3 路速度信号输入接口。在通常情况下，仅需输入 2 路速度信号。速度信号取自安装在车轴上的 TQG15 型速度传感器，速度信号可取自 1 个或 2 个速度传感器。如果采用相位防溜功能，则要求 2 路速度信号相位相差 90°。2 路或 3 路速度信号同时输入至 A、B 机模拟量输入/输出插件的速度信号接口。各速度传感器采用同一 15 V 供电电源，此电源由 A、B 机电源插件输出的速度传感器电源并联后供给。

(2)信号输出电路

①数字信号输出

装置提供 6 路常用制动控制输出及 1 路紧急制动控制输出，其中 3 路常用制动控制输出用于“切除牵引动力”“常用制动”或“切断风源”，以及“制动排风”，另外 3 路备用。常用制动控制输出为继电器接点输出，输出容量 300 mA(110 V)，可直接驱动常用制动装置放风阀，并可根据要求采用常开接点或常闭接点方式输出，但对于每组常用制动控制输出，常开接点与常闭接点不能同时使用。应尽量采用常开接点，以便实现自检功能。当采用常开接点时，为实现监控装置控制输出自检功能，应将接点“常开 2”接+110 V。紧急制动控制输出采用电压输出方式，输出容量 300 mA(110 V)。主机内 A 机与 B 机数字输入/输出插件中常用制动控制输出采用常开接点并联、常闭接点串联的连接方式，而紧急制动控制输出采用并联输出电压方式(紧急制动控制输出不能直接驱动电力机车主断路器动作)。

6 路常用制动控制输出及 1 路紧急制动控制输出信号均经过压抑制板处理，以防止外部 110 V 回路干扰进入内部电路。

②模拟信号输出

模拟输出信号用于驱动双针速度表的实际速度与限制速度及里程计。实际速度与限制速度驱动信号为 0～20 mA 的电流信号，里程计驱动信号为 24 V 脉冲信号。双针速度表驱动信号由模拟输入/输出插件提供，其中实际速度与限制速度驱动信号经过继电器接点输出，以实现 A、B 机驱动切换。实际速度与限制速度信号驱动机车Ⅰ、Ⅱ端双针速度表，采用串联的连接方式。里程计信号仅驱动机车Ⅰ端双针速度表。在安装了数模转换盒的情况下，双针速度表里程计也可由数/模转换盒输出信号驱动。

(3)系统故障电路

当主机 A、B 机同时故障时，将产生系统故障输出，一方面输出 110 V 故障信号至显示器，驱动蜂鸣器报警，另一方面启动过压抑制板上 3 min 延时电路，在 3 min 内人工关闭主机电源，否则实施紧急制动。在出现系统故障时，将封锁 A、B 机制动控制输出，3 min 后紧急制动控制由过压抑制板完成。

4. 监控主机箱

(1)监控记录插件

监控记录插件作为装置的主机模块，是系统的核心部件。模块采用 32 位 CPU，主要完成地面线路数据的存储与调用、运行状态数据的记录与同步、控制模式曲线的计算、实时时钟的产生，并通过双路 CAN 串行总线或 VME 并行总线实现对其他模块的控制与管理。工作主机与热备主机之间的数据交换是通过同步通信实现的。记录用数据存储器与实时时钟器件采用非易失性存储器件，在无外部电池情况下可实现数据的长期可靠保存。记录数据的转储通过 RS-232 通信接口完成。

监控记录插件的主要功能模块包括 CPU 模块、程序存储器与地面线路数据存储器模块、记录数据存储器模块、实时时钟模块、CAN 通信接口模块、同步通信模块、RS-232 通信模块以及 VME 并行总线接口模块。

微处理器采用 MC68332，是 32 位集成化微控制单元(MCU，即单片机)，具有强大的数据处理能力及完善的外围子系统。

数据总线为三态双向信号，为 CPU 和其他外围器件之间提供数据通道。

CAN 通信接口电路主要包括 CAN 通信控制器、光电隔离器、CAN 驱动控制器以及隔离电源组成。CAN 通信控制器通过数据和地址端口与系统数据总线和地址总线相连，CPU 通过数据总线对通信控制器进行数据的写入与读出。通信控制器根据设定的工作方式将需要发送的数据转换为串行数据通过串行接口发送出去，同时从串行接口接收串行数据并转换为并行数据供 CPU 读取。通信控制器串行接口通过光电隔离与 CAN 驱动控制器连接，同时通过隔离电源器件向驱动控制器供电，从而使外部电路与内部电路的完全电气隔离。驱动控制器将隔离后的串行发送数据转换为满足 CAN 标准电气规范的电平信号发送至 CAN 总线，并将 CAN 总线数据转换为普通串行数据经过光电隔离后供通信控制器读取。

同步通信接口用于实现双机(A、B 机)热备冗余方式中工作机与热备机之间数据交换。

(2)地面信息处理插件

地面信息处理插件主要完成轨道电路绝缘节的识别,为监控记录插件提供用以校正距运行前方信号机的绝缘节信号。此外还有对轨道电路叠加信息处理电路的双端口 RAM 接口,实现与轨道电路叠加信息处理单元的通信,完成对轨道叠加信息的利用。

采用 DSP 技术以数字滤波器完全取代了原来的模拟滤波器。

主处理器通过两路 CAN 总线与监控记录插件通信,得到由监控记录插件发送来的当前轨道电路信号的制式、上/下行等信息,根据这些信息初始化相应的数字滤波器。

来自机车信号感应器的轨道信号经隔离放大器隔离后,输入 A/D 转换器,对输入的模拟信号采样并进行模数转换,输出的数字信号通过一个同步串行口输入到主处理器,由它对输入的数字信号进行数字滤波,并判别过绝缘节,发出过绝缘节信号。

(3)通信插件

通信插件主要完成监控装置与其他设备之间的通信管理,以使不同通信格式、不同通信接口和速率的设备可以和监控主机交换数据。

通信插件主要由 CPU 最小系统、隔离电源、两路独立的 CAN 通信接口、两路半双工 RS-485 通信接口、一路高级数据链路控制(HDLC,以 HDLC 控制器为核心,由光耦及周围电路组成)全双工/半双工通信接口组成。

CPU 负责与内外设通信及协议转换。所有通信线路均使用独立的隔离电源,其中两路 CAN 使用主机提供的两路 CAN 专用隔离电源,对外 RS-485 接口均有静电防护功能。

除主 5 V 电源和两路 CAN 的 5 V 隔离电源由总线提供外,还把主 5 V 用 3 组隔离变换器产生 3 路隔离 5 V 电源,提供给 HDLC 接口,另外两路提供给两路 RS-485 接口使用。

两路 RS-485 通信接口,一路实现与 TAX2 综合监测装置通信,另一路预留与列车总线通信。HDLC 通信接口实现与点式信号或机车信号接口。两路 CAN 通信接口,与主机内其他挂在 CAN 总线上的模块通信。

为方便现场使用,插件面板上设置了 12 个指示灯,其中 6 个黄色发光管指示插件上 6 路电源情况,2 个绿色为 2 路 RS-485 状态灯,2 个为 CAN 状态灯,2 个为软件设置的状态灯。6 个电源指示灯,在正常情况下,为常亮。6 个状态灯根据工作状态为常亮或闪亮。

(4)模拟量输入/输出插件

模拟量输入/输出插件是速度传感器、柴油机转速传感器、列车管压力传感器、电力机车原边电流互感器、双针速度表与监控记录插件之间的接口。将速度传感器、转速传感器输入的信号进行处理后送到监控主机插件,将压力传感器(3 路)、一次电流/电压互感器、加速度传感器输入的信号进行处理、模数转换后送到监控记录插件,同时根据监控记录插件指令送出电流信号驱动双针速度表,送出脉冲信号驱动里程计。

插件共提供了 4 路压力传感器信号通道,模拟信号经过该电路的滤波、放大等处理后送往 A/D 转换电路。

一次电流来自电流互感器,经过差分放大器放大后,一路输出到一次功率测量电路,另一路通过全波整流电路、滤波电路后,将正弦波信号变为平稳的直流信号,再经同相放大器进行放大后,输出到 A/D 转换电路。

本插件有功率测量电路,用来测量电力机车所消耗的功率。它从一次电流和一次电压通道中接受一次电流信号和一次电压信号,通过专用的功率乘法器计算出一次功率,以频率的形式输出到监控记录插件。本插件还有加速度传感器，能够测量并计算出机车的加速度。

机车速度信号来自机车上的测速电机或光电式速度传感器。速度信号经 RC 滤波器和限幅保护电路后由施密特比较器整形成方波，方波信号通过光电耦合器隔离后经施密特反相器整形，通过母板送到监控记录插件。

柴油机转速采自柴油机上的测速电机，对于每转 1 个脉冲的测速电机，其频率为 0～25 Hz（对应于 0～1 500 r/min），其接口类似于速度通道。

为了便于模拟通道与 GND 电源系统的隔离，经调整的管压信号、原边电流电压信号、加速度信号及自检信号经多选开关，再分时通过隔离放大器送至 12 位 A/D 转换器进行模数转换，输出至监控记录插件。监控记录插件通过检测对模数转换电路进行自检。A/D 转换电路对 A/D 转换通道选择电路送来的某一路模拟信号进行 A/D 转换。

加速度电路位于模拟量插件左中部的一个小板上，模拟量插件上的电位器也是该电路的一部分。该电路输出的加速度电压信号送到 A/D 转换电路。

双针速度表实速和限速驱动电路通过 D/A 芯片输出 2 路电压信号，经隔离运放送到电压/电流变换电路，最后以电流的形式驱动双针表实际速度和限制速度的表头。双针表实速和限速驱动电路一样。

（5）数字量输入插件

数字量输入插件完成对机车信号的采集，并将转换后的电平送到数据总线，供监控记录插件采样。插件共有 16 路开关量输入通道，由机车信号输入通道和机车信号自检电路两部分组成。

为了提高抗干扰能力和进行电平转换，机车信号通过光电隔离后再输入到并行输入口，然后通过母板由监控记录插件读取。各路信号的光电隔离和电平转换电路是类似的。

数字量输入插件有两个 8 位的并行输入口，它们并行挂在监控记录插件 CPU 的 16 位数据总线上。

译码电路产生对机车信号的读选通信号和自检触发信号，后者用于输出机车信号自检条件。机车信号自检电路用于给机车信号通道的输入端送 50 V 电压信号，检测机车作通道是否正常。

（6）数字量输入/输出插件

数字量输入/出插件将机车工况等 110 V 信号进行隔离和电平转换后送数据总线，并且各通道具有自检功能；输出隔离的开关量控制信号，对机车常用制动阀和紧急制动阀等进行控制，输出通道也有自检功能；将系统工作正常时监控板送来的“系统正常”脉冲转换成“系统故障信号”，系统故障时使系统交权。

为了提高抗干扰能力和进行电平转换，机车工况信号通过光电隔离后再输入到并行输入口，然后通过母板由监控记录插件读取。

机车工况信号输入通道自检电路用于给机车工况信号通道的输入端送 110 V 电压信号，检测机车工况信号通道是否正常。

译码电路产生对机车工况信号的读信号、用于输出机车工况信号通道的自检信号的触发信号、开关量输出通道的选通信号、开关量输出通道检测信号的读信号。

开关量输出电路提供 7 路继电器输出接口，并具有自检功能。其中前 6 路电路类似，是单继电器输出，最后 1 路“紧急停车”电路是双继电器输出。单继电器输出的开关量输出通道有 6 路：卸载、减压、关风、3 路备用。通过有关电路，使得相关继电器动作，分别完成机车的卸载、减压、关风。6 路单继电器输出的开关量输出通道设自检电路。双继电器输出的开关量输出通道包括输出通道和自检电路。紧急制动通道中用了两个继电器，它们共有 4 种状态，便于在不实施紧急停车的情况下即可检测紧急制动通道和紧急制动电空阀电缆线及线圈是否正常。

开关量输出信号是控制机车常用制动和紧急制动等的重要信号，为了防止装置上电瞬间和系统故障时误送出这些信号，数字量输入/输出插件自己产生一个输出清零信号来控制开关量输出锁存器，禁止继电器动作。

(7)电源插件

采用了模块化电路设计，不仅输出与输入隔离，并且输出的各路之间也各自隔离、互不干扰、互不影响，提高了各路精度、抗电磁干扰能力。电源插件原理如图 2-31 所示。

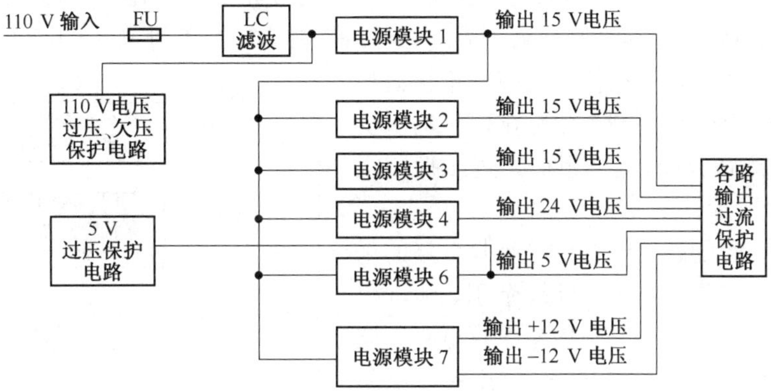

图 2-31 电源插件原理

110 V 直流电经熔断器送至滤波器，再通过电源模块 1 产生 15 V 直流电。该路 15 V 直流电一方面经滤波器向外界输出，另一方面分别经滤波器送至其他各电源模块。电源模块 2、电源模块 3 输出 15 V 直流电压；电源模块 4 把 15 V 直流电压转换成 24 V 直流电压，向外输出；电源模块 6 把 15 V 直流电转换成 5 V 直流电，向外输出；电源模块 7 把 15 V 直流电压转换成＋12 V、－12 V 直流电双路输出。

为了保证电源插件正常、可靠地工作，在输入直流电压低于某值或高于某值时，电源插件能停止工作，电压正常后电源插件自动恢复工作。该电路由电压比较器及外围器件构成。其首先将＋110 V 电源电压经电阻器、稳压管、三极管、电容器后产生 12 V 的电压，提供给各集成电路使用；＋12 V 电源电压经电阻器、稳压管后产生 5 V 的电压，作为电压比较器的基准电压。电压比较器比较输入电压和基准电压，超出正常工作电压范围时，电压比较器低电平，使电源模块 1 停止工作；当电源电压降为正常工作电压范围时，电压比较器输出高电平，电源模块 1 自动恢复工作，从而实现过压保护和欠压保护。

为了保护各插件上的集成电路，确保供给稳定的 5 V 电压，特别为防止过压而损坏，增加了 5 V 过压保护电路。被检测的 5 V 电压由电源模块 5 输出，经由电阻、稳压管送至光耦，当被检测的 5 V 电压大于设定值时，使光耦导通，触发晶闸管导通，把 5 V 基准电压拉为低电平，使电源模块 1 关断输出，要恢复电源工作，必须关机后再开机才能正常工作。

为了保护各电源模块，防止模块电源在输出过流、短路时对电源模块的损坏，增加各路输出过流保护电路。由于各模块电源在输出过流、短路时都会把各路输出的电压往下拉，直至电压为零，于是把输出的各路均接在一个光耦的发光二极管阴极，在发光二极管阳极接一稳压二极管，该稳压管的值为该路输出电压值的一半左右。当该路输出电压为正常时，光耦导通，使电源模块 1 及各模块正常工作。当直流输出电压降至正常值的一半以下时，光耦截止，使电源模块 1 关断输出，要恢复电源工作，必须关机后再开机才能正常工作。

(8)过压抑制板

由于机车上使用较多大功率设备，特别是大的感性负载启停时会给机车的电器系统造成严重污染，使得机车电压有较大幅度的涨落；机车上电机的启停，机车头灯开启时的拉弧，还会造成很高的尖脉冲干扰。为保护监控装置，过压抑制板上加了瞬变干扰信号吸收电路和电源滤波电路。系统发生故障时，为保证行车安全，过压抑制板设有时间继电器，系统故障 3 min 后送出机车紧急停车控制信号。

过压抑制板上有 3 个 48 芯插座，机车各种条件信号经主机后盖板的插座、机箱内配线送到过压抑制板插座，经过压抑制板处理后，送到母板，再送到数字量输入/出插件。

过压抑制板由机车工况信号的瞬变干扰信号吸收电路、电源滤波电路、开关量输出信号的瞬变干扰信号吸收电路、延时电路组成。过压抑制板原理如图 2-32 所示。

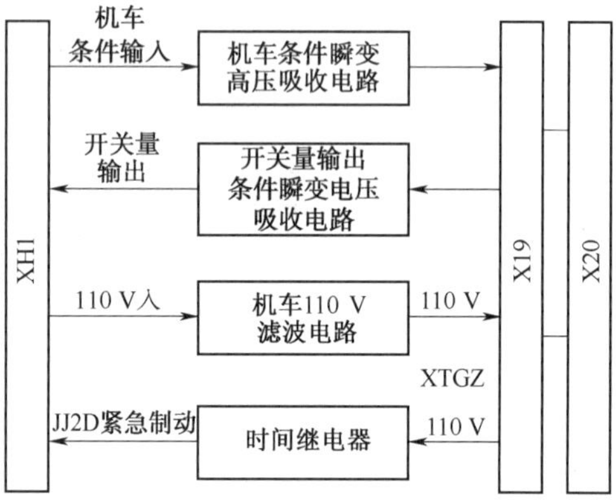

图 2-32　过压抑制板原理

机车工况信号的瞬变干扰信号吸收电路的采集通道有 8 路：零位、向前、向后、牵引、制动和 3 路备用，8 路通道的瞬变干扰信号吸收电路完全一样。由硅瞬变电压吸收二极管、限流保护电阻和顺向二极管组成。硅瞬变电压吸收二极管具有极快的响应速度和非常高的浪涌吸收能力，能吸收高于 200 V 的瞬间干扰电压信号，可用于保护设备和电路免受静电、电感负载切换过程以及感应雷击等所产生的瞬间过电压，它使电压尖峰以钳位方式限制在电路允许的范围内。当非常高的干扰高压信号来时，会有很大的电流通过硅瞬变电压吸收二极管，限流保护电阻上就会产生很高的电压，从而降低了硅瞬变电压吸收二极管上的电压，限制了通过该二极管的电流，使其得到保护。顺向二极管，可防止零位信号接反时烧损元件，并阻止数字量输入/出插件上自检信号回灌到机车信号的零位信号端子。

110 V 电源滤波电路给监控装置提供稳定的电源，并减少监控装置开关电源对外的干扰。在机车 110 V 送入监控电源插件前先经过压抑制板的 110 V 滤波电路滤波。＋110 V 经过顺向二极管送入低通滤波电路进行滤波，使带有毛刺和不稳定的机车电源变得比较平滑稳定后送入装置电源输入端。

开关量输出信号的瞬变干扰信号吸收电路的输出信号通道有 7 路：卸载、减压、关风、紧急制动和 3 路备用。卸载等 6 路开关量输出通道的每一路有一个继电器。继电器的每一个接点都有瞬变干扰信号吸收电路，且电路一样，由硅瞬变电压吸收二极管和限流保护电阻组成。由于紧急制动信号的电流方向是由监控主机向外的，而其他 6 路信号的电流方向不定，所以紧急制动通道的瞬变干扰信号吸收电路与其他 6 路不同，要增加一个顺向二极管。

延时电路的功能是当监控系统故障时，由数字量输入/输出插件送来 110 V 电压的系统故障信号，收到该信号后，如果司机不关断监控装置电源开关，延时 3 min 使继电器吸起，从而把

＋110 V 经继电器接点送到电空阀，使机车紧急排风，以保证列车的行车安全。

当系统故障信号来时，经过分压、稳压滤波后给二进制异步计数器提供一个 12 V 的工作电压，计数器计数，计到 $2^{13}=8\ 192$ 时输出高电平，即延时 3 min 使继电器吸起，完成对电空阀的控制。

5. 监控显示器

(1)屏幕显示器

屏幕显示器是监控装置的重要组成部分，是监控装置的图形终端设备，是直接和司机交流信息的人机界面(DMI)，主要完成人机对话和系统信息显示。同时，为解决显示器的冗余备份，屏幕显示器又是一种通用型显示。可以实施监控显示器功能，也可以用作机车牵引设备状态显示器。可以同时安装在机车司机室操纵台上，通过切换机构实现两个显示器互为备份。

它通过双路 CAN 总线和监控主机通信交换数据，在 10 英寸高亮度液晶显示屏上显示丰富的图形、曲线及相关数据信息，并有车载数据、预存曲线、键盘扫描、IC 卡转储、语音提示、蜂鸣器报警等功能。屏幕显示器系统结构如图 2-33 所示。

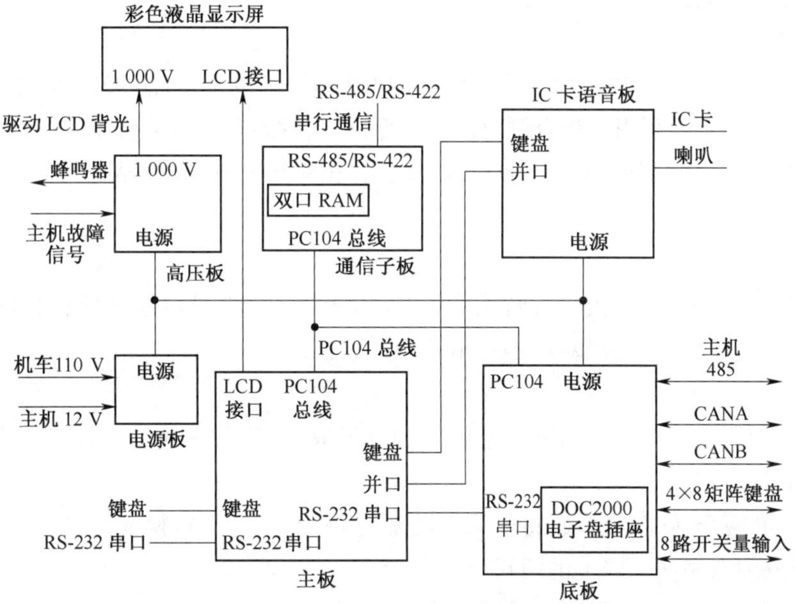

图 2-33　屏幕显示器系统结构示意

屏幕显示器原则上采用嵌入式安装方式，在司机台的面板上开一个方孔，以便屏幕显示器坐落在孔中。屏幕显示屏宜装在司机前方，使司机可方便观察及操作的地方，保证列车安全运行的操纵要求。

屏幕显示器以主板为核心，主板、通信子板、底板三个模块以 PC104 总线相连接，通过 PC104 总线扩展键盘扫描、CAN 总线接口、开关量输入口等其他功能模块。为充分利用主板资源，用主板并口控制 IC 卡和语音电路，对外通过 CAN 或 RS-485 总线和监控主机通信，从电子盘调出地面数据，根据主机发送的命令和数据在液晶显示屏上显示相关信息和实时曲线。可通过喇叭进行各种语音提示。可把键盘扫描的键值随时传送给主机。通过 IC 卡座进行记录数据的转储。显示屏由 PC104 总线液晶显示器(LCD)显卡驱动，亮度可调。

屏幕显示器电路由底板、IC 卡语音板、电源板、高压板、通信子板、主板及 1 个 10 英寸显示屏、1 个扬声器、1 个蜂鸣器和 1 块薄膜面板组成。

①底板

底板为主板提供总线接口和各种外部接口电路，有 PC104 总线接口、与主机通信的 CAN 接口、与 TAX2 设备通信的 RS-485 接口、4×8 矩阵键盘接口、8 路开关量输入接口等。

底板通过 PC104 总线和主板连接，包括基于 PC 结构的扩展地址译码电路、DOC2000 电子盘、通信电路、矩阵键盘电路、开关量输入电路。

电子盘由 Flash 存储器阵列和控制逻辑组成，容量在 2～144 MB 之间，接口直接挂在总线上，占用 8 KB 的窗口存储器地址段，用户界面和硬盘兼容，可以和硬盘一样对文件进行操作管理，无须另外加载驱动程序，操作系统的复制、删除等命令都可直接使用。由于整盘系统封装在一个 32 脚的芯片内，取名为在片磁盘，最新版本 DOC2000，整个电子盘就是一个标准 32 脚集成电路封装，使用简单 ，安全可靠，体积小巧，寿命长。

底板利用主板上的锁存信号、读信号、写信号进行地址译码，从而扩展 CANA、CANB、键盘写、键盘扫描、开关量输入共 5 个接口电路。

②IC 卡语音板

IC 卡语音板包括两个功能模块：IC 卡接口电路和语音处理电路，提供 IC 卡读卡器接口、语音提示接口。为充分利用主板资源，IC 卡语音板不直接和 PC104 总线连接，而是靠主板并口 P_1 信号线作输入/输出线控制 IC 卡和语音电路，相对比较独立，仅从连接器 P_5 得到所需要的电源。

③电源板

电源板将机车 110 V 直流电源转换为 5 V、12 V 电源，供显示器其他各板用。并接收主机送来的 15 V 电压信号，完成对屏幕显示器的开关控制。

④高压板

高压板由蜂鸣器报警和液晶背光电源两部分组成，提供故障报警电路及液晶屏 1 000 V 背光电源。

高压板上有两个逆变器模块，将电源板送来的 DC 5 V 电压转换成 1 000 V/35 kHz 的过零交流波形，分别点亮液晶屏上的两只背光灯管。

蜂鸣器报警电路独立于屏幕显示器其他电路，当主机出现故障时，将主机数字量输入/输出板送到显示器的 110 V 故障信号转换为 12 V 信号，驱动蜂鸣器报警。

⑤通信子板

通信子板以单片机为核心，主要包括双口 RAM 接口、存储器、译码、看门狗、串行通信接口及电源等部分。它通过 RS-485/RS-422 接口与微机柜进行通信，并通过双口 RAM 与上位机进行信息交换。

⑥主板

PC104 总线 CPU 为 80486 处理机系统，同时集成 LCD 显卡，负责将 CPU 传过来的数据变成图形点阵并送屏幕显示器显示。

(2)数码显示器

数码显示器电路包括显示器主板和显示板，以及一块薄膜开关面板。

主 CPU 采用 DS80C3200 芯片，在相同的晶振频率与代码条件下，运行速度比 51 系列平均提高 2.5 倍。语音芯片采用“直接模拟存储”技术以提高存储语音的集成度及语音质量。对外串行通信接口包括两路 CAN 总线和一路 RS-485 总线。另设有 8 路数字量输入通道，用于副台按钮、显示器Ⅰ(Ⅱ)端识别码等。

数码显示器包括 CPU 总线和外围芯片以及译码电路、键盘采集电路、数字量输入通道电路、通信接口电路、数码管指示灯及驱动电路、复位电路、语音提示电路电源、IC 卡读写电路、主机故障报警电路等组成。

显示器的所有 RAM 空间和 I/O 口统一编码，由译码器译码。

键盘采集电路为一个 5×8 的矩阵扫描电路，交点处形成了 40 个状态的键盘采集矩阵。

数字量输入通道电路有 8 路，互相隔离，用于副台按钮、显示器Ⅰ(Ⅱ)端识别及可扩充的外部按键。

通信接口电路有两种三路通信接口，两路 CAN 总线和一路 RS-485 总线。为提高抗干扰能力，通信接口对外皆采用光电隔离。通过异步串行通信，显示器从主机处获得用于显示的参数及语音提示操作命令，并将司机和检修人员通过键盘发出的命令与参数送往主机。

数码管和发光二极管均采用高亮度等级、共阳接法。整个显示皆采用静态显示电路。数码管的显示亮度采用软件方案实现可调。数码管和发光二极管统一处理，即将 8 个发光二极管视为一个数码管处理。显示电路由 23 个锁存器分别控制 23 个数码管。

复位电路采用具有电压监视、软件执行监视和外部复位功能的 DS1232 芯片。

语音提示电路采用 ISD25120 芯片及其有关电路组成，语音时间可长达 120 s。

显示器的工作电源来自监控主机。由主机送来的 15 V 电源在显示器内部分为两路：一路通过 DC/DC 变换器(模块电源)将 15 V 转换为 15 V 供语音功放使用；另一路也通过 DC/DC 变换器(模块电源)将 15 V 转换为 5 V 供计算系统及其他芯片使用。

显示器上采用了接触式 512 KB IC 卡，卡的读写主要由 CPU 的 P1 口完成。

当监控主机故障时，从主机数字输出插件送来的 110 V 经降压后给蜂鸣器提供工作电压，使蜂鸣器发出报警声。

6. 列车事故状态记录器

列车事故状态记录器即是列车运行的“黑匣子”，它用于记录列车运行事故前列车运行的状态，以便为运行事故的事后分析提供可靠的数据。记录器保存事故前 20 min 的数据。为获得满意的运行状态过程轨迹，记录器必须在列车运行每 5 m 左右保存 1 条所有需记录的数据。事故状态记录器电路原理如图 2-34 所示。

事故状态记录器主要由主处理器、运行数据存储芯片、CAN 总线控制器等组成。

主处理器通过两路 CAN 总线实时接收监控记录插件发送来的实时信息，根据此信息中的“距离”来判别是否满足记录条件，若满足，则将当前的所有相关的实时信息组织成一条记录写入 Flash 芯片。

CAN 总线由 CAN 总线控制器、高速光耦、CAN 总线收发器组成。

RS-232 串行口电路由高速光耦与 RS-232 总线收发器组成，其中，高速光耦对外部信号进行光电隔离。

主处理器通过 RS-232 串行口完成与地面转储器或直接与 PC 通信，将 Flash 存储器内的数据转录到地面计算机内处理。

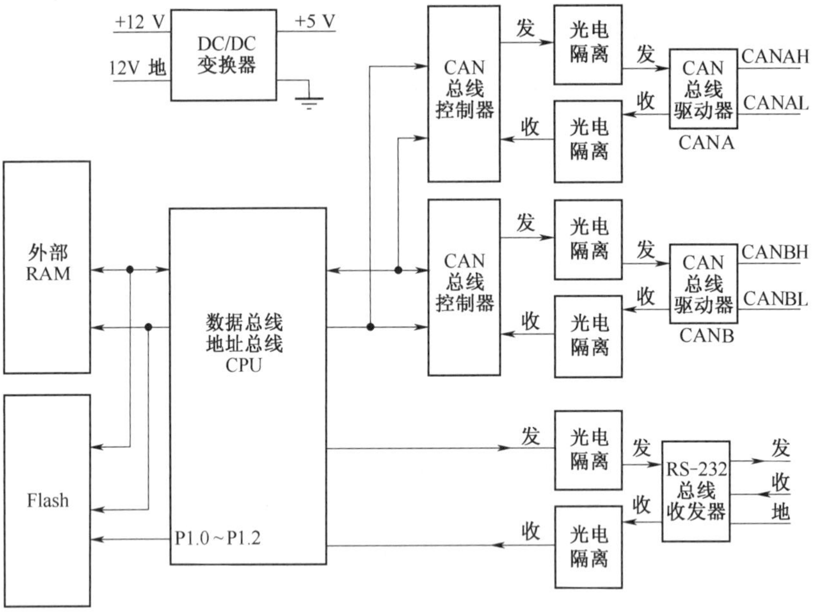

图 2-34　事故状态记录器电路原理

7. 速度传感器

目前与监控装置配套的光电转速传感器有 DF8、DF16、TQG9 及 TQG15 四种类型。四种产品的基本工作原理都是用一个发光二极管经随车轮转动的光栅盘变为断续光，使光断续器中的光敏二极管通断运行，经放大整形后，输出与转速成比例的方波脉冲序列。

现以 TQG9 型为例予以介绍。TQG9 型光电转速传感器由支承结构、转轴及万向联轴传动机构、光电转换电路系统三部分组成。光栅盘固定在转轴轴伸端部，转轴由轴承支承在底座上。靠光栅盘轴伸端，转动部分采用机械横竖迷宫密封结构；静止部分采用可逆密封胶密封，转轴为万向联轴节的单叉节，万向轴共设有 8 个滚针轴承，保证转动的灵活性，万向联轴节输出端机械接口为弹性方榫。光敏探头安置在光栅盘两侧，并安装在底座上。

8. 压力传感器

TQG14 型机车压力变送器采用 MPX 系列敏感芯体，结合国内技术开发而成。其利用硅压阻效应，当外界压力作用在芯体敏感区域时，在恒压供电情况下，便有相应的电信号输出，再进行信号技术处理转换成 0～5 V 的直流电压信号，可与机车监控装置直接配用，从而实现机车行车自动测量和控制。在电路中采用输出相位补偿技术，在容性负载时不会自激，当外界压力超范围时，输出电压自动限制在 5.5 V 以下。

9. BDS 信息接收装置

车载 BDS 信息接收装置由两部分组成：安装在车顶的 BDS 天线和安装在机车电器间的 BDS 控制盒。BDS 信息接收装置联系如图 2-35 所示。

BDS 天线主要负责 BDS 信息的采集以及传输。

BDS 控制盒主要负责对 BDS 天线采集信号的解析，并将有效数据按照协议发送到 CAN、RS-485 输出。

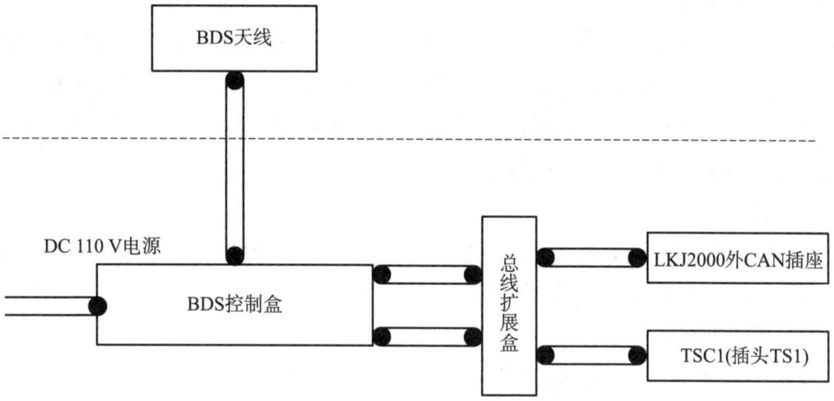

图 2-35 BDS 信息接收装置联系

为保证天线之间互相有一定的隔离度，BDS 天线与多频段天线之间间距大于 0.5 m，BDS 天线与其他厂家的天线之间距离在 1 m 以上。天线应置于机车顶部较高处，以紧贴机车顶部安装为最佳。天线安装处应选择离机车设备间较近处为宜，使馈线长度在 10 m 以内。馈线的弯曲半径大于 5 倍馈线外径。布放馈线时，要预留足够的活动馈线以便馈线头可拉到车顶上进行天线的连接操作。

天线周围 1 m 以内不要有阻挡，不要有强电磁干扰源。

天线输入/输出端口从天线侧面或安装底盘下引到机车内。天线输入/输出端口应注意防水处理，天线的连接馈线要固定牢靠，注意不要贴在机车顶部的高温部分。有条件时，从走线槽布线或穿过防护管。

三、LKJ2000 型监控装置软件原理

监控装置车载软件包含五部分独立的软件：监控记录软件、地面信息处理软件、对外通信软件、显示器软件和事故状态记录器软件。

1. 监控记录软件

(1)监控记录软件的作用

监控记录软件实现各种监控功能和记录功能：依据预先存储的地面数据、乘务信息卡揭示，接受过机信息，接受司机操作，监控列车防冒防超；实时发送列车运行的状态，如速度、距离、公里标、管压、柴油机转速等信息，以供显示器进行显示；记录列车运行的各种状态、设定信息、司机操作、监控装置自身的状态，并可通过显示器、转储器进行运行记录的转储。

(2)监控记录软件控制原理

监控软件的控制原理是基于车载线路数据的一种实时控制模式，包含防冒、防超和防溜等基本功能。监控软件集监控、记录于一身，使两者的结合更紧密。

硬件具有双套，因而软件上较多地考虑了双机冗余措施，可靠性更高。

(3)监控软件记录主要程序模块

监控软件主要包括：模拟信号处理模块、开关信号处理模块、频率信号处理模块等。

①模拟信号处理模块

模拟信号有 8 路，分别是列车管压力、制动缸压力、均衡风缸Ⅰ压力、均衡风缸Ⅱ压力、自检电压、原边电压、原边电流和加速度计。这些信号共用同一 A/D 转换器，由软件切换多路开关在任一时刻只选择其中的一路采样。模拟信号处理模块将这些信号转化为微控制器能够识别、存储并可重复使用的数字量，即电压值。

②开关信号处理模块

对开关信号进行处理，以某电压值(阈值)为界将信号幅值划分为两挡，超过阈值时统一认为是高电平，低于阈值时便认为是低电平。

③频率信号处理模块

频率信号指信号波形为方波或正弦波并以频率的大小作为度量的信号，监控装置中有 5 路频率信号：3 路速度信号、1 路柴油机转速信号和 1 路原边功率信号。

④日历时钟处理模块

日历时钟指日期和时间，即年月日时分秒。日历时钟的最小计时单位为 0.01 s。当监控装置关机时，该时钟仍然工作。

⑤语音处理模块

监控装置中有两类语音，一类是由监控软件控制的语音，比如“出口限速 50 km/h”，绝大多数语音属于这一类；另一类就是显示器主动发出的语音，比如整点报时的“咚”声，其发出与否与监控软件无关。

监控装置的语音数据及控制电路都在显示器中，每条语音都是分配一个代码，当监控软件要求显示器发出一条语音时，只要将对应的代码、重复的次数通知显示器即可。

⑥系统保护处理模块

系统保护主要进行一些系统级的处理，并为系统提供一些必要的公共程序，供其他模块调用，比如三备份量的处理、看门狗电路驱动程序，另外还为系统提供一个统一的定时时钟，用于高精度定时。定时时钟不同于日历时钟，是由 MCU 产生的，当装置掉电时，这个时钟将停止运行。

(4)记录软件

记录软件分为文件管理模块、记录管理模块和转录模块。

文件管理模块负责整个文件系统的建立、文件的生成、文件内容的写入和读出。

记录管理模块负责具体记录的生成和双机记录的同步。

转录模块负责通过监控记录板上的串口与外部通信设备进行记录文件的转录。

2. 地面信息处理软件

(1)地面信息处理软件的主要功能

①过绝缘节机车信号的识别。将通过机车信号感应线圈感应出的地面轨道信号，通过 A/D 采样量化，根据监控记录插件发来的地面制式信息，进行相应的数字处理。

②接收处理地面点式信息并传送给主机供使用。通过双口 RAM 与地面点式信息设备通信，并将收到的地面点式信息发送至 CAN 总线(此项功能需要附加点式信息选件且地面装备有点式信息发码设备)。

③将自身的自检报告发送至 CAN 总线上。

(2)主要功能模块

①参数初始化程序启动运行

首先进行处理器有关寄存器、模拟/数字转换器(ADC)、CAN 控制芯片初始化。

②由处理机车信号信息获得过绝缘节信息

a. 用频率判别过绝缘节

机车信号信息经滤波器，再经过算法处理获得一个直流信号，根据由两个调制信号得到的直流信号的交替变化作为频率变化的判据，并据此发出过绝缘节信号。

b. 用信号幅值的变化来判断过绝缘节

在理想情况下，随着机车走行，一闭塞分区内机车信号幅度逐渐上升，而在跨越绝缘节时其信号幅度产生明显的跌落，有一个过绝缘节信号产生。

在实际过程中，机车信号的调制频率较稳定，因此以此作为过绝缘节判据较可靠。而机车信号的幅度则表现很不稳定，在区间内会产生大的变化，容易产生误矫正情况。

过绝缘节信号的传递方式有两种：一由硬件发出一个脉冲信号，通知主机；二用软件的方法通过 CAN 总线发出相应的代码信息。后者使得系统更为可靠。

③与主机进行信息交换

采用 CAN 总线方式。

④点式信息的传送

在地面安装了点式信息的线路，通过点式信息处理模块处理并经内部双口 RAM(DPRAM)交换，送到 CAN 总线上供资源共享受。

⑤信息的指示

为了方便日常维护管理，在本单元上给出了 LED 显示，作为开机运行时一些状态的显示。

3. 对外通信软件

对外通信软件接收监控记录插件板发来到 CAN 总线上通信数据，转换为 LKJ 的格式，发送至 RS-485 总线上。RS-485 总线上目前仅接有 TAX2 装置。

与地面点式应答器通信，并将收到的地面点式应答器信息发送至 CAN 总线上(此项功能需要附加点式应答器设备)。

对外通信软件分别在 A、B 机上同时运行，通过 RS-485 总线仲裁出主/备机。主机负责将总线上传来的信息进行转换，然后发送至 RS-485 总线上。备机仅侦听 RS-485 总线，不向 RS-485 总线发送信息。

4. 显示器软件

(1)显示器软件功能

①通过 CAN 总线与监控记录插件通信，显示列车运行的各种状态。

②接收乘务人员的操作及乘务信息卡设定信息及揭示，发送至监控记录插件。

③可将运行记录转储至乘务信息卡。

(2)屏幕显示器软件

屏幕显示器软件包括主程序、通信子板程序和语音程序三部分。

监控显示主程序根据监控系统的要求，主要完成用户数据输入和控制按键输入，同时实时显示主发送来的各种数据、状态以及语音提示。

通信子板软件实现屏幕显示器与机车微机柜之间的数据通信功能，并通过板上的双口 RAM 将信息送给主板上 CPU 主程序进行显示处理。

显示器语音程序烧录在 IC 卡语音板中的语音芯片中。

(3)数码显示器软件

数码显示器分为:主控模块、显示模块、语音提示模块、键盘管理模块、IC 卡模块和通信模块。每个模块又分为高层模块、中层模块和底层模块三个层次。高层模块提供显示及操作界面,由于其直接面向司机,其功能及操作要尽量兼容早期显示器,而且具有良好的可扩充性,以便方便地进行功能扩充。中层模供高层模块和底层模块的接口,即负责把高层模块的数据翻译成模块能够识别的格式,用于驱动硬件并把底层模块采集到的数据以一定的格式反馈给高层模块。底层负责硬件驱动,在不改变硬件的情况下其功能相对不变。

主控模块主要功能是对系统进行初始化, 以及顺序调用其他模块。

键盘管理模块的主要功能是扫描键盘,把扫描到的按键及组合按键转换为协议规定的键值,保存键值并发往监控主机,根据键值控制显示。

显示模块的主要功能有:将监控数据根据乘务员的要求显示出来;司机键盘设定信息显示;显示器自检显示,如数码管、发光二极管全亮,副台按钮状态显示等。显示模块首先根据当前的各种状态刷新 LED 指示灯,再判断是否为键盘输入状态或正常显示状态,确定是否有闪烁显示,而后根据所要显示的信息调用相应的显示子模块填充显示缓冲区,最后调用数码管驱动子模块刷新显示。

语音提示模块的主要功能是通过监控软件发送来的语音代码寻找语音数据,然后控制语音芯片发出相应的语音,并对语音的延时、提示次数进行控制。

IC 卡模块的主要功能是:个人信息及达示信息设定、监控记录数据转储等。

通信处理模块是两路 CAN 通信中断服务程序,其主要功能是:实时接收监控主机向显示器发送的数据;在必要时向监控主机发送数据;为提高 MPU 效率,保证某一时刻只有一路 CAN 收发数据;若当前工作 CAN 故障时,保证能够自动切换到另一路。

5. 事故状态记录器软件

(1)记录数据存储空间的划分与管理

事故状态记录器的记录数据存储在 Flash 芯片中,存储容量为 512 KB。通过软件划分为两个大区,其中 0～7 页(地址共 2 KB)为程序用,8～2 048 页(510 KB)为记录数据区。

(2)记录数据的标识区分

数据在存储器中是连续存放并循环刷新的。为了确认数据的前后次序,必须由标识区分数据的起始指针与终止指针。

(3)记录数据格式与记录产生条件

记录数据格式　采用定长记录,每条记录 32 字节,格式如下:

记录代码[2];时[1];分[1];秒[1];公里[4];距离[3];速度[2];限速[2];机车工况[2];信号机种类[1];信号机编号[3];信号状态[2];管压[4];转速[2];备用[1];检查[1]。

记录条件是当运行距离每变化 5 m 进行一次记录。

四、监控装置的相关设备

与监控装置相关的设备包括:转储器、TAX2 装置、铁路车号自动识别系统(ATIS)车载设备、列车运行状态信息系统(LAIS)、双针速度表和数模转换盒。

1. 转储器

转储器可将车载记录数据转录至地面计算机系统供分析处理,其采用大容量非易失性数据存储器。转储器与车载主机的数据传输以及与地面微机的数据转录均采用 RS-232 通信方式,具备数据校验功能。

与 LKJ-93 型转储器相比,LKJ2000 型转储器存储容量扩大了 7 倍,达到 8 MB,运行速度提高了 1 倍,保护电路亦做了改进。

LKJ2000 型转储器包括通信保护电路、RS-232 通信接口电路、自动识别电路、CPU 控制电路、存储器电路、键盘接口电路、液晶显示器接口电路、电源电路等,转储器电路系统如图 2-36 所示。

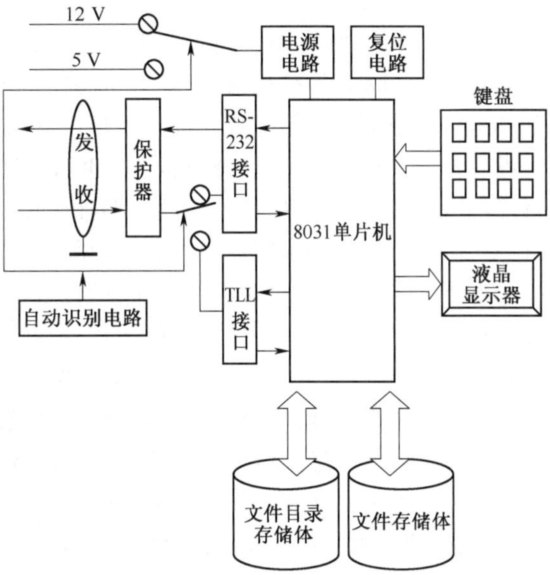

图 2-36　转储器电路系统

(1)CPU 控制电路

采用了具备在线编程功能的六时钟周期 CPU,在同等晶振下速度提高一倍,并且利用其 ISP 功能实现了程序的现场灌录。

CPU 外围电路采用 PSD311 大规模可编程逻辑器件。

复位电路采用专用微监视电路,该电路除监视系统电源和软件看门狗外,还提供一路比较器,被用来建立自动识别电路。硬件看门狗电路由 MAX691A 芯片及周围器件组成。

(2)存储器电路

运行数据存储选用最新大容量 Flash 存储器芯片 28F640J5。共用一片,容量 8 MB。CPU 在对 Flash 读写时,由 Flash 译码电路输出选片信号。

目录存储选用不挥发型非易失性随机存取存储器(NVRAM)芯片 DS1230(或 DS1386-32)。该芯片属电池型 RAM,不受擦写寿命限制,容量 256 KB。

(3)通信电路

通信电路由线路保护器、电平转换芯片、模拟开关等外围电路组成。有 RS-232 和 TTL 两个接收通道,具体开通哪个由 CPU 根据实时动态监视的输入电源信息进行判断决定。

通信保护电路选用 MAX366 线路保护器,当系统无电源时,输入与输出为断开状态;有电源时,允许输入信号在正负电源范围内通过,当输入信号超过电源范围则钳位在电源值。利用这一性能,保证装置带电拔插时不损坏通信芯片。

通信接口电路采用自带电源提升电路的 MAX232。

模拟开关采用可通过±12 V 信号的 MAX333A 型模拟开关,用来实施自动识别电路的切换。

(4)键盘接口电路

键盘接口电路锁存器、收发器、反相器等组成,CPU 定期往锁存器写入行扫描数据,经反相后送至键盘矩阵,若有按键发生,则产生一个低信号,CPU 从收发器读入列数据,与行数据一起形成扫描码。键盘采用薄膜开关式键盘。

(5)液晶显示器接口电路

液晶显示器接口电路可控制背光亮度,调整视角。

(6)电源电路

电源电路由降压型稳压器、进出线滤波器、保护电路、5 V 到+12 V 电源变换电路、+12 V 到−12 V 电源变换电路等组成。提供 5 V、+12 V,−12 V 电源。+12 V、−12 V 供模拟开关使用。

2. TAX2 装置

轨道动态检测设备、弓网检测设备、无线列调语音录音设备、铁路运输调度管理系统(TDMS)及 TDCS 等都是与机车运行有关的安全检测及数据传输设备,它们均要共享监控装置的运行记录信息。但这些设备分散开发,自成一体,在机车上分散安装,系统性不强,而且由于没有与列车运行的时间、公里标和速度等信息相结合,又没有一套较好的地面管理系统支持,致使记录的信息可用性差,不便于分析和统一管理。为将这些设备集中化、系统化,使其规范、安全,便于实现共享监控装置信息,开发了 TAX2 装置。该装置将各检测设备以标准模块单元置于工作平台中,由该平台中的通信记录单元获取监控装置的时间、公里标、速度和车次等信息,综合各功能模块单元检测到的信息进行记录,记录的格式与监控装置的数据记录格式相同,可以用监控装置转储器进行记录数据的转储,并利用监控装置的地面处理软件进行地面分析处理和数据管理。另外,通过装置中的信息传输单元(如 TDCS 单元、TDMS 单元等),可以将列车运行的信息实时传送给有关地面设备,以便实现对机车的动态跟踪管理,提高机车的周转率和利用率。该装置不仅解决了所有检测信息以统一时间、公里标作为基准坐标记录问题,而且解决了数据的转储、分析管理和车—地信息传输问题,同时也节约了资源和便于对设备的统一维护。

(1)TAX2 装置的组成

TAX2 装置以电源单元、通信记录单元作为基本单元配置,其他已开发的功能单元有:轨道检测单元、弓网检测单元、TDCS 单元、TDMS 单元、语音录音单元等。另外,预留4 个单元位置用于备用功能单元的扩展。TAX2 装置前面板布置如图 2-37 所示。

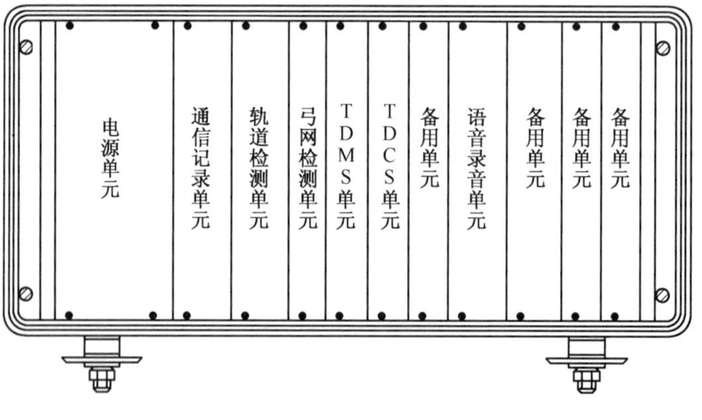

图 2-37　TAX2 装置前面板布置示意

(2)TAX2 装置基本配置的功能

TAX2 装置以电源单元和通信记录单元作为基本配置,该基本配置主要有以下功能:

①串行通信功能

通信记录单元能通过 RS-485 串行通信方式从监控装置获取年月日、时分秒、公里标、运行速度、机车号、车次、车种、区段号、车站号、司机号、副司机号、列车编组等信息,并能将这些信息通过另一个 RS-485 接口周期地传送到装置内各功能单元。各功能单元将经过分析判断且要求记录的信息返回给通信记录单元进行记录。

②记录功能

通信记录单元能以统一时间、公里标作为坐标基准，实时记录各检测单元反馈的信息，数据记录格式与监控装置的数据记录格式相同。

③数据转储功能

通信记录单元记录的信息可以利用监控装置转储器通过 RS-232 串行通信方式进行数据转储。且预留有与可能应用的大容量 IC 卡设备通信的 RS-485 接口。

④数据分析处理功能

记录的信息通过转储器输送到地面微机后，可以利用监控装置地面分析处理软件(增加对各功能单元的事件记录项目，但与原软件兼容)进行地面分析和数据管理。

(3)TAX2 装置的主要特点

①采用 4U 标准机箱及插件单元式结构，既符合开放式工作平台结构的要求，也便于装置的标准化、模块化，有利于装置的检测、维护、功能扩充和规范管理。

②电源单元采用与监控装置电源一致的方式，技术成熟、性能稳定、通用性强、互换性好。

③通信记录单元采用较先进的 Flash 存储器技术，不用电池，记录数据可长久保存(10 年以上)，提高了数据存储的可靠性。记录容量高达 1 MB。

④数据记录格式与监控装置完全兼容，能用监控装置的转储器和地面分析处理系统对装置记录数据进行转储、分析和管理，不需另外增加地面设备及地面软件的投入和开发，充分利用既有监控装置地面系统软、硬件资源。

⑤各功能单元充分采用电源隔离、通信接口隔离及对外输入/输出信号隔离技术，提高了装置的可靠性、安全性和抗干扰性。

⑥各功能单元采用以专用引脚并通过后背板独立插座对外引线的方式，方便用户维护和管理。

⑦为开放式平台结构，各功能单元采用统一的硬件规范和软件通信协议，易于对功能单元的合作开发和功能扩充。

(4)TAX2 装置的基本原理

TAX2 装置系统结构如图 2-38 所示。

内部采取由电源单元集中供电的方式，由电源单元提供+5 V、±12 V、+15 V、+24 V、+110 V 电源给各单元的电路及其相关外部设备(如传感器、机车标签等)供电。各单元选用任何一种电源均必须采取 DC/DC 转换器等方式与系统电源隔离，以提高系统电源可靠性。

通信记录单元为装置的核心，通过它获取监控装置的运行信息，完成对各功能单元反馈信息的记录及对外数据转储功能。

装置中除电源单元外，其余各单元均带有单片微机和通信接口。因此，本装置是一个带有多级串行通信的多计算机系统。

①电源单元

电源单元采用 RCC 式开关电源技术。电源输出分成两大组，其中：+5 V、±12 V、+24 V 为一组，输出功率 21.8 W；三路(目前只用其中一路)+15 V 为另一组，输出功率 22.5 W。电源单元由电源输入电路、开关电源的振荡电路、稳压电路、输出电路等组成。

输入电路的顺向二极管，用于 110 V 输入电压极性接反时保护电源不被烧毁，低通滤波器滤除机车 110 V 电源上的纹波和高频干扰。

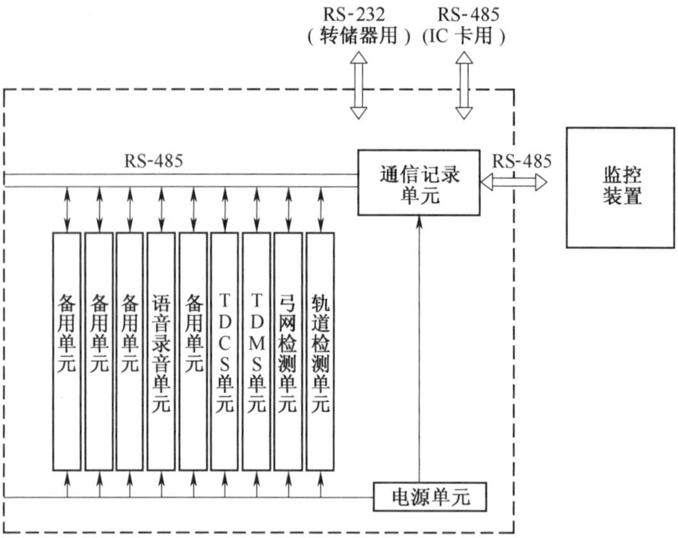

图 2-38　TAX2 装置系统结构

开关电源的振荡电路将经整流、滤波的比较平稳的直流电压变成交流电压。

稳压电路采用内部温度补偿的高精度并联稳压器，对开关电源产生的交流电压进行稳压。

输出电路将开关电源输出的交流电进行整流、滤波。

电源单元具有+5 V 输出回路过压保护、原边输入欠压保护、原边输入过压保护功能。

②通信记录单元

通信记录单元以 8 位单片机 80C320 为核心器件，由 Flash 存储器、串行通信接口、电源电压监视电路等组成。由 48 芯插头并通过机箱内母板印制线与其他各单元相联系，通过机箱后背板专用插座与监控装置通信。

通信记录单元现有双列直插(DIP)封装和表面贴(SMT)封装两种，表面贴封装通信记录单元是在双列直插封装通信记录单元的基础上改进而成的。

通信记录单元能通过 RS-485 串行通信方式从监控装获取年月日、时分秒、公里标、运行速度、机车号、车次、车种、区段号、车站号、司机号、副司机号、列车编组等信息，并能将这些信息通过另一个 RS-485 接口每隔 50 ms 周期地传送到装置内各功能单元。各功能单元将经过分析判断且要求记录的信息返回给通信记录单元进行记录。通信口 0 固定用于与监控装置的通信，比特率为 9 600 bit/s。通信口 1 用于与各功能单元、转储器及 IC 卡之间的通信，为多功能通信接口，但它同时只能与三者之一通信，由硬件电路及软件判别进行自动切换。当用转储器转储数据时，由硬件电路保证无条件切换为与转储器通信。当用 IC 卡转储数据时，由软件判别从与各功能单元通信转为与 IC 卡通信。通常状态下，通信口 1 保持与各功能单元的通信。

③电源滤波板

机车上使用的大功率设备较多，特别是一些大的感性负载启停时会给机车的供电系统造成严重干扰，使得机车电压有较大幅度的波动；机车上电机的启停、机车头灯开启时的拉弧，还会使机车电源窜入很高的尖脉冲干扰。为了保护监测装置的电源，特设滤波电路。电源滤波板由 LC 电路构成。机车+110 V 电源经过低通滤波电路滤波，使带有毛刺和不稳的机车电源变得比较平滑稳定。

④各功能单元接口

各功能单元均采用电源隔离、通信接口隔离和对外输入/出隔离技术，以提高装置的可靠性、安全性和抗干扰性。各单元面板上均设有指示灯或测试孔，以用于各单元的工作状态、故障状态指示及对某些模拟量信号的测量，便于对装置的检测及维护。

a. 轨道检测单元

轨道检测单元用于机车运行时动态检测轨道的技术状况。通过安装在机车上的振动传感器检测机车运行时的横向和垂向加速度值，在对其进行分析处理后得出机车在运行轨道上的晃动等级，从而判定相关地点的轨道状况。还将横向超限和垂向超限的时间、地点、加速度值等数据实时反馈给通信记录单元进行记录，以便地面的进一步分析，及时对轨道设备进行维护。

b. 弓网检测单元

用于电力机车运行时动态检测弓网的技术状况。对由拉出值和硬点冲击超限检测传感器检测到的拉出值超限、硬点冲击超限等信号进行处理，及时检测电力机车在运行线路上的弓网状态，并将确定的拉出值和硬点冲击超限点的时间、线路公里标、速度等信息实时反馈给通信记录单元进行记录，以便地面的进一步分析，及时对弓网设备进行维护。

c. TDMS 单元

TDMS 单元又称机车标签写入单元，它将从监控装置获取的车次、车号、本/补、客/货、时间、公里标等列车运行信息实时传送给车号识别系统中的机车标签设备，再由车号自动识别系统的地面识别设备和管理设备传送给 TDMS 系统，完成 TDMS 对机车的动态跟踪管理。

d. TDCS 单元

TDCS 单元是 TDCS(或 CTC)中无线车次号校核系统的车次等信息的传输源。它将从监控装置获取的列车运行的时间、公里标、车次、信号机编号和速度等信息经调制后，通过机车电台传输到车站地面电台，再传送给 TDCS，完成对机车的调度管理。

e. 语音录音单元

语音录音单元是无线列调语音录音装置的车载设备。其将司机通过列车无线电调度电话进行的收、发语音信号，按数字压缩形式，并以从监控装置获取的时间、公里标作为基准坐标进行存储记录，再通过地面语音回放器来转储以及还原回放语音信号，以加强对“车机联控”的规范化管理。

(5)数据转储及地面分析处理

通信记录单元记录的信息可以利用监控装置转储器进行转储，转储从通信记录插件面板的 RS-232 接口插座进行。数据发送到地面微机后，可以利用地面处理软件进行分析处理。通过分析处理，可以再现各检测设备及信息传输设备的工作状态和与机车运行有关的设备的状态，并为设备的维护、管理提供可靠依据。

3. ATIS 车载设备

ATIS 车载设备主要由机车电子标签、车载编程器(TMIS 板)、标签电缆三部分组成。

(1)机车电子标签

机车电子标签安装在机车底部，用于向地面 AEI 设备传送机车信息和接收地面上传的有关信息。标签尽量安装在靠近安全信息综合监测装置一侧，以便与安全信息综合监测装置连接。

机车标签基本部分连同金属安装板一体安装，再将金属安装板固定在机车底部适当位置的支架加强板上即可。

机车标签安装时，以安装板水平面为基准向标签背面预留空间高度为 120 mm，以便留出空间，方便标签电缆的连接。

标签正面朝下，标签正面与地面水平面平行，允许最大偏差 0°±5°（标签正面与水平面夹角）。标签较长方向与机车纵向垂直（允许偏差±5°）。

机车标签安装位置距轨面高度应不小于 0.7 m（以安装板水平面为基准）。

安装在机车纵向中心线±30 mm 的位置上。

为保证多台机车相连时，安装在两台机车上的标签不产生互相干扰，要求标签安装位置距离车钩的距离应大于 1.2 m。

（2）TMIS 板

TMIS 板安装在机车 TAX 箱中，用于存储机车有关信息、向机车电子标签写入信息和接收地面上传到机车电子标签中的信息、与机车监控装置进行通信接收车次等信息并向监控装置传送地面上传的信息；标签电缆用于连接机车电子标签和 TAX 箱。

关闭 TAX 箱电源，将 TMIS 板插入 TAX 箱中 TDMS 插槽中，连接监控装置主机至 TMIS 前面板的电缆连接器。

（3）标签电缆

标签电缆用于连接机车电子标签和 TAX 箱。

连接机车电子标的电缆连接器为 7 芯防水航空插头，其最大外径 30 mm；连接 TAX 端电缆连接器为 8 芯航空插头（连接在 TAX 箱后侧 TMIS 接口），其最大外径为 40 mm。标签电缆在机车底部部分应最少每隔 600 mm 有一个固定点，在机车内部可敷设在地板下。

4. LAIS

LAIS 由车载设备、车—地无线传输网络、地面有线传输网络、国铁集团/局集团公司/站段三级数据处理中心、国铁集团/局集团公司/站段三级综合应用系统，以及维护支持系统等部分组成。

车载设备安装在需要远程监控的机车、动车组上，由 LAIS 车载主机、车载通话器、外围接口设备、GSM/GPRS 天线、无线局域网（WLAN）天线和 TAL93 接线盒等组成，主要完成与机车安全运行相关的各种设备状态信息的采集并通过无线方式传到地面。车载设备结构如图 2-39 所示。

（1）车载无线传输主机

车载主机硬件：PC/104 标准主板，586/166 MHz CPU，32 MB RAM，32 MB 电子硬盘（DOC，可扩展到 256 MB）。

对外通信接口：RS-485 ，5 路（其中 3 路分时复用）；RS-422，1 路（可选择 RS-485 工作方式）；RS-232，2 路；以太网 1 路。

车载主机操作系统采用 Red Hat Linux，车载主机的 Linux 是经过技术处理实现了嵌入式功能，占用资源很少。

车载无线传输主机采用抽屉式安装，其中固定用的导板有些在机车出厂时已经安装就位，该导板与机车车体用两个螺栓固定。车载无线传输主机与导板用一个螺帽固定即可。

主机后部装有插座，接上插头后深度将增加 100 mm。为保证散热良好，主机应安装在通风良好的位置，且主机顶部和左右两侧必须留较大的空间。

主机必须水平安装在平整的台面上，车载无线传输主机采用导轨安装，即先将导轨（主机自带）固定在安装台面上，再将主机推入导轨并拧紧前方铜螺母即可。

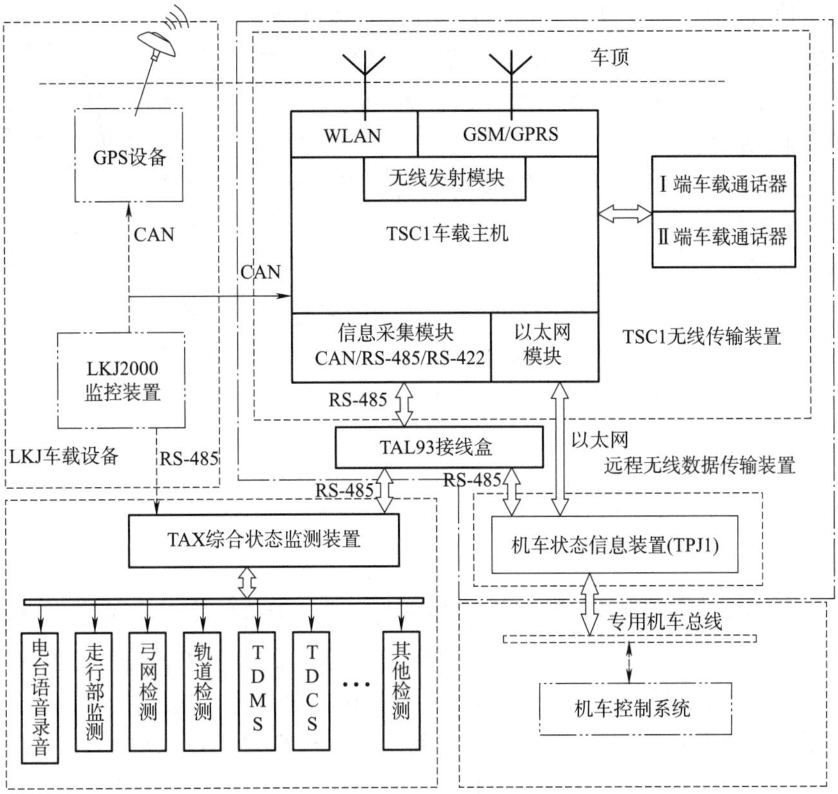

图 2-39 车载设备结构

(2)无线传输装置 WLAN/GPRS 二合一天线

二合一天线用螺栓紧固安装,天线自带 3 个 M8×20 螺钉和螺母其高度为 230 mm,安装在机车顶上,因此需要在机车顶上焊一个安装支架,其中法兰盘,或者直接在机车顶部开安装孔,用于固定天线。WLAN 的馈线和 GPRS 馈线要求穿越机车的外壳,穿孔时要采取防水措施。WLAN 的馈线采用 N 头连接,一端的 N 头接天线,另一端接车载主机,GPRS 的馈线一端的 TNC 头接天线,另一端的 SMA 头接车载主机。需要特别注意的是天线的安装位置必须考虑馈线的长度,要求是一根馈线对信号的衰减不得超过 1 dB,因此馈线长度不得超过 10 m,否则将影响车载主机的联网性能,从而影响数据的传输效率。

若车顶安装有其他天线,天线相互间的间距不小于 1.5 m,天线四周应开阔,无障碍物遮挡。

(3)TAL93 通信接线盒

TAL93 型监控通信接线盒用于 TAX 型监测装置与 LAIS 车载主机通信接口。

安装空间:200 mm(宽)×100 mm(高)×200 mm(深)。安装方法:在接线盒底板由 4 个 M6×20 螺钉固定,螺钉间的间距为 115 mm(宽)×30 mm(深)。

5. 双针速度表

指针式速度指示采用双针速度表。双针速度表的实际速度与限制速度指针依靠装置主机驱动。在装置关机情况下,实际速度指针可由数模转换盒驱动。Ⅰ端双针速度表的里程计指示可由监控装置驱动,在安装了数模转换盒的情况下,也可由数模转换盒驱动。双针速度表照明电源采用机车照明电源。

双针速度表国内有两种,EGZ3/8 型和 ZL 型。两种表都是广角速度表,由上、下机芯,里程计及外壳组成,能与机车速度监控装置配套使用,具有结构牢固、防震性好、寿命长等特点,适用于国内外各种类型的机车。两种表在技术参数和外形尺寸、电气接口上完全一致,可互换使用。双针速度表外形及尺寸如图 2-40 所示。

双针速度表里程计指示可由 LKJ 驱动,在安装了数模转换盒的情况下,也可由数模转换盒驱动。

6. 数模转换盒

数模转换盒是与光电式速度传感器及双针速度表配套的转换装置,其主要功能是将速度传感器频率信号转换成 0～20 mA 的电流信号以驱动双针速度表的实际速度指针,并根据速度信号计算走行距离,输出里程计驱动信号。

图 2-40　双针速度表外形及尺寸

五、LKJ-15S 型列车运行监控系统

1. 研究背景

LKJ2000 型列车运行监控系统受 20 世纪末技术水平限制,体系架构、安全性设计、存储方式的安全性,无法满足当前对列控设备更高的安全需求,尤其是列控有关数据采用车上存储的方式,存在安全隐患;部分原材料停产和被淘汰,面临生产和维护难以为继的窘况。

大量动车组及新的列车类型出现,对列控系统的适应性提出更高要求;《铁路主要技术政策》提出"发展基于应答器提供基础数据的列车运行监控装置(LKJ)技术"。

2013 年,中国铁路总公司正式立项"新一代 LKJ 技术研究",批准开展新一代 LKJ 技术研究工作。2014 年 2 月 28 日,中国铁路总公司运输局发布《新一代列车运行监控系统(LKJ)用户需求书》。2015 年,中国铁路总公司科技管理部、运输局组织召开试验评审,发布《新一代列车运行监控系统(LKJ)通过试验评审的通知》。根据《中国铁路总公司运输局关于新一代 LKJ 试用考核工作的通知》要求,自 2015 年起,LKJ-15S 型列车运行监控系统进行试用考核试验,中国铁路总公司召开新一代 LKJ 试用评审会。LKJ-15S 系统于 2016 年获得独立安全评估证书及评估报告,LKJ-15S 系统安全完整性等级达到 SIL4 级,并通过了国家铁路产品质量监督检验中心的型式试验检测,符合国家级行业标准要求。2017 中国铁路总公司科技管理部会同运输局、安监局组织召开了 LKJ-15S 型列车运行监控系统技术评审会。2019 年,国铁集团决定加快推进 LKJ-15S 的应用。

2. 设计原则

(1)汲取成熟经验,适应长远发展。保持既有 LKJ 系统的技术特色,结合列控发展趋势,适应行车安全装备长远发展。以 2 乘 2 取 2 安全计算机代替双机热备,大幅度提高系统的安全可靠性。在保持车载预存基础数据方式的基础上,增加应答器信息接收单元,能实时接收地面信息,并准确定位。

(2)采用安全技术,适应安全需求。保持机车运行状态信息的记录,优化调整记录的范围和方式,保持 LKJ 原有控制模式,并进行优化、充实、调整。采用安全数据传输技术,确保通信信息安全。数据按铁路局集团公司、线路、数据单元等方式组合。

(3)优化车载架构,实现便捷维护换装。可选用集成式或分布式设备安装方式。

(4)兼容设计,降低换代难度。兼容既有设备及操作方式,便于设备安装、管理及司机操作。在不影响安全控制的前提下，保持既有 LKJ 相关设备的接口通信协议不变。结合既有人机交互接口的操作方式，对信息进行梳理规整。

3. 技术特点

(1)安全性好

①平台安全

采用 2 乘 2 取 2 安全计算机，系统安全完整性等级达到国际铁路标准 SIL4 级。

②接口安全

制动输出部分采用符合欧洲标准化委员会(EN)50205、EN 61810-1 标准的安全继电器，信号的采集和输出均使用双系冗余，提升了接口的安全性。

③通信安全

关键部件间的通信符合国际标准化组织/国际电工委员会(ISO/IEC)10118-3 标准的硬件加密机制；对外通信接口采用一对一独立通信，同时结合软件加密认证策略等手段，保障系统通信安全。

④开发过程安全

系统开发过程符合 EN 50126—1999、EN 50128—2001、EN 50129—2003 标准的要求。

(2)可靠性高

①冗余设计

系统主机单元各插件、人机界面(DMI)单元所有电路、扩展单元关键插件、应答器传输模块、轨道信息单元接口均采用双套冗余设计。

②可靠的系统结构

系统高度集成化，并选用国标规格的高可靠连接器，减少系统内接插件数量并提高器件质量，系统结构更趋于优化。

③可靠的元器件

优选高等级元器件，对高故障率零件采用宇航级、汽车级并符合相关安全认证的产品，提升系统整体可靠性。

④可靠的传感器

采用非接触式安装的霍尔式转速传感器和二线制电流型压力传感器，提升了系统测速、测距和压力采集的可靠性。

⑤可靠的通信

系统各单元间通信采用 UL 认证标准的高性能汽车级隔离集成芯片器件，以及 360°全屏蔽技术的通信线缆，抗干扰能力强。

(3)性能大幅提升

与 LKJ2000 型相比，LKJ-15S 系统的技术性能有大幅提升，见表 2-9。

表 2-9　LKJ2000 型和 LKJ-15S 系统性能比较

项　点	LKJ2000	LKJ-15S
数据存储容量	2 MB	128 MB
记录容量	1.75 MB	128 MB
线路数据预铺范围	4 km	6.5 km
载入百条揭示耗时	30 s	2 s

续上表

项　　点	LKJ2000	LKJ-15S
转储 1 MB 文件耗时	282 s	4.4 s
换装 1 MB 数据耗时	58 s	3 s
事件记录密度	低	高
适应不同电压等级机车	不同型号设备	一种硬件设备，软件自动适应

(4)优化人机界面(DMI)

①界面优化

前方车站和当前车站均在主界面常态显示，实速和限速差提示采用更加醒目的气泡型显示，坡度、道口、断电标等显示也更加醒目。

②减少记忆简化操作

可快速拼音检索，如【ZZ】→【郑州】。

③提升用户体验

支持全屏触摸，数字键盘输入。

(5)系统维护

①设备管理

整机及每个插件均设置有唯一电子 ID，并通过维护 CPU 记录工作历时及上电次数，对设备进行全生命周期管理。

具有全面的设备上电自检、制动接口自动检测、工况接口自动检测功能及多个温度、电压、电流采集点(表 2-10)。

表 2-10　采集点数量

采集点	主机单元	人机界面(DMI)单元	扩展单元
测温传感器	28	4	24
电压采集点	66	6	45
电流采集点	32	4	23

②设备自检

设备状态查询信息更丰富，可对插件状态、通信状态、硬件版本、软件版本等进行全面管理。

③数据换装

系统有专用设备换装和无线换装。

4. 系统组成

LKJ-15S 型列车运行监控系统由主机单元、扩展单元、人机界面(DMI)单元、BTM、轨道信息单元(机车信号)、速度传感器、压力传感器等组成，如图 2-41 所示。

LKJ-15S 与 TAX、LAIS 车载设备等共同组成列车运行安全监控系统。

(1)主机单元

主机单元是 LKJ-15S 系统的控制核心，采用 2 乘 2 取 2 安全计算机技术，接收轨道电路信息及应答器信息，采集安全信息，并输出控制指令，记录列车运行相关信息。

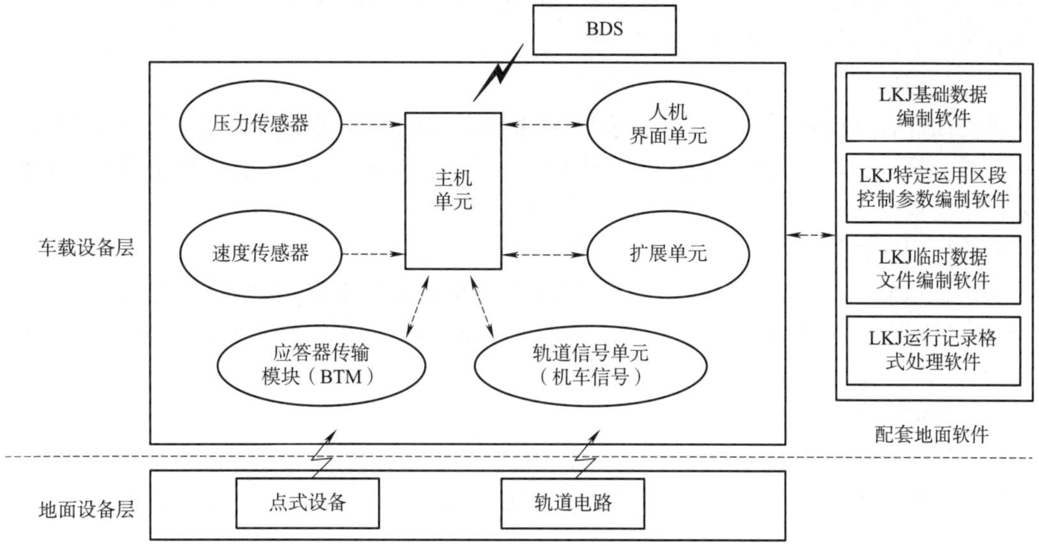

图 2-41 LKJ-15S 系统组成

主机单元自左向右为电源插件、数字量插件、模拟量插件、通信插件、主控插件、输出检测插件、制动输出插件、记录插件、隔离开关插件、冷却插件，如图 2-42 所示。

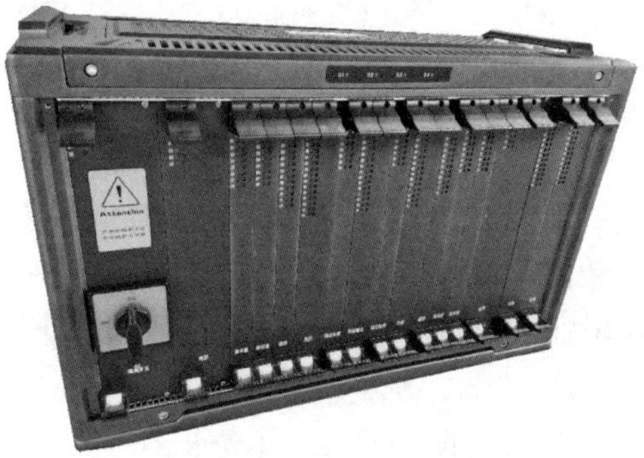

图 2-42 主机单元

①电源插件

电源插件为主机其他插件、速度传感器、压力传感器等提供电源。Ⅰ、Ⅱ系分别由各自的电源插件独立供电，互不影响。输入回路、输出回路均具备过流保护功能，过流保护后可自恢复。

②数字量插件

数字量插件负责采集机车接口信息，通过内部总线将采集结果送给主控插件；具备采集 16 路电压信号的功能，可采集机车工况、ATP 制动状态等开关量信号信息及电压信息。数字量插件采用单板双模冗余结构，信息分送本系 A、B 主控插件。

③模拟量插件

模拟量插件采集压力、速度、柴速等信息，通过内部总线将采集结果送给主控插件，并集成测速、测距单元，支持转速传感器测速等功能。模拟量插件采用单板双模冗余结构，信息分送本系 A、B 主控插件。

④通信插件

通信插件从 ATP、机车信号、外部 CAN 接口等单元收集信息，并把相应信息传递到主控插件，用于主机单元与其他设备及相关模块的通信管理。通信插件具有 CAN 接口、RS-485 接口、RS-422 接口及对外维护总线接口等。

⑤主控插件

主控插件收集由各插件采集的信息，并负责数据的运算、处理、判断及控制指令的生成；完成相关显示信息的发送及与司机交互信息的采集，发送相关的记录信息给记录插件。主控插件采用单板双模冗余结构，2 模独立采集、分别计算。

⑥输出检测插件

输出检测插件负责制动功能的完整性反馈，输出故障继电器驱动信号；具备对主电源电压、电流的检测功能，以及对紧急、故障及常用继电器的检测功能。输出检测插件采用单板双模架构，互不干扰。

⑦制动输出插件

制动输出插件负责输出切除列车牵引动力、常用制动、紧急制动指令，通过继电器的搭接，完成系统 2 系的控制切换。制动输出插件采用安全继电器，支持失电、得电控制方式。

⑧记录插件

记录插件负责记录列车基本信息、列车状况信息、司机操作信息、运行状态信息和设备基本信息；具备掉电检测功能，便于系统失电时记录现场数据。记录插件采用单模架构，A、B 插件同时进行记录，保证系统记录可靠。

⑨隔离开关插件

隔离开关插件负责接收制动输出信号，实现对制动信号的隔离；可以通过开关旋钮操作选择“正常”模式或者“隔离”模式；具备与数字量插件的接口，为其提供隔离开关位置状态信号。

⑩冷却插件

冷却插件负责加强主机单元内空气流动，监测并有效降低系统内环境温度，促使系统稳定工作。它可以控制风扇工作和停止；控制风扇以不同的转速工作；检测风扇工作状态；检测风扇工作电压、电流；风扇工作电压或电流异常时能够控制风扇停止工作。

(2)扩展单元

扩展单元是 LKJ-15S 外围扩展功能的集成，负责采集鸣笛等开关量信号，接收平面调车信息，接收 BDS 信息，实现车—地高速无线通信、数据传输，提供 LAIS、TAX、列控车载设备与动车组(EMU)等通信接口。

扩展单元包括电源插件、功能扩展插件、平面调车插件、数模转换插件、主控插件、数据交换插件、无线通信插件，如图 2-43 所示。

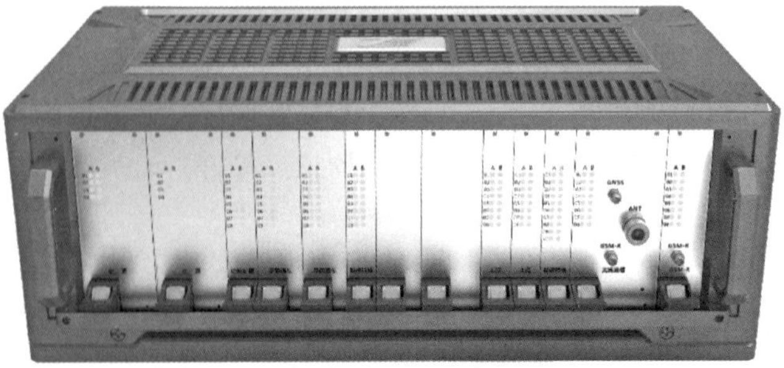

图 2-43　扩展单元

①电源插件

电源插件采用双机热备工作架构，每个电源插件提供1路系统电源(24 V)，可通过CAN总线对电源插件进行在线程序更新。电源(24 V)具有输出保护功能，输入过欠压保护功能。

②功能扩展插件

功能扩展插件采集Ⅰ、Ⅱ端的鸣笛信号、过分相主断信号或其他扩展输入信号，通过双路CAN总线与其他设备进行通信，提供对于本板关键电源电压、电流及温度的检测，完成故障代码及历时的记录。

③平面调车插件

平面调车插件采用双机热备工作架构，具备接收机车Ⅰ端、Ⅱ端平面调车灯显系统信号的能力，具备与主机单元通过两路CAN通信的能力，具备对平面调车灯显系统供电的能力(隔离12 V/2 A)。

④数模转换插件

数模转换插件提供与速度传感器的接口，完成速度信息采集；提供与双针表里程计的接口，完成速度等信息的显示；提供内部CAN通信接口，完成与通信插件的信息交换。

⑤主控插件

主控插件具有内部双路CAN接口，通过CAN接口和扩展单元其他插件进行信息交换；具有外部双路CAN接口，连接至主机单元通信插件和TAX主机；采用双24 V冗余供电，安全可靠。

⑥数据交换插件

数据交换插件实现网路数据交互和CAN通信功能；负责内部其他插件及外部设备之间的以太网连接，内部其他插件之间的CAN连接。

⑦无线通信插件

无线通信插件具备WLAN无线局域网和4G通信功能，实现无线数据换装功能；通过BDS信号接收功能，完成定位、授时等功能。

(3)人机界面(DMI)单元

人机界面(DMI)单元是LKJ-15S的显示和操作中心；采用双模冗余，可手动快速切换；具有800×600分辨率的TFT显示器；提供按键和触摸屏两种方式输入；保留IC卡接口，并支持64 MB大容量卡。

屏幕布局包括主界面显示区、主键盘区、功能键盘区、IC卡槽区、AB机切换区、语音提示区，如图2-44所示。

与LKJ2000相比薄40%，规格为250 mm×120 mm×72 mm，具有更多屏幕显示，支持触摸操作，并且启动迅速。

BTM与其他列控系统相同。轨道信息单元与机车信号车载设备相同。速度传感器、压力传感器与LKJ2000相同。

5. 运行模式

(1)系统运行模式

从系统上电投入运行，经过整个交路，到系统入库下电，经历了降级模式—段内走行模式—调车模式—降级模式—通常模式—调车模式—段内走行模式，如图2-45所示。

①降级模式

车载设备上电后，系统自动进入降级模式。根据不同的机车信号，控制列车在规定的距离

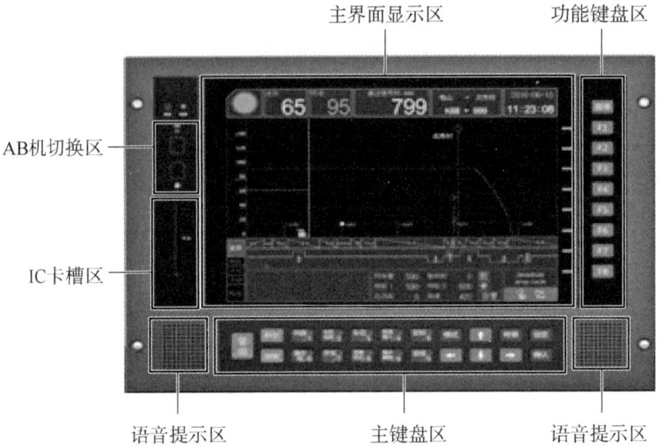

图 2-44　人机界面(DMI)屏幕布局

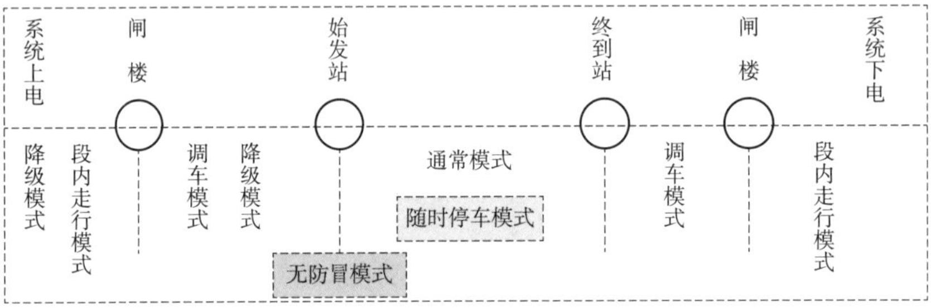

图 2-45　运行模式历程

内不超过规定的限速值运行。机车信号为停车信号且列车运行速度超过 5 km/h 时,进行周期性报警,在规定时间内未进行按键应答时,系统实施紧急制动。因数据调用结束或异常自动进入该工作模式时,无速度条件限制。

②段内走行模式

停车状态下方可转入段内走行模式。此时不按照机车信号信息监控列车运行,但监控列车不超过规定的出入段限速运行。

③调车模式

停车状态下,允许进入调车模式。此时不按照机车信号信息监控列车运行,但监控列车不超过规定的调车限速;自动识别调车灯显信息,按其信息实现相应的控制功能。

④通常模式

在通常模式下,根据机车信号信息按速度连续控制方式预画列车运行控制曲线,具备“走停走”、引导进站、临时限速、防止列车溜逸、线路里程误差自动修正和人工修正、站内无电码化股道通过或发车、站内靠标停车警惕等控制功能;还具备特殊行车功能:绿色许可证、路票、货车特殊前行、特定引导、绿/绿黄灯确认、进入万吨控制、反向行车、救援控制、退行控制、调令发车、发车进路通知书。

⑤随时停车模式

在机车信号故障情况下,列车在自动闭塞区间且处于停车状态,经司机操作允许进入随时停车模式。停车 2 min 后，监控列车不超过规定的限速值(20 km/h)运行。列车处于站内停车状态，司机按规定操作退出随时停车模式。

⑥非本务模式

非本务模式不具备监控功能，但具备部分显示、语音提示和记录功能，可通过模式选择和参数设定进入。

⑦无防冒模式

停车状态下，当前区段载频及机车信号信息码满足规定条件时，允许进入无防冒模式，其不具备防冒功能，转入后该模式按照线路限速值监控列车运行，系统具备临时限速控制功能。

⑧与其他 ATP 结合模式

该模式不具备监控功能，不显示运行速度、限速，也不显示运行速度值轨迹曲线、限速曲线，系统具备临时限速控制功能，具备部分显示、车位调整、提示和记录功能。

(2)运行模式比较

LKJ-15S 系统与 LKJ2000 运行模式比较见表 2-11。

表 2-11　LKJ-15S 系统与 LKJ2000 运行模式比较

功　能	LKJ2000	LKJ-15S
模式转换	无专门的模式选择键，通过不同的按键选择进入，不同模式的进入操作不相同	模式转换统一操作：通过按压 DMI 上的“模式”键，选择转入相应模式
段内走行模式	通过出入库键切换	通过模式键进行出、入段切换
调车模式	通过调车键进、退	通过模式键选择进、退
通常模式	不能输入发车股道，一个车站只能在同一位置开车对标	能输入发车股道，并根据所在股道的出站信号机开车对标
	不允许输入高速股道	数据可制作多个高速道岔数据，UUS 灯亮时，可允许输入股道选择不同高速股道
	仅使用车载数据控车	同时支持车载数据和应答器数据做导航数据控制列车运行
非本务模式	通过参数设定	通过模式选择进入“非本务模式”或参数设定
特殊行车	组合键或特殊操作	特殊行车操作如绿色许可证、路票等操作保留 LKJ2000 操作方式，增加菜单操作方式
其他功能	无特殊电气隔离功能	当系统故障或担当特殊牵引任务，需要 LKJ 控制指令输出与执行设备有效电气隔离时，可通过隔离开关隔离制动输出
	记录不独立，容量小	运行文件记录由独立的记录主机完成，记录容量不小于 32 MB，记录信息更翔实
	不可通过无线通信通道更新车载基础数据	可通过无线通信通道更新车载基础数据

六、监控装置的维护

1. 监控装置的检修

根据《列车运行监控装置(LKJ)检修规程(V2.0)》，对于 LKJ 及相关设备(包括 LKJ2000 型监控装置、TAX 装置、机车语音记录装置、LAIS 车载设备、铁路车号自动识别系统、速度传感器、压力传感器、LKJ 其他附属设备等)进行检修工作。

LKJ 系统设备的维修周期和修程设置应适应机车(动车组)的检修体制，检修工作在机车

（动车组）检修作业时同步进行。

LKJ 系统设备的检修工作应坚持“按范围、按信息反馈及设备状态、按技术要求、按工艺”“程序化、文明化、现代化”“记名检修”（简称“四按三化记名修”）的施修方式，实行专业化集中修，严格控制检修过程中各作业的质量。

（1）LKJ 系统设备维修修程和周期

根据 LKJ 系统设备的结构特性、工作环境、性能和一定时期的制造技术水平，结合机车（动车组）的运用、检修体制等因素，规定 LKJ 系统设备维修修程和周期。

①维修修程

维修修程设置为：Ⅰ级修、Ⅱ级修、Ⅲ级修。

Ⅰ级修：与机车辅/小修（动车组 2 级修）修程相对应，对 LKJ 系统设备进行检查和维护，并应用测试、试验等手段，结合 LKJ 运行记录数据进行质量分析，实现预防修和状态修。

Ⅱ级修：与机车中修（动车组 3、4 级修等）修程相对应，以“整修、补强、恢复、改善”为重点，对车上 LKJ 系统设备下车进行全面整修。

Ⅲ级修：与机车大修（动车组 4、5 级修）修程相对应，由设备制造单位或具备资质的专业维修机构进行全面检修，恢复设备的基础质量。

②维修周期

机车上安装的 LKJ 系统设备维修周期基本设置见表 2-12。动车组上安装的 LKJ 系统设备维修周期基本设置见表 2-13。

表 2-12　机车上安装的 LKJ 系统设备维修周期基本设置

LKJ 维修修程	LKJ 维修周期	对应机车修程
Ⅰ级修	（2～4）万走行公里或 60 天	辅/小修
Ⅱ级修	（25～45）万走行公里或 2 年	中修
Ⅲ级修	（80～120）万走行公里（或 4 年）	大修

表 2-13　动车组上安装的 LKJ 系统设备维修周期基本设置

LKJ 维修修程	LKJ 维修周期	对应动车组修程	
		CRH1、CRH3、CRH5 型	CRH2 型
Ⅰ级修	（3～6）万走行公里或 30 天	2 级修	2 级修
Ⅱ级修	120 万走行公里或 2 年	3 级修	3 或 4 级修
Ⅲ级修	240 万走行公里或 4 年	4 或 5 级修	4 或 5 级修

（2）LKJ 系统设备修程范围

LKJ 系统设备Ⅰ级修修程范围见表 2-14，LKJ 系统设备Ⅱ级修修程范围见表 2-15，LKJ 系统设备Ⅲ级修修程范围见表 2-16。

表 2-14　LKJ 系统设备Ⅰ级修修程范围

序号	部位	项目	检修范围	Ⅰ级修
1	监控主机	外部检查及清洁	检查主机箱外观、安装固定状况，清洁机箱表面及安装位置周围环境； 检查电源开关动作是否可靠，主机电源熔断器型号、规格是否符合要求，紧固状态是否良好；	每次

续上表

序号	部位	项目	检修范围	Ⅰ级修
1	监控主机	外部检查及清洁	清洁各插件面板，检查各插件紧固状态，检查各插件捏手是否完整； 清洁各插头、插座，检查连接插头、插座及线缆外观，安装是否正确紧固； 检查各连线布线是否合理，外观是否完整，捆扎是否整齐、牢固； 检查各空气管路连接情况； 检查监控记录插件程序芯片、数据芯片，地面信息插件及通信插件程序芯片插接状态	每次
		上电检查	监控主机上电，检查自检过程和进入工作状态各指示灯显示是否正常	每次
2	屏幕显示器	外部检查及清洁	检查显示器外观、安装固定状况，清洁机壳表面及安装位置周围环境； 检查电源熔断器型号、规格是否符合要求，紧固状态是否良好； 清洁各插头、插座，检查连接插头、插座及线缆外观，安装是否正确紧固； 检查各连线布线是否合理，外观是否完整，捆扎是否整齐、牢固； 检查按键面膜和按键状态，背光功能是否正常； 根据状况决定是否更换屏幕显示器面膜	每次
		显示、语音及报警检查	检查屏幕显示器显示灰度是否上下一致，字符、图形显示是否正确清晰； 检查语音提示功能，语音提示、报警音是否正确清晰	每次
3	机车安全信息综合监测装置	外部检查及清洁	检查 TAX 主机箱外观、安装固定状况，清洁机箱表面及安装位置周围环境； 检查电源开关动作是否可靠，主机电源熔断器型号、规格是否符合要求，紧固状态是否良好； 清洁各插件面板，检查插件紧固状态，检查各插件捏手是否完整； 清洁各插头、插座，检查连接插头、插座及线缆外观，安装是否正确紧固； 检查各连线布线是否合理，外观是否完整，捆扎是否整齐、牢固	每次
		上电检查	TAX 主机上电，检查电源板和通信记录板自检过程和进入工作状态各指示灯显示是否正常	每次
4	机车语音记录装置	外部检查及录音回放试验	检查插件紧固状态，检查插件捏手是否完整； 上电时，检查自检过程和进入工作状态各指示灯显示是否正常； 检查语音录音回放功能是否正常	每次
5	铁路车号自动识别系统	TMIS 单元外部检查及上电检查	检查插件紧固状态，检查插件捏手是否完整； 上电时，检查自检过程和进入工作状态各指示灯显示是否正常	每次
		电子标签外部检查及标签信息检查	检查外观、安装固定状况，清洁表面； 检查防水套状态； 检查连接插头、插座及线缆外观，安装是否正确紧固； 检查各连线布线是否合理，外观是否完整，捆扎是否整齐、牢固； 检查上电后检查标签固定信息和动态信息是否正确	每次
6	LAIS 车载设备	外部检查及清洁	检查机箱外观、安装固定状况，清洁机箱表面及安装位置周围环境； 检查电源开关动作是否可靠，主机电源熔断器型号、规格是否符合要求，紧固状态是否良好； 清洁各插头、插座，检查连接插头、插座及线缆外观，安装是否正确紧固； 检查各连线布线是否合理，外观是否完整，捆扎是否整齐、牢固	每次

续上表

序号	部位	项目	检修范围	Ⅰ级修
6	LAIS车载设备	上电检查	主机上电，检查自检过程和进入工作状态各指示灯显示是否正常	每次
		功能检查	检查信息传输是否正常	每次
7	专用速度传感器	外部检查及清洁	检查外观、安装固定状况，清洁表面； 清洁插头、插座(专用接线盒)； 检查连接插头、插座及线缆有无破损，安装是否正确紧固； 检查各连线布线是否合理，外观是否完整，捆扎是否整齐、牢固	每次
		速度传感器下车检测(按Ⅱ级修质量标准)	速度传感器下车检测，检查性能指标及技术参数是否符合要求； 检查传感器弹性方榫联轴节与方孔套连接状态，弹性是否良好，油润是否良好	机车3、6、9次小修(SS_8、SS_9机车每次小修，动车组每季度)
8	专用压力传感器	外部检查及清洁	检查外观、安装固定状况，清洁表面及周围环境； 清洁插头、插座，检查连接插头、插座及线缆外观，安装是否正确紧固； 检查各连线布线是否合理，外观是否完整，捆扎是否整齐、牢固； 检查风路连接状态，是否有漏泄	每次
9	BDS信息接收装置(含BDS天线)	外部检查及清洁	检查主机外观、安装固定状况，清洁机箱表面及安装位置周围环境； 检查电源开关动作是否可靠，主机电源熔断器型号、规格是否符合要求，紧固状态是否良好	每次
		上电检查	主机上电，检查自检过程和进入工作状态各指示灯显示是否正常	每次
		BDS天线检查	检查天线端口防水状态； 检查连接插头、插座及线缆外观，安装是否正确紧固； 检查各连线布线是否合理，外观是否完整，捆扎是否整齐、牢固	每次
10	LKJ总线扩展盒	外部检查及清洁	检查外观、安装固定状况，清洁表面及安装位置周围环境； 清洁插头、插座，检查连接插头、插座及线缆外观，安装是否正确紧固； 检查各连线布线是否合理，外观是否完整，捆扎是否整齐、牢固	每次
11	LKJ分线盒(本/补切换装置)	外部检查及清洁	检查外观、安装固定状况，清洁表面及安装位置周围环境； 清洁插头、插座，检查连接插头、插座及线缆外观，安装是否正确紧固； 检查各连线布线是否合理，外观是否完整，捆扎是否整齐、牢固； 检查切换开关状态是否符合要求，铅封完好	每次
12	事故状态记录器	外部检查及清洁	检查外观、安装固定状况，清洁表面及安装位置周围环境； 清洁插头、插座，检查连接插头、插座及线缆外观，安装是否正确紧固； 检查各连线布线是否合理，外观是否完整，捆扎是否整齐、牢固	每次
13	调车灯显接口盒	外部检查及清洁	检查接口盒外观、安装固定状况，清洁机壳表面及安装位置周围环境； 检查电源开关动作是否可靠，电源熔断器型号、规格是否符合要求，紧固状态是否良好； 清洁插头、插座，检查连接插头、插座及线缆外观，安装是否正确紧固； 检查各连线布线是否合理，外观是否完整，捆扎是否整齐、牢固	每次
		上电检查	上电时，检查工作状态各指示灯显示是否正常； 检查转换开关状态是否符合要求	每次
		功能检查	检查平调信号接收是否正常	每次

续上表

序号	部位	项目	检修范围	Ⅰ级修
14	LKJ 功能扩展盒(含鸣笛转换器)	外部检查及清洁	检查扩展盒外观、安装固定状况，清洁机壳表面及安装位置周围环境； 检查电源开关动作是否可靠，电源熔断器型号、规格是否符合要求，紧固状态是否良好； 清洁插头、插座，检查连接插头、插座及线缆外观，安装是否正确紧固； 检查各连线布线是否合理，外观是否完整，捆扎是否整齐、牢固； 检查鸣笛转换器风管路有无泄漏	每次
		上电检查	上电时，检查工作状态各指示灯显示是否正常	每次
		功能检查	检查鸣笛功能是否正常	每次
15	电气线路及安装支架	检查接线端子及清洁	检查、清扫司机室、电气间等处 LKJ 系统设备与机车(动车组)电气线路接线端子是否清洁； 检查接线端子与导线连接处线芯有无断股； 检查接线端子、套管及编号是否完整，屏蔽网接地是否可靠，紧固件是否松动	每次
		检查电气线路	检查电缆外观有无破损、过热、老化、油水浸蚀现象； 检查线束绑扎是否整齐牢固，导线留有自由长度，无过紧过松现象； 测量线路绝缘是否符合要求； 确认过压吸收片是否安装齐全、规范，连接可靠，各元件有无剥落、变色	每次
		检查安装支架	检查支架是否牢固，有无裂纹	每次
16	状态分析	LKJ 运行记录数据文件分析	分析主机、显示器、速度、压力、工况、信号等信息是否正常	每次
17	LKJ 设备车上功能测试	参数检查与设定	检查参数输入功能是否正常，是否能形成测试记录文件； 检查日期、时间显示是否准确； 检查机车型号参数与所安装的机车是否一致； 检查轮径、柴油机脉冲数、双针表量程与机车实际是否一致； 检查装置号与监控主机箱编号是否一致； 检查控制软件和车载数据文件版本与当前装车使用要求是否相符	每次
		输入信号检查	检查监控装置接收信号与机车信号显示是否一致，地面发送过节信号时，“过节”是否正常显示； 检查压力信号显示是否正常； 检查柴油机转速信号显示是否正常； 检查机车工况显示与机车实际工况是否一致； 检查警惕按钮作用是否正常	每次
		输出指令及信号检查	检查常用、紧急指令输出是否正常； 检查双针表驱动是否正常	每次
		通信检查	检查 IC 卡与屏幕显示器通信是否正常； 检查转储盒与装置记录插件通信是否正常	每次
18	转储分析	记录功能检查	分析检测专用记录数据文件，检查装置记录功能是否正常	每次

表 2-15　LKJ 系统设备Ⅱ级修修程范围

序号	部位	项目	检修范围	Ⅱ级修
1	监控主机	清洗、分解及检查	检查机箱及各配件外观； 检查导轨状态； 检查安装底座牢固，无弯曲； 检查电源开关动作可靠，紧固状态良好； 检查隔离开关、电源开关、警惕按钮状态良好； 检查各连接器状态； 检查各配件安装螺栓是否紧固； 检查各连接导线状态； 检查防插错齿条是否符合插件的设计； 检查 CAN 终端电阻； 检查地面信息处理插件机感信号输入接口电阻；有无瞬变抑制二极管； 检查电源模块、电解电容、瞬变抑制二极管、继电器、滤波器、电感、MOS 管、光耦等元器件； 检查电源插件熔断器与熔断器座接触情况及熔断器规格； 检查插件 96 芯插头、48 芯插头及 5 芯连接器的插针无弯曲、退针、磨损	每次
		测试及维修	更换不良减振胶垫、螺孔条、熔断器及熔断器座； 更换不良捏手及连接块； 清空存储芯片数据	每次
			各插件测试，性能调整	每次
		组装、整机测试	检查组装情况； 整机性能测试	每次
2	屏幕显示器	分解、清洁及检查	检查机壳及各配件外观； 检查各连接器状态； 检查各配件安装螺栓是否紧固； 检查各连接导线状态； 检查液晶屏外观，显示状况； 检查电源模块、电解电容器、瞬变抑制二极管、继电器、滤波器、电感线圈、MOS 管、光耦； 检查熔断器及熔断器座	每次
		测试及维修	更换面膜； 更换 IC 卡座组件(卡座及连接板)； 更换高压板上的高压转换器(16EPC-T01)； 更换 IC 卡语音板上的电解电容； 更换喇叭； 格式化 DOC 电子盘	每次
			各板件测试、调整性能	每次
		组装、整机测试	检查组装情况； 整机性能测试	每次
3	机车安全信息综合监测装置	清洗、分解及检查	检查机箱及各配件外观； 检查面板捏手、螺孔条、导轨状态； 检查防插错齿条是否符合插件的设计； 检查安装底座是否牢固、无弯曲； 检查电源开关动作是否可靠，主机电源熔断器型号、规格是否符合要求，紧固状态是否良好； 检查各连接器状态；	每次

续上表

序号	部位	项目	检修范围	Ⅱ级修
3	机车安全信息综合监测装置	清洗、分解及检查	检查各配件安装螺栓是否紧固； 检查各连接导线状态； 检查电源模块、电解电容、瞬变抑制二极管、继电器、滤波器、电感、MOS 管、光耦； 检查插件 48 芯插头及 5 芯、7 芯连接器的插针无弯曲、退针、磨损	每次
		测试及维修	更换不良减振胶垫； 更换不良跨接套	每次
			各插件测试、调整性能	每次
		组装、整机测试	检查组装情况； 整机性能测试	每次
4	机车语音记录装置	清洁及检查	检查外观； 检查面板捏手、回放按钮及拨动开关； 检查喇叭状态； 检查各连接器状态； 检查安装螺栓是否紧固； 检查电位器； 检查电源模块、电解电容器、瞬变抑制二极管、音频变压器、三极管、光耦、语音放大芯片、电位器； 检查插件 48 芯插头及 7 芯连接器的插针无弯曲、退针、磨损	每次
		测试及维修	更换不良跨接套； 性能测试	每次
5	LAIS 车载设备	清洗、分解及检查	检查机箱及各配件外观； 检查 SIM 卡座是否有物理损坏； 检查电源开关动作是否可靠，主机电源熔断器型号、规格是否符合要求，紧固状态是否良好； 检查各连接器状态； 检查各配件安装螺栓是否紧固； 检查 GPRS 同轴电缆等各连接导线状态； 检查车载天线； 检查射频连接器、二功率分配器	每次
		测试及维修	更换内部扁平线缆； 更换不良跨接套； 各板件测试、调整性能	每次
		组装、整机测试	检查组装情况； 整机性能测试	每次
6	铁路车号自动识别系统	清洁及检查	检查外观、安装固定状况，清洁表面； 检查防水套状态； 检查连接插头、插座及线缆外观，安装是否正确紧固； 检查各连线布线是否合理，外观是否完整，捆扎是否整齐、牢固； 自检状态检查	每次
		测试及维修	更换 DC/DC 电源模块； 更换 RS-232 接口芯片； TMIS 板、电子标签编程改写功能测试； TMIS 板卡电性能测试； 双向标签上传数据功能测试	每次

续上表

序号	部位	项目	检修范围	Ⅱ级修
7	专用速度传感器	清洁及检查	检查安装固定状况，清洁安装表面； 清洁插头、插座（专用接线盒）； 检查连接插头、插座及线缆外观，安装是否正确紧固； 检查各连线布线是否合理，外观是否完整，捆扎是否整齐、牢固； 检查传感器弹性方棒联轴节与方孔套连接状态，弹性是否良好，油润是否良好	每次
		测试及维修	速度传感器下车测试，检查性能指标及技术参数是否符合要求	每次
8	专用压力传感器	清洁及检查	检查安装固定状况，清洁周围环境； 清洁插头，检查连接插头及线缆外观，安装是否正确紧固； 检查各连线布线是否合理，外观是否完整，捆扎是否整齐、牢固； 检查风路连接状态，是否有漏泄； 检查连接器的插针无弯曲、退针、磨损	每次
		测试及维修	专用压力传感器下车测试，检查性能指标及技术参数是否符合要求	每次
9	调车灯显接口盒	清洁及检查	检查接口盒外观、安装固定状况，清洁机壳表面及安装位置周围环境； 检查电源开关动作是否可靠；电源熔断器型号、规格是否符合要求，紧固状态是否良好； 清洁插头、插座，检查连接插头、插座及线缆外观，安装是否正确紧固； 检查各连线布线是否合理，外观是否完整，捆扎是否整齐、牢固； 上电时，检查工作状态各指示灯是否正常； 检查转换开关状态是否符合要求； 检查电解电容器、瞬变抑制二极管、继电器、电感线圈、MOS管、光耦； 检查连接器的插针无弯曲、退针、磨损	每次
		测试及维修	测试性能	每次
10	LKJ功能扩展盒（鸣笛转换器）	清洁及检查	检查扩展盒外观、安装固定状况，清洁机壳表面及安装位置周围环境； 检查电源开关动作是否可靠；电源熔断器型号、规格是否符合要求，紧固状态是否良好； 清洁插头、插座，检查连接插头、插座及线缆外观，安装是否正确紧固； 检查各连线布线是否合理，外观是否完整，捆扎是否整齐、牢固； 上电时，检查工作状态各指示灯是否正常； 检查接风管路有无漏泄，测试鸣笛功能； 检查电源模块、电解电容器、瞬变抑制二极管、继电器、滤波器、电感线圈、MOS管、光耦； 检查连接器的插针无弯曲、退针、磨损	每次
		测试及维修	更换跨接套； 测试性能	每次
11	BDS信息接收装置	清洁及检查	检查主机外观、安装固定状况，清洁机箱表面及安装位置周围环境； 检查电源开关动作是否可靠，装置电源熔断器型号、规格是否符合要求，紧固状态是否良好； 装置上电，检查自检过程和进入工作状态各指示灯是否正常； 检查天线端口防水状态； 检查连接插头、插座及线缆外观，安装是否正确紧固； 检查各连线布线是否合理，外观是否完整，捆扎是否整齐、牢固；	每次

续上表

序号	部位	项目	检修范围	Ⅱ级修
11	BDS 信息接收装置	清洁及检查	检查电解电容器、瞬变抑制二极管、滤波器、电感线圈、MOS 管； 检查 GPX5 插头与机壳绝缘； 检查 BDS 同轴电缆等各连接导线状态； 检查连接器的插针无弯曲、退针、磨损	每次
		测试及维修	更换跨接套； 测试性能	每次
12	LKJ 总线扩展盒	清洁及检查	检查扩展盒外观、安装固定状况，清洁机壳表面及安装位置周围环境； 清洁插头、插座，检查连接插头、插座及线缆外观，安装是否正确紧固； 检查各连线布线是否合理，外观是否完整，捆扎是否整齐、牢固； 检查连接器的插针无弯曲、退针、磨损	每次
		测试及维修	测试性能	每次
13	本/补切换装置	清洁及检查	检查外观、安装固定状况，清洁表面及安装位置周围环境； 清洁插头、插座； 检查连接插头、插座及线缆外观，安装是否正确紧固； 检查各连线布线是否合理，外观是否完整，捆扎是否整齐、牢固； 检查切换开关状态是否符合要求； 检查电解电容器、瞬变抑制二极管、变压器、电感线圈、MOS 管； 检查连接器的插针无弯曲、退针、磨损	每次
		测试及维修	测试性能	每次
14	事故状态记录器	清洁及检查	检查外观、安装固定状况，清洁表面及安装位置周围环境； 清洁插头、插座； 检查连接插头、插座及线缆外观，安装是否正确紧固； 检查各连线布线是否合理，外观是否完整，捆扎是否牢固； 检查连接器的插针无弯曲、退针、磨损	每次
		测试及维修	测试性能	每次
15	电气线路及支架	清洁及检查接线端子	检查、清扫司机室、电气间等处 LKJ 系统设备与机车电气线路接线端子是否清洁； 接线端子与导线连接处线芯有无断股； 接线端子、套管及编号是否完整，屏蔽网接地是否可靠；紧固件是否松动	每次
		检查电气线路	检查电缆外观有无破损、过热、老化、油水浸蚀现象； 检查线把绑扎是否整齐牢固，导线留有自由长度，无过紧过松现象； 线路绝缘测量是否符合要求； 检查过压吸收片是否安装齐全、规范，连接可靠；各元件有无剥落、变色； 检查警惕按钮是否正常	每次
		检查安装支架	检查支架是否牢固，有无裂纹	每次
16	车载设备功能测试	LKJ 监控主机及屏幕显示器装车	功能测试	每次
		机车安全信息综合监测装置装车	功能测试	每次

续上表

序号	部位	项目	检修范围	Ⅱ级修
16	车载设备功能测试	机车语音记录装置装车	功能测试	每次
		LAIS 系统车载设备装车	功能测试	每次
		铁路车号自动识别系统装车	功能测试	每次
		专用速度传感器装车	功能测试	每次
		专用压力传感器装车	功能测试	每次
		调车灯显接口盒装车	功能测试	每次
		LKJ 功能扩展盒(含鸣笛转换器)装车	功能测试	每次
		BDS 信息接收装置装车	功能测试	每次
		LKJ 总线扩展盒装车	功能测试	每次
		LKJ 分线盒(本/补切换装置)装车	功能测试	每次
		事故状态记录器装车	功能测试	每次

表 2-16 LKJ 系统设备Ⅲ级修修程范围

序号	部位	项目	检修范围	Ⅲ级修
1	监控主机	清洗、分解及检查	检查机箱及各配件外观,是否清洁,有无裂损、变色,机箱内是否有油污及杂物; 检查导轨状态; 检查安装底座是否牢固、无弯曲; 检查电源开关动作是否可靠,紧固状态是否良好; 检查隔离开关、电源开关、警惕按钮状态是否良好; 检查各连接器状态; 检查各配件安装螺栓是否紧固; 检查各连接导线状态; 检查 CAN 终端电阻; 检查地面信息处理插件机感信号输入接口电阻; 检查电源插件熔断器与熔断器座是否接触可靠,是否符合规格;	每次

续上表

序号	部位	项目	检修范围	Ⅲ级修
1	监控主机	清洗、分解及检查	检查插件96芯插头、48芯插头及5芯连接器的插针无弯曲、退针、磨损； 检查在本期修程内是否有须改造的内容	每次
		测试及维修	更换全部减振胶垫； 更换不良防插错齿条； 更换机箱螺孔条，更换不良塑料导轨； 更换5芯连接器； 更换监控记录板 U_3、U_4、U_5、U_6 程序芯片，更换 U_{11}、U_{12}、U_{13}、U_{14}、U_{15} 芯片； 更换电源板各输入、输出电容器； 更换数字量输入/输出板 RL_2、RL_3、RL_4、RL_8、RL_9 继电器； 各插件测试、调整性能	每次
		组装、整机测试	检查组装情况； 整机性能测试	每次
2	屏幕显示器	分解、清洁及检查	检查机壳及各配件外观，是否清洁，有无裂损、变色； 检查喇叭、蜂鸣器状态； 检查电源熔断器型号、规格是否符合要求，紧固状态是否良好； 检查IC卡座、连接板状态； 检查各连接器状态； 检查各配件安装螺栓是否紧固； 检查各连接导线状态； 检查液晶屏外观，显示状况； 检查在本期修程内是否有须改造的内容	每次
		测试及维修	更换面膜； 更换喇叭、蜂鸣器； 更换液晶屏背光灯管； 更换高压转换器、IC卡语音芯片、PC104主板、电源板、IC卡座组件(卡座及连接线)、线扎组件； 更换IC卡语音板电解电容器； 更换DOC电子盘； 各板件测试、调整性能	每次
		组装、整机测试	检查组装情况； 整机性能测试	每次
3	机车安全信息综合监测装置	清洗、分解及检查	检查机箱及各配件外观，是否清洁，有无裂损、变色； 检查面板捏手、螺孔条、导轨状态； 检查电源开关动作是否可靠；主机电源熔断器型号、规格是否符合要求，紧固状态是否良好； 检查各连接器状态； 检查各配件安装螺栓是否紧固； 检查各连接导线状态； 检查插件48芯插头及5芯、7芯连接器的插针无弯曲、退针、磨损； 检查在本期修程内是否有须改造的内容	每次

续上表

序号	部位	项目	检修范围	Ⅲ级修
3	机车安全信息综合监测装置	测试及维修	检查安装底座，更换全部减振胶垫； 更换不良防插错齿条、塑料导轨； 更换 5 芯连接器、7 芯连接器； 更换电源插件板输入、输出电容； 更换 MAX1480、28SF040； 各插件测试、调整性能	每次
		组装、整机测试	检查安装情况； 整机性能测试	每次
4	机车语音记录装置	清洁及检查	检查外观，是否清洁，有无裂损、变色； 检查面板捏手； 检查喇叭状态； 检查各连接器状态； 检查安装螺栓是否紧固； 检查插件 48 芯插头及 CH10 连接器的插针无弯曲、退针、磨损	每次
		测试及维修	更换喇叭、拨动开关、回放按钮、USB 插座、7 芯圆形插座； 更换电源模块、DC/DC 转换器、电解电容器； 性能测试	每次
5	LAIS 车载设备	清洗、分解及检查	检查机箱及各配件外观，是否清洁，有无裂损、变色； 检查 SIM 卡座连接状态； 检查电源开关动作是否可靠；主机电源熔断器型号、规格是否符合要求，紧固状态是否良好； 检查各连接器状态； 检查各配件安装螺栓是否紧固； 检查 GPRS 同轴电缆等各连接导线状态； 检查射频连接器、二功率分配器状态	每次
		测试及维修	更换无线网卡组件； 更换 GPRS 模块组件； 更换电源滤波器； 更换 PC104 主板； 更换扁平电缆； 更换电源板、风扇和射频连接器的绝缘器件； 更换电源模块、DC/DC 转换器、电解电容器、瞬变抑制二极管、稳压二极管、三极管、继电器、电感线圈、MOS 管、光耦； 更换后盖板(插座板)及线扎组件； 更换车载通话器面膜、底板、喇叭及线扎	每次
			各板件测试、调整性能	每次
		组装、整机测试	检查组装情况； 整机性能测试	每次
6	铁路车号自动识别系统	清洁及检查	检查外观、安装固定状况，清洁表面； 检查防水套状态； 检查连接插头、插座及线缆外观，安装是否正确紧固； 检查各连线布线是否合理，外观是否完整，捆扎是否整齐、牢固； 自检状态检查	每次
		测试及维修	更换电子标签； 检查 TMIS 板、电子标签编程改写功能； 检查 TMIS 板卡电性能检测； 双向标签上传数据功能检查	每次

续上表

序号	部位	项目	检修范围	Ⅲ级修
7	专用速度传感器	清洁及检查	检查安装固定状况，清洁安装表面； 清洁插头、插座（专用接线盒）； 检查连接插头、插座及线缆外观，安装是否正确紧固； 检查各连线布线是否合理，外观是否完整，捆扎是否整齐、牢固； 检查传感器弹性方榫联轴节与方孔套连接状态，弹性是否良好，油润是否良好	每次
		测试及维修	更换专用速度传感器及密封垫； 测试性能	每次
8	专用压力传感器	清洁及检查	检查安装固定状况，清洁周围环境； 清洁插头，检查连接插头及线缆外观，安装是否正确紧固； 检查各连线布线是否合理，外观是否完整，捆扎是否整齐、牢固； 检查风路连接状态，是否有漏泄	每次
		测试及维修	更换专用压力传感器； 测试性能	每次
9	调车灯显接口盒	清洁及检查	检查接口盒外观、安装固定状况，清洁机壳表面及安装位置周围环境； 检查电源开关动作是否可靠；电源熔断器型号、规格是否符合要求，紧固状态是否良好； 清洁插头、插座，检查连接插头、插座及线缆外观，安装是否正确紧固； 检查各连线布线是否合理，外观是否完整，捆扎是否整齐、牢固； 上电时，检查工作状态各指示灯是否正常； 检查转换开关状态是否符合要求； 检查 CH10 连接器的插针无弯曲、退针、磨损	每次
		测试及维修	更换电源开关、熔断器及熔断器座； 更换板载继电器、线扎； 更换 DC/DC 转换器、电解电容器、瞬变抑制二极管、稳压二极管、三极管、继电器、滤波器、电感线圈、MOS 管、光耦、LED 灯； 更换 CH10 接插件； 测试性能	每次
10	LKJ 功能扩展盒(鸣笛转换器)	清洁及检查	检查扩展盒外观、安装固定状况，清洁机壳表面及安装位置周围环境； 检查电源开关动作是否可靠；电源熔断器型号、规格是否符合要求，紧固状态是否良好； 清洁插头、插座，检查连接插头、插座及线缆外观，安装是否正确紧固； 检查各连线布线是否合理，外观是否完整，捆扎是否整齐、牢固； 上电时，检查工作状态各指示灯是否正常； 检查鸣笛转换器接风管路是否有漏泄； 检查 CH10 连接器的插针无弯曲、退针、磨损	每次
		测试及维修	更换电源开关及熔断器座； 更换电源模块、DC/DC 转换器、电解电容器、瞬变抑制二极管、稳压二极管、三极管、继电器、滤波器、光耦； 更换 CH10 接插件； 更换内部连线； 更换底板； 更换鸣笛转换器； 测试性能	每次

续上表

序号	部位	项目	检修范围	Ⅲ级修
11	BDS信息接收装置	清洁及检查	检查主机外观、安装固定状况，清洁机箱表面及安装位置周围环境； 检查电源开关动作是否可靠；主机电源熔断器型号、规格是否符合要求，紧固状态是否良好； 主机上电，检查自检过程和进入工作状态各指示灯是否正常； 检查天线端口防水状态； 检查连接插头、插座及线缆外观，安装是否正确紧固； 检查各连线布线是否合理，外观是否完整，捆扎是否整齐、牢固	每次
		测试及维修	更换开关、熔断器及熔断器座、内部连线； 更换BDS接收板卡； 测试性能	每次
12	LKJ总线扩展盒	清洁及检查	检查扩展盒外观、安装固定状况，清洁机壳表面及安装位置周围环境； 清洁插头、插座，检查连接插头、插座及线缆外观，安装是否正确紧固； 检查各连线布线是否合理，外观是否完整，捆扎是否整齐、牢固	每次
		测试及维修	测试性能	每次
13	LKJ分线盒（本/补切换装置）	清洁及检查	检查外观、安装固定状况，清洁表面及安装位置周围环境； 清洁插头、插座； 检查连接插头、插座及线缆外观，安装是否正确紧固； 检查各连线布线是否合理，外观是否完整，捆扎是否整齐、牢固； 检查切换开关状态是否符合要求	每次
		测试及维修	更换切换开关； 更换内部连接线； 测试性能	每次
14	事故状态记录器	清洁及检查	检查外观、安装固定状况，清洁表面及安装位置周围环境； 清洁插头、插座； 检查连接插头、插座及线缆外观，安装是否正确紧固； 检查各连线布线是否合理，外观是否完整，捆扎是否整齐、牢固	每次
		测试及维修	测试性能	每次
15	电气线路及支架	清洁及检查接线端子	检查、清扫司机室、电气间等处LKJ系统设备与机车电气线路接线端子是否清洁	每次
		测试及维修	更换装车电缆及警惕按钮； 检查过压吸收片是否安装齐全、规范，连接可靠；各元件有无剥落、变色	每次
		检查安装支架	检查支架是否牢固，有无裂纹	每次
16	车载设备功能测试	LKJ监控主机及屏幕显示器装车	功能测试	每次
		机车安全信息综合监测装置	功能测试	每次
		机车语音记录装置装车	功能测试	每次

续上表

序号	部位	项目	检修范围	Ⅲ级修
16	车载设备功能测试	LAIS系统车载设备装车	功能测试	每次
		铁路车号自动识别系统	功能测试	每次
		专用速度传感器装车	功能测试	每次
		专用压力传感器装车	功能测试	每次
		调车灯显接口盒装车	功能测试	每次
		LKJ功能扩展盒(含鸣笛转换器)装车	功能测试	每次
		BDS信息接收装置装车	功能测试	每次
		LKJ总线扩展盒装车	功能测试	每次
		LKJ分线盒(本/补切换装置)装车	功能测试	每次
		事故状态记录器装车	功能测试	每次

(3)LKJ系统的检修管理

国铁集团对LKJ系统设备检修工作进行统一规划，制定技术政策、规程，规定LKJ系统设备各级检修修程、周期、范围和技术标准。

铁路局集团公司电务部贯彻国铁集团有关规章制度、技术标准和技术规范等规定，负责LKJ系统设备检修管理工作，建设和完善检修管理机制、检修设施，督促检查执行情况；制定设备Ⅲ级修计划，并组织实施。

电务段贯彻执行国铁集团、铁路局集团公司有关规章制度、技术规范、技术标准等要求，制定LKJ系统设备检修工作相关制度，建立检修生产机制，完成LKJ系统设备的检修等任务。

电务段应定期检查分析检修生产组织、设备运用质量、“四按三化记名修”的执行、配件管理、维修成本管理等情况，制订改进措施并实施；开展专业技术培训、加强班组建设，提高检修人员技术水平和班组管理水平；积极采用新技术、新工艺、新材料，吸收和推广先进经验，不断提高设备质量、降低检修成本。

LKJ系统设备Ⅰ级修维修工艺由电务段编制并报电务部核备，Ⅱ级修维修工艺由电务部组织电务段编制，Ⅲ修维修工艺由电务部组织设备制造单位编制或提供。

LKJ 系统设备检修后须纳入机车设备进行验收，经验收合格后方可装车、投入使用。

在正常使用和检测维修的情况下，LKJ 系统设备检修后的质量保证期限要求如下：

Ⅰ级修质量保证期限：须到下一个计划修修程。

Ⅱ级修质量保证期限：6 个月。

Ⅲ级修质量保证期限：12 个月。

LKJ 系统设备Ⅰ、Ⅱ、Ⅲ级修修程应达到的基本技术要求：

①各设备安装牢固、布线整齐、外观清洁，空气管路连接密封处无泄漏。

②电缆线铺装完毕未连接设备前绝缘检查正常。

③各设备之间的连接电缆根据系统布线图连接正确可靠。

④设备上电自检过程及工作状态指示灯显示正确。

⑤屏幕显示器显示、语音、按键等工作状态正确。

⑥LKJ 系统日期、时间正确。

⑦机车（动车组）型号、机车（动车组）号设置正确。

⑧管压和柴油机转速（内燃机车）显示正确。

⑨复示机车信号状态正确。

⑩运行时速度显示正确。

⑪解除牵引力、常用制动和紧急制动功能正常。

⑫LKJ 运行记录数据转储功能正常。

2. LKJ 系统故障及处理

（1）故障查找、分析及处理的一般方法

故障查找、分析及处理的一般方法有直观法、测量法、代换试验法、对比法、敲打试验法等。

①直观法

直观法通过人的眼睛或其他感觉器官去发现故障、排除故障，是最基本的检查故障的方法之一。实施直观法应坚持先简单后复杂、先外面后里面的原则。实际操作时，正确打开机壳，能准确地识别电子元器件，熟悉拆开设备内的各种电子元器件的形状、名称、代表字母、电路符号和功能。

直观法主要包括对实物的观察和对图像的观察。

直观法检修的步骤：

a. 打开机箱之前的检查

不通电，观察电气设备的外表，有无碰伤痕迹，按键、插口、电气设备的连线有无损坏等。

b. 打开机箱后的检查（无电）

不通电，观察线路板及机内各种装置，熔断器是否熔断；元器件有无相碰、断线；电阻有无烧焦、变色；电解电容器有无漏液、裂胀及变形；印制电路板上的铜箔和焊点是否良好，有无已被他人修整、焊接的痕迹等。观察机内时，可用手拨动一些元器件、零部件，以充分检查。

c. 通电后的检查

观察主机各面板指示灯自检时或自检后状况，设备内部有无打火、冒烟现象；设备内部有无异常声音；设备内部有无焦味；摸一些元件、集成电路等是否烫手，如有异常发热现象，应立即关机。

直观法十分简便，不需要其他仪器，对检修电器的一般性故障及损坏型故障很有效果。

②测量法

测量法包括电阻法、电压法和电流法。

a. 电阻法

电阻法利用万用表欧姆挡测量电气设备的集成电路、晶体管各脚和各单元电路的对地电阻值，以及各元器件自身的电阻值来判断故障。

电阻法是检修故障的最基本的方法之一。电阻法有"在线"电阻测量和"脱焊"电阻测量。

"在线"电阻测量，由于被测元器件接在整个电路中，所以万用表所测得的阻值受到其他并联支路的影响，在分析测试结果时应给予考虑，以免误判。正常所测的阻值应和元器件的标称阻值相等或小于标称值，若大于标称阻值，则所测的元器件存在故障。在线测试一定要在断电情况下进行，否则测得结果不准确，还会损伤、损坏万用表。电阻法对检修开路或短路故障十分有效。检测中，往往先采用在线测方式，在发现问题后，可将元器件拆下后再检测。在线测试元器件质量时，万用表的红、黑表棒要互换测试，尽量避免外电路对测量结果的影响。

"脱焊"电阻测量，将被测元器件一端或将整个元器件从印制电路板上脱焊下来，再用万用表测电阻，"脱焊"法操作较繁，但测量的结果却准确、可靠。

(a)开关件检测

测量接触电阻和断开电阻是判断开关组件质量好坏最常用的方法。在线电阻测量开关的接触电阻应小于0.5 Ω，否则为接触不良。断开电阻一般大于几千欧为正常。

(b)元器件质量检测

电阻法可以判断电阻器、电容器、电感线圈、晶体管的质量。一般在各元器件在线阻值测量完成后，万用表的红、黑表棒互换一次，再测试一次阻值。这样可排除外电路对测量结果的干扰。两次测试阻值的结果做分析用。对重点怀疑的元器件可脱焊进一步检测。

在检测一些低电压(如5 V、3 V)供电的集成电路时，不要用万用表的$R\times10$ kΩ挡，以免损坏集成电路。

(c)接插件的通断检测

耳机插座、电源转换插座、线路板上的各种接插组件等，均可用电阻法测试其好坏。如：对圆孔型插座可通过插头插入与拔出来检测接触电阻；对其他接插组件检测时，可通过摆动接插件来测其接触电阻，若阻值大小不定，说明接触不良。

b. 电压法

电压法通过测量电子线路或元器件的工作电压并与正常值进行比较来判断故障。

电压法检测是最基本、最常用的方法。测试的电压包括各级电源电压、晶体管的各极电压，以及集成块各脚电压等。测得的电压一般是反映电气设备工作状态是否正常的重要依据。电压偏离正常值较大的地方，往往是故障所在的部位。

电压法分为交流电压检测和直流电压检测两种。

(a)交流电压检测

可用万用表的交流500 V电压挡测电源变压器初级，这时应为220 V电压，若没有，可能是熔丝熔断、电源线及插头有损坏。若交流电压正常，可测电源变压器次级，看是否有电压，若无电压，则初级线圈开路故障可能性较大。

(b)直流电压检测

首先从整流电路、稳压电路的输出端入手，根据测得的输出端电压来进一步判断某部分电路或某个元器件是否有故障。

测量放大器每一级电路电压，首先应从该级电源电路元器件着手，通常电压过高或过低均说明电路有故障。

直流电压法还可检测集成电路的各脚工作电压。比较实测值与维修资料提供的数据确定集成电路的好坏。

c. 电流法

电流法通过检测晶体管、集成电路的工作电流、局部电路电流和电源的负载电流来判断电气设备的故障。

电流法检测电子线路时，可以迅速找出晶体管、电源变压器等元器件发热的原因，也是检测晶体管和集成电路工作状态的常用手段。电流法检测时，常需要断开电路，将万用表串入电路。但遇到电路熔断器熔断或局部电路短路时，采用电流法检测效果明显。

电流法可分为直接测量法和间接测量法两种。

间接测量实际上是用测电压来换算电流或用特殊的方法来估算电流的大小。若测晶体管电极电流时，可以通过测量其集电极或发射极上串联电阻的压降换算出电流值。这种方法的好处是无须在印制电路板上制造测量口。另外有些关键电路设置了温度保险电阻。通过测量这类电阻上的电压降，可估算出各电路中负载的电流的大小。若某路温度保险电阻烧断，可直接用万用表的电流挡测电流判断故障原因。

③代换试验法

代换试验法是用规格相同、性能良好的元器件或电路代替某个被怀疑而又不便测量的元器件或电路来判断故障。

代换试验法在确定故障时准确性几乎为百分之百，但操作比较麻烦，有时很困难，对线路板有一定损伤。使用代换试验法要根据具体情况，以及现有的备件和代换的难易程度而定。应注意，在代换元器件或电路的过程中，连接要正确可靠，不要损坏周围其他元件。特别在显示屏、CAN 插件板代换时要确认版本、厂家。

如怀疑两个引脚的元器件开路时，可不必拆除该元器件，而是在引脚上再焊一个同规格的元器件，焊好后故障消失，说明被怀疑的元器件开路，

当怀疑某个电容器的容量减小时，也可以采用上述直接并联的方式。

当代换局部电路时，如怀疑某级放大器有故障，可将此级放大器输出端断开，另找一台同型号或同类工作正常的设备，在同样的部位断开，再将断开点接至所怀疑放大器的下一级输入端作代换试验，若此时故障消失，则说明怀疑是正确的，否则可排除怀疑对象。这种代换检测尤其适合于共性，如，三通道速度输入、工况输入、机车信号输入电路的疑难故障查找。

代换试验法一般在其他检测方法运用后对某个元器件有重大怀疑时才采用。严禁大面积地采用代换试验法，胡乱取代。严禁带电插拔板件，防止损坏电路板，进一步扩大故障范围。

④对比法

对比法对电子设备尤其是相同功能、作用、电路原理的热备双套电子设备，在输入或输出信号一致相同条件下采用相互对比手段，判定出其中某一插件板或某一单元电路中存在故障的元器件。

相同插件板或单元电路在同等输入或输出信号一致条件下，对比指示灯显示状况。相同插件板或单元电路受到磁场干扰等因素影响下比对共性点和个性点差异，经各项检测排除后判定某一插件板或单元电路是否存在故障。

⑤敲打试验法

敲打试验法是当电子设备出现时好时不好故障现象，又难以判定故障点时，采用纵向、横

向震动手段，迅速判定或检测出电路中接触不良的元器件。

电子元器件脚经锡熔焊接在电路板上，在特定场合特别是大功率晶体管长期受到热胀冷缩的影响，焊点周围形成裂纹产生接触不良现象难以发现，宜采用震动试验。

车载设备长期工作在恶劣环境中，动车组运行中各种震动特别是“共振”所产生的金属疲劳使元器件断裂或形成接触不良现象，使用仪表不易查到，采用敲打试验法较为方便。

敲打试验在方法上要运用得当，有目的地进行纵向、横向轻微震动试验，不是胡乱“敲打”，避免进一步扩大故障的范围。

上述介绍的各种方法要能够灵活使用。

(2)故障判断与处理

①显示器故障判断与处理

a. 经显示器发现故障

上电后，主机箱和显示器都进行自检，过数秒后，显示器如工作正常，则进入常态信息显示状态，包括日历时钟、CAN 通信状态等信息。若时间、日期显示不正确或 CAN 通信故障，应查看通信线路或主机工作状态是否正常。

显示正确但按键不响应，是键盘扫描电路或薄膜开关面板故障，也有可能是面板与电路板间接触不良。

装置在常态信息显示条件下，当送入机车信号后，应有语音提示，如“红灯，停车”“黄灯，减速”“白灯，无码”。如情况异常则语音电路可能出现故障。

屏幕显示器还提供系统单元工作状态的检查及查询功能。在常态信息显示的条件下，按压【查询】键，进入查询显示界面，将光标移到“设备状态”按钮，按压【确认】键，或者直接按压数字键【4】，弹出系统当前各模块工作状态和故障状态指示。再按【确认】键返回。

设备状态显示窗口的上半部分是系统模块状态和软件、数据版本号，左侧从上到下分别为事故状态记录器(黑匣子)、Ⅱ端显示器状态，地面数据和监控软件(两个主机内部的)是否一致、双紧急制动通道是否正常，下面是主机和显示器的软件版本号。

右边显示的是主机箱中各插件的工作状态，与主机箱内插件的实际排列一致，可以很直观地看到各插件的工作状态。如果插件板上的指示灯是绿色，说明该插件工作正常，红色说明该插件工作异常。如果是单机工作，则另一主机的各插件上的指示灯都是灰色。

窗口的下半部分是系统各模块和通道的自检状态和采集数据显示。

b. 显示器与主机通信中断

显示器不能正常显示或自检不正常，系显示器与主机通信中断。显示器与主机通信中断检查流程如图 2-46 所示。

显示器本身是一个独立的 CPU 系统(包括数显和屏显)，如果自检不正常，多为显示器本身的问题。此时，应检查主机与显示器连线正确后，更换显示器或更换监控记录插件。

如果重启不能正常显示，应怀疑显示器、监控记录插件和通信电缆有故障，应检查对应设备结合部的接口插头、板件和端子板是否存在“松、脱、断、混”的情况，认真分析 LKJ 质量分析软件和 LKJ 运行记录数据软件。

c. 列车运行途中显示屏黑屏

列车运行途中显示屏黑屏，多次重启仍为黑屏。黑屏检查流程如图 2-47 所示。

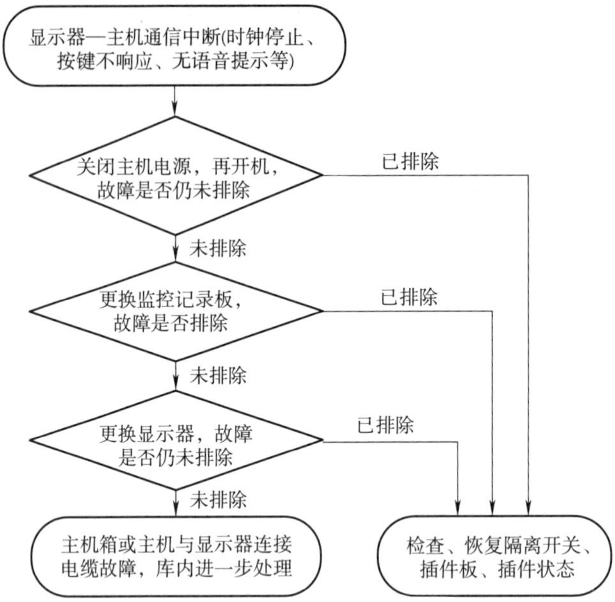

图 2-46　显示器与主机通信中断检查流程

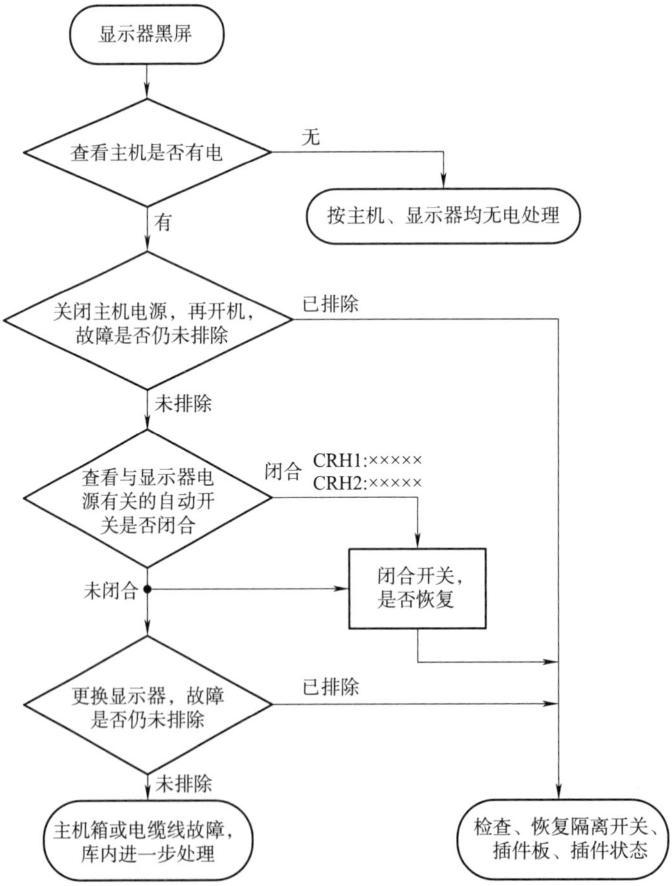

图 2-47　黑屏检查流程

可先去掉电子盘，如果仍黑屏要更换主板。去掉电子盘后能正常启动但检不到电子盘，需要更换电子盘或重写程序或处理电子盘座；更换以后仍出现检测不到电子盘，需要更换主板。

此时，应检查主机电源（C. K. 2 机柜内）是否正常；检查（C. K. 1 机柜内）X_{31} 及 X_{33} 空气开关状态；查看显示器熔丝是否正常；检查 X_7 显示器电源插头及 X_9 通信插头情况；更换监控显示器。

在各种情况拆下显示屏，特别是故障修等拆下显示屏，都应当对电子盘清除垃圾文件，格式化重写程序（作为必检项目）。

清洁显示屏内电路板，检查元器件和接插件状态。凡有电子盘使用期超长、外观开裂、变形等现象必须更换。

d. 列车运行途中显示屏白屏

列车运行途中显示屏白屏，多次重启仍为白屏，白屏检查流程如图 2-48 所示。

按压【确认】键，有键音，那么故障就会出现在液晶屏或者主板屏显驱动上；判断液晶屏或是主板屏显驱动故障。用一块正常的液晶屏正确接入主板，接好背光灯然后上电。如果正常，说明液晶屏故障；如果还是白屏，判断主板驱动故障，需更换主板。

按压【确认】键无键音，说明主板没启动，需更换主板。

以上所述仍不能排除，可能是底板数字比较器 74HC688 坏，也可能是液晶屏本身屏坏。

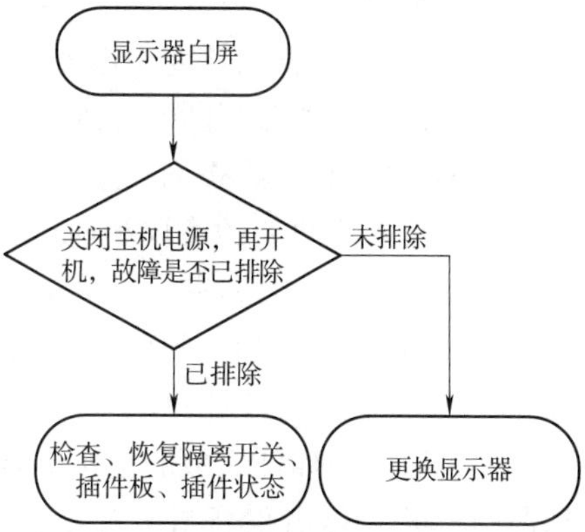

图 2-48　白屏检查流程

e. 显示器按键不良

某一按键按下无反应，系该按键接触不良或按键通道电路故障。此时，应更换显示器。

f. 显示器文件不能转储

文件不能转储或转储不良，系显示器 IC 卡座故障或 IC 卡本身故障。在判定为显示器 IC 卡座故障后，更换显示器。

②速度传感器故障判断处理

a. 监控速度出现波动

在区间运行时机车信号良好，但速度出现波动。

如果无速度信号显示多为速度传输通道故障，使传感器发出的脉冲信号不能传入；如果速度显示不正确，可以检查机车轮径输入与实际是否相符或传感器有无故障，实际发出的脉冲数/周与理论值不符；如果速度显示不稳定，多为机车上各种信号干扰所致，应先检查机车的速度传感器部分以及模拟量输入/输出插件的速度通道中的抗干扰部分。

此时，应检查速度传感器通道连线；更换速度传感器；更换模拟量输入/输出插件；检查机车轮径是否正确。

LKJ 设备屏蔽线应正确接地，LKJ 设备电缆线施工尽可能远离电源线等干扰源，使用新型光电速度传感器（TQG15B-Tn）。

b. 列车运行无主、备速度

列车运行中发生 LKJ 显示速度由 83 km/h 突降为 0 km/h,司机拨打车载热线电话,依据维护人员的指导,执行了速度通道切换、关开机应急处理和人工单机运行,均无效。

原因系该 LKJ 备用速度传感器连接电缆有一段连接电缆破损。经拆检电缆发现,电缆线间出现局部短路现象。由于 LKJ 系统设计是主速度传感器与备用速度传感器使用 15 V 电源,当备用速度传感器供电电缆出现 15 V 电源短路后,造成了 LKJ 供给速度传感器用的 15 V 电源出现异常,致使主/备通道切换处理无效。

此时,应更换速度传感器及连接电缆。

需要检查速度传感器;检查速度传感器接线盒中的连线和线路的绝缘情况。从电路设计上改进:主速度传感器与备用速度传感器 15 V 电源 DC/DC 要隔离分别使用,避免主或备速度传感器外(内)电路短路,失去固有主/备速度自动切换功能。

c. 监控主机关机后,无备用速度指示或备用速度指示不正确

当监控装置故障关机的情况下,备用速度指示由车上安装换盒驱动,如果不能正常转换或显示不正常多为数/模转换盒或连线有问题。

此时,应检查备用速度通道连线;更换 D/A 转换盒;更换双针速度表。

③监控主机故障判断与处理

a. 按 LKJ 显示屏查询和指示灯判断与处理故障

LKJ 设备主机有的模块和通道有自检电路,在显示屏查询【+4】窗口的下半部分能够发现故障;未有自检电路,在显示屏上发现不了故障,必须结合检测作业标准和各插件面板指示灯含义逐项检查、检测。利用装置的自检功能判别故障的前提是:CPU 及其总线工作正常。因此,利用装置自检功能只能判别局部的故障。

主机箱上各插件面板的指示灯,就是为判别局部故障和装置的工作状态而设置的。需要掌握动车组 LKJ 各设备指示灯,通过指示灯亮灭的含义,就能分析检索到故障。根据 LKJ 显示屏查询和指示灯亮灭的含义,结合直观法、对比法等故障查找的方法,缩小故障范围。

(a)监控记录插件指示灯

监控记录插件面板上共有 8 排指示灯用于正常或故障状态指示,其中 1A～5A、1B～5B 指示灯在自检和正常工作时,其含义有差别。监控记录插件自检时指示灯含义见表 2-17。

表 2-17　监控记录插件自检时指示灯含义表

指示灯	含　义	指示灯	含　义
1A(亮)	程序芯片(U_3、U_4)自检正确	1B(亮)	地面数据芯片(U_5、U_6)自检正确
2A(亮)	CPU 内部 RAM 自检正确	2B (亮)	实时时钟(U_{15})RAM 自检正确
3A(亮)	外部 RAM(U_{13})自检正确	3B (亮)	外部 RAM(U_{14})自检正确
4A(亮)	外部 RAM(U_{11})自检正确	4B (亮)	外部 RAM(U_{12})自检正确
5A(亮)	CANA 自检正确	5B (亮)	CANB 自检正确

监控记录插件上电后(断电后再上电须间隔 30 s 以上),面板指示灯全亮后全灭。然后对外部芯片逐一检查,当芯片工作正常时,与该芯片相应的灯亮,否则灯灭。1A～5A、1B～5B 灯亮,表示上电自检正常。

插件自检完毕后就进入正常工作状态。监控记录插件正常工作时指示灯含义见表 2-18。

表 2-18 监控记录插件正常工作时指示灯含义表

指示灯	含义	指示灯	含义
1A(闪)	工作正常	1B(亮/灭/闪)	主机/备机/单机
2A(亮)	实时时钟正常	2B (亮/灭)	CANA/CANB
3A(亮)	同步通信自检正常	3B (亮)	CAN 通信正常
4A(亮)	数字量输入插件自检正常	4B (亮)	模拟量输入/输出插件自检正常
5A(亮)	数字量输入/输出插件输入部分自检正常	5B (亮)	数字量输入/输出插件输出部分自检正常
6A(亮)	程序及数据一致	6B(亮)	记录同步
7A(亮)	复位标志	7 B	空
8A	空	8B(亮)	记录/转储

(b)数字量输入插件指示灯

数字量输入插件面板上有 16 个发光二极管用于机车信号条件输入指示，当某通道有输入时，相应的灯亮，灯灭表示信号未到插件或者信号已到但光电输入级出现了故障。

当装置上电时，系统对插件进行自检，先使面板指示灯全亮，然后全灭。如自检时发现哪个灯不亮则表示该路光电输入有故障。数字输入插件面板指示灯含义见表 2-19。

表 2-19 数字输入插件面板指示灯含义表

指示灯	含义	指示灯	含义
1A(亮)	绿(L)	1B(亮)	绿黄(LU)
2A(亮)	黄(U)	2B(亮)	黄 2(U2)
3A(亮)	双黄(UU)	3B(亮)	红黄(HU)
4A(亮)	红(H)	4B(亮)	白(B)
5A(亮)	速度等级 1(SD1)	5B(亮)	速度等级(SD2)
6A(亮)	速度等级 3(SD3)	6B(亮)	制式
7A(亮)	绝缘节	7B(亮)	信号备用 1
8A(亮)	信号备用 2	8B(亮)	信号备用 3

注：数字量输入插件面板指示灯状态只能判别光电输入/输出级(并行口之前)。

(c)数字量输入/输出插件指示灯

数字量输入/输出插件面板上有 17 个指示灯，其中，1A～4A、1B～4B 用于 8 路 110 V 机车工况条件输入指示，5A～8A；5B～8B 用于 8 路继电器的自检或工作状态的指示。9A 用于系统是否故障指示。指示灯 8B、8A 在自检和正常工作时的含义不一样。数字量输入/输出插件自检时指示灯含义见表 2-20。

表 2-20 数字量输入/输出插件自检时指示灯含义表

指示灯		含义
8B	8A	
灭	灭	自检状态
亮	灭	自检状态
亮	亮	自检状态
灭	亮	自检状态

自检时，面板上指示灯亮、灭的顺序为：8A 亮→8B 亮→8B 灭→8A 灭，装置上电后先进入自检状态，然后再进入正常工作状态。数字量输入/输出正常工作时指示灯含义见表 2-21。

表 2-21　数字量输入/输出插件正常工作时指示灯含义表

指示灯	含　义	指示灯	含　义
1A(亮)	零位(LW)	1B(亮)	向前(XQ)
2A(亮)	向后(XH)	2B (亮)	牵引(QY)
3A(亮)	制动(ZD)	3B (亮)	备用 1
4A(亮)	备用 2	4B (亮)	备用 1
5A(亮)	卸载	5B (亮)	减压
6A(亮)	关风	6B(亮)	备用
7A(亮)	备用	7 B(亮)	备用
8A(灭) 8B(亮)	非紧急制动状态		
8A(亮) 8B(灭)	紧急制动状态		

(d)地面信息处理插件指示灯

地面信息处理插件面板上有指示灯用于指示信号制式和该插件的工作状态。1A 灯用来表示程序是否正常工作，常亮、灭或无规律的闪烁表示该插件故障；均匀、有规律地闪烁表示工作正确。1B 灯固定表示过节信号显示，1B“亮”——有过绝缘节信号，1B“灭”——无过绝缘节信号。2A、2B、3A、3B 组合表录当前所在区段的信号制式。地面信息插件面板指示灯含义见表 2-22。

表 2-22　地面信息插件面板指示灯含义

位置	状态	含　义				
1A	闪烁	信息处理板正常工作(7.8～7.9 Hz)				
1B	亮	过绝缘节				
3B、3A、2B、2A (亮—1；灭—0)	灯闪表示 通信错误	3B	3A	2B	2A	轨道制式
		0	0	0	0	1700
		0	0	0	1	2000

(e)通信插件指示灯

通信插件上有 12 个指示灯，用来指示通信插件的工作状态，通信插件面板指示灯含义见表 2-23。

表 2-23　通信插件面板指示灯含义表

指示灯	含　义	指示灯	含　义
1A(亮)	5 V 电源	1B(亮)	RS-485 通道 0 电源
2A(亮)	RS-485 通道 1 电源	2B(亮)	RS-422 通道电源
3A(亮)	CAN 通道 A 电源	3 B (亮)	CAN 通道 B 电源
4A(闪亮)	RS-485 通道 0 接收数据	4 B (闪亮)	RS-485 通道 1 接收数据
5A(闪亮)	CAN 通道 A 中断	5 B (闪亮)	CAN 通道 B 中断
6A(亮/灭)	闪表示主机工作，灭表示备机工作	6 B (闪)	工作正常

(f)电源插件指示灯

上电后，电源插件指示灯 1A～4A、4A～4B 全亮，表示电源插件各路输出电源正常，电源插件面板指示灯含义见表 2-24。

表 2-24　电源插件面板指示灯含义表

指示灯	含　义	指示灯	含　义
1A(亮)	+5 V	1B(亮)	+12 V
2A(亮)	−12 V	2B(亮)	+12 V
3A(亮)	+24 V	3 B (亮)	+15 V 1(供速度传感器)
4A(亮)	+24 V	4 B (亮)	+15 V 2(供压力传感器)

根据各插件指示灯指示情况，检查相应的板件元器件、芯片是否松动；更换相应的 LKJ 板件；更换 LKJ 主机箱。

b. 不能进入监控状态或监控功能不正常

如果不能进入监控状态，多为输入的交路号或车站代码非法或地面数据有问题。如果监控功能不正常，在保证软件设置正常的情况下，一般为监控记录插件故障。

此时，应检查所输入的交路、车站代码是否正确；检查是否有地面数据；更换监控记录插件。

c. 监控主机开机后插件面板指示灯不能正常显示

此种现象多为插件不能正常自检，有 CPU 的插件，应重点检查 CPU 及周围电路或写入程序，没有 CPU 的插件，要重点检查错误指示的相应通道电路。

此时，应检查各插件指示灯指示情况；更换相应插件；更换主机箱。

d. 单机运行

当系统中某一监控记录插件与另一监控记录插件长时间无法通信时，此插件便工作在单机状态。由于单机容易造成如程序控制混乱、文件记录混乱、通信不正常等问题，且单机运行时，一旦单机另一侧有一块板子再出现问题，就会使机破的可能大大增加。

为了能在主机突然故障时原备机能迅速转为主机接管控制权，对单机运行现象应有以下考虑：

(a)从 CAN 总线上看

设备内 CAN 总线配备电阻大小不合适、CAN 受到干扰或设备本身的 CAN 电路故障都容易影响到 A、B 机相互交换信息，导致 A、B 不同步或者交换信息不畅很容易导致单机运行。主要有：各板的 CAN 电路故障、扩展通信板影响 CAN 总线、连接黑匣子的匹配头没有安装等。外界的强信号也容易对 CAN 电路造成干扰。

(b)从监控记录板上看

从数据和监控芯片考虑主、备机不同步。芯片使用次数过多导致读写频率不稳定，可能导致主、备不同步。芯片里本身数据有问题导致主、备不同步。

监控记录板故障主要是 DALLAS 芯片不良和接触不良(程序、数据芯片管脚接触)。

(c)从数字量入/输出板上看

紧急通道故障导致主、备不同步也容易导致单机记录出现。

(d)从电源板来看

设备的超期使用或者设备老化引起的单机故障需更换或改造设备。优化 U_1 以外，要更

换 U_6 和电源上的电容器，才能完全保证 5 V 的稳定输出，彻底解决由电源而引起的单机运行现象。

单机原因主要集中在电源板和监控记录板上，且多为电源板故障，由于电源板给监控各个板件提供电源，一旦性能不稳或是带负载能力下降，很容易造成单机现象，且随使用年限的增加，电源板带载能力越差，单机出现的概率越大。

此时应检查相应的板件元器件、芯片是否松动；更换相应的 LKJ 板件；更换 LKJ 主机箱。

e. LKJ 装置途中时钟异常

将发生时间显示异常的监控记录板搁置一段时间后，第一次开机发现显示器时间乱跳，重新开关机后时间停止不动，此后再关开机进行试验，显示器时间显示均正常。

LKJ 设备发生时间显示异常的监控记录板和时钟芯片已老化，元器件功能性下降，时间显示异常现象与时钟芯片内部的供电电池极工作不稳定有关。

此时，应更换监控记录 A/B 板。

f. 监控板上电后不断复位

监控板上电后，自检没有结束，前面板的指示灯一起不断地闪亮。由于该故障是在没有自检结束就随即复位了，说明自检没有成功。这种现象一般都是 U_{11}～U_{14} 的 DS1250 出问题了。由于 DS1250 损坏或者内部有非法的记录文件，致使程序无法正常的读出它的内容，所以程序就再一次对它自检。

此时，应更换监控记录板或用一块好的芯片对这四个芯片进行调换。

g. 显示屏显示信号灭灯

DMI 信号正常，但 LKJ 显示屏显示信号灭灯。

此时应查看 DMI 信号是否正常；检查机柜内 CN5 插头是否松动；检查 X_{35}、X_9 通信插头情况；更换 LKJ 主机 H 通信板；更换 LKJ 主机监控记录板（注意要确认设置参数：轮径值、车号、时间等）；更换 LKJ 主机箱。

h. 运行中过机丢失超 30%

LKJ2000 型监控装备提供有：上灯、电平、码形频率、码形幅值、地面埋点、数据上设置校正点等种方法。当出现此故障时，应首先判断是哪种校正方式，才能分辨出故障所在点。如果上灯、电校正方式失效，与数字量输入插件、机车信号有关；如果码形频率、码形幅值、地面埋点校正失效与地面信息处理插件、地面点式设备有关，如果数据上设置校正点校正失效只和软件有关。

此时，应检查 ATP 机柜内 CN12 插头和监控主机后面的插头；更换地面信息处理板。

i. 无压力显示或压力显示不正确

LKJ2000 型可以同时引入 4 路压力信号，压力信号是通过压力传感器将 0～1 000 kPa 的压力信号转换成 0～5 V 的电压信号，送入模拟量输入/出插件，处理后送到监控记录插件的。所以出现这种现象多为压力传感器故障、压力传感器工作电压不正常、模拟量输入/出插件故障所致。

此时，应检查压力传感器连线、压力传感器工作电压；更换压力传感器；更换模拟量输入/输出插件。

j. 无机车信号显示或显示与机车信号显示不一致

如果机车信号显示正常，而监控装置无任何信号显示，多为机车信号条件地线断线或接触不良所致。如果某一个信号灯不显示或显示与机车信号显示不一致，多为连线出故障或数字量输入插件上的某一通道故障。

此时，应检查机车信号连线、上/下行开关位置、前后位置；检查感应器安装、接线；更换数字量输入插件。

k. 机车工况显示不正确

机车工况条件的各路 110 V 信号都是通过过滤板处理后送入数字量输入/输出插件，进行滤波、隔离、整形后送上总线的。出现这种现象多为连线出问题或数字量输入/输出插件出故障导致。

此时，应检查机车工况连线；更换数字量输/输出插件；更换主机箱。

l. 紧急制动不能动作

监控装置对列车实施紧急制动时，是向电空阀或停车继电器送出 110 V 的正电源条件，由电空阀执行对列车实施紧急制动的控制。出现这种故障首先要判断是监控装置故障还是机车制动执行机构故障，检查 110 V 条件是否送入电空阀是判断是哪一个环节故障的关键。

在紧急制动时，测量电空阀是否得电，得电更换电空阀，否则检查紧急制动接线；更换数字量输/输出插件。

m. 常用制动不能动作或减压量不正确

监控装置对列车实施常用制动时，是向常用制动阀送出 110 V 的正电源条件，由常用制动装置阀执行对列车实施常用制动的控制。如果常用制动不能动作首先要判断是监控装置故障还是常用制动装置故障，检查 110 V 条件是否送入常用制动装置是判断是哪一个环节故障的关键。如果减压量不正确，多为排风速率调整不对。

此时，应检查常用制动输出连线、常用制动装置是否正常，调整常用制动排风速率；更换数字量输入/输出插件；检查确认程序芯片是否正确。

n. 双针速度表无指示或指示不正确

双针速度表在监控装置正常工作时是由监控装置驱动，由监控记录插件送出实速、限速信号，在模拟量输入/输出插件上经过电压/电流转换等处理，送出驱动双针表。如果双针表无指示，多为双针表连线出问题或模拟量输入/输出插件双针表驱动通道故障；如果指示不正确，但成比例变化则为双针表量程设置错误，否则为双针表本身出故障。

另外，LKJ2000 对双针表的驱动可以由 A 机驱动，也可由 B 机驱动，在双针指不正常的情况下，可以先执行“双针表切换”操作，切换双针表的驱动源。

然后，应检查双针速度表连线；检查所输入设置的双针表满量程；更换双针速度表；更换模拟量输入/输出插件；更换监控记录插件。

④TAX 箱故障判断与处理

a. 无录音回放

入库检测按标准作业，录音试验时，用无线电台话筒讲述“×月×日××机录音测试”，然后，按录音插件板回放按钮听取无录音回放。

经检查 LY-1 录音插件面板指示灯，发现开机自检通过后，通信正常时，1A、2A 灯灭，1B 灯闪。录音时(拿起无线手机)，应为 1A 灯亮，2A 灯灭，1B 闪，仍为 1A、2A 灯灭，B 灯闪。放音时(按压录音板上的绿色按钮)，无 1A 和 2A 交替亮及灭，1B 灯灭。判断为无 1 电台至 TAX 主机录音线或录音板故障。

b. 电子标签无本/补、客/货、车次信息

车次号自动识别系统用便携式车号读出器从电子标签读数据，读出数据符合要求。有固定信息机车号、车型、段别，无动态本/补、客/货、车次信息。经检查 TMIS 面板指示灯 01B 灯

亮，表示与监控器通信故障。判断为板件故障。

c. 机车综合无线通信设备(CIR)接收不到车次号

无线电电台接收不到车次号，车次号丢失。

CIR 接收车次号是由 TAX 检测装置提供，经检查 TAX 通信板与其他插件板通信正常。此时，应检查 TAX 背后与 CIR 连接插头，也可能 CIR 本身故障。

⑤LAIS 主机故障判断与处理

a. 接收实时信息不稳定

列车运行中，运行状况的状态实时信息经 GSM/GPRS 无线网传到地面，但接收实时信息时有时无。该机车入库经检查 V_1、V_2、V_3 电源指示灯时亮时灭，电源电压输入端正常，表明电源板不正常，为 LAIS 主机电源故障。

b. 无监控实时信息

列车运行中，运行状况的状态实时监控信息全无。该机车入库时，LAIS 主机指示灯监控灯灭，表明数传与监控连接不成功，经检查为 LKJ 主机与 LAIS 主机连接线连接不好。

第三节　站内轨道电路电码化

为了保证普速铁路的行车安全和提高运输效率，使机车信号或列控车载设备在站内能连续不断地接收到地面信息而不间断显示，需在站内原轨道电路的基础上进行电码化。

站内轨道电路电码化是机车信号系统和列控系统不可或缺的地面发送设备。

一、站内轨道电路电码化概述

1. 站内轨道电路电码化

所谓站内轨道电路电码化，指的是非电码的轨道电路在采取一定的技术措施后能根据运行前方信号机的显示发送各种电码。对于移频制式，电码化就是移频化。

在自动闭塞区段，区间采用移频轨道电路，机车信号设备能直接接收移频信息。而站内轨道电路通常采用 25 Hz 相敏轨道电路，它们只有占用检查的功能，即只能检查本区段是否有车占用或空闲，不能向机车信号车载设备传递任何信息。如果站内轨道电路不进行电码化，列车在站内运行时机车信号将中断工作，无法保证行车安全。

高速铁路站内采用与区间同制式的轨道电路，就不存在电码化了。

2. 站内轨道电路电码化范围

站内轨道电路电码化范围是列车进路，但由于技术方面的原因，还不能覆盖全部列车进路。

(1)自动闭塞区段

①正线

正线正方向，列车进路“直进”“直出”时轨道电路电码化范围包括接车进路和发车进路的所有区段；列车进路“直进”“弯出”时，为接车进路中的所有区段，不包括发车进路。

正线反方向，一般均采用自动站间闭塞，轨道电路电码化范围只包括接车进路。

②侧线

侧线轨道电路电码化范围仅仅是股道。这是因为正线轨道电路电码化要求咽喉区道岔绝缘设在弯股，侧线轨道电路电码化通路被切断，无法实现。

(2)半自动闭塞区段和自动站间闭塞区段

站内轨道电路电码化范围只包括正线接车进路和侧线股道,以及进站信号机外方的接近区段。在提速半自动闭塞区段则为进站信号机外方的第一接近区段和第二接近区段。

若接近区段采用移频轨道电路,也就不需要电码化了。

3. 站内轨道电路电码化发送的信息

对于接车进路和侧线股道,站内轨道电路电码化发送的是和出站信号机显示相联系的信息。对于发车进路,站内轨道电路电码化发送的是和防护二离去区段的通过信号机显示相联系的信息。对于半自动闭塞区段和自动站间闭塞区段进站信号机外方的接近区段,站内轨道电路电码化发送的是和进站信号机显示相联系的信息。

4. 站内轨道电路电码化方式

电码化有切换方式和叠加方式两种。

电码化曾用过切换方式。切换方式电码化是在被占用时转为移频轨道电路,列车占用下一相邻轨道电路区段后恢复原轨道电路,即原轨道电路和移频轨道电路切换使用。切换方式因存在较多问题,特别是在列车提速的情况下,当列车以较高速度通过站内较短的轨道电路区段时,由于传输继电器有 0.6 s 的落下时间而造成“掉码”,使机车信号不能连续工作,不利于行车安全。所以,切换方式电码化已不再采用。

叠加方式是将移频信息叠加在原轨道电路上。叠加方式为“占用发码”,在被占用时原轨道电路和移频轨道电路同时起作用,列车占用下一相邻轨道电路区段后恢复原轨道电路,即原轨道电路和移频信息叠加起来使用,两种类型的轨道电路由隔离器隔离而互不影响。预叠加方式采用逐段预发码技术,将“占用发码”改为“预先发码”,提前在列车占用前一相邻轨道电路区段时移频轨道电路就叠加使用,提前一个区段发码,即列车占用前一区段时,本区段就发码,能保证机车信号及时、连续接收移频信息,而没有任何瞬间中断,不会造成“掉码”。

目前多采用叠加方式,即电码化电路叠加在原轨道电路上。预叠加轨道电路电码化方式用于正线,叠加轨道电路电码化方式用于侧线。

曾采用过闭环电码化,因设备较复杂,效果又不明显,已不再发展。

5. 二线制电码化电路和四线制电码化电路

站内轨道电路有二线制电码化电路和四线制电码化电路。

二线制电码化电路指的是移频轨道电路利用 25 Hz 相敏轨道电路的送电或受电的两根电缆芯线送往轨道,如图 2-49(a)所示。二线制电码化电路在机车信号要求入口电流较小、轨道电路长度较短的情况下使用。

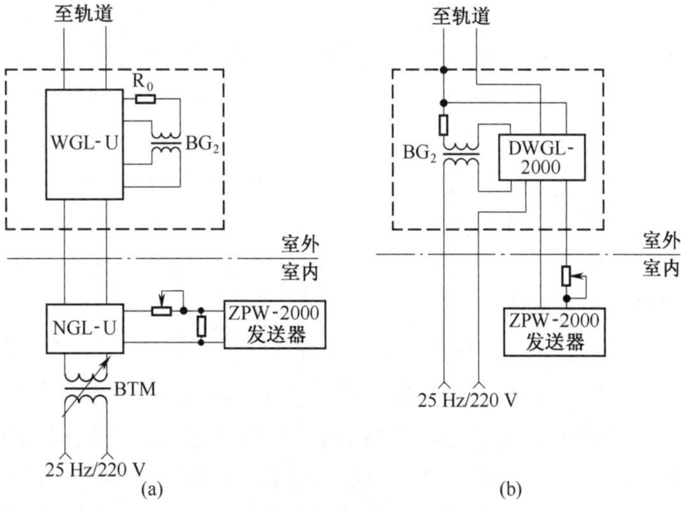

图 2-49　二线制电码化电路和四线制电码化电路

四线制电码化电路指的是移频轨道电路另外增加两根电缆芯线送往轨道,加上原轨道电路的送电或受电的两根电缆芯线,每端一共有四根电缆芯线,如图 2-49(b)所示。四线制电码化电路在相应的发送处增设了一条发码所需的通道(即另设一对电缆芯线),如果双方向均实施电码化则每个轨道电路区段需增加四芯电缆。四线制电码化单独发送电码化信息,平时不能检查发送电码化的电缆断线。四线制电码化电路在机车信号要求入口电流较大,轨道电路长度较长的情况下使用。

二、电码化器材

各种移频自动闭塞,都有其相应的电码化设备,现以 ZPW-2000A 型站内电码化设备为例进行介绍。

1. 电码化机柜

电码化设备放置在电码化机柜中,电码化机柜分为站内移频柜、站内综合柜和站内电码化组合柜三种,安装在信号机械室内。

(1)站内移频柜

ZPW·GFM-2000A 型站内移频柜即站内电码化发送柜,供站内轨道电路电码化用。一个站内移频柜含 10 套 ZPW-2000A 型站内电码化设备,每套设备包括一个发送器以及相应的零层端子板和断路器板。两个发送器合用一个发送检测盘,分别检测上、下两个发送器。

机柜内按组合方式配备,每架 5 个组合,从左向右安放。每个组合的第二、四层放发送器,第三层放发送检测盘,组合的零层在顶层。站内移频柜内设备布置如《计算机联锁图册》(第三版)图Ⅰ-20 所示。

配线从顶端出线,使用时将发送器按照施工图装入对应位置,挂在 U 形槽上,用钥匙锁紧。机柜在出厂时已按照施工图将发送器的频率选择用跨线封好。

(2)站内综合柜

站内综合柜共分 10 层组合及一个零层,可放置隔离器组合、电码化防雷调整组合。每个组合占用一层。零层有 13 块 4 柱端子板。柜子两侧均设置塑料线槽,送电隔离器组合侧面端子设于组合左侧,受电隔离器组合侧面端子设于组合右侧(从走线侧看)。

所需站内综合柜数量、站内综合柜内设备布置根据各站实际情况决定。送电或受电隔离器组合层次排列可交错。

站内综合柜设备布置如《计算机联锁图册》(第三版)图Ⅰ-19 所示。

(3)站内电码化组合柜

站内电码化组合柜用来安装站内轨道电路电码化所需要的各继电器组合,其结构同一般组合柜,共分 10 层组合及一个组合零层,但每层最多可安装 11 台继电器。

所需站内电码化组合柜数量、电码化组合柜内组合布置根据各站实际情况决定。

站内电码化组合柜布置如《计算机联锁图册》(第三版)图Ⅰ-21 所示。

2. 电码化发码设备

ZPW-2000A 型电码化发码设备包括:ZPW·F 型电码化发送器,ZPW·JFM 型电码化发送检测盘等设备。

(1)ZPW·F 型电码化发送器

ZPW·F 型电码化发送器,适用于非电气化、电气化区段 25 Hz 相敏轨道电路或交流连续式轨道电路电码化。正线、侧线电码化通用。发送器采用载频通用型,“$n+1$”冗余方式,全站备用一个发送器。当主发送器故障时,系统报警,同时“$n+1$”发送器工作。

ZPW·F 型电码化站内发送器原理与区间发送器相同,只是用于电码化时发送器功率调整在“1”电平(161～170 V)。

正线接车进路设一个发送器,股道上、下行各设一个发送器,发车进路和反方向接车进路合用一个发送器。侧线股道上、下行各设一个发送器。

举例站场的 X_D 方向列车进路为“直进”“弯出”,为接车进路设一个发送器,股道上、下行各设一个发送器,发车进路不在电码化范围内,不需要发送器。

(2)ZPW·JFM 型电码化发送检测盘

ZPW·JFM 型电码化发送检测盘设在站内移频柜上。一个发送检测盘和两个站内发送器配套使用。

①发送检测盘的作用

a. 给出有关发送电源电压、发送功出电压的测试条件。

b. 给出发送故障报警指示灯等。

c. 提供监测条件。

②发送检测盘电路原理

发送检测盘电路如图 2-50 所示。发送检测盘面板布置如图 2-51 所示。

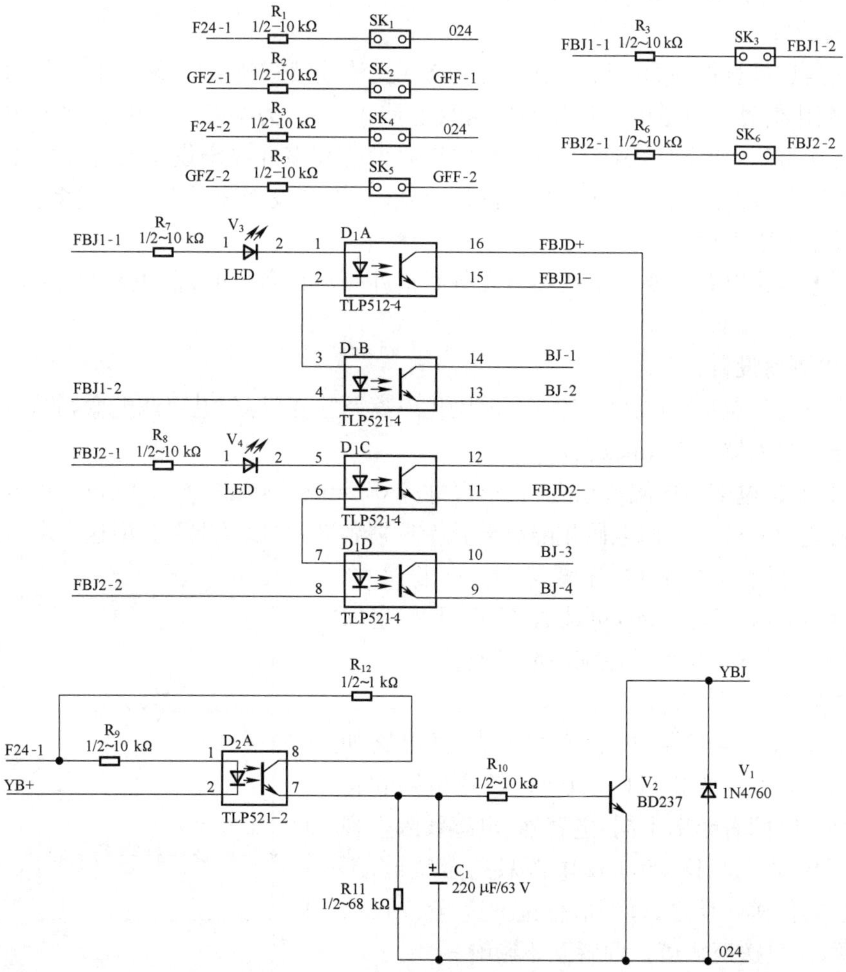

图 2-50 发送检测盘电路

a. 表示灯电路

“上层发送工作”灯 V_3 通过上层发送器 FBJ 条件构成，并通过光耦 D_1A、D_1B 接通发送报警条件(BJ-1、BJ-2)。“下层发送工作”灯 V_4 通过下层发送器 FBJ 条件构成，并通过光耦 D_1C、D_1D 接通发送报警条件(BJ-3、BJ-4)。

b. 移频总报警继电器条件

F24-1 电源通过对移频故障条件 YB＋的检查，使光耦 D_2A 导通，三极管随之 V_2 导通，于是输出 YBJ 条件。

c. 测试孔

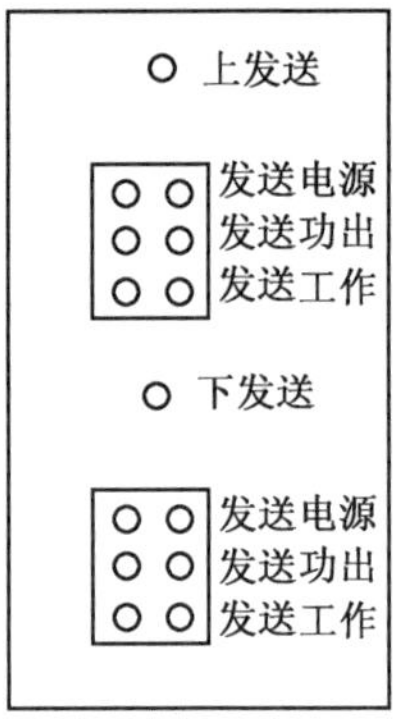

图 2-51 发送检测盘面板布置

发送检测盘上有测试孔：

SK_1“上层发送电源”，接 FS＋24 V、024 V。

SK_2“上层发送功出”，接发送器功出。

SK_3“上层发送工作”，接 FBJ_1 的 1、2。

SK_4“上层发送电源”，接 FS＋24 V、024 V。

SK_5“下层发送功出”，接发送器功出。

SK_6“下层发送工作”，接 FBJ_2 的 1、2。

3. 隔离设备

移频化信息是叠加在 25 Hz 相敏轨道电路或交流连续式轨道电路上的，在轨道电路的送、受电端，移频化信息和轨道电路信息的传送通道是并接的，为了互不影响正常工作，必须经过隔离设备才能将两者并联。隔离设备有室内隔离设备和室外隔离设备两种，送、受电端通用。正线上各轨道区段的送电端、受电端，无论是否发码，均应设隔离设备。一送多受轨道电路的分受端须设室外隔离设备。

二线制电码化电路需要采室内隔离设备和室外隔离设备，四线制电码化电路只需要室外隔离设备。

(1)室内隔离设备

室内隔离设备包括室内隔离盒以及电码化隔离调整变压器、电阻调整盒，放置在送电端室内隔离组合和受电端室内隔离组合中。

MGL-F 型送电端室内隔离组合，外形尺寸 880 mm×390 mm×170 mm ，可放置 NGL-T 型室内隔离盒和 BMT-25 型电码化隔离调整变压器各 3 台，以及 RT-F 型送电端电阻调整盒。

MGL-R 型受电端室内隔离组合，外形尺寸 880 mm×390 mm×170 mm，可放置 NGL-T 型室内隔离盒 5 台，以及 RT-R 型受电端电阻调整盒。

①室内隔离盒

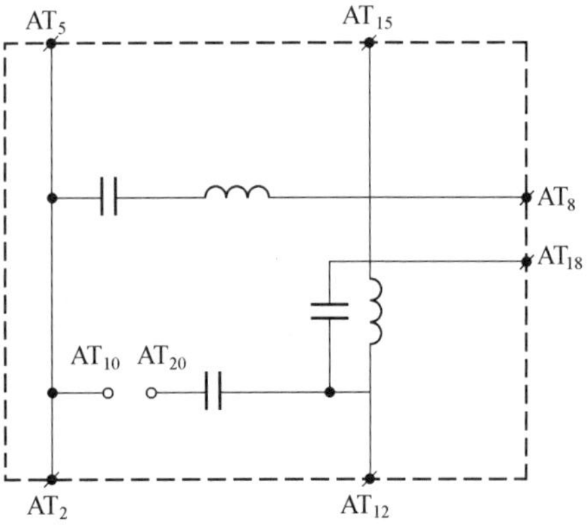

图 2-52 室内隔离盒电路

室内隔离盒由电容器、电感线圈组成，其电路如图 2-52 所示，用于隔离 25 Hz 、50 Hz 轨道电路和移频发送电路。因两者频率不同，电容器、电感线圈呈现的阻抗也不相同，25 Hz 、50 Hz 电源只送至轨道，不向移频发送器传送。反之，移频信息也不送至 25 Hz 、50 Hz 电源，而只送至轨道。两者互不影响。

室内隔离盒有较多类型，它们的电路结构相同，主要是参数不同。室内隔离盒有用于二线制电气化区段 25 Hz 相敏轨道电路预叠加 ZPW-2000 移频轨道电路的 NGL-U 型，用于二线制非电气化区段 25 Hz 相敏轨道电路预叠加 ZPW-2000 移频轨道电路的 NGL_1-U 型，用于二线制电气化区段和非电气化区段 25 Hz 相敏轨道电路预叠加 ZPW-2000 移频轨道电路的 NGL-T 型。

四线制电码化电路不需用室内隔离盒。

室内隔离盒可用于四种载频，不同频率通过在外插头上焊接跨线得到。AT_{13}-AT_{17} 为 1 700 Hz，AT_{13}-AT_{16} 为 2 000 Hz，AT_{13}-AT_7 为 2 300 Hz，AT_{13}-AT_6 为 2 600 Hz。

电码化信号由 8、18 两端输入，从 5、15 两端输出。由于隔离，而不会进入 2、12 端，从而防止电码化信号进入 25 Hz、50 Hz 电源或轨道继电器，避免轨道继电器损坏。

在 5、15 端测试，电码化信号电压大于 190 V。

在送电端，25 Hz 信号由 2、12 端输入，从 5、15 端输出，电压差小于 2 V。在受电端，25 Hz 信号从 5、15 端输入，从 2、12 端输出，电压差小于 0.3 V。

②BMT-25 电码化隔离调整变压器

BMT-25 电码化隔离调整变压器用于电气化区段 25 Hz 相敏轨道电路预叠加 ZPW-2000 系列电码化接口设备中，为 25 Hz 轨道电路提供电源，并可在室内调整轨道电路。

BMT-25 变压器直接放置在组合柜的托盘上。3 台电码化隔离调整变压器与 3 台 NGL-U 室内隔离盒放置在 MGL-UF 托盘上，可作为送电端室内隔离设备。

BMT-25 电码化隔离调整变压器输出电压调整，从 5～180 V 每 5 V 一挡可调。

③电阻调整盒

送、受电端电阻调整盒(RT-F、RT-R)用来调整每一个轨道区段的输出电码化电流，分别放置在送电端室内隔离组合和受电端室内隔离组合中。其中 RT-F 型送电调整电阻盒内放置 3 组可调电阻，RT-R 型受电调整电阻盒放置 5 组可调电阻。可调电阻为固定抽头分段调整电阻 RX20T-100W，输出端子采用针型插座 721-240/001-000，接上托盘上孔型连接器 721-210/037-000 即可使用，克服了滑线电阻容易断的缺点。

送、受电端电阻调整盒为二线制电气化区段 25 Hz 相敏轨道电路、二线制非电气化区段 25 Hz 相敏轨道电路预叠加 ZPW-2000 电码化通用。

(2)室外隔离设备

室外隔离设备主要是室外隔离盒。室外隔离盒由电容器、电感线圈、变压器组成，其电路如图 2-53 所示，用于隔离 25 Hz、50 Hz 轨道电路和移频发送电路。因两者频率不同，它们对于电容器、电感线圈、变压器的阻抗也不相同，两者互不影响。

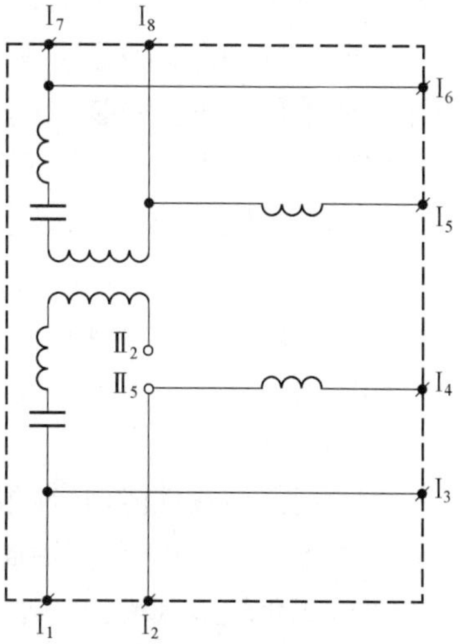

图 2-53　二线制电码化电路用室外隔离盒电路

室外隔离盒有较多类型，它们的电路结构相同，主要是参数不同。室外隔离盒有用于二线制电气化区段 25 Hz 相敏轨道电路预叠加 ZPW-2000 移频轨道电路的 WGL-U 型，用于二线制非电气化区段 25 Hz 相敏轨道电路预叠加 ZPW-2000 移频轨道电路的 WGL_1-U 型，用于二线制电气化区段和非电气化区段 25 Hz 相敏轨道电路预叠加

ZPW-2000移频轨道电路的 WGL-T 型；用于四线制电气化区段 25 Hz 相敏轨道电路预叠加 ZPW-2000 移频轨道电路 DWGL-2000 型，用于四线制非电气化区段 25 Hz 相敏轨道电路预叠加 ZPW-2000 移频轨道电路 $DWGL_1$-2000 型。此外，还有用于不发码端的 DWG-F(电气化区段用)和 FWG-F(非电气化区段用)的室外隔离盒。

各种二线制电码化电路用室外隔离盒它们的电路结构相同，主要是参数不同。四线制电码化电路用室外隔离盒不同于二线制电码化电路用室外隔离盒。

室外隔离盒安装于 25 Hz 轨道电路受电端的轨道旁变压箱中，根据需要安装在送电端。若双向发码，则两端均要安装。作为送电端隔离设备使用时，每个变压器箱可放置一个隔离盒、一个电阻和一个轨道变压器。作为受电端隔离设备使用时，每个变压器箱可放置一个隔离盒、一个轨道变压器(或中继变压器)。室外隔离盒为送、受电端通用型，共有 8 个端子。

一般情况下，25 Hz 信号由 I_1-I_2两端输入，经 I_3、I_4两端输入到 BG_2-130/25 型 25 Hz 轨道变压器，该变压器经 I_5、I_6输出，经III_1、III_3两端输出至轨道(图 2-54)。

4. 防雷匹配设备

(1)FT_1-U 型匹配防雷单元和 MFT_1-U 型电码化防雷调整组合

FT_1-U 型防雷匹配单元中有双功出防雷匹配变压器 BFMT，输入 170 V，输出两路 20～140 V，起到双功出作用。可满足一个发送器输入，经过匹配防雷变压器输出两路相同的移频信号供预叠加电码化使用。同时起到移频发送设备的防雷和阻抗匹配作用。

FT_1-U 型防雷单元正面有调整端子，可调整输出电压。输入 170 V 移频信号时，可调整输出移频信号电压在 20～140 V 范围内。

FT_1-U 型匹配防雷单元主要用于电气化和非电气化区段 25 Hz 相敏轨道电路叠加、预叠加 ZPW-2000 系列电码化系统。

FT_1-U 型匹配防雷单元采用插入方式安装于 MFT_1-U 型电码化防雷调整组合中。每个 MFT_1-U 型电码化防雷调整组合可根据需要安装 1 至 6 组 FT_1-U 型防雷单元，每组由 $BMFT_1$型匹配防雷变压器和调整电阻组成。变压器采用屏蔽外壳，防止互相干扰。

MFT_1-U 型电码化防雷调整组合采用插入式结构，正面有调整端子，可调整输出电压。可根据要求数量进行安装，空位用补空板，侧面用 3×18 端子引出，用于配线。

MFT_1-U 型电码化防雷调整组合安装在站内综合柜上。

(2)防雷模块和室内电码化轨道防雷组合

防雷模块设于室内隔离盒输出侧(二线制电码化电路)或发送电缆室内输出端(四线制电码化电路)，跨接在发送电码电路引向室外的两根导线上，用来保护室内电码化设备。

防雷模块安装在防雷分线柜中。

5. 补偿电容

为了提高传输性能，必须根据通道参数并兼顾低道砟电阻道床传输，选择补偿电容器容量，使 ZPW-2000 电码化传输通道趋于阻性，同时尽可能降低对原轨道电路影响。

当电码化轨道区段长度超过 300 m 时，必须在钢轨间设置补偿电容。载频为 1 700 Hz、2 000 Hz，电容器选用 80 μF，载频为 2 300 Hz、2 600 Hz，电容器选用 60 μF。补偿电容器在钢轨间按等间距设置，轨道区段两端绝缘节与第一个电容器距离为等间距(Δ)的一半。

$$\Delta = L/\Sigma$$

式中　L——轨道区段长度，m；

Σ——电容个数，其计算公式为

$$\Sigma=N+A$$

其中　N——百米位数；

A——个位、百位数为 0 时为 0，个位、百位数不为 0 时为 1。

如 ⅠG 长度为 1 090 m，$N=10$，$A=1$，等间距 Δ 为：$\Delta=1\ 090/(10+1)=99.09$。安装允许误差 ±0.5 m。

三、叠加方式轨道电路电码化

叠加方式站内移频化是将移频信息叠加在原轨道电路上。电码化电路和原轨道电路用隔离器隔离开，使得它们不互相影响。

对于正线接车发车进路采用逐段预发码技术，将“占用发码”改为“预先发码”，这样可提前一个区段发码，即列车占用前一区段时，本区段就发码，以保证机车信号接收移频信息的连续性，而没有任何瞬间中断，克服了脉动切换方式在传输继电器落下期间造成中断发码的缺点。到发线股道则采用叠加方式，仍为“占用发码”。

1. 叠加方式轨道电路电码化设计原则

叠加方式轨道电码化设计原则包括：

(1)正线区段(包括无岔和道岔区段)为“逐段预先发码”，保证列车在正线区段行驶的全过程，地面电码化能不间断地发送机车信号信息。侧线区段为占用叠加发码。

(2)正线接、发车进路的发码设备应采用“$n+1$”冗余系统，侧线股道采用单套设备的占用叠加电码化。

(3)半自动闭塞区段的接近区段可采用与电码化相应的轨道电路。

(4)电码化发送设备载频设置，ZPW-2000 发送设备载频设置，一般下行方向为 1 700 Hz，上行方向为 2 000 Hz。

(5)为满足主体化机车信号和列车超速防护的需要，在非电气化区段，入口电流也按电气化区段统一标准，即 1 700 Hz、2 000 Hz、2 300 Hz 为 500 mA，2 600 Hz 为 450 mA。

(6)在 25 Hz 相敏轨道电路既有器材不变的前提下，考虑了受电端 ZPW-2000 系列信号最大串入量后，电码化轨道电路在道砟电阻为 1.0 Ω·km，并安装补偿电容器时极限长度可达 1.2 km，入口电流能够满足机车信号接收灵敏度的要求。

(7)当同时发送 25 Hz(或 50 Hz)轨道电路信息、ZPW-2000 系列信息时，电缆内的合成电压不超过电缆允许的最高耐压 500 V。

(8)逐段预叠加发码时，任一瞬间每一路发送只接向一段电码化轨道电路，从而确保了入口电流值及发送不超负荷。各轨道电路虽采用并联接入的叠加发码方式，仍能确保彼此互不相混。

(9)25 Hz 电码化轨道电路室外送、受电端 BG_2-130/25(或 BG_3-130/25)型轨道变压器端子固定，只需送电端室内调整。不能采用 R 形铁芯的轨道变压器。

(10)为实现叠加发码而采用的隔离设备，当出现铁路信号技术中规定的任何故障时，能确保 ZPW-2000 系列机车信号信息串入轨道继电器($JRJC_1$-70/240 型二元继电器)两端的电压，不使继电器错误励磁，故隔离设备具有“故障—安全”性能。

(11)轨道电路电码化不降低无源轨道电路的基本性能及自动化技术水平。

2. 叠加方式站内轨道电路电码化简述

站内轨道电路电码化主要包括非电气化区段25 Hz 相敏轨道电路叠加 ZPW-2000 系列电码化电路,电气化区段 25 Hz 相敏轨道电路叠加 ZPW-2000 系列电码化电路,它们各有二线制和四线制电码化电路。

ZPW-2000 系列叠加电码化主要包括以下四种类型:

(1)二线制电气化区段 25 Hz 相敏轨道电路预叠加(叠加)ZPW-2000 电码化电路。

(2)二线制非电气化区段 25 Hz 相敏轨道电路预叠加(叠加)ZPW-2000 电码化电路。

(3)四线制电气化区段 25 Hz 相敏轨道电路预叠加(叠加)ZPW-2000 电码化电路。

(4)四线制非电气化区段 25 Hz 相敏轨道电路预叠加(叠加)ZPW-2000 电码化电路。

现以二线制电气化区段 25 Hz 相敏轨道电路预叠加 ZPW-2000 电码化电路为例进行介绍。而二线制 25 Hz 相敏轨道电路预叠加 ZPW-2000 电码化电路又有 97 型 25 Hz 相敏轨道电路预叠加 ZPW-2000 移频轨道电路和微电子 25 Hz 相敏轨道电路预叠加 ZPW-2000 移频轨道电路两种。图 2-54 为二线制电气化区段 97 型 25 Hz 相敏轨道电路预叠加 ZPW-2000 电码化电路简图;图 2-55 为二线制电气化区段微电子 25 Hz 相敏轨道电路预叠加 ZPW-2000 电码化电路简图。

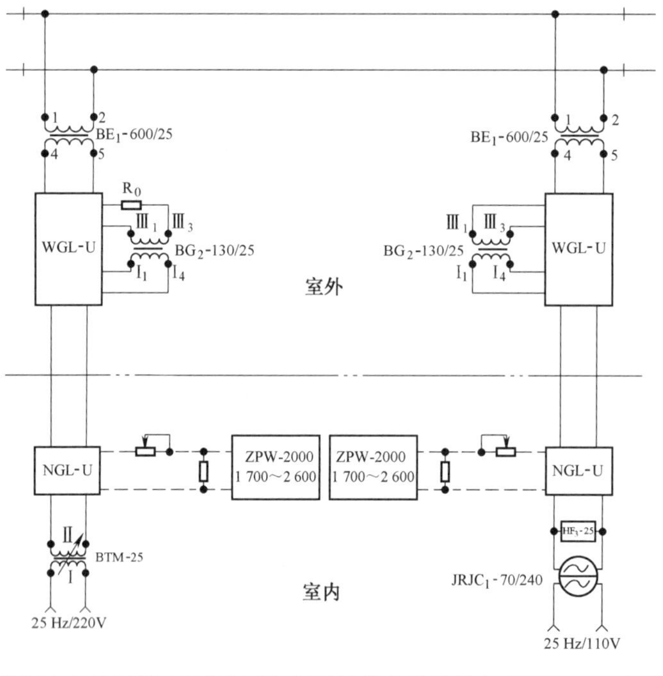

图 2-54 二线制电气化区段 97 型 25 Hz 相敏轨道电路预叠加 ZPW-2000 电码化电路简图

3. 二线制叠加方式站内轨道电路电码化电路

以举例站场为例介绍叠加方式站内电码化的电路原理,为双线双向运行的自动闭塞区段,反方向按自动站间闭塞运行。叠加方式站内电码化电路分为正线接车、正线发车/反方向正线接车、正线股道、侧线股道等类型。

(1)站内电码化载频频率的排列

①下行正线

咽喉区正向接车、发车进路的载频为 1700-2。为防止进、出站处钢轨绝缘破损,载频可与

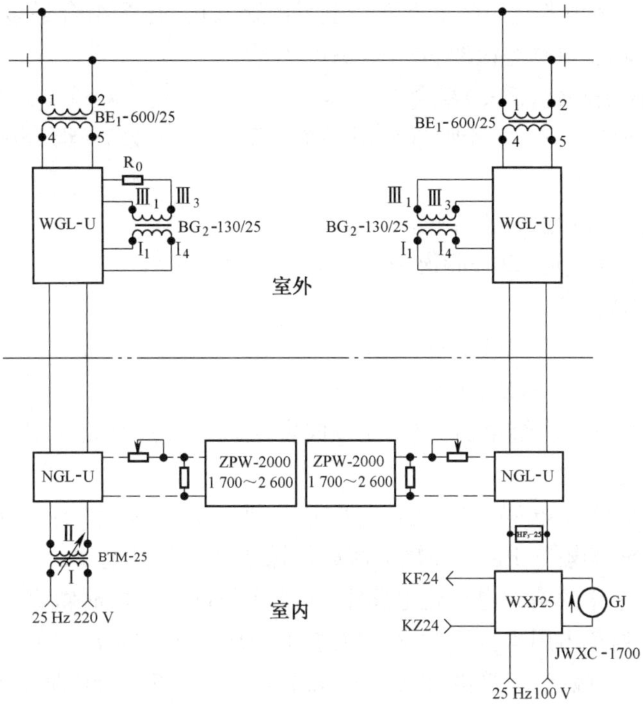

图 2-55 二线制电气化区段微电子 25 Hz 相敏轨道电路预叠加 ZPW-2000 电码化电路简图

区间 ZPW-2000 轨道电路-1、-2 载频交错。正线股道的载频为 1700-2。

②上行正线

咽喉区正向接车、发车进路的载频为 2000-2。为防止进、出站处钢轨绝缘破损，载频可与区间 ZPW-2000 轨道电路-1、-2 载频交错。正线股道的载频为 2000-2。

另有正线时，接车、发车进路和股道可根据需要选择-2 载频，如举例站场的 X_D接车进路的载频为 2300-2。

③侧线股道

下行正方向，各股道按下行方向载频 2300-1、1700-1 交错排列。

上行正方向，各股道按上行方向载频 2600-1、2000-1 交错排列。

相邻侧线股道，应以 1700-1/2000-1、2300-1/2600-1 交错配置。

(2)叠加方式站内轨道电路电码化组合及其运用

为了构成叠加方式站内轨道电路，需运用电码化组合。电码化组合有 7 种，它们的继电器类型如《计算机联锁图册》(第三版)图Ⅰ-21 所示。

①正线接车进路电码化(ZJM)组合

ZJM 组合用于正线正方向接车进路电码化。每个正方向接车口采用一个 ZJM 组合。

②正线发车进路电码化(ZFM)组合

ZFM 组合用于正线正方向发车进路电码化和反方向接车进路电码化。每个正方向发车口采用一个 ZFM 组合。

③正线轨道传输(ZGC)组合

ZGC 组合用于正线电码化，接车进路和发车进路共用，每个组合最多容纳 5 个轨道电路区段，进路多于 5 个轨道电路区段时再增加 ZGC 组合。

④正线股道双向电码化(ZGS)组合

ZGS 组合用于正线股道，每条股道采用一个 ZGS 组合。ZGS_2 组合则用于列车进路“直进”“弯出”的股道。

⑤侧线股道双向电码化(CGS)组合

ZGS 组合用于正线股道，每条股道采用一个 ZGS 组合。

⑥接近区段电码化(JG)组合

JG 组合用于半自动闭塞的接近区段。

⑦区间离去继电器复示(QLF)组合

QLF 组合用于复示离去继电器，每个正方向发车口采用一个 QLF 组合。

(3)正线预叠加电码化

正线采用的是预叠加电码化方式，为了实现预叠加发码，设有接车进路发码继电器(JMJ)、发车进路发码继电器(FMJ)和轨道区段传输继电器(CJ)电路。

在正线接、发车进路的站内电码化电路中，列车占用前一区段时轨道继电器落下使本区段的传输继电器励磁，列车占用本区段时该传输继电器仍励磁，列车占用下一区段时该传输继电器失磁。在传输继电器吸起，以及办理接车进路或发车进路发码继电器吸起时，向本区段发送移频信息。

①正线正方向接车进路预叠加电码化电路

正方向接车，以下行 ⅠG 接车进路为例，其电码化电路如《计算机联锁图册》(第三版)图Ⅰ-22(1)所示。

a. JMJ 电路

对每个接车方向设一个接车进路发码继电器。在 JMJ 电路中，由正线开通继电器(ZTJ)、列车信号复示继电器 $LXJF_1$ 和股道轨道复示继电器 ⅠGJF_1 前接点构成 JMJ 励磁电路，JMJ 电路如图 2-56 所示。JMJ 吸起，说明建立的是正线接车进路，可对接车进路发码。因 JMJ 接点使用较多，故设 JMJ_1 和 JMJ_2。

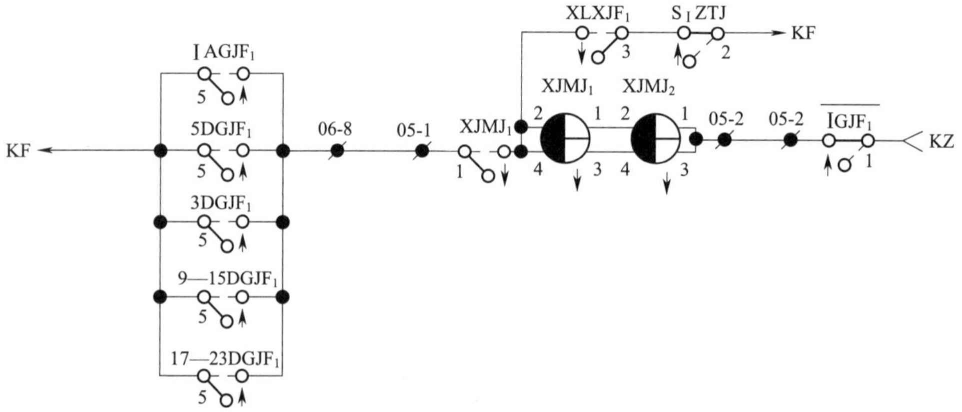

图 2-56　JMJ 电路

当建立下行Ⅰ道接车进路信号开放后，$XLXJF_1$ 和 XZTJ 吸起，ⅠG 空闲，ⅠGJF_1 吸起时，

$XJMJ_1$、$XJMJ_2$吸起。列车占用ⅠAG 时，$XLXJF_1$落下，$XJMJ_1$、$XJMJ_2$构成自闭电路。列车依次占用 5DG、3DG、9-15DG、17-23DG，XJMJ 分别经各区段的轨道复示继电器 $DGJF_1$后接点构成自闭而一直保持吸起，直到列车进入股道，ⅠGJF_1落下，$XJMJ_1$、$XJMJ_2$才落下，停止接车进路的发码。就是说，$XJMJ_1$、$XJMJ_2$从信号开放到列车占用股道前一直保持吸起，接通发码电路。

b. ZTJ 电路

ZTJ 用来反映正线接通的情况。ZTJ 电路如图 2-57 所示，它由该方向的正线继电器控制，当进路开通正线时，正线继电器 ZXJ 吸起，其复示继电器 ZXJF 吸起，使 ZTJ 吸起。

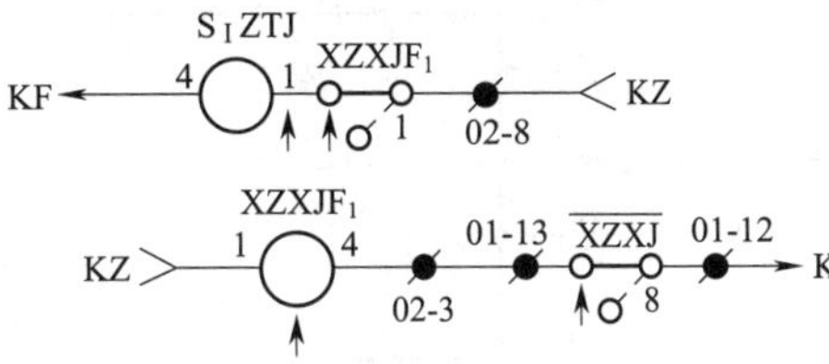

图 2-57 ZTJ 电路

c. CJ 电路

CJ 电路如图 2-58 所示。

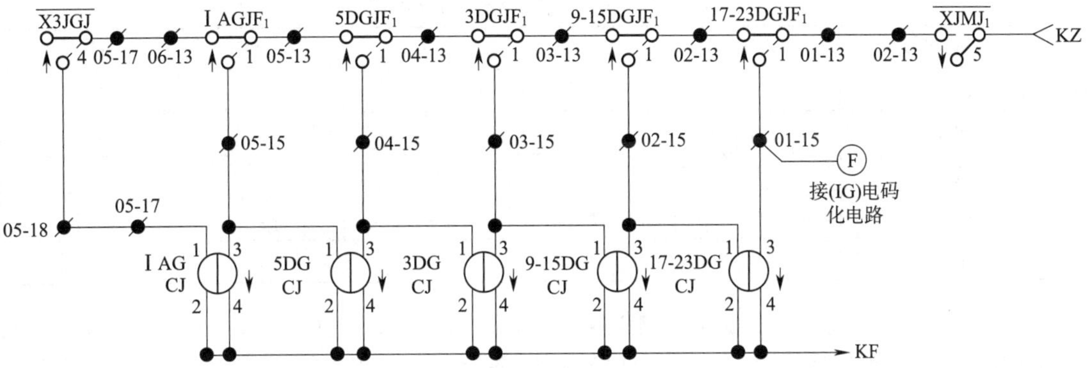

图 2-58 CJ 电路

对应于每个轨道电路区段设一个 CJ，当 JMJ 吸起后，其由前一区段的 GJF_1后接点沟通 1-2 线圈励磁电路，再由本区段的 GJF_1后接点沟通 3-4 线圈励磁电路，即列车占用前一区段和本区段时 CJ 均吸起，向本区段发送移频信号。当列车占用下一区段时，由下一区段的 GJF_1前接点断开本区段的 CJ 励磁电路，使 CJ 落下，停止本区段的发码。

在 $XJMJ_1$吸起，ⅠG 空闲的情况下接通各传输继电器电路。列车占用第三接近区段时，X3JGJ 落下，ⅠAGCJ 的 1-2 线圈电路接通，ⅠAGCJ 吸起。列车占用本区段，ⅠAGJF 落下，断开ⅠAGCJ 的 1-2 线圈电路，但接通了其 3-4 线圈电路，ⅠAGCJ 仍励磁。列车占用 5DG，$5DGF_1$ 吸起，才使ⅠAGCJ 落下。其他各轨道电路区段，如 5DG、3DG、9-15DG、17-23DG 的传输继电器动作情况同上，都是在列车占用前区段和本区段时吸起，占用下一区段时落下。

d. 编码电路

当轨道电路区段传输继电器吸起时，发送器就通过 XJMJ 前接点以及本区段传输继电器 CJ 的前接点，通过隔离器向轨道电路发送由 $X_Ⅰ$ 信号机状态及前方闭塞分区状态编码的移频信息。正方向接车进路是从轨道电路受电端发送的。

接车进路的编码电路如图 2-59 所示。在 JMJ 吸起时构成，由出站信号机的 $X_ⅠLXJF_1$、$X_Ⅰ$ ZTJ 及X2LQJ、X3LQJ 接点构成编码电路，发送与出站信号机 $X_Ⅰ$ 显示相联系的移频信号，正线正方向接车进路编码见表 2-25。

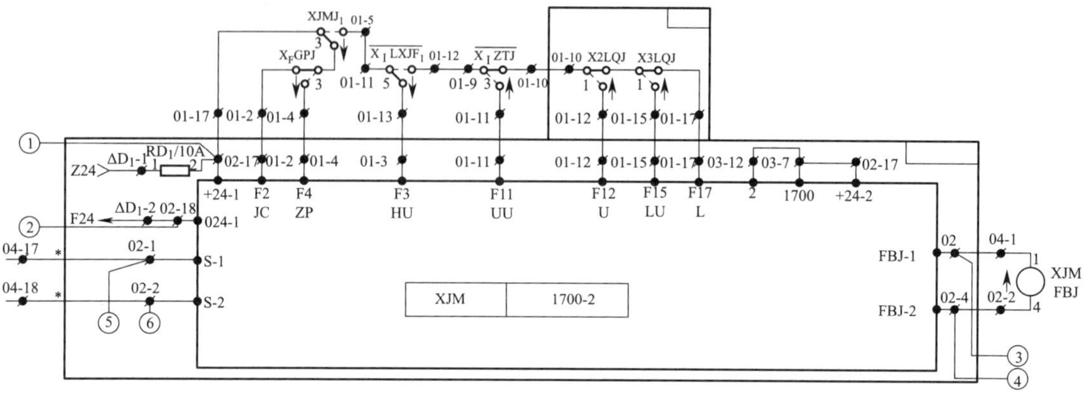

图 2-59 接车进路的编码电路

表 2-25 正线正方向接车进路编码

出站信号机显示	$LXJF_1$	ZTJ	2LQJ	3LQJ	发送信息码
红	↓				HU
绿(侧向发车)	↓	↓			UU
黄	↑	↑	↓		U
绿黄	↑	↑	↑	↓	LU
绿	↑	↑	↑	↑	L

其中,ⅠAG、3DG、17-23DG 由一路电路发送,5DG、9-15DG、ⅠG(不经 XJMJ 条件,原因见上述)由另一路电路发送。之所以采用两路发送,是为了保证相邻轨道电路同时发送,而不被其内方轨道区段的传输继电器接点断开。

S 正线正方向接车进路电码化电路如《计算机联锁图册》(第三版)图Ⅰ-22(2)所示,其电路原理同上述 X 正线正方向接车进路电码化电路。

X_D正线接车进路电码化电路如《计算机联锁图册》(第三版)图Ⅰ-22(3)所示。其电路原理基本上同上述 X_D 正线正方向接车进路电码化电路,因为是"直进""弯出"进路,只发 HU、UU 码,不发 U 码、LU 码和 L 码。

②正线反方向接车进路电码化电路

正线反方向接车进路电码化电路和正线正方向接车进路电码化电路合用一个发送器,设计在同一张图中。

《计算机联锁图册》(第三版)图Ⅰ-22(4)为下行正线正方向发车进路和上行正线反方向接车电码化电路,图Ⅰ-22(5)为上行正线正方向发车进路和下行正线反方向接车电码化电路。

反方向接车进路的电码化电路工作原理同正方向接车进路。

其与正方向发车进路电码化电路共用 CJ 电路,由 FMJ、JMJ 接点区分,反方向接车进路电码化与正方向发车进路电码化共用的 CJ 电路如图 2-60 所示。JMJ↑为反方向接车进路电码化用,JMJ↓、FMJ↑为正方向发车进路电码化用。

反方向接车进路电码化与正方向发车进路电码化共用的编码电路如图 2-61 所示。正线反方向接车时,JMJ↑,由出站信号机的 $LXJF_1$、ZTJ 接点,发送与出站信号机显示相联系的移频信号,正线反方向接车进路编码见表 2-26。因反方向按自动站间闭塞运行,出站信号机没有黄灯显示和绿黄灯显示,不发 U 码和 LU 码。

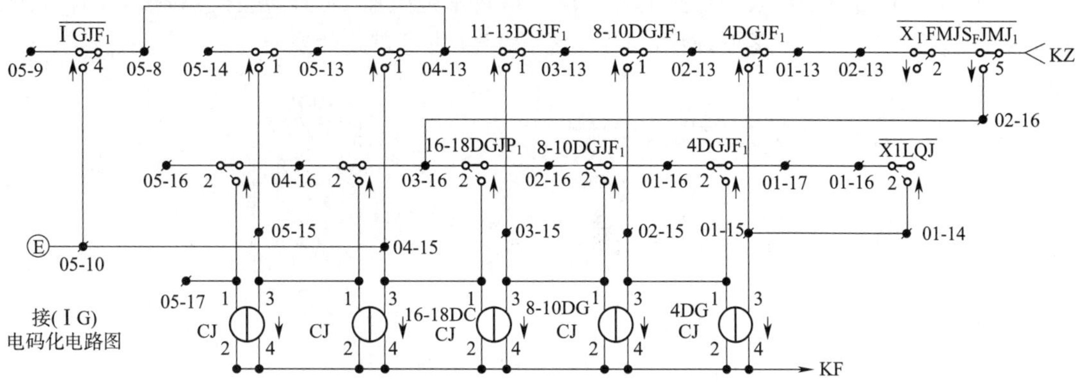

图 2-60 反方向接车进路电码化与正方向发车进路电码化共用的 CJ 电路

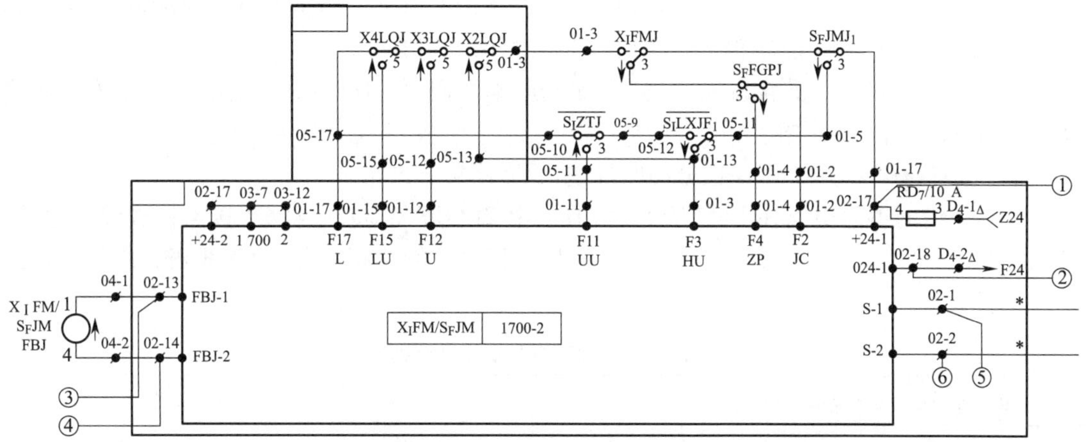

图 2-61 反方向接车进路电码化与正方向发车进路电码化共用的编码电路

表 2-26 正线反方向接车进路编码

出站信号机显示	$LXJF_1$	ZXJF	发送信息码
红	↓		HU
黄、绿、绿黄(侧向发车)	↓	↓	UU
绿(直向发车)	↑	↑	L

③正线发车进路电码化电路

正方向发车,以下行ⅠG 发车进路电码化电路为例。设发车发码继电器(每架办理通过进路的正线出站信号机设一个)及各轨道电路区段的传输继电器。

FMJ 电路如图 2-62 所示。在 FMJ 电路中,由正线开通继电器 ZTJ、列车信号复示继电器 $LXJF_1$ 和一离去继电器 1LQJ 前接点构成 FMJ 励磁电路,说明建立的是正线发车进路,为“出直”进路,可对发车进路发码。当一离去区段空闲时,办理下行ⅠG 正方向发车,X_ILXJF_1 和 X_IZTJ 吸起使 X_IFMJ 吸起。列车占用出站信号机内方第一个轨道电路区段时,16-18DGJF₁ 落下,X_I FMJ 构成自闭电路,直至列车出站,占用一离去区段,X_I FMJ 自闭电路断开,它才落下。X_{I} FMJ 吸起后分别经发车进路的各区段轨道复示继电器 $DGJF_1$ 后接点构成自闭。待列车进入 1LQ 区段后，1LQJ 落下，使 X_{I} FMJ 落下，停止发车进路的发码。

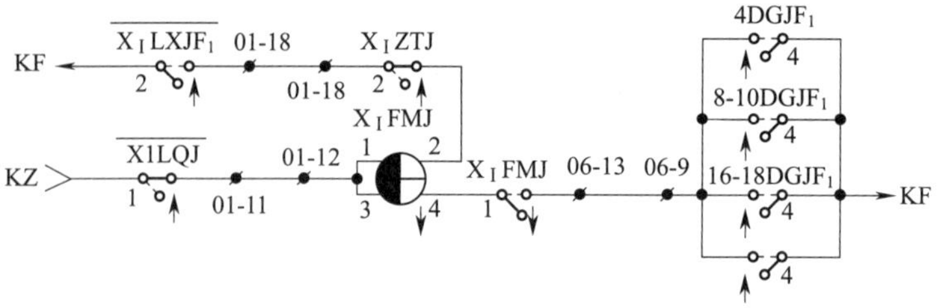

图 2-62　FMJ 电路

X_{I}FMJ 吸起后，列车占用股道 ⅠG，ⅠGJF_1 落下，接通 16-18DG 区段的传输继电器 16-18DGCJ 的1-2 线圈电路，使其吸起。占用本区段时，16-18DG JF_1落下，断开 16-18DGCJ 的1-2 线圈电路。直到占用下一区段，8-10DG JF_1落下时，才断开 16-18DGCJ 励磁电路，使之落下。8-10DGCJ、4DGCJ 的动作情况同 16-18DGCJ，参见图 2-60。

16-18DG 为一送二受轨道电路，其分支端虽不发码，但 16-18DGJ 受电端也要安装隔离器，以防止移频信号的影响。

16-18DG、8-10DG 和 4DG 也分两路发送，原因同接车进路。

发车进路的编码电路在 FMJ 吸起时构成，由 2LQJF、3LQJF、4LQJ 接点构成编码电路，参见图 2-61。发送与二离去区段通过信号机显示相联系的移频信号，即正线正方向发车进路编码见表 2-27。

表 2-27　正线正方向发车进路编码

二离去区段通过信号机显示	$2LQJF_1$	$3LQJF_1$	4LQJ	发送信息码
红	↓			HU
黄	↑	↓		U
绿黄	↑	↑	↓	LU
绿	↑	↑	↑	L

正方向发车进路移频信号从轨道电路送电端发送。

当建立经 6/8 号道岔反位的反向发车进路时，为“进直出弯”进路，此时因 X_{I}ZXJ 落下，X_{I}FMJ 不吸起，X_{I}FS 不发码，该发车进路不在移频化范围内。

④正线股道电码化电路

《计算机联锁图册》(第三版)图Ⅰ-22(6)为正线股道ⅠG 电码化电路，《计算机联锁图册》(第三版)图Ⅰ-22(7)为正线股道ⅡG 电码化电路。

正线股道电码化包括正方向接车进路电码化和反方向接车进路电码化。因此，股道设上行的 CJ 和下行 CJ 电路(图 2-63)，上行的股道 JMJ 和下行的股道 JMJ 电路(图 2-64)，上行的发送器和下行的发送器。上行股道编码同上行接车进路，从送电端发送。下行编码同下行接车进路从受电端发送。

上、下行发送器分别通过送、受电端隔离器接向钢轨，究竟由哪个发送器发送移频信息，由运行方向决定。

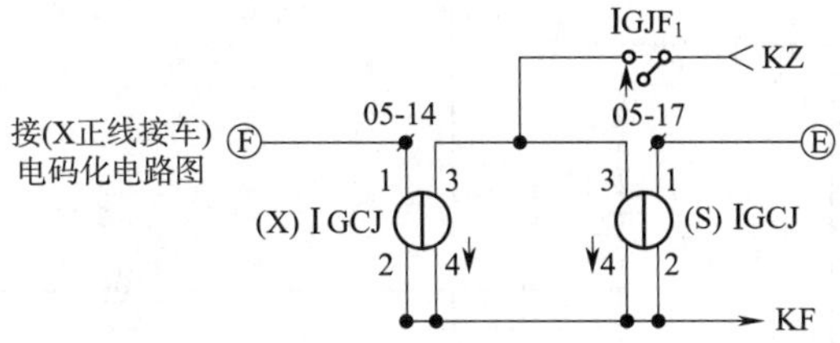

图 2-63　股道 CJ 电路

接车进路的 JMJ 吸起时，同方向的股道 JMJ 吸起，并在列车占用股道时自闭。在列车出清股道或建立发车进路出站信号机开放时落下，停止发码。

当列车占用前一区段时，CJ 的 1-2 线圈电路接通。随后列车占用股道时，GJF 落下，CJ 的 3-4 线圈电路直接由 GJF 后接点接通。列车出清股道时使 CJ 落下。

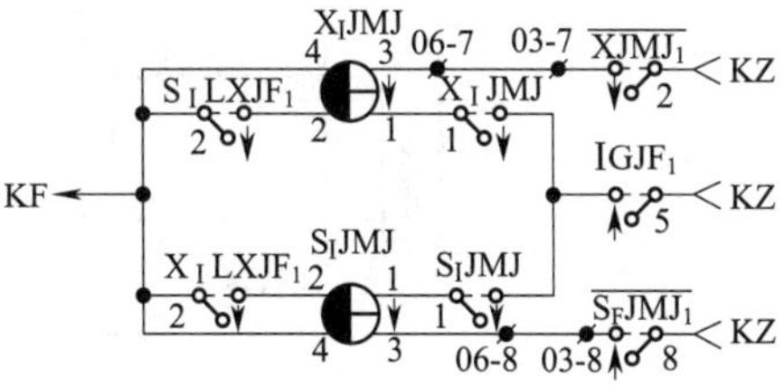

图 2-64　股道 JMJ 电路

正线股道编码电路同相应方向的接车进路的编码电路。

《计算机联锁图册》(第三版)图Ⅰ-22(8)为ⅢG 电码化电路，其下行方向为正线股道，电码化电路同ⅠG 电码化电路；上行方向为侧线股道，电码化电路同 4G 电码化电路。

(4)到发线股道电码化电路

《计算机联锁图册》(第三版)图Ⅰ-22(9)为侧线股道 4G 电码化电路，《计算机联锁图册》(第三版)图Ⅰ-22(10)为侧线股道 5G 电码化电路。

到发线股道采用的是叠加电码化方式，即占用发码，不设传输继电器 CJ，经过轨道复示继电器 GJF_1 发码。

上、下行发送器分别通过送、受电端隔离器接向钢轨，究竟由哪个发送盘发送移频信息，由运行方向决定。

到发线股道编码电路由上、下行出站信号机的 $LXJF_1$ 接点分别构成。$LXJF_1$ 落下，出站信号机关闭，发送 HU 码。$LXJF_1$ 吸起，出站信号机开放，不论何种显示，均发送 UU 码。侧线股道编码见表 2-28。

表 2-28　侧线股道编码

出站信号机显示	$LXJF_1$	发送信息码
红	↓	HU
黄、绿、绿黄(正方向发车)或绿(反方向发车)	↑	UU

(5)站内轨道电路电码化发送器"$n+1$"电路

《计算机联锁图册》(第三版)图Ⅰ-24 为站内轨道电路电码化发送器"$n+1$"电路。+1FS 发送器电路原理如图 2-65 所示，具体电路如《计算机联锁图册》(第三版)图Ⅰ-24 所示。

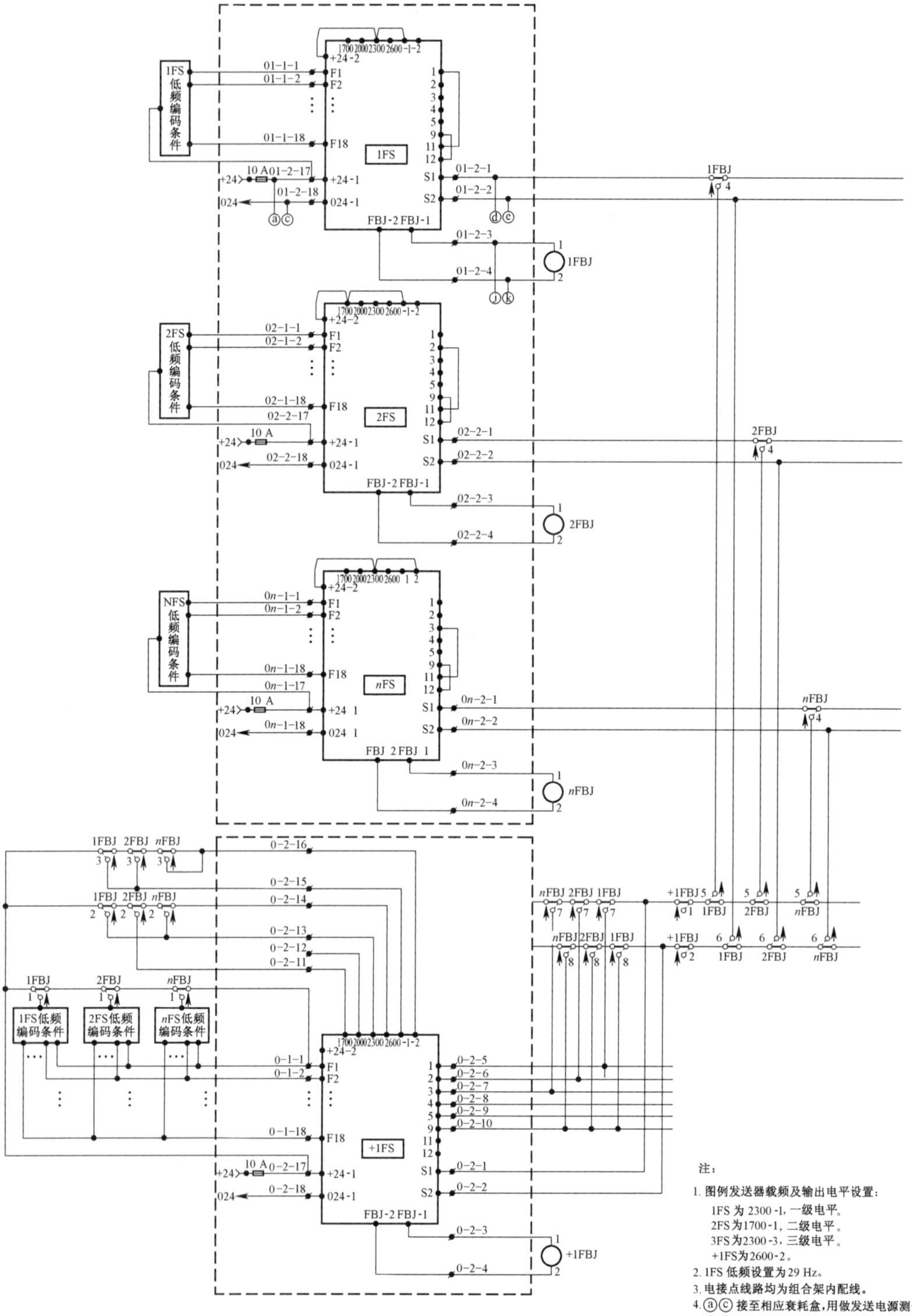

注：
1. 图例发送器载频及输出电平设置：
1FS为2300-1，一级电平。
2FS为1700-1，二级电平。
3FS为2300-3，三级电平。
+1FS为2600-2。
2. 1FS低频设置为29 Hz。
3. 电接点线路均为组合架内配线。
4. ⓐⓒ接至相应衰耗盒，用做发送电源测试。
ⓓⓔ接至相应衰耗盒，用做发送功出测试。
ⓙⓚ接至相应衰耗盒，用做发送故障报警指示。

图 2-65　+1FS 发送器电路原理

发送器采用“n+1”冗余设计，全站发送器备用一台+1FS 发送器，各发送器正常时，其 FBJ 吸起，+1FS 发送器平时产生载频为 1700-1、低频为 29 Hz 的 H 码，但不向任何轨道区段发码。当全站任一台发送器发生故障时，其 FBJ 落下，FBJ 第七组后接点将该发送器的编码条件接至＋1FS 的低端编码端子上；FBJ 的第三、四组接点接通了＋1FS 的相应载频选择端子，选择该发送器的载频；FBJ 的第五、六组接点从＋1FS 的 S_1、S_2 两功放端子，将电码发送到该发送器对应的各轨道区段。这样，＋1FS 发送器就自动地接替发生故障的发送器向轨道区段发码。

在各电码化电路图上，＋1FS 发送器端子上的接线用虚线表示，就是并接在＋1FS 发送器编码端子以及选频端子上的编码条件和选频条件上。而且所有发码电路中＋1FS 发送器所连的虚线所示的编码和选频条件都并接在各电码化电路上。

＋1FS 发送器故障，S_1、S_2 端子就不能发出任何电码。

(6)移频报警电路

《计算机联锁图册》(第三版)图Ⅰ-15 为移频报警电路。

移频报警电路对区间自动闭塞移频设备和站内轨道电路电码化电路移频发送设备进行监督。

对于计算机联锁，在报警继电器(BJ)组合中设移频报警继电器(YPBJ)。将区间和站内各发送器的条件串联起来，构成 YPBJ 电路。计算机联锁采集 YPBJ 的前接点。

当任何一台发送器工作不正常，将使 YPBJ 落下，计算机联锁采集不到 YPBJ 前接点 ，予以报警。

对于继电联锁，YPBJ 落下，发出声光报警，移频报警表示灯(YPBD)亮 H 灯，移频报警电铃(YBDL)鸣响。按下移频报警切断按钮(YPBA)，YBDL 暂停鸣响。故障排除，YPBD 灭灯，拉出 YPBA，YBDL 停响。

4. 四线制叠加方式站内轨道电路电码化电路

四线制电码化电路与二线制电码化电路的主要区别在于不需要站内综合柜设备，其他，包括载频频谱的排列、站内移频柜设备布置、电码化组合柜设备布置、电路图均相同。

这是因为四线制电码化电路的隔离设备和防雷匹配设备不同于二线制电码化电路。

四线制电码化电路因为在室外相叠加不需要室内隔离设备，室外通过感容盒、匹配盒相隔离。防雷匹配组合的作用是使发送器与电缆匹配，使分线柜上电压有固定输出。防雷匹配组合分为多种类型。ZBPU-1B、ZBPU-2B (降低机车信号电流组合)型防雷匹配组合为预叠加 ZPW-2000A 用，ZBPR-1B、ZBPR-2B(降低机车信号电流组合)型防雷匹配组合为预叠加 ZPW-2000R 用。

ZBPU-1B、ZBPU-2B(降低机车信号电流组合)型防雷匹配组合可供 8 路输出。ZBPU-1B 组合中有 8 个 BPFU 变压器、8 个 BVB、8 个电阻。ZBPU-1B 组合中的 BPFU-D_1 单元、ZBPU-2B 组合中的 BPFU-D_2 单元分别如图 2-66(a)和图 2-66(b)所示。

正线电码化因采用预叠加方式，每个发送器使用两个 BPFU-D_2 防雷匹配单元。侧线电码化采用叠加方式，发送器使用一个 BPFU-D_2 防雷匹配单元。

在双线站内上行正线接、发车进路，下行正线接、发车进路实现电码化时，使用一个 ZBPU-2B 组合。站内侧线每四股道再使用一个 ZBPU-2B 型组合。

ZBPU-2B 型组合安装在组合柜内，每个组合占一层组合的位置。

正线电码化接车发送器的发送范围为接车区段及正线股道。一个发送器供几个轨道电路区段发码使用，轨道电路长度为 50～1 200 m，为确保 1 200 m 的机车信号入口大于 0.5 A，短轨道电路的机车信号入口电流大大于 0.5 A，经测试有大于 5 A 的情况。为了降低机车信号入口电流，在轨道电路较短时增加串联电阻。串联电阻采用 RT20-T-100-1k 型。ZDTR-1 型电阻组合中有 15 个电阻。双方向运行时每个轨道电路区段使用两个电阻。

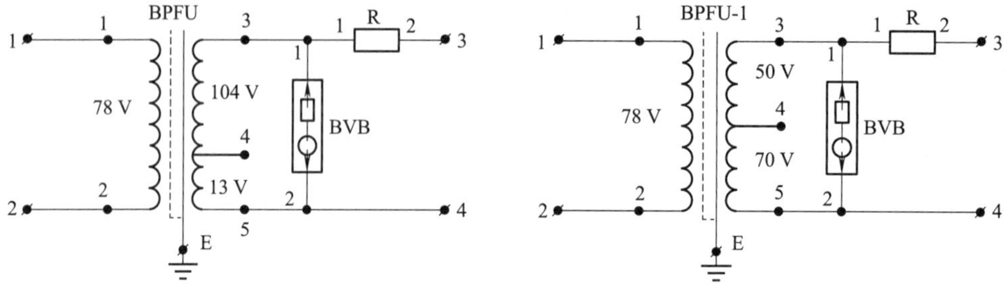

(a) BPFU-D_1单元　　(b) BPFU-D_2单元

图 2-66　防雷匹配组合单元

ZDTR-1 型组合安装在组合柜内，每个组合占一层组合的位置。

此外，在防雷补偿器中用电容 C_1（型号为 CTA-1 μF-450VAC）替代硒堆 Z。此电容器是为了旁路 ZPW-2000 信号用的。因为，轨道电路在受电端叠加送电端分路时，交流二元继电器电压可达到 20 V 以上，此电压为 2 000 Hz 信息。交流二元继电器有选频作用，2 000 Hz 信息不会使继电器误动，但分路后残压高。并联电容器 C_1 的作用是滤掉 2 000 Hz 信号。

5. 机车信号载频自动切换

机车信号载频自动切换系统，解决了列车在上、下行线间转线运行时由人工进行切换所存在的手续烦琐、切换地点不明确、切换时机难于掌握等问题。由于载频自动切换的实现，解决了机车信号载频邻线同载干扰的问题，为机车信号作为行车凭证的实现打下了良好的基础。

(1)机车信号载频的锁频

当机车信号车载设备接收到转频(ZP)码——25.7 Hz 载频切换信息后，自动将接收载频范围锁定在该载频上，对其他载频不予接收，直到再次接收到新的 25.7 Hz 信息。

例如：当接收到 1700-1＋25.7 信息时，机车信号自动锁定在仅接收 1 700 Hz 载频内低频信息状态；当接收到 2000-2＋25.7 信息时，机车信号自动锁定在仅接收 2 000 Hz/2 600 Hz 载频的低频信息状态。

①站内正线股道的锁频

对于直进直出的正线接发车进路没有站内股道锁频问题，不需发送切换载频信息，但有可能存在区间载频锁频问题。

对于弯进直出进路往往是列车改变线路运行，存在载频选频锁频问题，采用 2 系载频＋25.7 Hz 的方法，即压入后先发 2 s 的 25.7 Hz 信息。

弯进直出锁频逻辑如图 2-67 所示。

②侧线股道的锁频

向侧线股道接车为弯进进路，存在载频选频锁频问题，需发送切换载频信息，采用 1 系载频＋25.7 Hz 的方法，即压入后先发 2 s 的 25.7 Hz 信息。

到发线股道设转频继电器(ZPJ)和它的复示继电器(ZPJF)，用以发送 ZP 码。

③区间线路的锁频

区间线路载频锁频是指机车信号设备进入区间时，与区间载频自动匹配的方法。

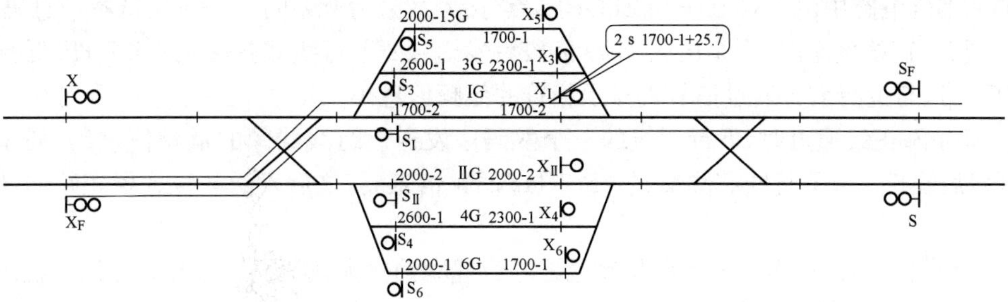

图 2-67　弯进直出锁频逻辑示意

a. 弯出进路的锁频

弯出进路往往存在对区间载频的再次选频、锁频问题。一般采取在发车进路的最后一个区段设置 2 系载频＋25.7 Hz 的方法。即采用列车压入发车进路最末一个区段时，在该区段发送 2 系载频＋25.7 Hz 信息。弯出进路区间选频设置如图 2-68 所示。

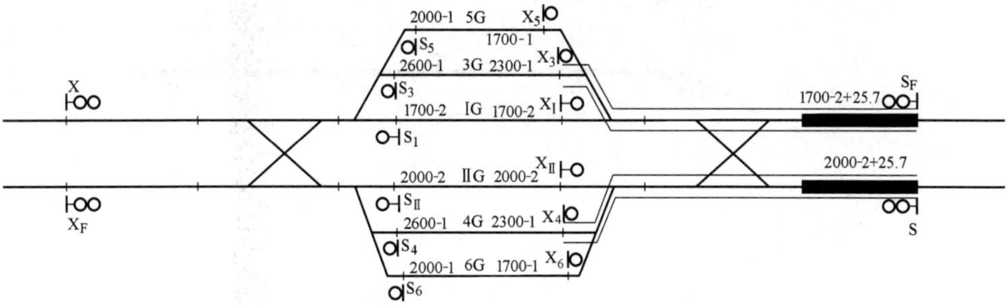

图 2-68　弯出进路区间选频设置示意

b. 直进直出的区间载频锁频

当车站两端区间线路有上、下行的变化时，如进站时为下行，出站后为上行区间，特殊车站正线载频锁频方案如图 2-69 所示。直进直出进路会有区间载频选频、锁频问题，这一般作为特殊区段来处理。此时，车站正线的载频宜与接近车站区间方向载频相同；载频锁频在一离去区段实现，在列车压入一离去区段时，在一离去区段发送 2 s，2 系载频＋25.7 Hz 后恢复正常频率码。

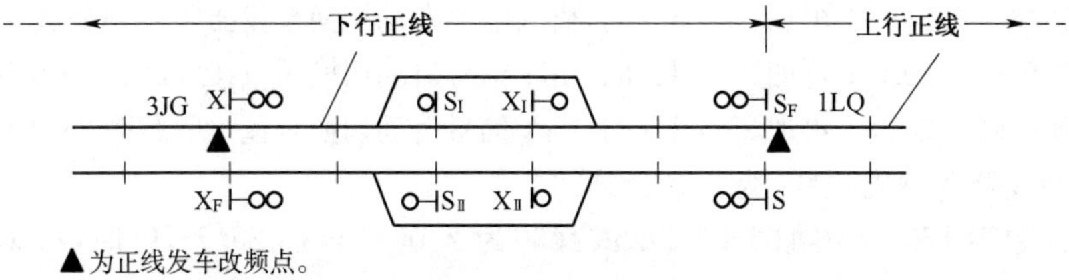

▲为正线发车改频点。

图 2-69　特殊车站正线载频锁频方案

在 3JG 和 1LQ 发送电路中，增设正线发车改频继电器(ZFGPJ)，其为缓吸 2 s 的时间继电器，用相应 FMJ 前接点和区间轨道继电器后接点作为 ZFGPJ 的励磁条件，在 3JG 和 1LQ

发送器的编码电路中由 FMJ、GJ 和 ZFGPJ 接点接入载频为 2 系的 25.7 Hz 低频信息码。

办理 X_I 正线发车时，列车压入 1LQ 区段后发送 2 s 上行线载频-2 的 25.7 Hz 低频信息码，之后发送与运行前方通过信号机显示相符的低频信息码。

办理由 S_F 正线通过时，下行正线的三个发码区发送上行线载频的低频信息码，列车压入 3JG 区段后发送 2 s 下行线载频-2 的 25.7 Hz 低频信息码，之后发送与该区段相符的低频信息码。

为避免列车在第一离去区段因某些原因导致载频锁频失效情况下接收到邻线干扰码的安全隐患，要求离去区段的邻线干扰不得大于车载信号设备的灵敏度。因此，离去区段的轨道电路应进行分割处理，长度不超过 600 m，使得邻线干扰的幅度控制在灵敏度以内。

在多口车站，直进直出也存在区间线路的锁频的问题，多口车站的区间锁频如图 2-70 所示。

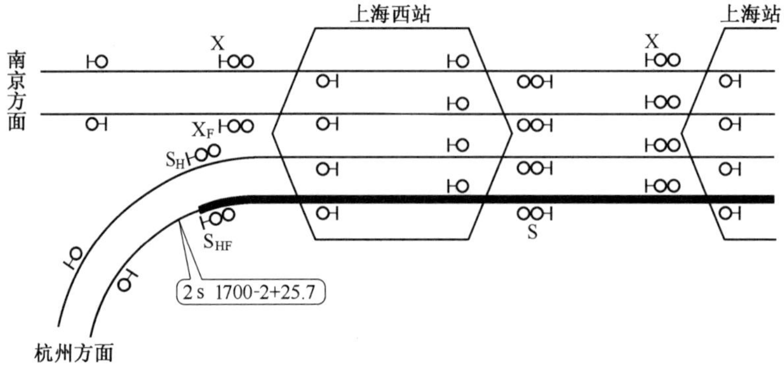

图 2-70 多口车站的区间锁频

(2)载频自动切换

为实现机车信号车载设备的载频自动切换，即自动选频、锁频功能，采用轨道电路发送载频切换信息的方式。要求针对不同的接、发车进路，在指定的区段，利用轨道继电器落下的条件，先发送 2 s、25.7 Hz 的转频信息——ZP 码，之后再改发与前方信号机显示相信符的信息。

①载频自动切换的逻辑

对于站内侧线股道，为 1 系载频加 25.7 Hz：

当接收到载频为 1700-1 再加 25.7 Hz 时，机车信号自动切换至仅接收载频 1700-1 的移频信息。

当接收到载频为 2300-1 再加 25.7 Hz 时，机车信号自动切换至仅接收载频 2300-1 的移频信息。

当接收到载频为 2000-1 再加 25.7 Hz 时，机车信号自动切换至仅接收载频 2000-1 的移频信息。

当接收到载频为 2600-1 再加 25.7 Hz 时，机车信号自动切换至仅接收载频 2600-1 的移频信息。

对于区间线路和站内正线，为 2 系载频加 25.7 Hz：

当收到载频为 1700-2 再加 25.7 Hz 或载频为 2300-2 再加 25.7 Hz 时，机车信号自动切换为接收下行线载频1 700/2 300 的移频信息。

当收到载频为 2000-2 再加 25.7 Hz 或载频为 2600-2 再加 25.7 Hz 时，机车信号自动切换为接收上行线载频2 000/2 600 的移频信息。

②载频切换时机

列车仅在经道岔侧向接车或经道岔侧向发车时进行接收载频的切换，正线直向接车或发车以及直向通过车站时不进行载频的切换。

a. 接车时载频切换时机

列车在经道岔侧向进入侧线股道时，收到该股道规定的 1 系载频所叠加的 25.7 Hz 低频信息后，机车信号车载设备仅接收该载频的移频信息。

列车经道岔侧向进入另一正线股道时，收到该股道规定的 2 系载频所叠加的 25.7 Hz 的低频信息后，机车信号车载设备自动转换接收本线路载频的移频信息。

b. 发车时载频切换时机

当列车经道岔侧向发车，机车信号车载设备在发车进路最末一个轨道区段接收到 2 系载频的 25.7 Hz 的低频信息后接收载频，接收相应区间线路载频的移频信息。

(3)25.7 Hz ZP 码的发送

①办理弯出发车进路时 ZP 码的发送

办理由弯出发车进路，即列车由其他股道经本接发车口发车时，列车接收的载频需要改变，列车压入发车进路的最末一个轨道区段，通过切频继电器(QPJ)和发车改频继电器(FGPJ)的励磁，向该区段送该正线载频为-2 的 25.7 Hz 低频信息码。

在正线正方向接车进路电码化电路和正线反方向接车进路电码化电路中设 QPJ 和 FGPJ 电路。

下行正线正方向接车进路电码化电路如图 2-71 所示。切频继电器 XQPJ 在建立发车进路发车锁闭继电器 XFSJ 吸起、开通侧向进路正线开通继电器 S_IZTJ 落下、3JG 空闲 X3JGJ 吸起时吸起并自闭。列车占用ⅠAG，ⅠAGJF 落下，XFGPJ 经 XQPJ 前接点吸起，发送器发送转频码 ZP。列车占用 X3JGJ 时，XQPJ 落下，XFGPJ 落下，停发转频码。

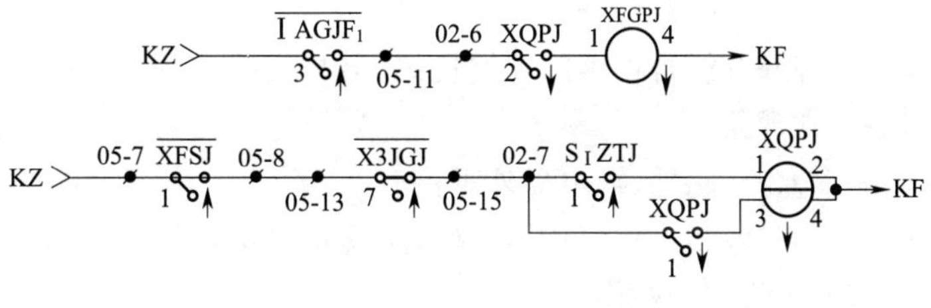

图 2-71　QPJ 和 FGPJ 电路

②办理弯进接车进路时 ZP 码的发送

办理至另一正线股道的反向弯进接车进路(如由 X 进站信号机至ⅡG 的接车进路)，列车压入股道后，通过 ZPJ，向股道发送该正线相应载频为-2 的 25.7 Hz 锁频码，之后改发与前方出站信号机显示相符的低频信息码。

在正线股道电码化电路中，设股道 ZPJ 和它的复示继电器 ZPJF，其电路如图 2-72 所示。列车占用股道时，ZPJ 延时 2 s 吸起。在股道的 JMJ 落下，ZPJF 尚未吸起时，发送 ZP 码。

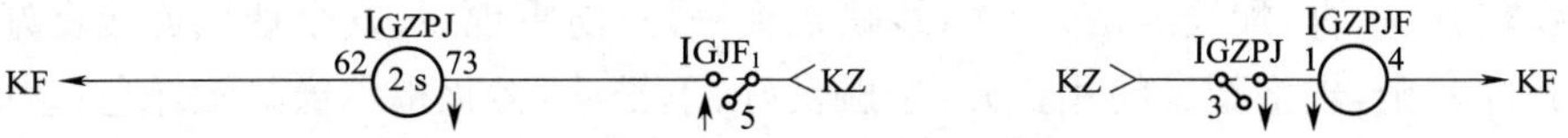

图 2-72　正线股道 ZPJ 和 ZPJF 电路

③侧线股道 ZP 码的发送

在侧线股道电码化电路中，设股道 ZPJ 和它的复示继电器 ZPJF，其电路图如图 2-73 所示。

列车压入股道后，利用 ZPJ 的缓吸特性，发送器向轨道发送 2 s 载频为-1 的 25.7 Hz 锁频码，2 s 后 ZPJ 吸起，根据前方出站信号机的显示，改发与该信号机显示相符的低频信息码。

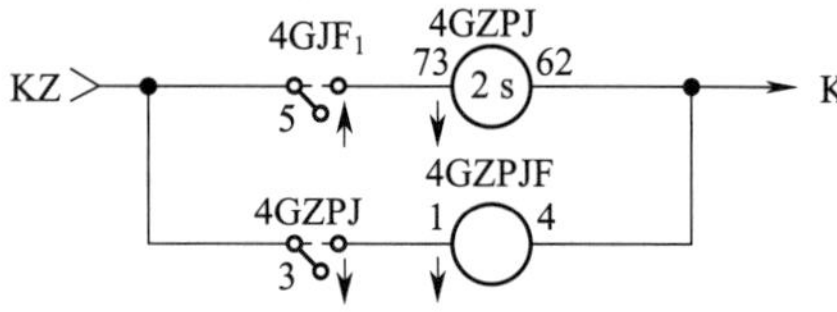

图 2-73　侧线股道 ZPJ 和 ZPJF 电路

(4)补充措施

为进一步避免邻线干扰，确保主体机车信号的安全，规定：当车载设备收到 UU/UUS 码后，又遇到掉码时，在点白灯前，只接收 HU/HUS 码；在点白灯后，只接收 25.7 Hz 载频切换信息。

为防止区间线路载频锁频失效，规定：任何信息掉码大于 10 s，只接收 25.7 Hz 载频切换信息码，停止接收其他信息。

四、站内轨道电路电码化的维护

1. 站内轨道电路电码化的维修

站内轨道电路电码化设备的维修与车站联锁、自动闭塞的维修一样，也包括日常巡检和集中检修。站内轨道电路电码化分室内外两部分，室内设备维修工作项目及标准见表 2-29，室外设备维修工作项目及标准见表 2-30。

(1)站内轨道电路电码化电路日常巡视

主要是室内设备日常巡视。

①移频柜、综合柜、组合柜外观检查

各机柜安装牢固，无倾斜，组合柜柜门关闭良好；器材安装牢固、插接可靠、平整，无松动、无过热、异声、异味等异常现象。

②发送器、室内隔离盒、断路器、继电器外观检查。

设备名称标识正确、齐全；各指示灯指示正确；防雷元件安装良好，劣化指示窗显示绿色。

(2)站内轨道电路电码化集中检修

①室内设备集中检修项目

a. 移频柜、综合柜、组合柜检修

各机柜安装牢固，无倾斜，组合柜柜门关闭良好；配线整齐，绑扎、固定牢靠，不紧绷，万可端子配线插接牢靠，端子紧固，线头焊接良好，无霉变、无毛刺，断股不超过 1/5，线条无破损，屏蔽线成端良好，无破损，线槽盖板齐全。

b. 发送器、室内隔离盒、断路器、继电器检修

器材安装牢固、插接可靠、平整，无松动、无过热、异声、异味等异常现象，无报警；调整用封线插接可靠；各部螺栓检查、紧固、清扫，走线架、各机柜配线及电缆检查、清扫，螺栓紧固，附件齐全，走线整齐、平直，配线清洁、干净，线槽盖板完好；防雷地线、安全地线连接良好，螺栓紧固，防雷元件齐全，规格型号使用正确，接触良好、不松动，劣化指示窗显示绿色；室内密封良好，无鼠害隐患；发送器转换至备发送器试验(每年 1 次)：逐一关闭发送器，能正常转换至备发送器工作，设备正常。

信号电缆绝缘测试(每月测试 1 次)：信号电缆全程综合对地绝缘电阻大于或等于 1 MΩ。

地线测试：地线电阻小于或等于 1 Ω。

②室外设备集中检修

绝缘节轨缝 6～10 mm，轨缝完整无破损；轨距杆及护轮轨绝缘良好无破损；钢轨引接线、接续线、横向连接线、吸上线及地线检查、注油，连接牢固、可靠，无严重锈蚀，断股不超过 1/5，注油防锈；引接线、接续线塞钉头露出轨腰 1～4 mm，无松动，线头连接良好，塞钉头涂油，线条平行绑扎，固定良好，地线标桩完整、齐全；扼流变压器安装牢固、连接端子螺栓牢固，无异常现象；箱盒完好、无破损、加锁良好，固定牢靠，方正；设备间连接螺栓紧固，线条完好；防雷元件安装良好，劣化指示窗显示绿色。

表 2-29　站内轨道电路电码化室内设备维修工作项目及标准

修程	工作项目	单位	周期	工作内容及标准
日常巡检	检查 ZPW-2000 轨道电路室内设备	站	每月不少于 2 次	发送器、室内隔离盒、断路器等设备工作正常、无异状，表示灯显示正常； 器材插接良好，电缆、电线、接地线连接、插接良好，无异状； 系统及器材防雷单元正常，无劣化指示； 设备、器材铭牌、标识齐全
	检查与 ZPW-2000 配套的设备			继电器、断路器等器材工作正常，无异状，表示灯显示正常； 插接式器材不歪斜，防脱落固定措施良好； 灾害防护系统接口设备无异状； 电缆、电线、接地线连接、插接良好，无异状； 系统防雷单元正常，无劣化指示； 室内各种器材铭牌、标识齐全
集中检修	检查 ZPW-2000 轨道电路室内设备	站	每年 1 次	机柜安装牢固、不倾斜，安装螺栓紧固、不松动，柜内发送器、室内隔离盒、断路器等设备、器材插接牢固，防脱措施良好； 接、配线端子紧固、不松动，电缆、电线焊接、插接及接地、等电位连接牢固； 设备、器材配线无异常、不老化，走线平顺、整洁，绑扎、防护措施良好； 机柜及设备、器材清洁干净，无粉尘； 发送器、室内隔离盒、断路器及防雷单元工作正常、无异状，表示灯显示正常； 发送冗余切换试验正常，报警提示正确； 发送功出、轨出 1、轨出 2 电气特性测试、记录，并符合调整表规定标准
	检查与 ZPW-2000 配套的设备			机架、机柜安装牢固、不倾斜，安装螺栓紧固、不松动，继电器、断路器等器材插接牢固，防脱措施良好； 接、配线端子紧固、不松动，电缆、电线焊接、插接及接地、等电位连接牢固； 设备、器材配线无异常、不老化，走线平顺、整洁，绑扎、防护措施良好； 机柜及设备、器材清洁干净，无粉尘； 按周期更换到寿命期或轮修期设备、器材及不良器材； 继电器、断路器、防雷单元等器材工作正常，无异状； 综合防雷单元检查、测试正常； 地网良好，接地电阻不大于 1 Ω； 信号电缆全程对地绝缘测试、记录并符合标准

表 2-30　站内轨道电路电码化室外设备维修工作项目及标准

<table>
<tr><th>修程</th><th>工作项目</th><th>单位</th><th>周期</th><th>工作内容及标准</th></tr>
<tr><td rowspan="5">日常巡检</td><td>室外隔离盒、轨道变压器</td><td rowspan="2">处</td><td rowspan="5">每月不少于2次</td><td>检查室外隔离盒、轨道变压器完好；
检查各部螺栓不松动，螺栓及设备锁注油</td></tr>
<tr><td>补偿电容</td><td>检查补偿电容器及卡具完好</td></tr>
<tr><td>连接线、钢轨绝缘</td><td>区段</td><td>检查钢轨绝缘外观良好，轨缝标准，扣件与钢轨接头夹板(鱼尾板)无封连；
检查各种引接线、接续线、跳线、横向连接线完好，防混固定良好；吸上线与信号设备连接端子紧固；
引接线防护罩固定良好；
检查各部螺栓不松动并注油</td></tr>
<tr><td>电缆线路</td><td rowspan="2">站</td><td>电缆径路外观检查(各种电缆埋设标、警示牌，过桥、过涵电缆防护、施工及其他外界干扰等)；
检查电缆埋设标、警示牌是否齐全完好；
电缆沟(槽、井)封堵检查；
贯通地线外观埋设情况检查</td></tr>
<tr><td>箱盒及其他</td><td>检查箱盒、基础无破损、裂纹，加锁装置良好；
外部安装螺栓检查紧固并注油；
基础面、箱盒外部清扫，标识清晰</td></tr>
<tr><td rowspan="5">集中检修</td><td>室外隔离盒、轨道变压器</td><td rowspan="2">处</td><td rowspan="5">每年1次</td><td>检查室外隔离盒、轨道变压器安装及固定符合要求，不良整治；
轨道变压器电气特性测试</td></tr>
<tr><td>补偿电容</td><td>检查补偿电容器安装及固定符合要求，不良整治；
检查补偿电容器引线断股不超标，不良更换；
补偿电容器、地线测试</td></tr>
<tr><td>连接线、钢轨绝缘</td><td>区段</td><td>检查引接线、各种连接线的安装及固定符合要求，不良整治；
连接线塞钉头与钢轨接触电阻不超标；
各种引接线除锈、涂油、整修；
钢轨绝缘测试</td></tr>
<tr><td>电缆线路</td><td rowspan="2">站</td><td>按规定周期进行电缆全程对地测试；
电缆沟(槽、井)检查；
补齐电缆埋设标及警示牌</td></tr>
<tr><td>箱盒及其他设备</td><td>检查箱盒、基础有无破损、裂纹，加锁装置良好，箱盒防尘、防潮良好；
外部安装螺栓检查紧固并注油；
基础面、箱盒外部清扫，标识清晰；
检查、核对各种标牌、图标齐全正确，电缆贯通端子标志清晰；
箱盒内部设备、器材固定良好，且工作正常，配线端子紧固、不松动；
箱、盒开盖检查、内部清扫、端子螺栓紧固、不良设备整修。电缆固定牢固；
检查、测试各部绝缘，不良更换；
限界测量</td></tr>
</table>

2. 站内轨道电路电码化的故障及处理

站内轨道电路电码化电路故障的分析、判断、处理思路和车站联锁电路是相似的，可以在分线柜进行室内外故障的界定。在分线柜发送端测量发送电平是否正常。可分步将分线柜送电端子线头断开，测试空载电压来进一步分析和判断。

(1)机车信号掉码

站内轨道电路电码化电路故障往往表现为机车信号掉码、瞬间不工作等现象,其中最多的是机车信号掉码。

机车信号掉码分为一般性掉码和是由设备故障或干扰造成的,通过正常的维修可以基本解决。它包括电气化干扰以及地面信号设备、机车信号设备、机车逆变电源设备等故障而造成的掉码。

随机性掉码是随机发生的,同一机车在同一线路区段有时掉码,有时不掉码,不同机车经过同一线路区段,有的机车掉码,有的不掉码。而这些机车信号设备都是经过测试符合各项现有技术指标的。虽然随机性掉码是偶尔发生,所占数量的比重不大,但却无法查明确切原因。

当然,机车信号掉码也可能是机车信号车载设备故障引起的。但是,多趟列车在同一地点、同一区段发生掉码,即可确定为地面发送设备故障,不能认为可能是机车信号车载设备引起。

地面发送设备故障,可能是室内部分故障,也可能是室外部分故障。从分线柜分清室内外故障,室内有编码电路故障、发送器故障、发码通道故障、发码控制电路故障等,可分步查找。首先要检查地面发送设备的低频是否正常,然后检查载频和频偏是否正常,然后到室外检查入口电流。室外故障主要是发码电流偏小,可在室内调整该发码通道上匹配防雷变压器输入端串接的可调电阻,它将影响使用该防雷变压器整个发码通道上的所有区段。如只想调单个区段,可以调整该发码区段上室内隔离器上串接的可调电阻。

①发送器故障

发送器故障一般为:电源、低频编码、载频、选型、功出电压等。当“$n+1$”备用发送器发送工作正常时,可能是主发送器内部故障,可更换新发送器。若更换后仍不能正常工作,可按下列程序处理。

a. 检查电源

先检查断路器是否完好,然后用万用表测量对应主发送器零层端子的电压是否为 24 V,再测量主发送器底座端子的电压是否为 24 V,最后测量主发送器的电源插孔电压是否为 24 V。

b. 检查载频及选型

用万用表黑表笔插在主发送器底座端子,只有设计选定的载频才有 24 V 直流电压。

c. 检查编码

电源正常后,将万用表插在零层有配线的端子。根据编码电路继电器动作情况,只有相应的端子应有 24 V 直流电压。如果没有 24 V 直流电压而其他端子有电,确定为编码电路配线有误。如果有配线的端子都没有 24 V 直流电压或 2 个及以上端子没有 24 V 直流电压,发送器都将不工作。

d. 检查主发送器电平等级

按照设计选定电平等级封连。如果电平等级封连不对,将影响电码化的稳定工作。

e. 电码化 25 Hz 轨道电路故障

电码化 25 Hz 轨道电路故障大多是因为电码化的叠加而引发参数变化,特别是相位角的波动,直接影响 25 Hz 轨道电路的稳定工作。

发送器频率变化范围超标也会影响电码化电路的稳定工作,一般情况下,只要载频与规定的中心频率相差 3 Hz,就要把发送器换下来,避免发生机车信号掉码故障。

②补偿电容器故障

假如轨道电路发生红光带，并在处理过程中自然恢复。

在信号集中监测设备上查阅故障时的轨道电压曲线，确实有 7～9 V 的电压，但是曲线比较零乱，包含跳动的杂波。电压经常发生波动，电压相差 1.6 V，经过一段时间后恢复到正常状态。因此怀疑是软性故障。机车进站以后轨道电压下降，一段时间没车后电压即恢复正常。因此在电压降低时需重点对轨道电容器进行测试，当换下电容器后轨道电压恢复正常，判断为电容器软击穿。

电容器存在软击穿。也就是当电容器两端的电荷积累到一定程度之后，如果电容器的质量不好，内部的电解质发生变化而产生的一种"电容器击穿短路"现象。当电容器失去外加电压，自然放电完毕后电解质可暂时复原，容量也可恢复正常，实际表现为电容器耐压不足。

电容器软击穿在平常状态不影响轨道电路正常使用，只有当有较高电压到来并超过电容器的耐压值时才会被击穿，而且不同类型的机车经过时，该电容器击穿程度不一致，有时造成红光带，有时造成电压下降。

③发码控制电路故障

发码控制电路故障主要是 CJ 不励磁、CJ 接点接触不良。

查找故障时，应先测量分线柜是否有码输出，轨道和发码共用传输通道，一般不用怀疑室外传输通道故障。有码输出时，用 CD96-3 电流表检查室外发码电流；无码输出时，检查发送盒及室内发码通道，观察传输继电器 CJ 的状态，随列车运行而吸起落下(预发码时应提前吸起)。

在发码区段轨道电路故障后，可用具有选频功能的"轨道电路故障测试仪"，选用 25 Hz 挡，来测试轨道电路电压、电流，可以消除发码电压的干扰。这样不必断开送受端发码设备，然后按非发码区段故障查找法进行查找。

(2)站内电码化电路干扰

站内正线电码化轨道电路都存在邻线或邻区段干扰。邻线干扰是机车在双线区段运行时，相邻线路的信号因钢轨感应、大地漏泄等原因侵入到本线路信号中，使机车感应到本线和邻线的混合信号。目前机车信号主要利用上、下行开关人工干预和锁频功能，来防止邻线干扰信号造成的机车信号错误点灯。当干扰信号幅度大或机车防干扰措施失效时，可能导致机车信号升级点灯，机车冒进信号。

邻线干扰主要有两种类型：第一种是干扰信号从本区段靠近发送端窜入，在轨面上用选频表可测出干扰信号幅值；第二种是邻线干扰信号从本区段靠近接收端窜入，一般离接收端较近，在轨面上用选频表可测出干扰信号幅值。

造成邻线干扰的原因通常有：①上、下行区段地锚拉杆同时接地；②空扼流变压器两线圈不平衡，邻线干扰信号通过横向连接线窜入本区段，或进入回流线窜至与本区段相邻区段，甚至跨过几个区段后窜入与电力塔、杆线入地处的区段产生干扰；③长大弯道一侧地锚拉杆接地，造成两轨面信号电流不平衡，无电力机车通过时，两轨条中经过干扰电流并不大，当大电流流过时干扰信号非常强；④通过电缆干扰；⑤桥梁部位绝缘垫板不良或缺失；⑥防雷设备被击穿造成干扰。

对于两线路地锚拉杆绝缘不良处理较为简单。用选频表电流挡测量所有地锚拉杆，4 种频率中只要有任何一种频率的电流通过，就必须更换绝缘。

对于空扼流变压器不平衡引起的干扰。首先要测量空扼流变压器两线圈不平衡量是否超出规定范围：①若是带空扼流变压器区段受干扰较易解决，只需处理空扼流变压器即可；②若是通过回流线跨多个区段，必须对电力各塔杆连线进行检查，看是否有沿塔杆引下的(或感应)连线入地，通过本区段接地物窜入本区段。

对于长大弯道一侧地锚绝缘引起干扰较为麻烦。这种情况一般是本区段无空扼流变压器。无电力机车通过时不平衡的电流较小，虽有一定的隐蔽性，但还容易误判；当有电力机车通过时，回流就近由地锚拉杆入地，产生丰富的连续频谱牵引回流，回流形成的奇、偶谐波电流，突变的连续频谱电流连同基波电流造成干扰更大。因此加装空扼流变压器后，回流畅通，平衡轨面电流，整治地锚拉杆绝缘后，干扰即可消除。

对于电缆干扰问题，首先将被干扰区段送、受端室内外电缆全部甩开，用选频表测量电缆上有干扰，随即检查电缆有无屏蔽、对绞、屏蔽地线、电缆对地和线间绝缘等。仅甩开室外送、受端电缆，测量轨面有干扰信号时不能排除电缆干扰，因为干扰可能从本区段电缆窜至相邻区段电缆后，再从轨面相互干扰。

对于桥梁部位绝缘垫板不良或缺失造成的干扰，要与工务部门一起核实并测试更换。

复习思考题

1. JT1-CZ2000 型机车信号系统有何特点?
2. 简述 JT1-CZ2000 型机车信号系统的构成。
3. 简述 JT1-CZ2000 型机车信号主机的构成和各部分作用。
4. 什么叫“2 取 2”安全技术? JT1-CZ2000 型机车信号是如何实现的?
5. 简述 JT1-CZ2000 型机车信号双套热备系统的组成及原理。接收线圈安装位置是如何规定的?
6. 机车信号记录器车载部分主要功能有哪些?
7. 机车信号记录板记录的主要信息有哪些?
8. 机车信号记录器地面数据处理部分主要功能有哪些?
9. 简述双路接收线圈的组成、作用和工作原理，安装时应注意的问题。
10. JT1-CZ2000 型机车信号系统如何进行连接?
11. 机车信号远程监测装置有何作用? 简述其工作原理。
12. 半自动闭塞区段，机车信号使用哪些低频信息，各种低频信息是如何定义的?
13. 四显示自动闭塞区段，机车信号使用哪些低频信息，各种低频信息是如何定义的?
14. 四显示自动闭塞区段进站信号机显示双黄灯时，进站信号机外方各区段机车信号信息如何使用?
15. 四显示自动闭塞区段进站信号机显示黄闪黄灯时，进站信号机外方各区段机车信号信息如何使用?
16. CTCS-2 级区段两动车区间追踪运行时车载信号信息是如何使用的?
17. 对于机车信号设备的检修和维护如何分工?
18. 简述对机车信号主机应做好哪些维护。
19. 简述对机车信号接收线圈应做好哪些维护。
20. 试分析 JT1-CZ2000 型机车信号出现点白灯后无译码故障时可能由哪些原因造成。
21. LKJ2000 型监控装置有哪些特点?

22. LKJ2000 型监控装置的功能有哪些？
23. 速度监控的依据是什么？
24. 简述速度监控的基本原理。
25. 简述速度控制模式设计。
26. LKJ2000 型监控装置有哪些信号输入电路？简述其原理。
27. LKJ2000 型监控装置有哪些信号输出电路？简述其原理。
28. LKJ2000 型监控装置由哪些部分组成？各起什么作用？
29. 简述 LKJ2000 型监控装置的通信结构。
30. 监控主机箱由哪些插件组成？各起什么作用？
31. 屏幕显示器和数码显示器有哪些异同？
32. 简述事故状态记录器的结构和工作原理。
33. 简述 LKJ2000 型监控装置软件原理。
34. 监控装置有哪些相关设备？各起什么作用？
35. 简述 LKJ 系统设备维修修程和周期。
36. LKJ-15S 对 LKJ2000 有哪些改进？
37. 简述 LKJ 系统设备修程范围。
38. LKJ 系统故障查找、分析及处理的一般方法有哪些？各适用于何种情况？
39. 如何按 LKJ 显示屏查询和指示灯判断与处理故障？
40. 总结 LKJ 系统故障查找的步骤。
41. 何谓站内轨道电路电码化？为什么要实现电码化？
42. 简述轨道电路电码化的范围。
43. 简述轨道电路电码化发送信息的内容。
44. 站内轨道电路电码化有哪些方式？各有什么技术特征？各有什么优、缺点？
45. 简述电码化机柜的运用。
46. 简述电码化发码设备的组成和工作原理。
47. 简述发送检测盘的作用和电路原理。
48. 为什么电码化要设隔离设备？分哪几种？简述它们的组成和工作原理。
49. 简述电码化防雷设备的组成和工作原理。
50. 站内轨道电路电码化的补偿电容如何设置？
51. 何谓叠加方式站内轨道电路电码化？预叠加是如何实现的？
52. 二线制电码化电路和四线制电码化电路有何区别？
53. 简述正线预叠加电路的原理。如何编码？何时发码？接、发车进路的预叠加电路有何不同？
54. 到发线股道叠加电路与正线有何不同？
55. 何谓机车信号载频自动切换？为什么要实现载频自动切换？
56. 简述站内轨道电路电码化室内设备维修工作内容。
57. 简述站内轨道电路电码化室外设备维修工作内容。
58. 对于机车信号掉码应该如何处理？
59. 发送器故障有哪些？应该如何处理？
60. 对于站内电码化电路干扰应该如何处理。

第三章

CTCS-2 级列控系统

在我国铁路既有线第六次提速中采用 CTCS-2 级列控系统，在动车组列车上装备 CTCS-2 级列控车载设备，在提速至 200～250 km/h 线路区段进行 CTCS-2 级列控地面设备改造。

200～250 km/h 高速铁路列控系统按 CTCS-2 级或以上等级设计。当按 CTCS-3 级设计时，同时应满足 CTCS-2 级的技术要求。一般采用 CTCS-2 级列车运行控制系统，满足动车组 250 km/h 运行速度的要求，也满足普速铁路提速 200 km/h 动车组上线运行，以及车载 ATP 兼容 CTCS-2 级列控系统的 300 km/h 动车组运行的要求。

动车组在 CTCS-2 级区段按列控车载设备方式行车；在列控车载设备故障(机车信号故障除外)、列控地面设备故障情况下的 CTCS-2 级区段，可按 LKJ 方式行车。按列控车载设备方式行车时，LKJ 具备线路数据、运行状态和司机操纵等显示记录功能。动车组按 LKJ 方式行车时，列车最高运行速度 165 km/h，列车高于允许速度 2 km/h 报警、5 km/h 触发常用制动、10 km/h 触发紧急制动。

第一节　CTCS-2 级列控系统总体结构

CTCS-2 级列控系统是基于轨道电路加应答器传输列车运行信息的点连式系统，是采用目标—距离模式连续监控列车安全运行的列车运行控制系统。系统通过轨道电路完成列车占用和完整性检查，连续向列车传送控制信息，并采用点式应答器向高速列车传送定位信息、进路参数、线路参数、限速和停车信息等。

CTCS-2 级列控系统包括列控车载设备和列控地面设备，其总体结构如图 3-1 所示。

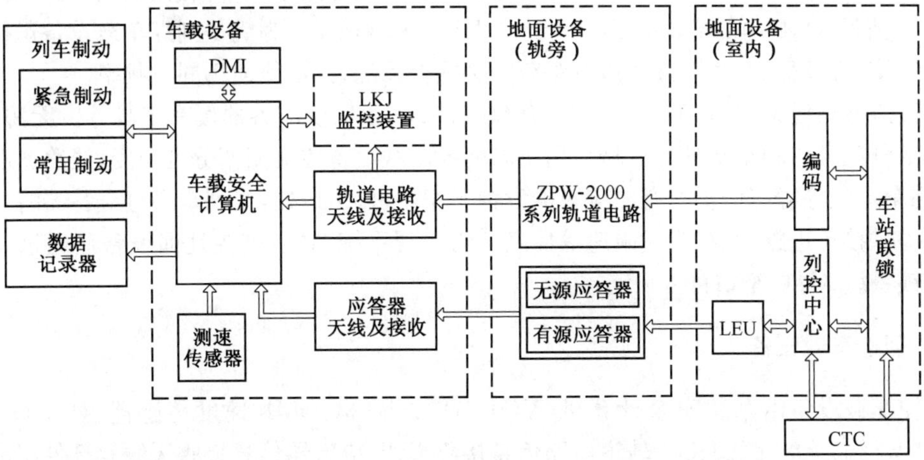

图 3-1　CTCS-2 级列控系统总体结构

列控地面设备由列控中心控制，ZPW-2000 系列轨道电路传输连续列控信息，应答器传输点式列控信息。列控车载设备根据地面提供的动态控制信息、线路静态参数、临时限速信息及有关列车数据，生成控制速度和目标距离模式曲线，控制列车运行。CTCS-2 级列控系统地面设备与车载设备结构如图 3-2 所示。

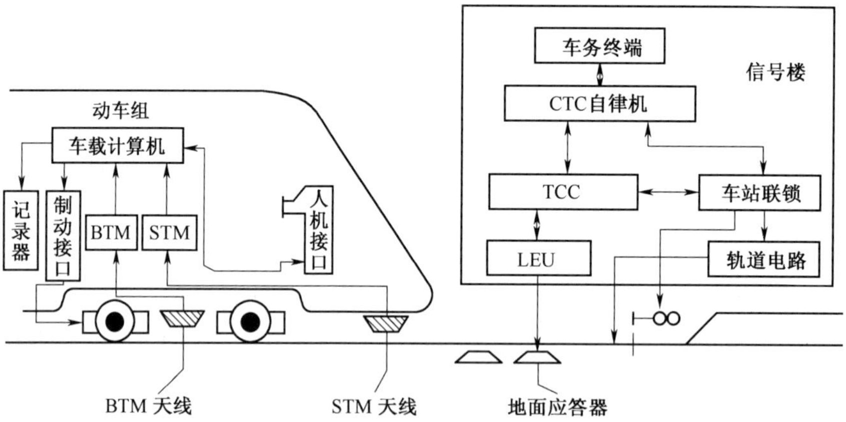

图 3-2　CTCS-2 级列控系统地面设备与车载设备结构

一、列控地面设备

列控地面设备包括临时限速服务器、TCC、轨道电路、LEU、应答器以及相关的网络设备，分为轨旁设备和室内设备两部分。

TCC 是设于各个车站的列控核心安全设备，采用冗余的硬件结构。TCC 与车站联锁、CTC 设备接口，根据调度命令、进路状态、线路参数等产生进路及临时限速等相关控车信息，根据列车占用情况及进路状态，通过设置在车站进、出站处的有源应答器向列车发送可变信息报文，具有发送接车进路信息、临时限速信息以及进站信号机降级显示等主要功能。

ZPW-2000 系列轨道电路完成列车占用检测及列车完整性检查，连续向列车传送行车许可、前方空闲闭塞分区数量、车站进路速度等信息。轨道电路中三个信息码具有明确的目标速度含义，它们是：HU：0 km/h；UU：45 km/h；UUS：80 km/h。为满足列控车载设备运行需要，车站正线接车区段和发车区段轨道电路载频必须交叉配置，不能使用同一频率。

地面应答器设备包括：无源应答器、有源应答器、LEU 及应答器读写工具等。无源应答器设于闭塞分区入口和车站进、出口处，用于向列控车载设备传输闭塞分区长度、线路速度、线路坡度、列车定位等静态信息。有源应答器设置于车站进、出口处，当列车通过应答器时，应答器向列车提供接车进路参数、临时限速等信息。为实现系统功能，列控地面设备还通过 TCC 与车站联锁系统、CTC 车站自律机连接。

二、列控车载设备

列控车载设备由车载安全计算机（VC）、STM、BTM、DMI、速度传感器、列车接口单元（TIU）、运行记录单元（DRU）、轨道电路信息接收天线、应答器信息接收天线等部件组成。

车载安全计算机根据地面连续式和点式设备传输的控车信息、线路数据以及列车参数，生成连续式速度监控曲线，监控列车安全运行。

轨道电路信息接收模块用于接收 ZPW-2000 系列轨道电路低频信息，并将信息同时提供给车载安全计算机和 LKJ。

应答器信息接收模块用于接收处理应答器信息，并将解码得到的应答器报文提供给车载安全计算机。

人机界面(DMI)显示列车运行速度、允许速度、目标速度和目标距离，并可接收司机输入。

动车组同时装备列控车载设备与 LKJ，LKJ 作为列控车载设备的后备模式。在 160 km/h 以上区段，地面设备按照 CTCS-2 级列控系统要求进行改造，由列控车载设备控车。在 160 km/h 及以下区段，地面设备保持现有配置(或在 CTCS-2 级区段列控车载设备特定故障的情况下) LKJ 结合列控设备提供的机车信号功能，控制列车运行。正常情况下，两种控车模式通过 CTCS 级间转换应答器由列控车载设备实现自动切换(无须停车转换)；故障情况下，停车手动转换。LKJ 通过列控车载设备接收或记录有关列控状态数据及其对应的操作状态信息。

三、相关信号设备配套改造

1. CTC 设备

CTC 设备主要进行以下改造：增加 CTCS-2 级区段临时限速设置流程和操作显示界面功能；增加与列控中心通信接口，向列控中心发送临时限速调度命令，并接收列控中心临时限速设置状态(新建 200～250 km/h 高速铁路需设临时限速服务器，CTC 向临时限速服务器发送临时限速命令)。

2. 联锁设备

计算机联锁设备主要进行以下改造：增加列车进路编号发送和进站信号机降级显示功能；增加与 TCC 通信接口，向 TCC 发送列车进路编号，并接收 TCC 发送进站信号机降级显示命令。

3. 信号集中监测

信号集中监测系统主要是增加了与 TCC 的通信接口，接收来自 TCC 的监测信息，监测 TCC 工作状态、LEU 及应答器工作状态。

四、CTCS-2 级列控系统基本工作原理

目标距离—速度控制模式根据目标距离、目标速度及列车本身的性能，确定列车制动曲线，采取连续式一次制动模式控制列车运行，实线为目标距离速度监控曲线，为一条连续光滑的曲线。虚线为列车实际驾驶速度曲线。列车实际运行速度必须在监控曲线之下。如果超速碰撞了速度监控曲线，列控车载设备将自动触发常用制动或紧急制动，防止列车超速运行。

为计算得到速度监控曲线，由轨道电路发送行车许可和前方空闲闭塞分区数量信息，由应答器发送闭塞分区长度、线路速度、线路坡度等固定信息，列控车载设备接收上述信息，通过“前方空闲闭塞分区数量”和“闭塞分区长度”信息，获得目标距离长度，并结合线路速度、线路坡度和对应列车的制动性能等固定参数，实时计算得到速度监控曲线，并监控实际驾驶曲线处于速度监控曲线下方，保证列车安全运行。

第二节　CTCS-2级列控系统地面设备

一、临时限速服务器系统

为了提高临时限速命令的安全性，保证临时限速命令的一致性、完整性、有效性，以及冲突检测等功能，设列控系统专用临时限速服务器系统。

临时限速（TSR）服务器系统是基于信号"故障—安全"计算机的控制系统，包括专用临时限速服务器及临时限速操作终端，用于临时限速的下达与取消。它根据调度员的临时限速操作命令，并在校验、拆分后向各TCC传递临时限速信息，分配和集中管理临时限速指令，保证施工限速计划的顺利实施。

列控系统具有临时限速功能。对于有计划的临时限速作业，施工调度员通过临时限速操作终端对全线有计划的限速进行拟定，经行车调度员通过CTC行调台确认，形成临时限速调度命令并存储在调度中心中。限速命令按点提示并由施工调度员激活，经信号安全数据网分别由临时限速服务器系统下达给列控中心（TCC），TCC处理执行。

临时限速服务器系统适用于高速铁路CTCS-2级列控系统，也适用于CTCS-3级列控系统。

1. 系统功能

TSR系统的主要功能是实现对线路管辖内TSR命令的集中管理，具备对拟定的临时限速命令进行存储、校验、拆分、撤销、设置和取消，以及限速设置时机的辅助提示等。

（1）对限速命令进行安全存储，验证限速命令来源的合法性、限速数据的有效性，校核发往两个目标系统（CTCS-3级列控系统的RBC、CTCS-2级和CTCS-3级列控系统的TCC）的临时限速一致性。

（2）执行命令时检查两个目标系统的临时限速执行情况，当发生一致性冲突或其他异常情况下，向目标系统发送导向安全的恢复指令，同时向操作员终端发送报警信息，提醒操作员处理。

（3）记录限速命令的操作和状态变化日志，供查询和分析。

2. 系统特点系统

TSR系统是基于2乘2取2安全计算机平台，遵循安全性原则，实现临时限速命令集中管理，具有以下特点：

（1）TSR系统基于通用服务器、商用操作系统和以太网构成。

（2）安全平台由不同的"故障—安全"处理单元和操作系统构成。应用软件采用冗余技术，对运算和表决采用不同的策略。

（3）TSR所有接口均通过以太网连接，因此TSR可设置在具备通信网络的任何地点。

（4）每台TSR均为冗余结构，并采用热备工作方式。

（5）系统结构简单、合理，安全性和可靠性达到国际标准，易维护、少维修、易扩展。

3. 系统设置

临时限速服务器宜集中设置于靠近调度所的沿线车站，根据需要可共线使用。临时限速服务器应分别向TCC传递临时限速信息。

临时限速设置应符合相应CTCS等级列控系统的要求。

每个TSRS最多可同时激活150条限速命令；最多可连接35个TCC；最多可连接2个相

邻 TSRS;最多可连接 2 个 CTC。

4. 技术要求

(1)TSR 系统从备用模式切换到在线模式不超过 250 ms。

(2)TSR-CTC 接口服务器从备用模式切换到在线模式不超过 5 s。

(3)TSR 系统所支持的正线临时限速区设置精度为 45～350 km/h(每 5 km 一挡),限速区长度最大至调度边界。

临时限速服务器对安全性要求很高。数据存储必须采用特定的安全存储方式,数据传输必须采用安全传输协议,逻辑处理必须采用安全计算和输出。因此,临时限速服务器应采用高可靠性和高安全性计算机系统,同时与其他子系统之间的数据交换也应采用安全通信协议。

5. 系统结构

TSR 系统包括 TSRS、TSRT(临时限速显示器)、TSRM(临时限速维护终端)和网络设备等设备组成,其构成如图 3-3 所示。

若设有多个 TSRS 时,还需增设 TSR-CTC 接口服务器。由 TSR-CTC 接口服务器负责与 CTC 接口服务器接口,TSR-CTC 接口服务器应用如图 3-4 所示。

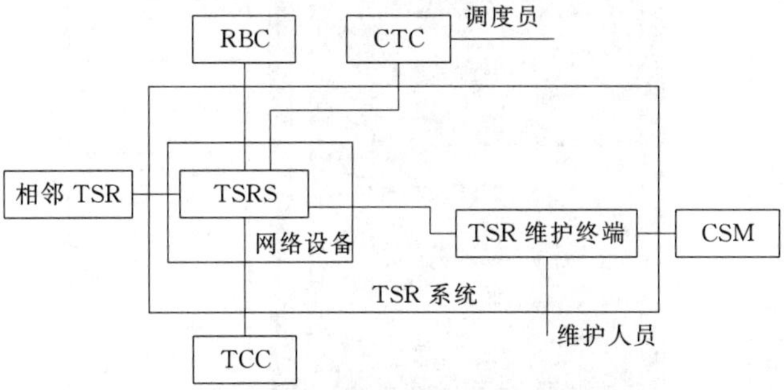

图 3-3　TSR 系统构成

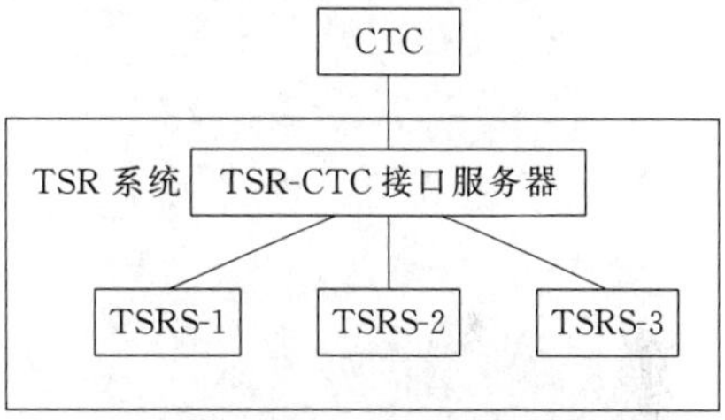

图 3-4　TSR-CTC 接口服务器应用示意

TSRS 有 TSRS-TH 型、TSRS-TH_2 型、TSRS-YH 型、TSRS-KA 型、TSRS-JD 型、TSRS-HS 型。现以 TSRS-TH 型为例进行介绍。

TSR 系统的 TSRS 主机单元、TSRM 单元、TSR-CTC 接口服务器、交换机等都安装在 TSR 柜。机柜外形尺寸:高×宽×厚为 2 020 mm×648 mm×1 105 mm。TSR 机柜布局如图 3-5 所示。

(1)TSRS 主机单元

TSRS 主机单元是 TSR 系统的核心逻辑处理单元,为基于通用计算服务器的 2 乘 2 取 2 计算机系统,包括网络系统、硬件平台、操作系统、故障安全处理软件、应用逻辑软件、工程配置数据等。

TSRS 主机单元采用冗余结构,每一系由三台服务器组成,分别为 VPC_A、VPC_B 和 VPC_C。VPC_A 和 VPC_B 为故障—安全处理单元,又分别称为 FSPA 和 FSPB,用于实现 TSR 逻辑功能。VPC_C 为伺服处理单元,又称为 SPU,用于处理 TSR 设备对外接口和通信功能。

(2)TSRM 单元

TSRM 单元主要为维护人员提供在线检测报警和出现系统故障时的事后分析。主要完成:监视系统及通信状态;告警提示;读取 TSR 系统临时限速命令数据及执行状态。

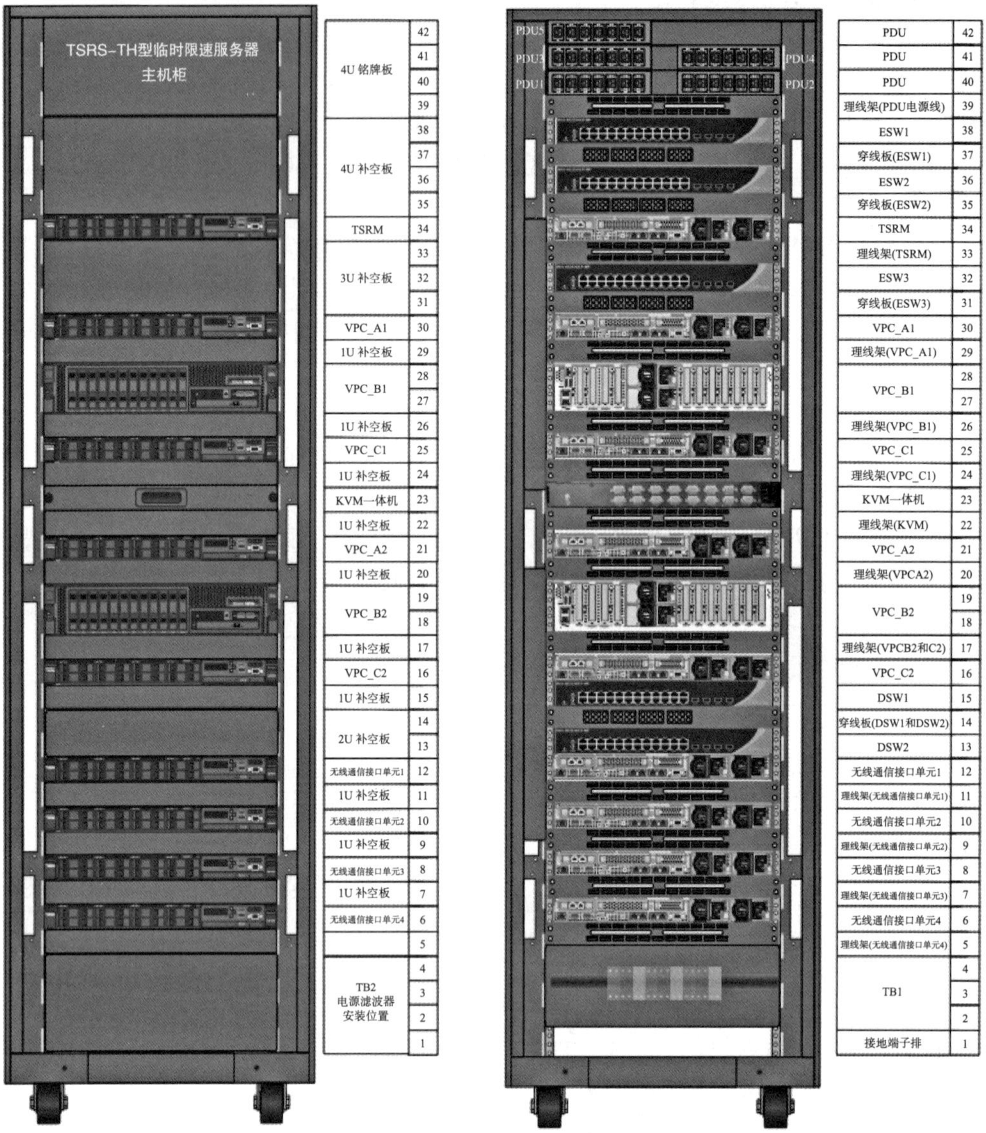

图 3-5　TSR 机柜布局

(3)TSR-CTC 接口服务器

当调度中心设有多个调度台且 CTC 接口服务器仅设一台时,TSR 系统需增设一套 TSR-CTC 接口服务器。TSR-CTC 接口服务器负责多个 TSRS 的信息的分发和协议转换。

(4)交换机

TSR 柜内包括两台内部交换机(DSW_1/DSW_2)和三台外部交换机(ESW_1/ESW_2/ESW_3)。DSW 用于 TSRS 主机单元中各服务器之间的通信。ESW_1和 ESW_2用于实现 TSRS 的对外通信。ESW_3实现 TSRS 主机单元到 TSRM 的通信。

(5)其他

TSR 柜中还包含:3 个数字电源分配单元(PDU);液晶显示套件;多计算机切换器(KVM),用于实现对各服务器的切换操作,最多可支持 16 路信号。

6. 临时限速操作终端

在调度中心 CTC 施工调度台配备专用的临时限速操作终端,用于施工调度员进行临时限速的下达与取消等相关操作。

临时限速专用操作终端直接与调度中心 CTC 相连接。

7. TSR 系统接口

TSR 系统具备与不同型号的 TCC、CTC 和相邻临时限速服务器的接口能力。TSR 系统与 TCC、相邻 TSR、CTC 系统接口,用于安装 CTCS-3 级列控系统的高速铁路时,TSR 系统还要与 RBC 系统接口。TSR 系统接口如图 3-6 所示。

(1)TSR 与 TCC、RBC(CTCS-3 级列控系统)、相邻 TSRS 的信号安全数据网接口

TSR 直接与 TCC、RBC、相邻 TSRS 通过信号安全数据网接口,传输临时限速相关信息。TSR 与 TCC、RBC(CTCS-3 级列控系统)、相邻 TSRS 的连接如图 3-7 所示。

TSR 机械室内设有通信机柜,其中放置信号安全网的交换机设备,用于连接 RBC 设备和相邻 TSR 设备,在其他各车站的机械室内也设置专用交换机,用于连接联锁设备和 TCC。交换机均按照冗余设计,各节点之间通过千兆光网络传输。

TSR 与通信柜之间采用 STP CAT5e/CAT6 网线连接,物理接口为 RJ-45,水晶头采用金属屏蔽层并和网线屏蔽接合。

(2)与 CTC 系统接口

TSR 系统通过 TSR-CTC 与 CTC 中心设备通信,由于 CTC 中心设备放置在调度中心,因此两者需要通过 2M 数字传输通道进行通信。在 TSR 机械室内的通信机柜内设置冗余配置的交换机、路由器和协议转换器设备。TSR 与 CTC 通道的连接如图 3-8 所示。

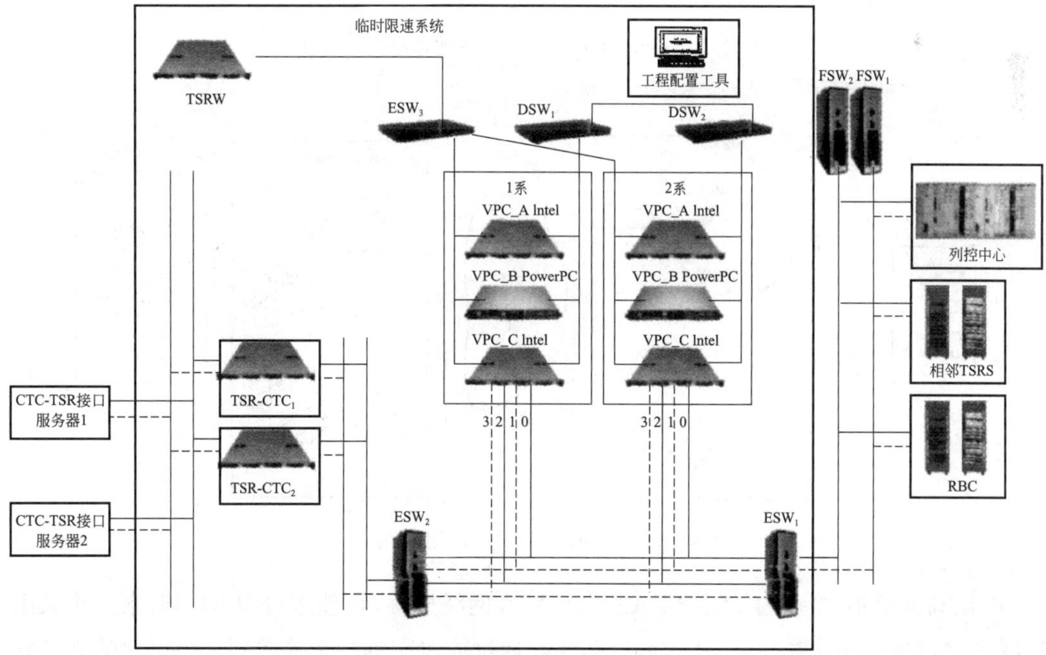

图 3-6 TSR 系统接口示意

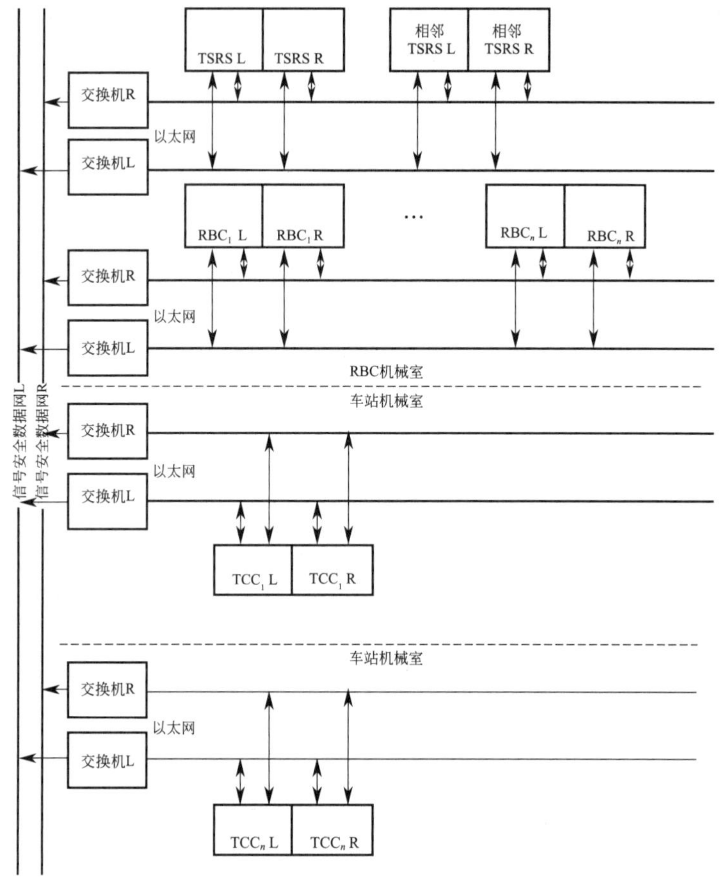

图 3-7　TSR 与 TCC、RBC、相邻 TSRS 的连接

注:CTCS-3 级列控系统才有 RBC。

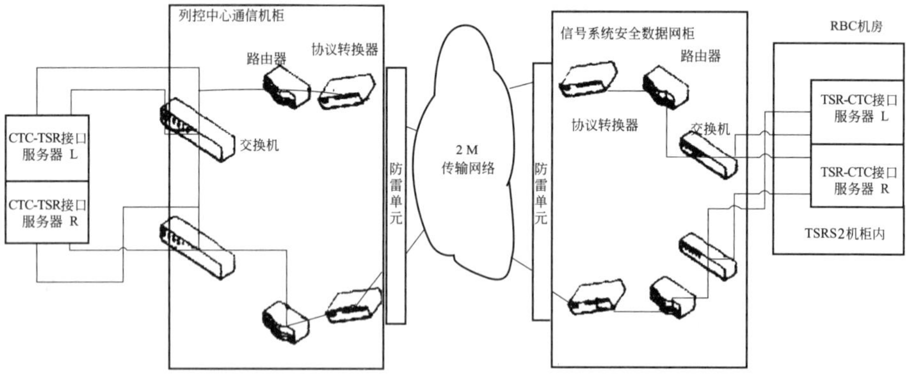

图 3-8　TSRS 与 CTC 通道的连接

TSR 与通信柜之间采用 STP CAT5e/CAT6 网线连接,物理接口为 RJ-45,水晶头采用金属屏蔽层并和网线屏蔽接合。通信协议转换器通过成对同轴电缆连接到通信机房的光纤配线架(ODF)并接入 2M 数字通道,转换器对同轴电缆提供 BNC 阴型插座。

(3)系统内部接口

TSRS 主机单元中各服务器通过内部交换机的通信连接及 TSR 机柜中所有其他服务器

到 TSRM 的连接,用于实现临时限速服务器主机内部通信和柜内服务器到监测主机的通信。

TSR 中所有服务器对外部交换机 ESW_1、ESW_2 的连接,用于实现 TSR 系统对外部设备的连接。

TSR 柜内所有连接均使用 STP CAT6 网线,物理接口为 RJ-45,水晶头采用金属屏并和网线屏蔽接合。

8. TSRS 的供电

机柜供电要求:输入电压 AC 230×(1±10%) V,50~60 Hz;熔断器额定值:3×12 A;每个 TSR 机柜功耗 2.5 kW。

9. ATO 系统的功能适配

进行 ATO 系统的技术升级时,在不影响既有功能的基础上,通过对 TSRS 软件进行扩展增加站台门门控信息管理,站台门命令/状态转发,运行计划处理和转发,站间数据存储、调用、发送等功能。通过对 TSRS 硬件进行扩展,在既有临时限速服务器的基础上增加一个通信接口,并采取信息安全防护措施。增加无线通信接口服务器,通过无线网络使用独立的接口与 ATO 车载设备通信,采用 GSM-R 分组域(GPRS)方式实现了与车载 ATO 设备的无线通信功能。

高速铁路 ATO 系统中 TSRS 结构如图 3-9 所示。

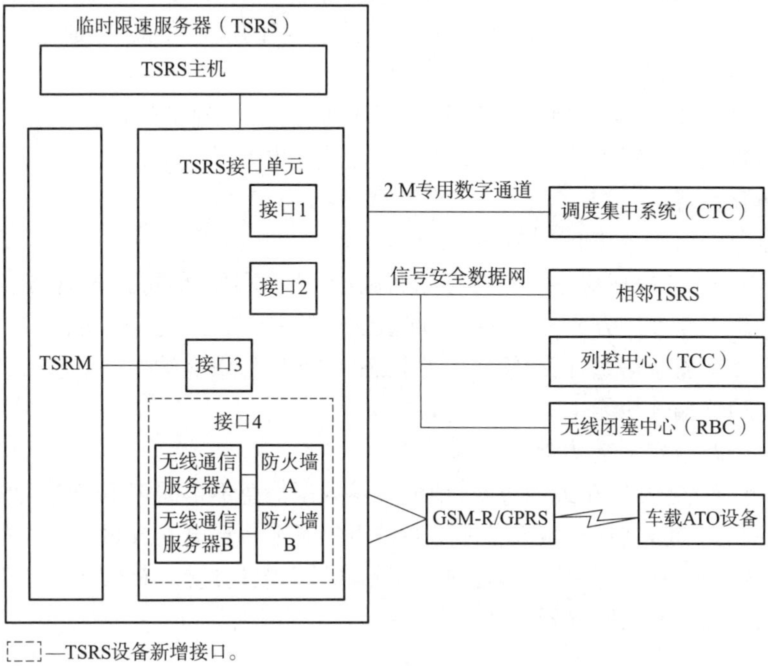

图 3-9 高速铁路 ATO 系统中 TSRS 结构

二、TCC

TCC 是设于各个车站(及区间信号中继站)的列控核心安全设备,采用冗余的硬件结构,其主要作用是向车载 ATP 设备提供控车有关的信息。它与车站联锁、CTC 设备接口,根据调度命令、轨道区段占用信息、进路状态、线路参数等产生进路及临时限速等相关控车信息，根据列车占用情况及进路状态，通过设置在车站进、出站处的有源应答器向列车发送可变信息报文，具有发送接车进路信息、临时限速信息以及进站信号机降级显示等主要功能，保证其管辖内的所有列车的运行安全。

高速铁路的列控中心，还实现了列控、区间一体化，对轨道电路进行数字编码，控制区间运行方向、区间信号点灯。

1. TCC 的由来

列车进路信息和临时限速信息需要根据列车运营情况确定，处于实时变化之中，必须采用可变信息的有源应答器传送。有源应答器已经在欧洲铁路得到广泛运用，但是其可变信息量少，并且 LEU 安设在线路旁，与信号点灯电路连接，根据信号显示选择相应报文，所需报文数量很小。LEU 能存储 500 多条报文，而应用中最多只用了几十条。直接引用欧洲应答器系统不能完全满足我国铁路的实际需求，不能最大限度发挥应答器的作用和效果，而解决这些问题的优选方案就是采用列控中心。

在 CTCS-2 条件下，列控中心是实现应答器报文选择和发送的重要设备，它依据调度指挥系统下达的临时限速命令和联锁系统当前的进路状态实时计算，选择相应的应答器报文数据，控制有源应答器向列车动态传送，从而实现对列车运行的动态控制。它是设于各车站的列控核心安全设备，必须符合故障—安全的设计原则，并采用冗余的硬件结构。应答器报文信息根据不同的临时限速和进路条件预先编码生成并存储于列控中心中，列控中心根据临时限速命令和进路状态，选择相应的应答器报文，通过 LEU、应答器等地面设备发送给列车车载系统。

高速铁路采用 LKD_2 系列列控中心，增加了不少功能，实现了列控、区间一体化。随之也增加了很多接口，且与联锁等的接口协议和接口方式等也有了变化。将来可进一步考虑联锁、列控、区间一体化设置。

2. TCC 功能

高速铁路列控中心完成应答器报文存储和调用、选择和发送，除限速外，还扩展了轨道电路低频编码、轨道电路发送方向控制、区间轨道区段状态判断、区间运行方向控制、区间通过信号机点灯控制、站间安全信息（区间轨道电路状态、区间信号中继站临时限速信息、区间闭塞和方向条件等信息）传输等功能。

（1）接发车进路报文发送功能

当列车接近车站进站停车或通过时，地面线路数据信息不是固定不变的，而是与列车进路相关。进入不同的股道，列控车载设备所需要锁定的股道轨道电路载频是不同的，所经过的轨道区段及其长度也不一样。列控中心通过与车站联锁系统的连接，获取列车进路情况，选择相应进路信息报文，实时地向应答器发送。

（2）临时限速报文发送功能

线路临时限速的设置和取消是随着列车运营情况而改变的，如线路施工、天气原因等需设置临时限速，线路恢复正常后需取消临时限速。列控中心接收调度中心或车务终端的临时限速命令，实时地向车站有源应答器发送，当列车从车站发车或通过时，通过进、出站口应答器接收前方区间和车站范围内的临时限速信息，控制列车按要求速度通过限速区域。

（3）进站信号机降级显示功能

进站信号机降级显示功能是与临时限速相关的一个附属功能。当列控中心在站内或离去区段设置了一处临时限速，列控中心必须控制进站信号机降级显示，保证列车在进站口时减速至较低速度，再经过一定距离的制动后，以低于限速值进入临时限速区域。

(4)运行方向与闭塞控制功能

高速铁路列控中心将轨道电路纳入控制，实现了区间自动闭塞的继电编码向数字编码的转变，并取消了站内电码化，这也是列控闭塞一体化的趋势。同时，高速铁路列控中心增加了如区间方向控制、区间信号点灯等功能。

列控中心具有轨道电路“三点检查”(首、末区段“两点检查”)的逻辑判断，轨道电路低频信息编码、切频控制、发送方向控制、车站(区间信号中继站)间轨道区段状态等信息的传输，区间通过信号机点灯及区间运行方向与闭塞控制等功能。

列控中心接收各轨道电路的信息，根据每个轨道电路运行前方各闭塞分区的状况(对于进站信号机外方的各接近区段还要依据进站信号机的显示)进行低频编码。

列控中心根据运行前方各闭塞分区的状况，决定防护本闭塞分区的通过信号机的显示。

在行车人员根据调度命令在车站联锁控制台上进行改变运行方向操作后，进行区间运行方向的控制，同时控制各轨道电路的发送方向。

(5)ATO 系统的功能适配

TCC 设备在既有功能的基础上，增加车门/站台门联动控制和站台门防护功能。TCC 增加与站台门相关的驱动、采集信息，并向信号集中监测系统(CSM)车站设备发送站台门状态对应继电器状态信息、继电器状态异常报警信息。实现了在 ATO 模式下，站台门系统的车—地联动，并实现了站台门开启状态下的安全防护。

3. TCC 系统结构

(1)LKD_2 系列 TCC

LKD_2 系列 TCC 有 LKD_2-T2 型、LKD_2-H 型、LKD_2-YH 型、LKD_2-JD 型、LKD_2-KA 型，现以 LKD_2-T2 型为例介绍其结构。

LKD_2-T2 型 TCC 主要由列控主机单元、输入/输出接口、通信接口单元、监测维护终端、显示器(可选)、电源单元组成。各单元安装在机柜中。LKD_2-T2 型 TCC 设备有小站、中站、大站、中继站四种类型。各种类型的列控中心组成见表 3-1。在中继站按 1 台机柜配置，LEU 安装到主机柜中。主机柜、LEU 机柜、中继站机柜配置分别如图 3-10、图 3-11 和图 3-12 所示。

表 3-1　各种类型的列控中心组成

类型	适用轨道区段范围	主机柜	LEU 机柜	主机单元	输出输入接口	通信接口单元	LEU
小站	不大于 60 个	1	1	1	1	1	6
中站	不大于 100 个	1	1	1	1	2	6
大站	大于 100 个	2	1	1	2	2	12
中继站	中继站	1	—	1	1	1	2

注：主机柜外形尺寸为高×宽×厚为 2 350 mm×900 mm×800 mm；LEU 机柜外形尺寸为高×宽×厚为 2 350 mm×600 mm×800 mm。

(2)系统特点

TCC 采用 2 乘 2 取 2 型计算机硬件设备，通过轨道电路编码、应答器报文编码等功能应用软件，实现列控中心的控制功能。

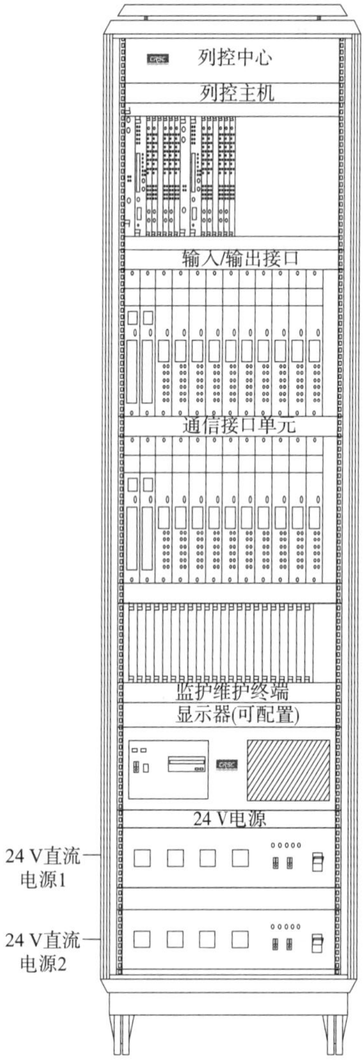

图 3-10　主机柜配置

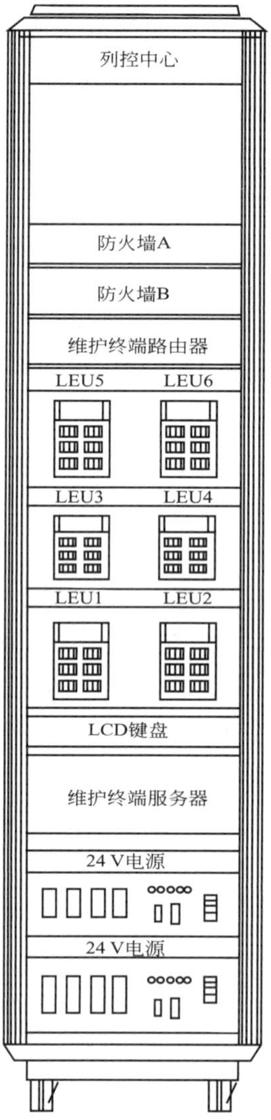

图 3-11　LEU 机柜配置

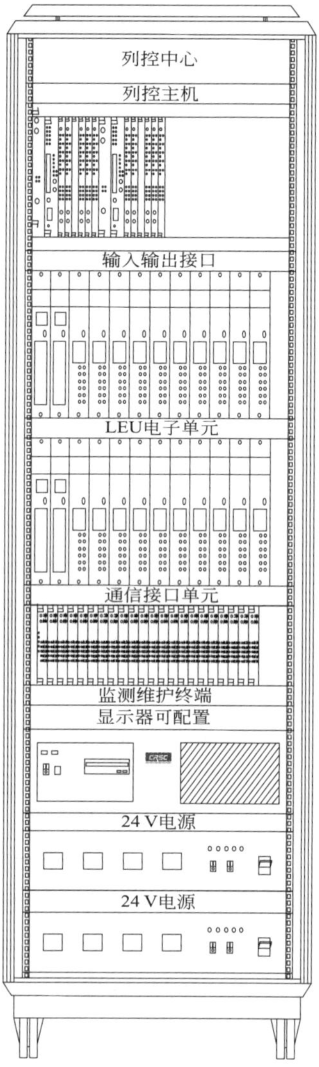

图 3-12　中继站机柜配置

列控中心具有以下特点：

①列控主机采用故障—安全专用处理器，为并列二重系结构，单系采用双 CPU 时钟同步比较方式保障故障安全，两系之间采用处理周期同步的并行运行方式。

②作为输入/输出模块的电子终端，每块电路板都是采用故障—安全型双 CPU 电路，通过有效的自检测功能，能检测出输入电路的故障，保证输入信息的安全性。输出驱动采用双 CPU 动态和静态信号比较校核，保证输出的安全性。电子终端采用并列二重系结构，单板的故障不影响系统的输出。

③与轨道电路接口的 CAN 总线，符合国际标准，支持 2.0B 协议，采用双总线冗余方式；采用信号安全数据网与车站联锁、相邻列控中心通信，采用冗余的双冗余环网，具有高可靠性的信息通道。

④列控主机、电子终端部件采用浮地安装，与外界完全隔离。

(3)各单元结构及功能

①电源单元

电源屏输出一路 AC 220 V[经过不间断电源(UPS)]给列控中心内的 24 V 电源模块、监测维护终端、显示器等单元供电。列控中心主机柜和 LEU 机柜的电源接口如图 3-13 所示。

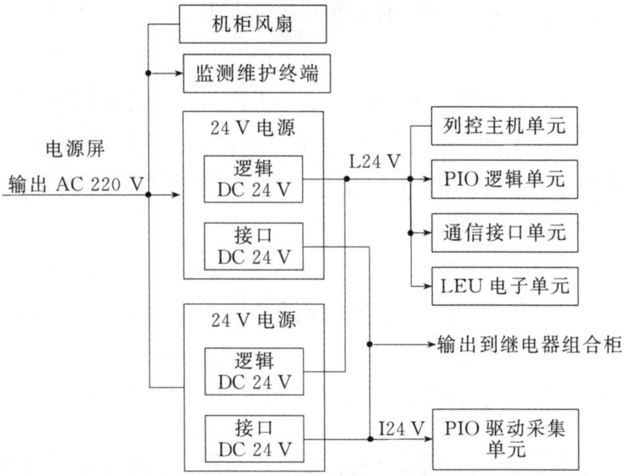

图 3-13　列控中心主机柜和 LEU 机柜的电源接口示意

主机柜电源单元正视图如图 3-14 所示。主机柜配置两个 24 V 电源模块 1、2,电源模块 1、2 为两台独立的电源模块,每台提供两路独立的 DC 24 V 电源。一路为逻辑电源(L24 V),输出功率为 480 W,逻辑电源并在一起接红黑汇流条,供主机单元、输入/输出组匣通信接口单元逻辑运算使用;另一路为采集驱动(接口)电源(I24 V)电源,输出功率为 240 W,采集驱动电源并在一起接黄绿汇流条,供给输入/输出组匣的输入/输出板、输出接口驱动继电器及输入接口采集继电器使用。

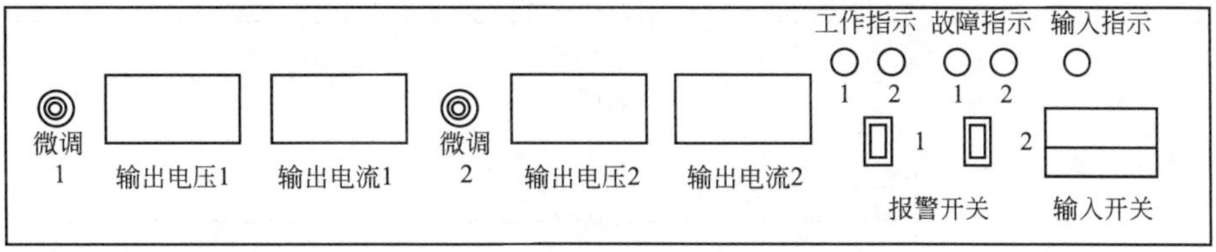

图 3-14　主机柜电源单元正视图

LEU 机柜电源单元正视图如图 3-15 所示。LEU 机柜单独配置 2 台冗余 24 V 电源模块 3、4,电源模块 3、4 分别提供一路 DC 24 V 电源,并在一起接 LEU 机柜的红黑汇流条,为 LEU 提供逻辑用电。

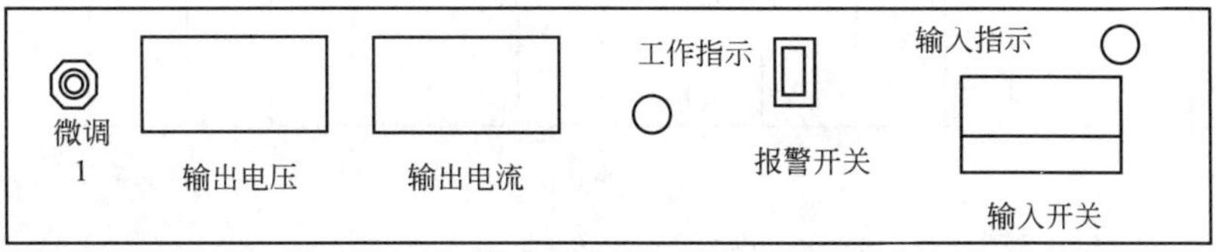

图 3-15　LEU 机柜电源单元正视图

区间信号中继站列控中心的 LEU 放在主机柜中，采用电源模块 1、2 的逻辑电源，不需要配置电源模块 3、4。

从电源屏引入的 220 V 电源接入 TB 端子排上，向继电器接口架提供的接口 24 V 电源分别从 LKZ 和 LKF 端子引出。在接口柜上，所有受列控中心驱采单元驱动和采集的继电器用的 24 V 电源，均由列控中心机柜中的 LKZ 和 LKF 供电。

②列控主机单元

列控主机单元为列控中心的核心设备，完成列控中心的逻辑处理和系统管理的任务。列控主机单元由并列两重系组成，以主从方式并行运行，每一系采用故障—安全的 CPU 处理器 F486-4，称逻辑控制单元；两系之间通过并行接口建立高速通道交换信息，实现二重系的同步和切换。所以该主机具有高可靠性和高安全性。

每系主机由 IPU6(电源板)、F486-4(CPU 板)、FSIO(通信扩展板) CANIF(CAN 通信扩展板)、VHSC26[局域网(LAN)通信扩展板]、Z2ETH (以太网通信板)组成。组匣内的各电路板之间通过母板上的 VME 总线互连。

列控中心主机单元中的 A 系和 B 系成对称分布。列控主机单元如图 3-16 所示。

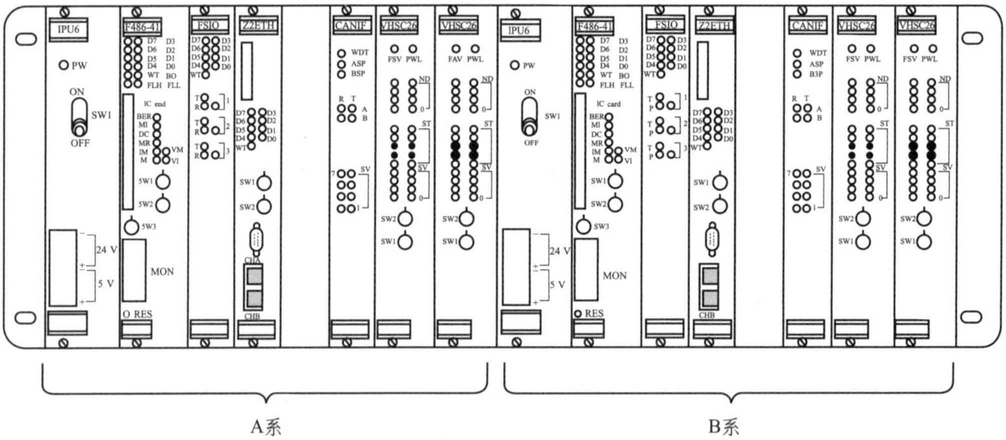

(a) 正视图

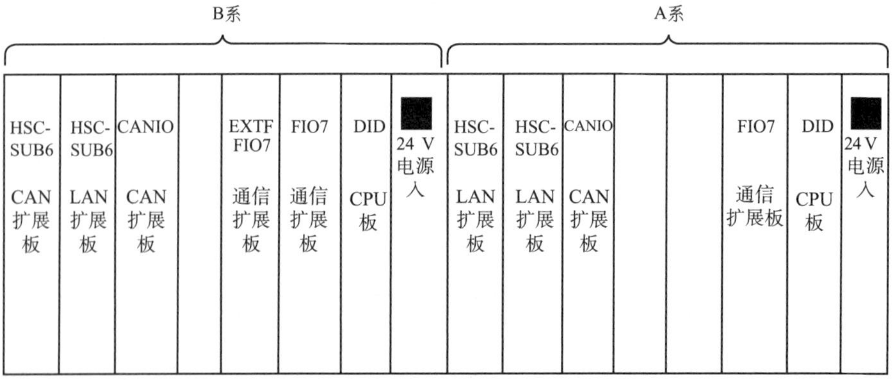

(b) 背视图

图 3-16　列控主机单元

a. IPU6

IPU6 实现外部输入的直流 24 V 至直流 5 V 的转变，为本系逻辑电路提供稳定的 5 V 电源。

b. F486-41

F486-41 是列控主机的主 CPU 板。二重系每一系各有一块 F486-4 板，安装在联锁机架每一系左边第二个槽位（正面）。CPU 板完成列控逻辑运算、两重系间通信及切换控制、两重系一致性检查、系统的故障检测及报警，异常时停止动作，输出导向安全。每次列控主机加电需从 CF 卡读入列控主机程序和配置数据，存储在 RAM 中。F486-4 板面板如图 3-17 所示。

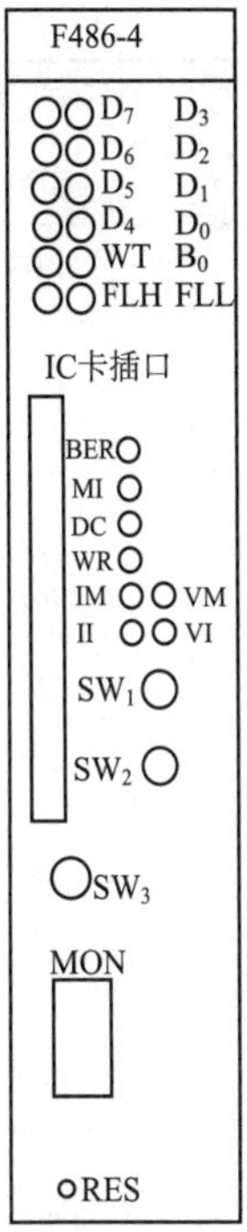

图 3-17　F486-4 板面板

面板上有系统运行指示灯、硬件工作状态指示灯、运行方式设置开关。

系统运行指示灯 D_0～D_7：

D_7 灭，系统运行正常；D_7 亮，系统停机。

在 D_7 灭灯的情况下，D_0～D_6 状态定义为：

D_0 亮，本板为 1 系；D_0 灭，本板为 2 系。

D_1 亮，本板为主系；D_1 灭，本板为从系。

D_2 亮，两系不同步；D_2 灭，两系同步。

D_3 亮，执行控制功能；D_3 灭，控制功能停止。

D_4 亮，APL（应用程序逻辑）开始执行；D_4 灭，APL 停止执行。

D_5 预留。

D_6 亮，数据连接成功；D_6 灭，数据连接失败。

在 D_7 亮灯情况下，D_0～D_6 表示错误代码，D_7～D_0 故障代码定义见表 3-2。

表 3-2　D_7～D_0 故障代码定义

序号	D_7～D_0 代码	停机原因	注　释
1	81	非正常中断	
2	82	主设备启动错	初始化后主设备未正常运行
3	83	模块查询错	
4	84	关键字（key code）错	
5	85	参数错	K6. DAT 文件 CRC/SUM 错
6	86	初始化时间错	APL 初始化时间不够
7	87	看门狗错	
8	88	S-SYS 输出错	S-SYS 输出反馈错
9	89	RAM 检查错	
10	8A	预留	
11	8B	定时起错	
12	8C	PI 输入错	
13	8D	从设备参数错	从设备参数版本与主设备不同
14	8E	总线（BUS）错	时钟信号停止

续上表

序号	$D_7 \sim D_0$ 代码	停机原因	注　释
15	8F	数据连接错	
16	91	时钟停止电路错误 1	当输出 1 时时钟停止电路错
17	92	时钟停止电路错误 0	当输出 0 时时钟停止电路错
18	94	主设备内部错	
19	95	从设备内部错	
20	96	初始化 APL 检查错	初始化时 APL 代码检查错
21	97	APL 检查错	运行时 APL 代码检查错
22	E1	初始化 RAM 检查错	
23	F1	ET 控制数据长度错	ET 控制数据长度大于最大值
24	F3	ET 控制数据发送错	执行发送前发送缓冲区有数据
25	F4	ET SIO 错	ET SIO CPU 启动错
26	F8	MT SIO 错	MTSIO CPU 启动错

硬件工作状态指示灯：

WT 闪光，看门狗状态。

B_0灭，VME 总线出错；B_0亮，无错。

FLH、FLL 闪光，总线时钟状态。

BER 亮，外部 RAM 访问总线出错。

MI、DC、WR、IM、VM、II、VI 表示硬件工作状态，其指示灯含义见表 3-3。

表 3-3　硬件工作状态指示灯含义

序号	功能	MI	DC	WR	IM	VM	II	VI
1	ROM Pe-fetch	×	○	○	○	×	—	—
2	ROM/IC 读	×	×	○	○	×	—	—
3	IC 卡写	×	×	×	○	×	—	—
4	内部 IO 读	○	×	○	—	—	○	×
5	内部 IO 写	○	×	×	—	—	○	×
6	中断响应(ACK)	○	○	○	—	—	—	—
7	VME(A24)读	×	×	○	○	○	—	—
8	VME(A24)写	×	×	×	○	○	—	—
9	VME(A16)读	○	×	○	—	—	×	○
10	VME(A16)写	○	×	×	—	—	×	○

注：○表示亮灯；×表示灭灯；—表示无关。

运行方式设置开关：

SW_1、SW_2为运行方式设置开关，两个开关必须设置成相同状态。

SW_1、SW_2＝1，正常方式；SW_1、SW_2＝F，调试方式。

SW_1、SW_2不容许设置其他状态。

SW_3为总输入开关，必须设置为0。

MON为9针D型插座，是调试用接口。

RES为系统复位开关。

CPU板背面是DID板，为配置列控中心站间通信网(125 MB)的通信地址。

c. FSIO

FSIO实现列控主机与输入/输出接口(ET-PIO)之间进行采集数据和输出控制输出交换。有3路与输入/输出接口的通信接口，实现列控主机与监测维护终端之间数据交换。FSIO接口板面板如图3-18所示。

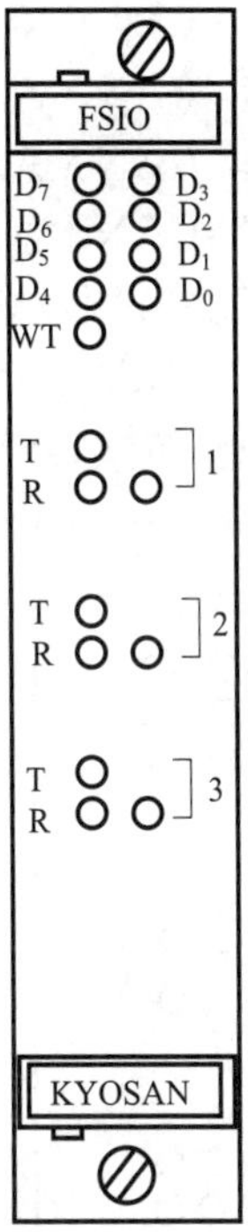

图3-18　FSIO接口板面板

软件状态指示灯定义见表3-4。

T闪，正在发送数据；灭，没有发送数据。

R闪，正在接收数据；灭，没有接收数据。

FSIO背面是FIO7[P]板，FSIO板的光电转换板。

d. CANIF

CANIF实现列控主机与轨道电路设备及通信接口单元之间的数据交换。配置有2路CAN总线通信接口。CANIF板面板如图3-19所示。

表3-4　软件状态指示灯定义

LED	信息	正常状态	故障状态
D_0	LED输出	亮	灭(在向LED输出之前停止)
D_1	初始化完成	亮	灭(初始化完成前停止)
D_2	中断(Interrupt)ASK OK	亮	灭(F486中断不正确)
D_3	发送停止命令	灭	亮(接收到来自F486的停止命令)
D_4	DPRAN初始化	灭	亮(DPRAM初始化未完成)
D_5	运行停止命令	灭	亮(收到来自F486的停止命令)
D_6	DPRAM写故障	闪	亮或灭(DPRAM写故障)
D_7	DPRAM读故障	闪	亮或灭(DPRAM读故障)

WDT闪亮表示本板CPU按F486板CPU定周期亮灭。

ASR亮表示F486与CANA总线连接完好，灭表示F486与CANA总线断开。

BSR亮表示F486与CANB总线连接完好，灭表示F486与CANB总线断开。

CANAHA通信状态：

T：闪表示CANA发送正常，常亮或常灭表示CAHA发送故障。

R：闪表示CANA接收正常，常亮或常灭表示CAHA接收故障。

CANB通信状态：

T：闪表示CANB发送正常，常亮或常灭表示CANB发送故障。

R：闪表示CANB接收正常，常亮或常灭表示CANB接收故障。

D_0～D_7表示CANIF软件状态。

CAN通信扩展板背面是CANIO接口板，提供CAN通信接口和外部设备通信。CAN通信扩展板面板如图 3-20 所示。

CN_1、CN_2、CN_3、CN_4 为 9 芯插头，管脚 2 为 CANL，管脚 7 为 CANH，管脚 3 为 GND。

CN_1：CANA 总线通信。

CN_2：CANA 总线测口。

CN_3：CANB 总线通信。

CN_4：CANB 总线测口。

e. VHSC26

VHSC26 实现列控主机与 LEU 的通信接口。VHSC26FSIO 通信扩展板面板如图 3-21 所示。

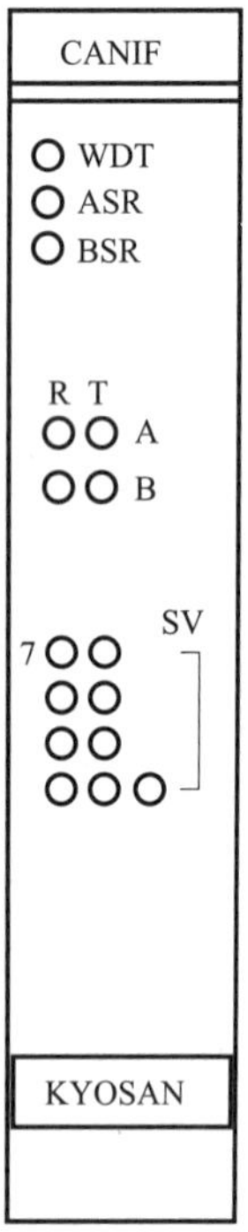

图 3-19　CANIF 板面板

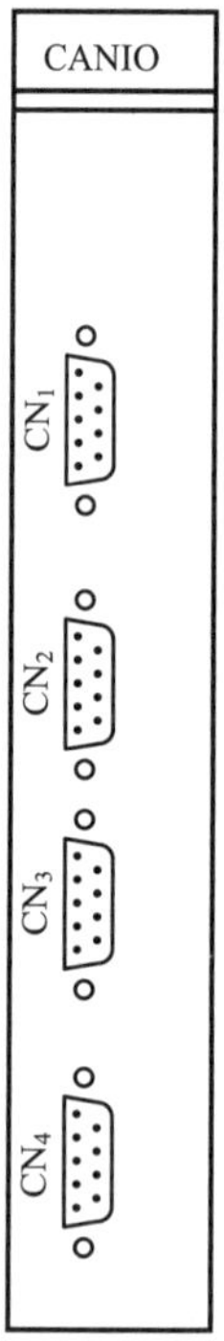

图 3-20　CAN 通信扩展板面板

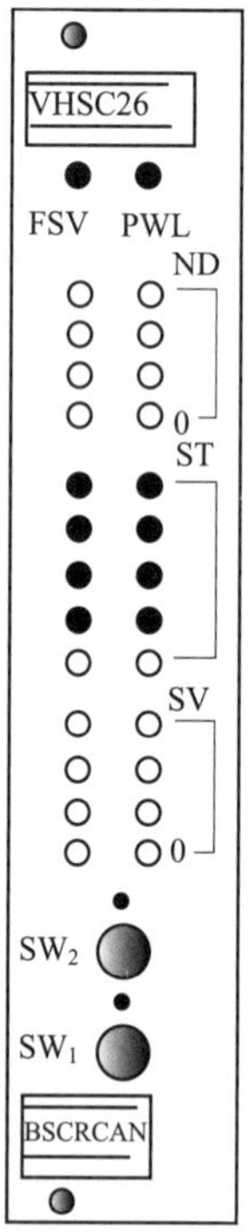

图 3-21　VHSC26FSIO 通信扩展板面板

VHSC26LAN 通信扩展板面板上有机笼正常表示灯 FSV、LAN 电源开状态表示灯 PWL、设定节点表示灯 ND、发送、接收数据表示灯 ST、软件状态指示灯 SV。

机笼正常表示灯 FSV(绿色)，点亮表示正常。

LAN 电源开状态表示灯 PWL(绿色)，点亮表示正常。

设定节点表示灯 ND(黄色)，点亮分别表示设定节点 D_0～D_7。

发送、接收数据表示灯 ST 定义见表 3-5。

表 3-5　发送、接收数据表示灯 ST 定义

(绿灯)RX_RLED：接收中时点灯	(绿灯)TX_TLED：发送中时点灯
(绿灯)RX_RMLED：单位数据接收中时点灯	(绿灯)TX_TMLED：单位数据发送中时点灯
(红灯)RX_RERR：接收存储器出错时点灯	(绿灯)TX_BLED：备份发送时点灯
(红灯)RX_TMER：发送存储器出错时点灯	(绿灯)RX_RSER：接收中断出错时点灯
(黄灯)	(黄灯)LNKLD：没有光纤接收时点灯

软件状态指示灯 SV(黄色)定义见表 3-6。

表 3-6 软件状态指示灯 SV(黄色)定义

灯	表示含义	正确表示	故障表示
D_0	LAN 发送启动	闪	亮或灭
D_1	LAN 发送结束	闪	亮或灭
D_2	LAN 境界 NODE 设定	与境界设定一致	与境界设定不一致
D_3	LAN 发送错误	亮或灭	闪(每次电灯状态变化时错误发生)
D_4	LAN 接收单位数据有	闪	亮或灭
D_5	LAN 接收单位数据检查正常	闪	亮或灭
D_6	LAN 接收单位数据 CRC1/CRC2 异常	亮或灭	闪(每次电灯状态变化时错误发生)
D_7	LAN 接收单位数据异常	亮或灭	闪(每次电灯状态变化时错误发生)

VHSC26FSIO 通信扩展板背面是 HSC-SUB6 光纤接口板，板上有 LAN 光纤接口。HSC-SUB6 光纤接口板面板如图 3-22 所示。

f. Z2ETH

Z2ETH 提供列控中心站间独立的 2 路以太网通信接口。Z2ETH 板接入到信号安全数据网中，用于和外部系统连接。Z2ETH 板面板如图 3-23 所示。

CF 卡插槽用于存放以太网板的驱动程序，若无以太板驱动程序，将会导致设备无法启动。

Z2ETH 内没有插入 CF 卡时，工作状态指示灯全部灭灯。由 CF 卡启动程序，进行初始化，只有 D_7 闪灯，其他灭灯。初始化完成，各指示灯根据情况点灯或灭灯。

设置开关 SW_1 和 SW_2 固定设置为 0。

CHA、CHB 为以太网通信端口。

Z2ETH 背面是 EXTFIO7P 板，Z2ETH 板的光电转换板，用于列控中心站间光缆连接。EXTFIO7P 板面板如图 3-24 所示。

③输入/输出接口

输入/输出接口采用故障—安全型双 CPU(FSCPU)构成的智能控制器。其输出电路按故障—安全的原则设计，输入采集电路通过有效的自检测功能，能够检测出输入电路的故障，保证输入信息的安全性。输出驱动采用双 CPU 动态和静态信号比较校核，保证输出的安全性。电子终端采用并列二重系结构，单板的故障不影响系统的输入和输出。输出驱动和输入采集采用静态方式。输出直接驱动安全型继电器。输入采集直流 24 V 信号。

输入/输出接口正视图如图 3-25 所示。一个输入/输出接口组匣内有 12 个插槽。组匣正面左边的两个插槽用于安装两个 ET-LINE 板，其余的 10 个插槽用于安装 PIO 板。ET 为两重系并列结构。左边第一个插槽安装 1 系 LINE 板，通过光纤与列控主机 1 系的 FIO7[P]板或 EXTFIO7P 板连接；第二个插槽安装 2 系 LINE 板，通过光纤与列控主机 2 系的 FIO7[P]板或 EXTFIO7P 板连接。

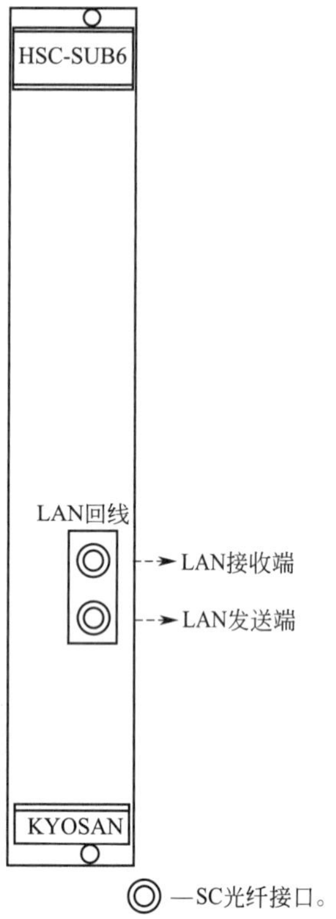

图 3-22　HSC-SUB6 光纤接口板面板

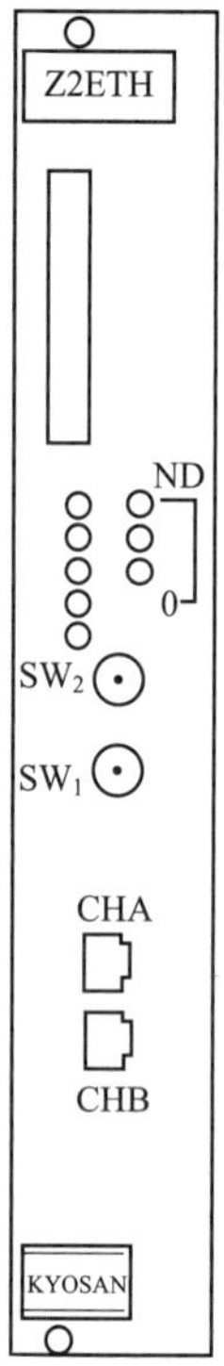

图 3-23　Z2ETH 板面板

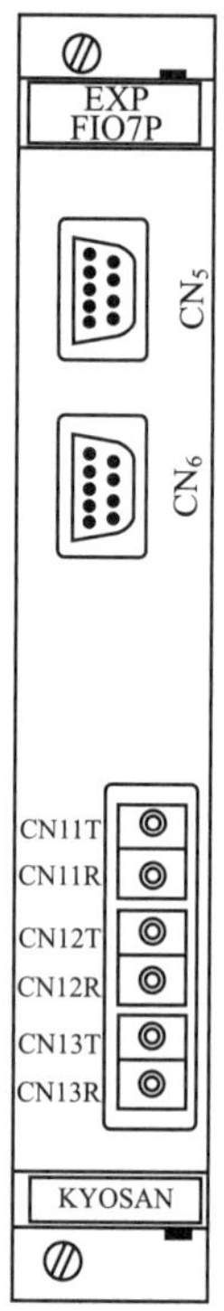

图 3-24　EXTFIO7P 板面板

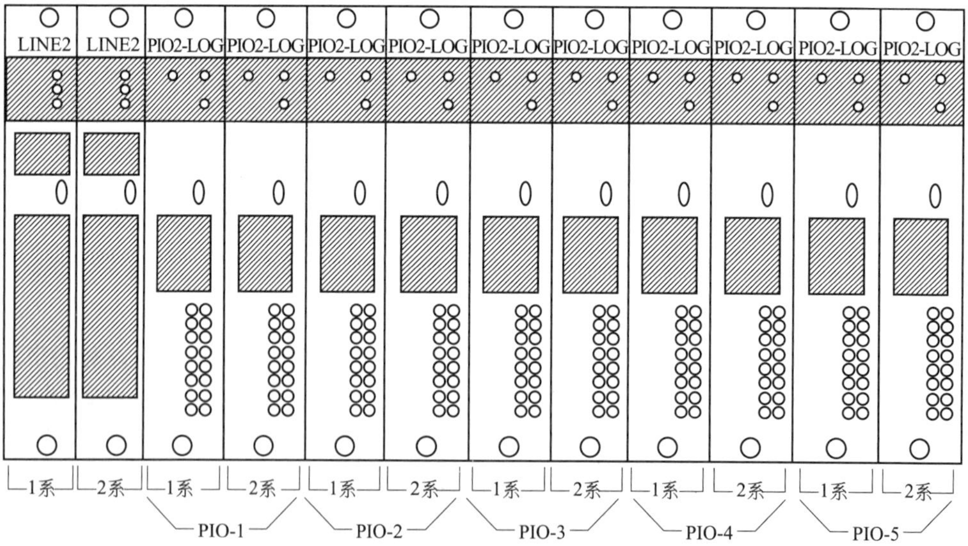

图 3-25　输入/输出接口正视图

通信板(ET-LINE)实现列控主机与 PIO 板之间继电器条件输入及继电器输出状态数据的串行通信。列控主机两系分别对应一块 LINE 2 板。

输入/输出板(ET-PIO)接收主机单元的命令数据输出驱动继电器,并采集外部继电器状态,传送给主机单元。每块板卡配置 32 路采集和 32 路驱动。ET -PIO 接口板是通用的,每个 ET-PIO 接口板可插在组匣的任意插槽上。系统对 ET-PIO 的识别(寻址)是通过输入/输出接口组匣内侧母板上每个插槽的地址设置实现的。ET-PIO 插槽地址用四位开关设定。每对 ET-PIO 的两个插槽有两个地址开关,必须设为相同的地址。每个组匣内的五对 ET-PIO 地址均设定为 01H 到 05H。软件对 ET-PIO 的寻址用两位十六进制代码。上述开关设置的数字为地址的低位代码,地址高位代码是 ET 模块类型的特征码,对于 ET-PIO 模块代码为 6。所以每个输入/输出接口组匣内的 ET-PIO 地址依次为 61H～65H。不插入 ET-PIO 模块的空闲槽位,地址开关设为 0FH。设备出厂时已经按照系统配置设置好,用户不需要改动开关设置。验证开关设置是否正确,可参看 ET-PIO 板面板 U、V 系显示灯。

④通信接口单元

通信接口单元实现列控中心设备对外的通信接口,主要实现列控中心对轨道电路、LEU 以及 CTC 设备的通信。通信接口单元的通信结构如图 3-26 所示。

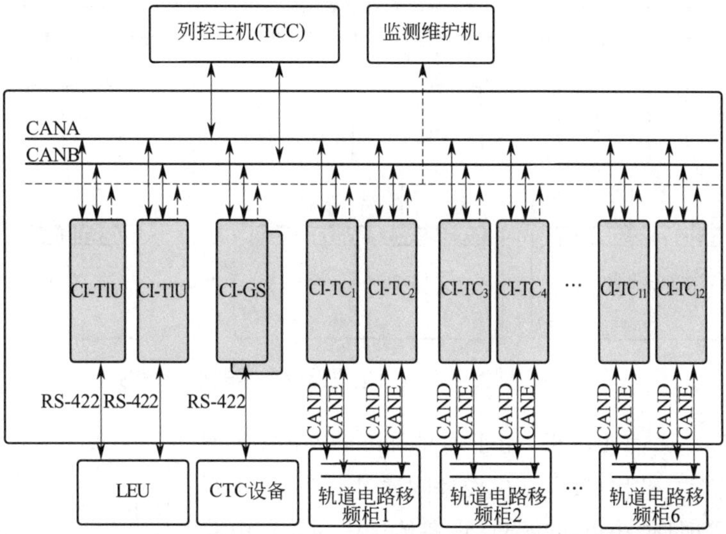

图 3-26　通信接口单元的通信结构

通信接口单元中包含 3 种类型的通信接口板:轨道电路通信接口板(CI-TC)、CTC 通信接口板(CI-GS)、应答器报文实施编码板(CI-TIU)。

通信接口单元为一个 4U 的机笼单元,配置在列控中心的主机柜中,根据不同的车站,有 CI-X_1、CI-X_3、CI-X_4 机笼。

CI-X_1 机笼全部配置为 CI-TC 板,最多可以配置 22 块 CI-TC 板,可以和 11 台移频柜(控制 110 个轨道区段)的轨道电路设备通信,适用于中型和大型列控中心。

CI-X_3 机笼配置 2 块 CI-GS,最多配置 20 块 CI-TIU 板,适用于中型和大型列控中心。根据站场配置 CI-TIU。

CI-X_4 机笼用于小型车站和中继站。配置 2 块 CI-GS 通信板,为 CTC 设备提供 4 个 RS-422 通道;最多配置 8 块 CI-TIU 板,为 8 台 LEU 提供通信通道;最多配置 12 块 CI-TC 通信板,其中 CI-TC_1 和 CI-TC_2、CI-TC_3 和 CI-TC_4、CI-TC_5 和 CI-TC_6、CI-TC_7 和 CI-TC_8、CI-TC_9 和 CI-TC_{10}、CI-TC_{11} 和 CI-TC_{12} 分别互为主/备,最多为 6 台移频柜提供通信通道(可控制 60 个轨道区段)。通信接口单元和主机采用双 CAN 总线冗余方式通信。

每种类型的通信接口板硬件结构相同,在通信机笼母板上都分配有独立的地址编码,通信接口板通过读取不同槽位上的地址码来识别自身的通信地址配置。

CI-TC 为轨道电路通信接口板,用于实现和轨道电路设备的编码通信。通信接口单元机笼中按照不同的站场类型配置 CI-TC 板。CI-TC 板用于列控中心主机和轨道电路设备间的 CAN 总线通信协议间互换，实现列控中心主机向轨道电路设备发出编码命令，并接收轨道电路设备的状态，其中 CAN 总线的 CANA、CANB 用于和列控主机交换数据，CAN 总线的 CANC 用于发送监测数据给监测维护机，CAN 总线的 CAND、CANE 用于和轨道电路设备交换数据。列控中心与轨道电路的数据通信结构如图 3-27 所示。

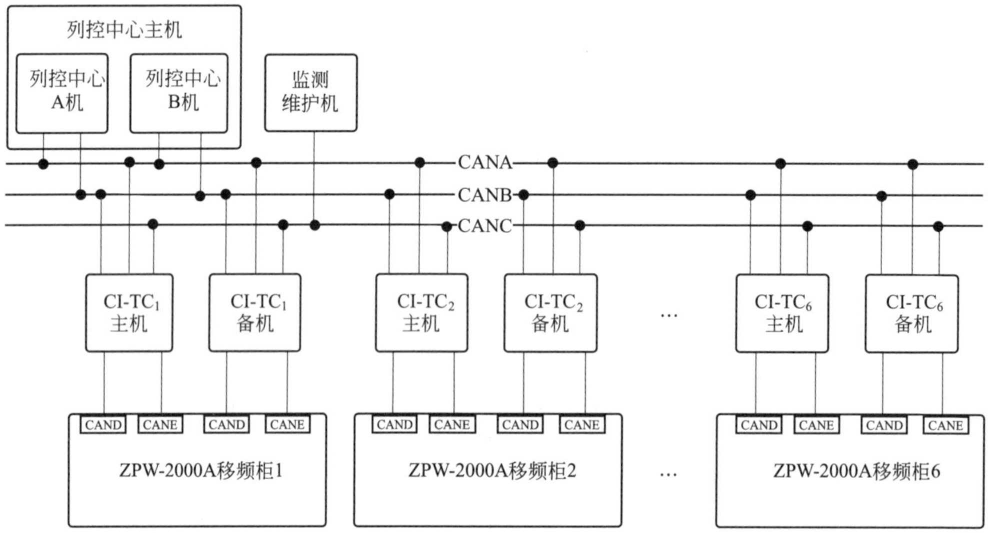

图 3-27　列控中心与轨道电路的数据通信结构图

CI-GS 为 CTC 通信接口板，用于实现和 CTC 设备的通信接口。列控中心主机和 CTC 站机设备间通过 RS-422 串行总线进行通信，实现列控中心向 CTC 设备传送区间轨道电路状态、码序和方向信息。其中 CAN 总线的 CANA、CANB 用于和列控主机交换数据，RS-422 总线用于和 CTC 设备通信。通信接口单元中配置两块 CI-GS 板。列控中心与 CTC 的数据通信结构如图 3-28 所示。

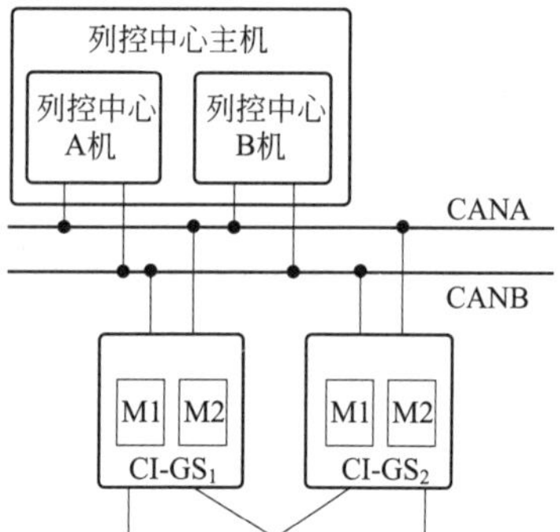

图 3-28　列控中心与 CTC 的数据通信结构

CI-TIU 为 LEU 通信接口板，即应答器报文实施编码板，用于实现应答器报文的实施编码和向 LEU 发送；用于列控中心主机和 LEU 电子单元间的 RS-422 串行总线通信，实现列控中心应答器报文的实时编码和 LEU 数据通信的功能。通信板接收列控中心主机的应答器用户数据，实时编码成应答器报文后向 LEU 发送，同时接收 LEU 设备反馈的应答器设备状态向列控中心主机传输。其中 CAN 总线的 CANA、CANB 用于和列控主机交换数据，RS-422 总线用于和 LEU 设备通信，CAN 总线的 CANC 用于发送监测数据给监测维护机，包括应答器报文数据和设备状态数据。列控中心与 LEU 的数据通信结构如图 3-29 所示。

⑤监测维护终端

监测维护监测终端为一套完整的工控机设备，包括监测维护监测主机、上架显示器、键盘和鼠标。主要功能是记录列控中心、轨道电路、LEU 等的工作状态和数据，同时把监测数据传

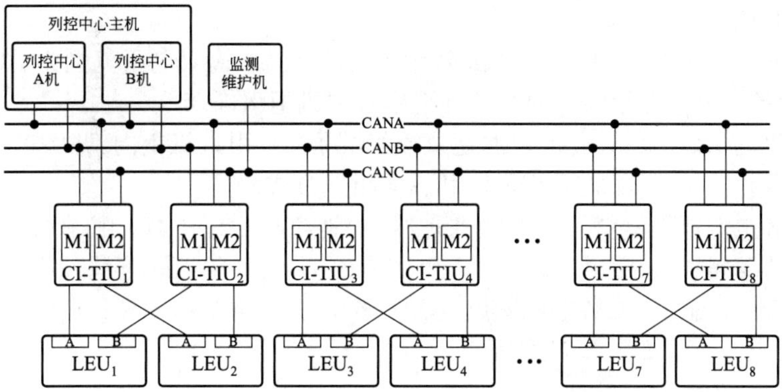

图 3-29　列控中心与 LEU 的数据通信结构

送给信号集中监测系统，可以采用远程登录方式对其操作。监测维护主机对外提供以太网接口、CAN 总线接口和 INIO2 卡光通道接口。监测维护终端主机通过以太网接口和外部的信号集中监测系统通信。

监测维护机标准配置以太网卡 1 块，双通道 CAN 卡 1 块，INIO2 通信卡 2 块。

监测维护机配置 1U 的上架显示器，作为监测维护终端的显示设备，使用对象为维护人员。

⑥工业以太网通信单元

由工业以太网实现联锁和 TCC、临时限速服务器和 TCC 之间的安全数据通信，由 8 芯光纤构成的双网双冗余工业以太环网。构成以太环网的交换机安装在列控中心设备机柜内。

⑦LEU 冗余切换单元

LEU 冗余切换单元实现冗余 LEU 设备的自动切换。冗余切换单元随 LEU 设备安装，车站安装在 LEU 机柜中，中继站安装在主机柜中。

冗余 LEU 切换单元采用信号安全继电器实现应答器信号的切换，其结构如图 3-30 所示。

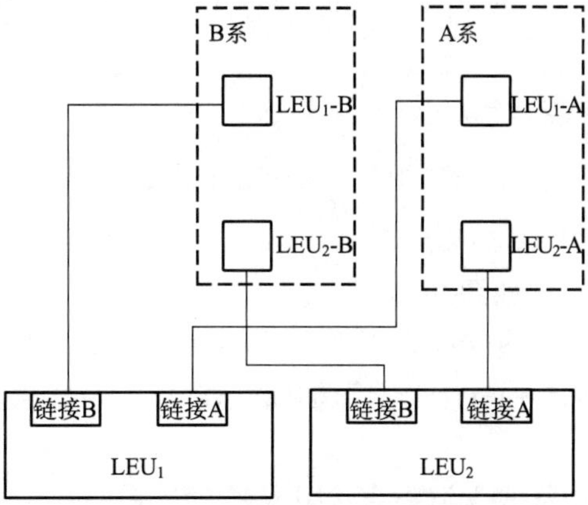

图 3-30　LEU 冗余切换单元结构

LEU_1、LEU_2的配置完全一样，都有四路应答器输出至切换单元。常态下 LEU_1的输出 1、2 通过切换选择至应答器 1、2，LEU_2的输出 3、4 至应答器 3、4。当检测到任一个 LEU 发生故障时，相应的切换继电器落下，此时应答器的输出全部切换到另一个正常的 LEU，实现 LEU 的冗余配置。

(4)系统接口

①列控中心内部电源接口

列控中心机柜采用单路 AC 220 V 供电，由电源屏提供，输入电压范围为 AC 210～230 V，LEU 机柜的设备用电通过柜间电源线从列控中心主机柜引来。

电源屏提供的 AC 220 V 交流电源通过接线端子 TB 引入机柜内，并经过电源防雷、共模滤波后送入电源模块，电源防雷采用横向和纵向组合方式。

电源防雷和电源滤波器就近接入贯通地线，接地电阻小于 1 Ω。电源滤波器和空气开关电流大于 10 A。电源单元输出逻辑 24 V 和驱采 24 V 两种独立的电源，其中逻辑 24 V 电源输出电流大于 20 A，驱采 24 V 电源输出电流大于 10 A。电源单元带有过流保护装置。

中、小车站电源配置如图 3-31 所示。

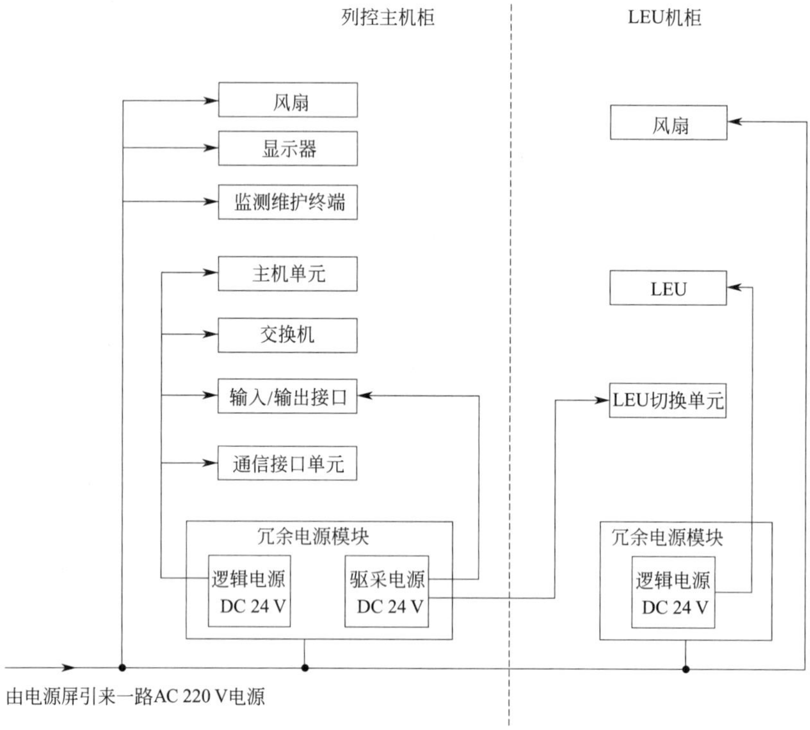

图 3-31　中、小车站电源配置

大型车站电源配置如图 3-32 所示。

区间信号中继站电源配置如图 3-33 所示。

主机后面板由红黑汇流条直接引入逻辑电源，A 系和 B 系分别引入。

输入/输出接口单元后面板由红黑汇流条将逻辑电源直接引入，由黄绿汇流条将驱采电源直接引入。

通信接口单元后面板由红黑汇流条直接引入逻辑电源。

②内部 CAN 总线接口

主机单元的双系都输出 2 路独立的 CAN 总线，分别为 CANA、CANB，组成冗余内部 CAN 总线网络，用于主机单元和通信接口单元通信。

③内部监测总线接口

列控中心维修终端主机通过 CANC 总线检测通信接口单元的工作状态和通信数据。主

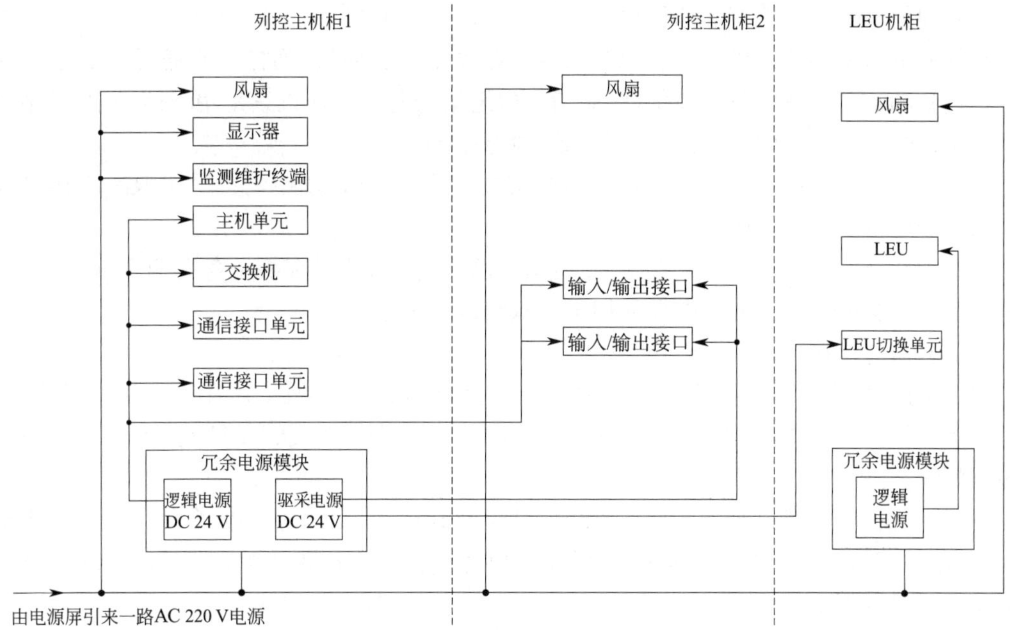

图 3-32　大型车站电源配置

机单元与输入/输出接口单元和监测维护终端之间的通信是通过多模光纤通信的。

④CTC 通信接口

通信接口单元（CI-X_4 和 CI-X_3）的第一、二块通信卡为 CTC 通信板（CI-GS），对应机笼后面的两个航空插头。列控中心与 CTC 通信的电缆，一端为航空插头，另一端分为两个 DB9-F 接头，分别接 CTC 主机的 2 路 RS-422 通道。航插至每个 DB9-F 接头的通信电缆采用“2 乘 2”芯双绞屏蔽电缆。

⑤LEU 通信接口

通信接口单元 CI-X_4 和 CI-X_3 分别能最多提供 8 个和 20 个航插用于和 LEU 设备通信。

通信电缆采用“2 乘 2”芯屏蔽双绞线，电缆的一端是航空插头，另一端是哈丁端子。

对于区间信号中继站列控中心，LEU 设备和主机设备配置在一个机柜内，电缆只在列控中心机柜内连接。对于车站列控中心，LEU 设备放置在 LEU 机柜中，通信电缆从通信接口单元引出车站主机柜，连接到 LEU 机柜中的 LEU 设备。

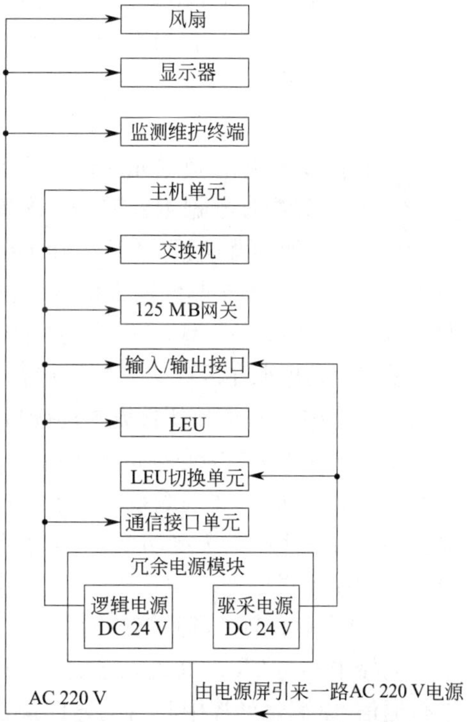

图 3-33　区间信号中继站电源配置

⑥轨道电路通信接口

通信接口单元 Cl-X_4 和 Cl-X_1 分别提供 6 个和 10 个移频柜通信的接口，分别连到 CAN_1～CAN_{12} 或 CAN_1～CAN_{22}，通信接口为冗余的双路 CAN 总线。列控中心与移频柜通信采用电缆，通信接口单元一端为航空插头，另一端为端子连接到轨道电路移频柜中。

⑦站间信号安全数据网通信接口

站间通信以太网接口单元主要包含两台工业以太网交换机，列控中心通过工业以太环网与联锁设备和临时限速服务器通信，区间信号中继站配置的交换机只是用于信号中继，站间通信采用单模光纤，尾纤列控中心侧为 LC 接口类型。

列控中心采用 RJ-45 接口电缆接入每台交换机的 3、4 口，联锁设备采用 RJ-45 接口电缆接入每台交换机的 5、6 口中。

列控中心至交换机采用交叉连接，主机单元两系的 Z2ETH 面板上各有两个 RJ-45 接口，用于和交换机交叉连接。通信电缆采用屏蔽双绞以太网线。

⑧应答器通信接口

LEU 的功放输出至应答器需要经过 LEU 切换单元、TB 端子、室内防雷分线柜、轨旁终端盒子等器件。LEU 输出的施工界面在列控机柜的 TB 端子条，从 LEU 到 TB 端子条属于设备内部配线。

对于正线的应答器，LEU 需要冗余设置。两个 LEU 输出经过切换单元后至接线端子条 TB_5(车站)或 TB_2(中继站)，电缆从 LEU 功放板连至切换单元继电器的端子，切换单元至 TB 端子条属于零散配线。

对于侧线的应答器，LEU 输出电缆直接引至接线端子条 TB_5-10，电缆屏蔽层接端子条的接地端子。

应答器输出电缆采用 4 根 2 芯屏蔽双绞电缆，线径不大于 10 mm。

冗余 LEU 应答器接口端子一排可配置 4 台应答器。非冗余 LEU 控制的应答器端子一排配置 8 台应答器。

⑨驱动采集接口

每个输入/输出接口单元后面板配置 5 组采集和驱动的电缆插头，用于采集驱动电缆的连接，PIO 的配置数量根据工程需要来配置。

在 ET 机架的背面，每对 ET-PIO 有 2 个型号相同的矩形插座 J_1、J_2，其中 J_1 用于连接采集输入信号，J_2 用于连接驱动输出信号。在列控中心与继电器组合架之间设一“接口架”，在接口架上设 CS-TX19-36Z 型插座，作为列控中心与继电器电路之间的连接界面。

采集驱动电缆在接口架一侧焊接在 CS-TX19-36T 型插头上，对接到相应的 CS-TX19-36Z 型插座；列控中心一侧用压接方式连接与 J_1、J_2 对应的插头。采集驱动电缆采用阻燃电缆线。

LKD_2 系列列控中心接口均进行通道冗余设计。当一个通道故障时，通过列控中心或外部设备的双系切换，实现双系和通道间接口主动权的移交，避免通道故障给列车运行带来的危险。要实现双系间的无缝切换，不至于引起设备的危险动作，必须对列控中心接口进行定量、定性的时序逻辑处理。

4. 列控中心与外部系统的通信

列控中心与 CTC、联锁系统、信号集中监测以及 LEU、轨道电路、信号点灯控制电路之间进行通信，以满足列控中心与上述设备之间的信息交换。

列控中心与外部系统的关系如图 3-34 所示。

列控中心的接口除了与 CTC(及临时限速服务器)接口(P 口)、与车站联锁接口(Q 口)、与信号集中检测接口(R 口)、与 LEU 接口(S 口)外，增加了与轨道电路接口(T 口)，区间信号点灯控制接口(V 口)，与相邻车站(中继站)列控中心间的接口(U 口)，在线测试接口(W 口)。列控中心接口关系如图 3-35 所示。

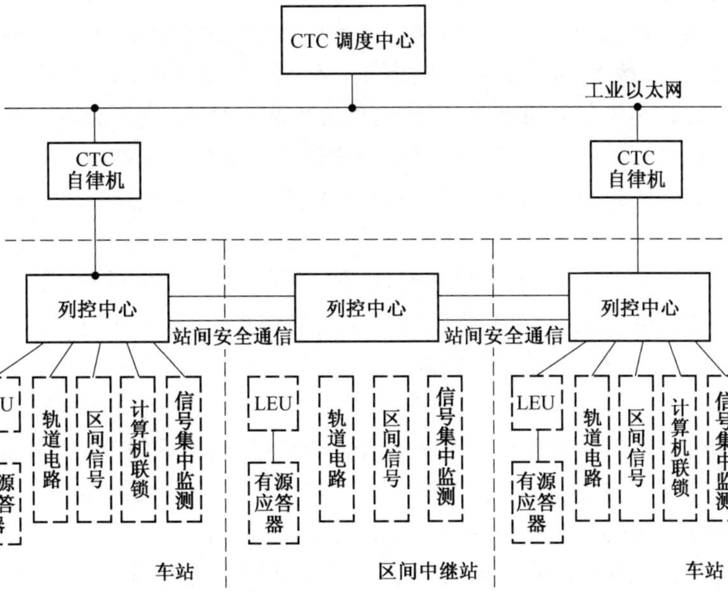

图 3-34　列控中心与外部系统的关系

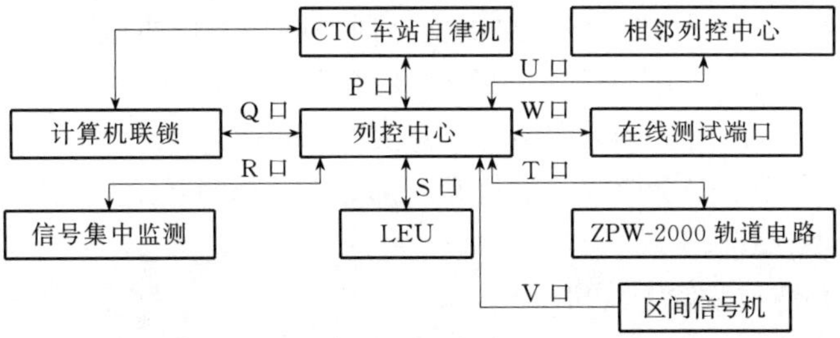

图 3-35　列控中心接口关系

(1)列控中心与 CTC(及临时限速服务器)的接口(P 口)

列控中心与 CTC(及临时限速服务器)间实时进行信息交换,通信数据内容包括:列控中心状态报文、通信应答报文、请求临时限速命令报文、请求临时限速状态报文、临时限速命令报文、临时限速状态报文、临时限速设置异常报文。

列控中心从 CTC 自律机(及临时限速服务器)获得当前的临时限速信息,包括起止点里程、长度、速度等,根据命令内容计算与限速点的距离和限速等级,最终确定所需要的应答器报文,通过 LEU 发送给地面应答器,并将临时限速的设置结果实时地向 CTC(及临时限速服务器)、调度中心反馈并提示。临时限速设置错误、列控中心设备与相关设备通信故障、LEU 设备故障等信息可以通过该接口发送给 CTC 自律机,及时在车务终端上报警。列控中心从 CTC(及临时限速服务器)获得统一时钟,并按统一时钟进行系统管理和控制,同时向 CTC(及临时限速服务器)实时提供区间轨道电路占用/空闲信息、区间通过信号机状态和设备状态信息。

列车接/发车进路信息、车站值班员操作过程实时记录亦由 CTC 完成。

(2)列控中心与计算机联锁的接口(Q 口)

列控中心进行逻辑运算所需要的进路信息来源于车站联锁系统,不同的列车进路具有不同的线路特征信息，根据进路开通情况，列控中心选择当前列车运行所需要的线路数据传送给列车。列控中心与车站联锁之间需要传输的主要内容包括：进路相关信息；因临时限速引起的进站信号机降级信息；接近、离去轨道电路占用/空闲信息；区间闭塞和方向条件信息；站内进路区段锁闭信息；进、出站信号机状态信息；区间方向表示信息、闭塞分区状态信息、接近、离去区段通过信号机红灯灯丝断丝信息。列控中心通过该接口接收车站联锁系统发送的车站进路和相关实时信息，包括接车进路、通过进路及信号机开放、进站信号机灯丝断丝信息，以及区间方向控制信息。

车站联锁办理并建立了接、发车进路后，向列控中心发送相应的接/发车进路信息。车站联锁发送给列控中心的信息有：车站进路和相关实时信息，包括接车进路、通过进路及信号机开放等；区间方向控制信息；进站信号机断丝信息。

列控中心向车站联锁发送降级信息、区间方向表示信息、闭塞分区状态信息、接近、离去区段通过信号机红灯灯丝断丝信息。在车站办理正线通过、离去区段有临时限速时，根据牵引计算及动车组制动需要，列控中心通过该接口，向车站联锁系统输出进站信号机降级显示黄灯、接近区段轨道电路发黄码的控制条件，由车站联锁完成控制。

列控中心与计算机联锁的安全通信接口，采用了循环冗余校验码(CRC)冗余校验、有效性验证、持续性验证等多种手段，保证数据传输安全。信息传输的方案有：联锁上位机＋继电器接口、信息交互全部通过联锁上位机、与联锁运算层直接接口。

①联锁上位机＋继电器接口

进路相关信息和进站信号机降级信息的交互通过联锁上位机进行，增加调车进路和进路区段锁闭等信息的交互。区间闭塞和方向条件及接近、离去信息通过继电接口实现信息交互。

该方案的优点是，区间闭塞和方向条件信息交互通过继电接口实现，前者经过验证是成功的，后者接口逻辑清晰满足安全要求。缺点是一部分安全信息经上位机传输。

该方案较为稳妥、安全。

②信息交互全部通过联锁上位机

将列控中心与联锁之间交互的三类信息：进路相关信息、进站信号机降级信息、区间闭塞和方向条件信息全部通过计算机联锁上位机交互。

该方案通过增加通信传输的信息内容省去继电电路部分，外部电路简洁。缺点是通过上位机传输了比既有线更多的安全信息。

③与联锁运算层直接接口

在列控中心和计算机联锁的逻辑运算层(下位机)间建立安全信息传输通道，直接交换三类信息：进路相关信息、进站信号机降级信息、区间闭塞和方向条件信息。

列控中心与车站联锁下位机直接连接，除主通道外，还存在其余 3 个通道。当列控中心与计算机联锁的主通道故障时，对其余 3 个备用通道的选择应考虑：车站联锁的倒机时间；列控中心的倒机时间；列控中心和车站联锁对备用通道的双向实时检测效果。

该方案的优点是整个系统安全设计较为均衡，安全信息在两个设备的安全运算层间直接交互，更符合安全系统设计要求，但需要列控中心和计算机联锁双方协商确定安全通信接口方式和协议。

(3)列控中心与信号集中监测系统接口(R 口)

列控中心具有自检、自诊、监测功能，含有源应答器、LEU 及其相关通道监测，通过该接口自动向信号集中监测系统传送监测信息，完成了对列控中心运行状态的实时记录功能，满足用户对列控中心的维护诊断、动态监测和故障分析的需求。

列控中心根据所监测到的系统设备状态，以及所接收和发送的信息(包括:进路、临时限速、轨道电路等)发送给信号集中监测系统，由信号集中监测系统负责记录保存这些信息，包括:列控中心状态、接/发车进路信息记录、进站信号机降级显示命令记录、临时限速命令记录、临时限速状态记录、临时限速设置异常记录、发送给 LEU 的报文记录。除了“列控中心状态”信息外，其他记录信息由处于主控状态的列控中心主机发送，每条记录信息连续发送两次。如果列控中心有数据记录功能，并能够满足维护要求，可以只向信号集中监测系统发送列控中心状态，不发送相关记录报文。

如果列控中心有数据记录功能，并能够满足维护要求，可以只向信号集中监测系统发送列控中心状态，不发送相关记录报文。

P 口、Q 口、R 口均采用 RS-422 统一的标准协议，冗余配置，如图 3-36 所示。列控中心机柜内部采用接口板或接口模块将这些通信接口集中配置，以便于施工和维护。所有通道均采用点对点连接方式，通信电缆采用屏蔽双绞线电缆，全双工通信模式，不共享通信总线。为保证通信的可靠性，列控中心与计算机联锁、CTC 的通信通道属于安全通道，物理连接通道采用双通道交叉冗余配置，满足任意两台设备之间的直接通信，任何一个通道故障不影响系统间的通信。除了必须保证数据通信的可靠性外，还必须保证数据通信过程安全。在正常情况下，计算机联锁、CTC、列控中心系统内部的双机切换均不会影响到其他系统。另外，在通信软件协议中采用了 CRC 校验算法、周期发送机制、接收应答和超时重发机制、通信中断检测及双机切换机制等手段，保证通信的可靠性和安全性。列控中心与信号集中监测系统间的通信通道属于非安全通道。

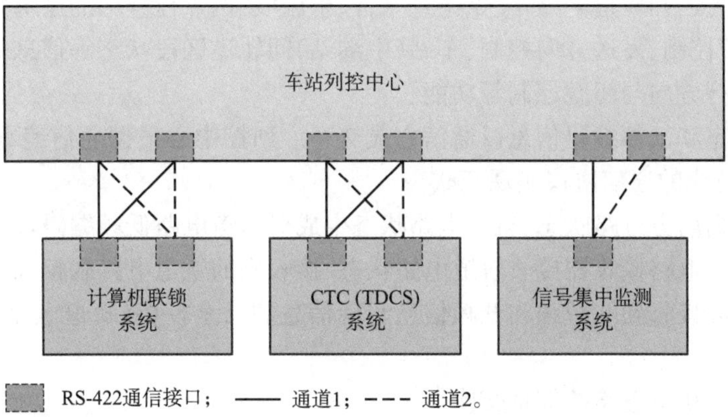

图 3-36 车站列控中心与 CTC、车站联锁、信号集中监测的连接

(4)列控中心与 LEU 的接口(S 口)

LEU 是列控中心的输出设备，列控中心选择的应答器报文通过 LEU 转发给有源应答器。普速铁路列控中心最多提供与 4 个 LEU 的连接端口，与 LEU 的通信连接仍采用点对点的交叉连接方式。

列控中心与 LEU 之间采用串行通信，接收列控中心实际报文，并实时向有源应答器传送。LEU 还具有自检测、检知动车组通过应答器、监测与有源应答器间通信状态等功能，检测数据也是通过该接口实时传送给车站列控中心。S 口采用冗余配置的 RS-422 标准异步串行通信通道，数据层与 LEU 相匹配，基本配置连接两个 LEU，按上、下行线分别配置、使用。列控中心与 LEU 之间的软件通信协议采用经认证的安全通信协议，通过时间戳检查、接收和发送地址检查、双通道校验计算、滑动窗口接收等多种手段，保证通信过程的安全性和实时性。列控中心与 LEU 连接如图 3-37 所示。

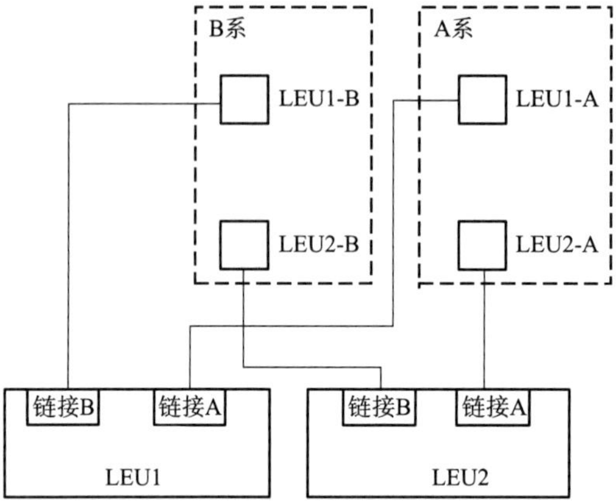

图 3-37　列控中心与 LEU 的连接

与北京和利时系统工程有限公司/CSEE 公司供货的 LEU/应答器驱动单元(BDU)通信时，物理层为以太网，协议为 LEU 厂家制定的安全协议。与北京全路通信信号研究设计院集团有限公司/ALSTOM 公司的 LEU 通信时，物理层为 RS-422，协议为 LEU 厂家制定的安全协议。列控中心提供两种与 LEU 的接口板，分别与上述两种制式的 LEU 设备接口，与不同制式 LEU 接口时，选择对应的通信接口板。

(5)列控中心与轨道电路的接口(T 口)

列控中心具备区间轨道电路“三点检查”(首、末区段“两点检查”)的逻辑判断，轨道电路低频信息编码、切频控制、发送方向控制、车站(中继站)间轨道区段状态等信息的传输，区间信号机点灯及区间运行方向与闭塞控制等功能。

轨道电路状态和低频编码信息以通信方式交互。列控中心根据通信编码 ZPW-2000A 提供的基于 CAN 总线的通信协议实现互联。

列控中心根据前方进路状态、轨道电路状态生成对轨道电路低频编码，发往对应的轨道电路发送器。从轨道电路接收器接收轨道电路状态、接收到的轨道电路载频、低频信息。列控中心通过核对发送和接收到的载频和低频信息实现信息的安全校核(轨道电路接收器能提供相关的信息)。

①列控中心与轨道电路的信息交换

主要交换如下信息：轨道电路状态信息，状态数据帧由接收器产生，用于传送轨道区段当前的状态，即占用或空闲；轨道电路编码信息，由列控中心产生，用于传输控制发送器输出信号的编码命令，即载频编码数据和低频编码数据。

同时，列控中心作为与轨道电路接口总线通信方式中的主节点，还必须向轨道电路设备发送同步帧，以划分不同时间片。同步帧没有数据，仅用于系统同步。列控中心发送同步帧，以收集轨道电路的状态数据。通信盘转发同步帧，延时后，将接收的数据打包，向列控中心发送。

②列控中心与轨道电路接口的工作过程

a. 列控中心向轨道电路通信盘发送同步帧，以收集轨道电路的状态数据。

b. 通信盘转发同步帧。

c. 发送器、接收器接收到同步帧后，分别进行延时，发送轨道电路状态信息。

d. 通信盘经过打包，向列控中心转发轨道电路状态信息。

e. 列控中心根据收到的轨道电路状态信息，进行编码计算，并将编码信息发送给轨道电路通信盘。

f. 通信盘转发编码信息，发送器根据编码信息，产生调制信号向钢轨发送；接收器根据编码信息，处理轨道上返回的调制信号。

③接口故障

列控中心与轨道电路接口故障主要有收到无效数据和未收到数据两种形式。在这两种情况下，列控中心不能立刻判定与轨道电路接口故障，可能使轨道电路闪红，影响整个系统的可用性和稳定性。列控中心应等待一定的时间以确认主通道是否永久故障。

当列控中心与轨道电路接口发生故障时，列控中心等待一定的时间，如在该时间内收到有效数据，则继续正常工作；如未收到有效数据，则进行双系切换；切换完成后，重新与轨道电路建立通信。如通信建立，则切系后正常工作；如失败，则轨道电路发 27.9 Hz 占用检测码。

轨道电路与列控中心的通信拓扑结构如图 3-38 所示。

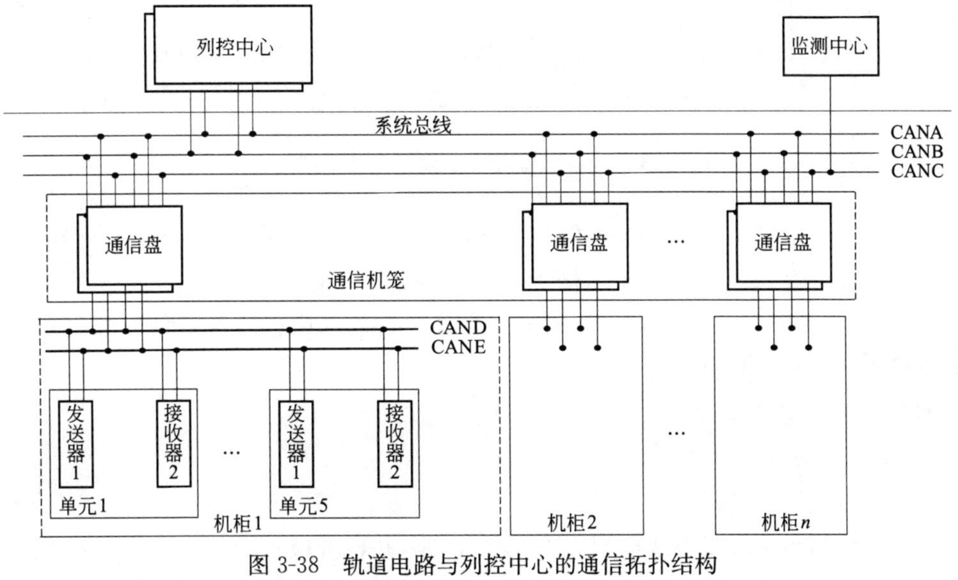

图 3-38 轨道电路与列控中心的通信拓扑结构

轨道电路的通信单元设于列控中心机柜内。

(6)列控中心与信号点灯控制电路接口(V 口)

列控中心根据各闭塞分区状态信息，通过信号点灯控制接口(V 口)驱动红灯继电器(HJ)、黄灯继电器(UJ)、绿灯继电器(LJ)。由 HJ、UJ、LJ 接点构成通过信号机点灯电路。

(7)列控中心站间通信接口(U 口)

站间通信实现了相邻站(或中继站)列控中心间的通信，满足站间协调控制的需要。为了保证通信的安全、可靠和健壮性，网络拓扑必须具有实时、长距离、高带宽的网络传输和冗余备份等特性。列控中心网络拓扑结构如图 3-39 所示。

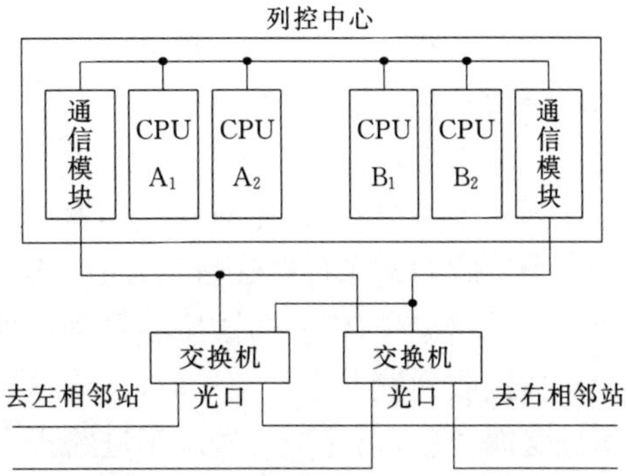

图 3-39 列控中心网络拓扑结构

5．TCC/联锁安全数据通信网

TCC/联锁安全数据通信网是由专用光缆构成的信号安全信息传输专网，用于实现车站联锁设备与TCC之间、车站联锁设备之间、TCC之间的信息交换。TCC/联锁安全数据通信网如图3-40所示。

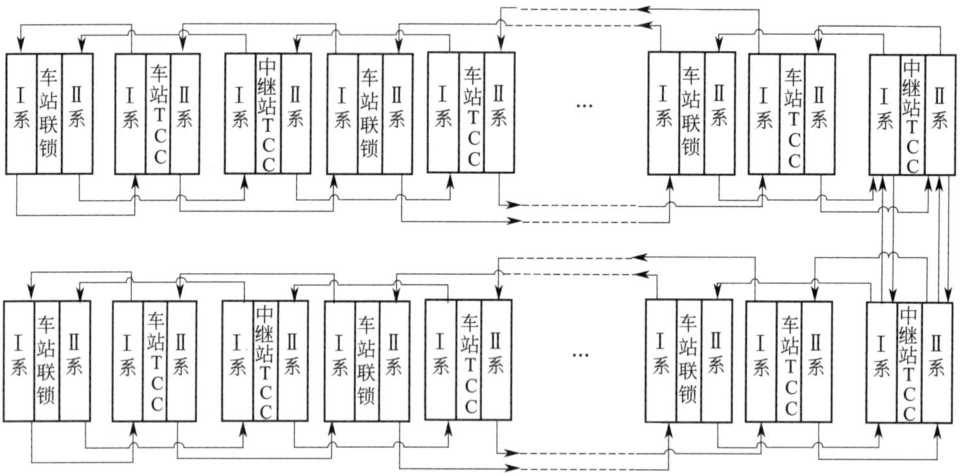

图3-40　TCC/联锁安全数据通信网

TCC通过信号安全数据网与临时限速服务器TSR与TCC通过信号安全数据网接口，传输临时限速相关信息。TCC接收临时限速服务器的初始化命令、临时限速命令信息、时钟信息，进行设备时钟校正。TCC应通过信号安全数据网向临时限速服务器传输临时限速状态、轨道区段状态、区间方向信息和初始化信息。

6．列控中心的基本原理

(1)接发车进路报文发送

①应答器与接发车进路对应关系

列控中心根据车站联锁表选择相关接、发车进路，并根据应答器的布置情况，建立列车进路和应答器的对应关系。每条进路均有特定的应答器和报文与之对应。进路编号是列控中心与计算机联锁间交换的关键信息。

②发送进路编号时机

当车站联锁排列接、发车进路并锁闭后，开始向列控中心发送该进路编号；进路解锁或取消后，停止进路编号发送：

③报文发送过程

列控中心启动后，先向应答器发送默认报文，然后按以下逻辑发送：

当接收到接车进路编号后，向应答器发送接车进路报文，直至车站联锁系统停止发送相应的接车进路编号，恢复向该应答器发送默认报文。

当接收到发车进路编号后，向应答器发送发车进路报文，车站联锁系统停止发送相应的发车进路编号后，仍保持发送发车进路报文。

对于保持发送发车进路报文的应答器，当接收到与之对应的接车进路编号后，则按当接收到接车进路编号后的过程发送报文。

(2)临时限速报文发送

①临时限速调度命令传送

临时限速由调度所集中管理,通过 CTC 向临时限速管辖车站及邻站下达调度命令。两站一区间范围内只允许设置一处区间或站内临时限速。

为提高临时限速调度命令传输的准确性,便于列控中心自动获取调度命令自动,并转换为控制指令,临时限速调度命令在调度所、车站以统一的"窗口方式"输入、显示、签收(确认)及回执。临时限速设置情况能在运行图终端和站场显示终端上明确显示。

在 CTC 的车站车务终端上增加列控中心人机界面(DMI),用以发送列控指令、显示列控中心相关设备工作状态。在系统调度所与车站失去联系时,可由车务终端进行临时限速命令的操作,其输入方式采用与调度中心基本相同的"窗口方式"。

临时限速调度命令需经车站值班员人工签收、确认后,方可由 CTC 车站自律机传至列控中心,确认内容为限速起点里程、速度、长度、车次、执行时间等。临时限速区起点精度 100 m,限速区长度 8 挡(100 m、500 m、1 000 m、1 500 m、2 000 m、3 000 m、4 000 m、6 000 m)、限速速度 5 挡(45 km/h、60 km/h、80 km/h、120 km/h、160 km/h)。限速区长度超过 6 000 m 时,可按区间限速处理,并有相应的调度命令。列控中心临时限速的实际设置情况,实时向 CTC 反馈,并能在调度所、车站显示终端上明确显示。

列控中心需要建立车站临时限速控制范围内线路里程、线路长度与临时限速区起点的对应关系,并根据临时限速区与对应应答器之间的距离、限速区长度、限速区速度、进路及信号机状态等信息,选择存在列控中心中的报文,实时地通过 LEU 发送给应答器。

有源应答器的报文存储在列控中心之中。报文按 CTCS-2 级区段应答器报文定义及应用原则、ETCS 应答器报文编码的规则进行编制。

②临时限速管辖范围

每个应答器可以向正向或反向运行的列车发送临时限速信息,其管辖范围为本应答器至运行方向前方车站正线股道发车信号机处。由于目前的列控中心采取报文存储形式,每条临时限速报文只包含一个临时限速用户信息包,因此应答器一个方向管辖范围内只能有一处临时限速,即两站一区间只允许设置一处临时限速。

③报文发送

临时限速命令由调度中心发送给车站,经车站值班员确认后,通过 CTC 车站自律机发送给列控中心,列控中心收到命令后,立即选择相应的临时限速报文发送至对应应答器。对于同一处临时限速,列控中心需要向一个或多个应答器发送临时限速报文。

(3)进站信号机降级显示

列控中心根据牵引计算,确定司机按照列控车载设备控车模式曲线驾驶列车从规定速度制动到临时限速的目标距离(含安全防护距离)$L_{目}$。

牵引计算的参数包括:列车最高运行速度;按动车组及目前设定的列控车载设备监控曲线;临时限速;线路限制坡度;司机确认减速信号变化时间(6 s);车载设备从接收到给出相应显示的时间(不大于 3.5 s);列车安全防护距离(暂取 110 m);临时限速目标距离的余量(5%)。

进站信号机降级显示逻辑如图 3-41 所示,当临时限速区设置满足 $L_{出}>0$、$L_{进}\leqslant L_{目}$时,列控中心向计算机联锁系统发送降级显示命令,由联锁系统控制进站信号机降级显示,接近区段发黄码,直至该限速区取消。

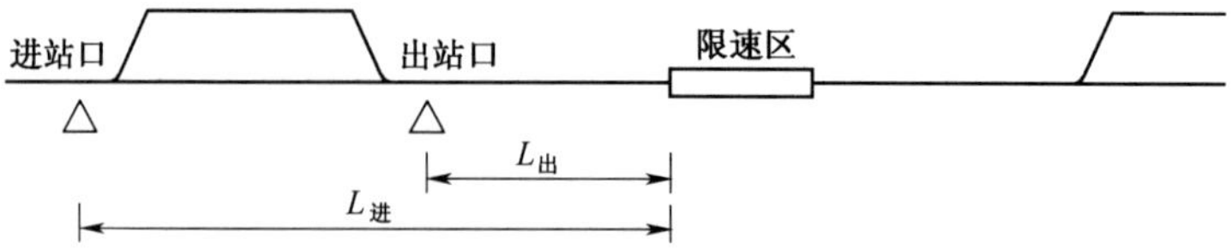

图 3-41　进站信号机降级显示逻辑

如果车站发车区段设置了临时限速，当本站排列通过进路时，进站信号机降级显示黄灯。

三、LEU

LEU 与有源应答器连接，LEU 周期接收来自列控中心的报文，并连续不断地向有源应答器发送可变信息的报文。

1. LEU 的设置

LEU 宜集中设置在信号机械室内。高速铁路车站的 LEU 设备全部放置在单独的 LEU 设备柜中，区间信号中继站的 LEU 设于 TCC 主设备机柜内。

控制进站信号机、线路所通过信号机、区间信号中继站处有源应答器的 LEU 设备采取“1＋1”冗余配置，控制出站信号机、调车信号机、大号码道岔处有源应答器的 LEU 采取“n＋1”备用方式。各站备用 1 个 LEU 设备放置在信号机械室。

LEU 与其控制的有源应答器之间采用专用的数据传输电缆连接，电缆长度不应大于 2 500 m。LEU 应具备应答器电缆断线检测功能。当有源应答器传输电缆长度超过 2 500 m 时，可将 LEU 设于轨旁，此时列控中心与 LEU 之间采用专用光缆连接。

需在调车信号机处设置有源应答器时，LEU 设置在现场，并直接从信号灯取控制条件。

2. LEU 的功能

LEU 是故障—安全设备，主要有以下功能：

(1)接收列控中心发送的应答器报文并连续向有源应答器转发。一台 LEU 可以同时向 4 台有源应答器发送不同信息内容的报文。

(2)接收外部发送的控制命令，根据控制命令选择一条预先存储的报文并连续向应答器发送。

(3)存储几百条至上千条报文。

(4)当输入通道故障或 LEU 内部有故障时，向应答器发送预先存储的默认报文。

(5)当有车载天线经过有源应答器上方时，LEU 不转换新的报文。

(6)输出开路与短路检测信息。

(7)设备自检及事件记录，并向外部设备上传。

3. LEU 结构

采用欧标点式应答器，有阿尔斯通和 CSEE 两家公司的 LEU。两种 LEU 外形和实现的方式不同，但基本功能相同。LEU 安装在列控中心机柜内，占用一层。

(1)阿尔斯通 LEU

阿尔斯通的 LEU 采用外形为 3U 的盒子，盒内安装有母板，在母板上插接 4 块电路板，自左至右为电源板、数据处理板、串行输入接口板和输出板，其结构如图 3-42 所示。

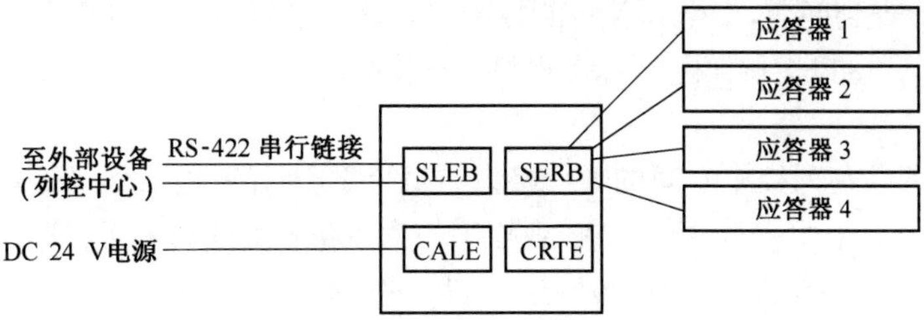

图 3-42　阿尔斯通 LEU 结构

①电源板 CALE

电源板通过插头连接外部的 DC 24 V 电源，将其转换为 LEU 所需的工作电源。

②数据处理板 CRTE

数据处理板是 LEU 的核心处理单元，既有线提速区段使用的 LEU 采用透明传输模式，即把接收到的报文转发到应答器。它主要完成以下工作：S 接口的安全通信管理，正确接收列控中心发来的报文；向 4 个有源应答器转发正确报文；S 接口异常时，向 4 个有源应答器发送相应的默认报文；向列控中心传送自检结果，并存储记录。

在透明传输模式下，数据处理板不需要与外部连接。除透明传输模式外，LEU 还可以存储约 1 000 条报文，根据外部的输入条件，选择相对应的报文输出。

③串行输入接口板 SLEB

串行输入接口板通过插头与列控中心的串行通信线连接，是 LEU 接收报文的通道。串行通信板将 RS-422 接口电平转换为数字电路电平，接收列控中心发送的报文，并向列控中心发送 LEU 的状态。串行通信板包含两路独立的 RS-422 串行接口。

④输出板 SERB

输出板把数据处理板的报文进行 DBPL 编码以及功率放大，通过插头与应答器传输电缆连接，向 4 个有源应答器输出可变信息的报文。

(2)CSEE 公司的 LEU

CSEE 的 LEU 采用标准的 6U 电路板，包含有电源板 CALM、MTOR 板、C 接口板及安全子板，其连接如图 3-43 所示。

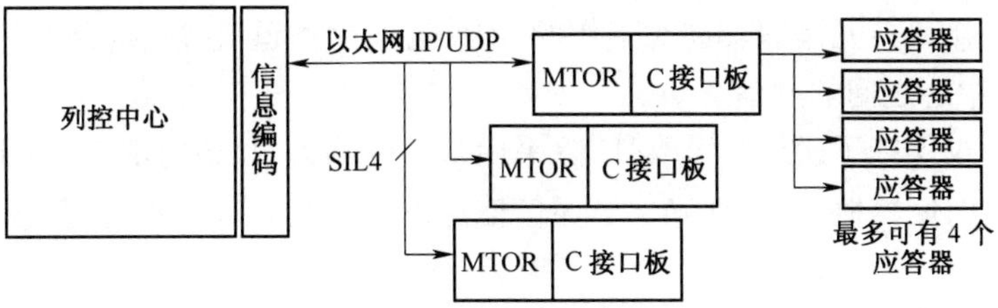

UDP—用户数据报协议。

图 3-43　CSEE 公司 LEU 连接

①MTOR 板

MTOR 板接收报文，并进行数据处理。MTOR 板采用 Coldfire 5407 处理器；有两个以太网 10BASE-T 接口或 2 个 ProfiBus 接口(带隔离)，1 个 RS-485 串口(带隔离)；1 路安全输出(带隔离)和 8 路安全输入(带隔离)。

②C 接口板

C 接口板配有可编程门阵列(FPGA)，FPGA 使 MPC 能够通过安全机制保证信息及时更新;如果 MPC 检查到问题,安全开关将断掉同应答器的连接。该接口板有 4 个 C 接口用以驱动 4 个应答器。C 接口板按照欧洲标准提供雷电防护。

4. S 接口

S 接口是 LEU 与列控中心间的通信接口。每个 LEU 有 2 个 RS-422 接口与列控中心进行通信,构成冗余。采用主从通信方式,列控中心为主机,LEU 为从机,列控中心以 500 ms 为周期向 LEU 发送应答器报文,通信传输速率 38 400 bit/s。

5. LEU 的工作原理

LEU 工作原理如图 3-44 所示。

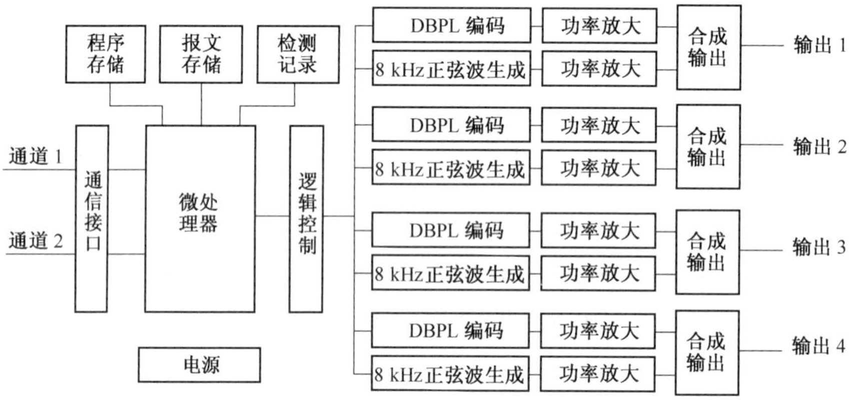

图 3-44　LEU 工作原理

(1)报文存储

微处理器通过通信接口周期性地从列控中心接收报文,并把报文传送到逻辑控制单元,由逻辑控制单元把周期性的报文输入变为连续的报文输出。

如果由于通道故障或 LEU 内部故障,微处理器无法接收到正确的报文,此时,便从报文存储器中选择出相应的默认报文,并传送到逻辑控制单元。

在采用透明传输模式时,报文存储器只存储 LEU 的默认报文,即对每一路输出存储一条默认报文。

输入通道和接口单元是双套同时工作的,即使有一路通道或接口电路发生故障,也不会影响 LEU 与列控中心之间的通信。

安全通信协议保证了通信的可靠性,除采用常见的编码、帧结构定义和 CRC 校验外,其最大的特点是引入时间戳概念,从而确保了通信信息的正确性、实时性、完整性以及信息顺序的正确性。

(2)逻辑控制

微处理器收到报文后,把报文转储在逻辑控制单元中,逻辑控制单元相当于发送缓冲器,以 564.48 kbit/s 的速率把这个 1 023 位的报文循环地输出。逻辑控制单元还产生 C6 接口所需要的 8.82 kHz 方波。

逻辑控制单元中采用了 FPGA,最大限度地减少了元件数量,缩小了体积,提高了可靠性和抗干扰能力。

(3)功率放大

由于 C 接口定义的报文数据 C1 和接口供电信号 C6 在频率上相差很大,需要分别进行功率放大。将经过放大后的 C1 和 C6 信号耦合到一个变压器内，从而实现了在一对传输线上传送两种信号。

LEU 与有源应答器间应安装防雷单元。

6. LEU 的连接

与列控中心间采用 RS-422 串行通信的方式进行信息传输。

1 个 LEU 可控制连接 4 个有源应答器。为实现 LEU 的冗余配置，采用两个 LEU 为一组的方式等同使用，即两个 LEU 的相同端口输出相同的应答器报文，但它们之间不能够自动切换，在发生故障后仍需要人工倒换应答器电缆来隔离故障设备。

LEU 与有源应答器间采用应答器数据传输专用电缆进行连接，有室内专用电缆、防雷单元、专用干线电缆、专用室外尾缆。最远电缆长度为 2 500 m。

7. LEU 室外系统

若 LEU 与有源应答器间电缆长度超过 2 500 m，LEU 放置在室外相关有源应答器处的轨旁，通过增加光纤接口模块、光纤（“2 乘 2”芯）及信号控制电缆，实现列控中心对 LEU 的远程控制。

(1)LEU 室外系统组成

LEU 室外系统由 LEU 设备、机柜以及切换设备组成。

LEU 室外系统主要设备有：LEU 单元、光电转换单元、继电器切换单元、电源单元、防雷单元。

LEU 室外机柜：高×宽×厚为 1 275 mm×800 mm×800 mm；每台机柜最多可以控制 4 路有源应答器。

(2)LEU 室外系统特点

①与有源应答器间采用应答器专用电缆进行连接，传输长度不小于 2.5 km。

②通过周期性地将信息发给 4 路有源应答器，并保证信息的高度完整性和安全等级。

③具备系统状态报警指示灯。

④具备有源应答器断路、短路、有车占用、网络检测等功能。

⑤具备应答器切换功能接口。

⑥通过光纤方式与室内列控中心通信。

(3)LEU 室外系统接口

LEU 室外系统对外关系如图 3-45 所示。

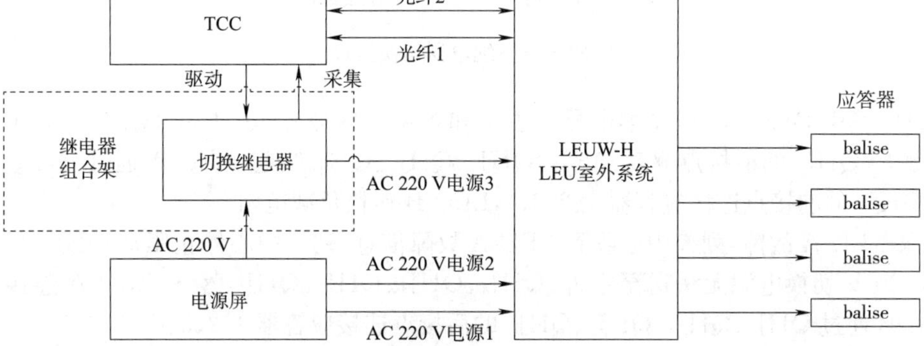

图 3-45　LEU 室外系统对外关系

①与列控中心接口

LEU 室外系统与列控中心传输通道设计为光纤传输方式，以满足速率要求。采用以太网转光纤的光电转换单元，与列控中心通信方式如图 3-46 所示。每套 LEU 室外系统配置 4 台光电转换单元，其中，2 台放置在列控中心机柜内，2 台放置在 LEU 户外机柜内。

与列控中心采用 2 路通道通信，采用单模光纤，1 300 nm，SC 接口。

②继电器切换接口

继电器切换单元由室内继电器（QHJ_1）和室外继电器（QHJ_3、QHJ_4、QHJ_5、QHJ_6）两部分组成。室内继电器位于继电器组合柜上，室外继电器位于 LEU 室外机柜内。继电器切换接口如图 3-47 所示。

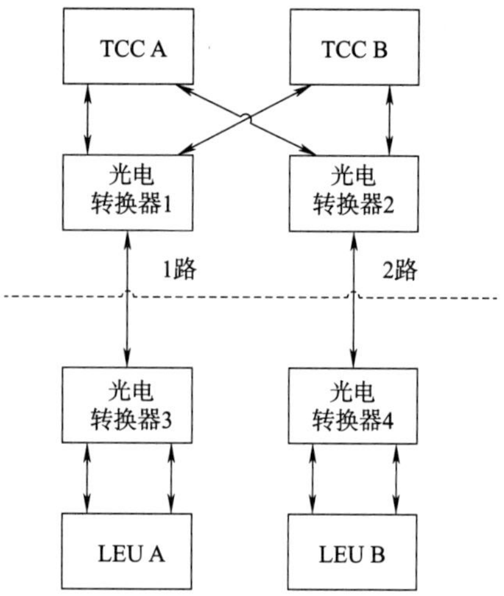

图 3-46　与列控中心通信方式

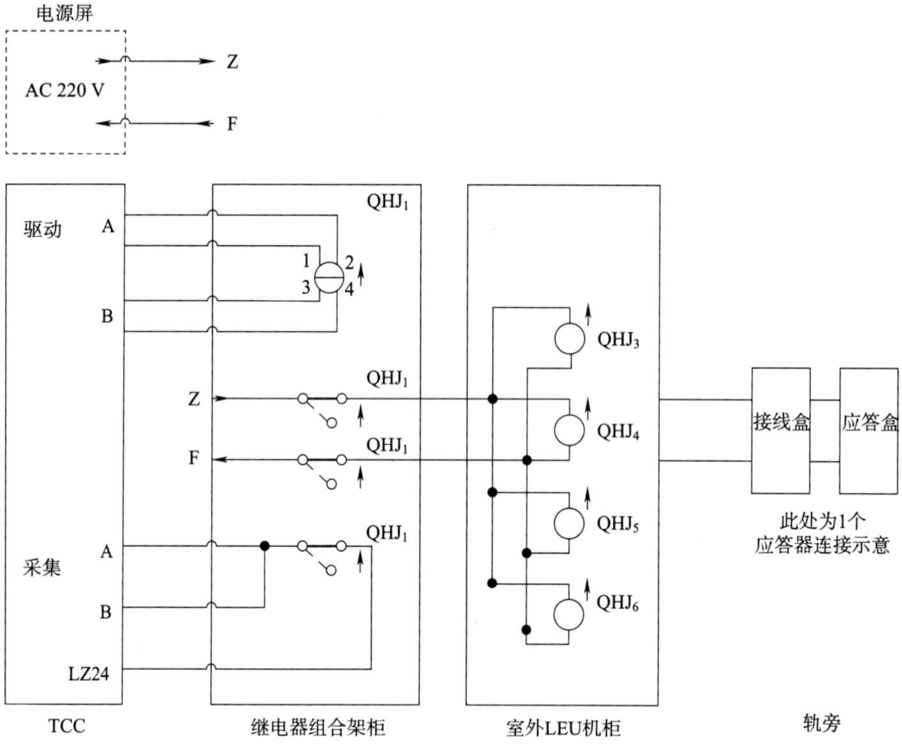

图 3-47　继电器切换接口

QHJ_1 使用 JWXC-1700 型继电器。主系和备系同时驱动 QHJ_1，QHJ_1 吸起，AC 220 V 切换电源经 QHJ_1 的前接点驱动 QHJ_3、QHJ_4、QHJ_5、QHJ_6 吸起，LEU A 通过 QHJ_3、QHJ_4、QHJ_5、QHJ_6 的前接点连接应答器 1、2、3、4，LEU B 连接负载电阻。

如果 LEU A 故障，列控中心收到 LEU A 故障信息，列控中心停止驱动 QHJ_1，导致其落下，AC 220 V 切换电源无法送至室外，QHJ_3、QHJ_4、QHJ_5、QHJ_6 落下，LEU A 连接负载电阻，LEU B 通过 QHJ_3、QHJ_4、QHJ_5、QHJ_6 的后接点连接应答器 1、2、3、4。

继电器组合与 TCC 的连接采用 4 路信号电缆，DC 24 V。

继电器组合电源屏的连接采用 1 路电源电缆，AC 220 V，电压范围为 AC 210～230 V，47～63 Hz。

继电器组合与室外 LEU 机柜的连接采用 1 路信号电缆，AC 220 V。

③应答器接口

室外应答器电缆通过室外 LEU 机柜内部配线端子和防雷单元后连接到 LEU 单元，每台 LEU 机柜最多连接 4 台应答器。

万可端子 $P0_1$、$P0_3$ 接应答器 1，$P0_5$、$P0_7$ 接应答器 2，$P0_9$、P_{11} 接应答器 3，P_{13}、P_{15} 接应答器 4。

按照既有应答器电缆配置防雷单元。

④电源接口

电源屏输出 2 路 AC 220 V，经机柜内部电源模块为 LEU、光电转换单元提供 24 V 电源。

LEU 室外机柜的电源接口如图 3-48 所示。

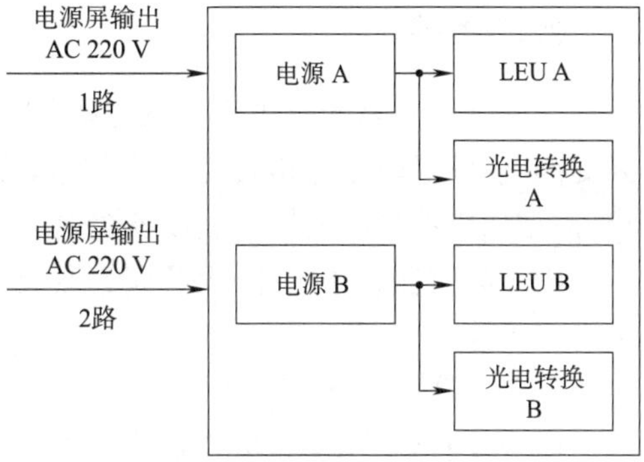

图 3-48　LEU 室外机柜的电源接口

供电设备提供独立电源，向室外 LEU 系统提供 AC 220 V 不间断电源，电压范围：AC 184～264 V，47～63 Hz。

(4)LEU 室外系统接地

外部的综合地线可直接接在底座下方的 $M10$ 螺栓处，也可通过进入机柜内的预设的综合地线接地柜内保护地；

柜内设备接地，有 LEU 地线接柜内保护地、设备内部的各屏蔽线缆的屏蔽层接地、接柜内的屏蔽地。

(5)LEU 室外系统的使用方法

①分别闭合“电源 1”“电源 2”“电源 3”开关。

②分别观察 LEU 设备、光电转换单元、切换继电器指示灯状态，若各指示灯状态正常，表示系统进入正常工作状态。

③本系统最多可以连接 4 个应答器，每连接一个应答器，需取下相应位置(万可端子排 P_0～P_{16})的负载电阻。

8. LEU 设备的指示灯

(1)LEU 电源指示灯

固定在正面有 4 个系统 LED 灯：5 V 1 绿色，正常状态常亮；5 V L 绿色，正常状态常亮；24 V E 绿色，正常状态常亮；24 V R 绿色，正常状态常亮。

(2)LEU 系统指示灯

WD 绿色，正常状态常亮。ER 红色，与列控中心连接成功的状态下常灭，与列控中心未连接的状态下闪烁。E1 黄色，正常状态常亮。E2 黄色，正常状态常亮。1 绿色，正常状态快速闪烁。2 黄色，正常状态常灭。

(3)LEU 应答器指示灯

MESSAGE 黄色，当向应答器通道发送报文时，闪烁。

TRAIN 黄色，当监测到列车通过应答器时点亮，通常情况下常灭，在连接有电缆检测盒的情况下，当应答器电缆正常连接时闪烁。

DEFAULT 红色,常灭(带载),当出现故障时点亮,如输出应答器短路或开路。

(4)LEU 安全输出指示灯

S_{01} 黄色,正常状态常亮。

(5)光电转换单元指示灯

P 绿色,电源指示灯,正常状态常亮。

10/100 黄色,灭,10 Mbit/s 速率;亮,100 Mbit/s 速率。

DA/STAT 绿色,灭,无连接;亮,有连接;闪烁,数据交换。

DA/STAT(Port1)绿色,灭,无连接;亮,有连接;闪烁,数据交换。

(6)继电器状态指示灯

绿色,表示继电器工作状态。

四、应答器

应答器是 CTCS-2 级列控系统中车—地信息传输的主要设备之一。随着列车运行速度不断提高,仅依靠轨道电路发送闭塞信息,在信息量方面已经不能满足列车安全高速行驶的要求,需增加应答器向列控车载设备提供大量固定信息和可变信息。

地面应答器设备包括:无源应答器、有源应答器、应答器地面电子单元(LEU)以及应答器读写工具等。

1. 应答器的功能

应答器有以下功能:接收电能信号,探测、解调远程能量信号;产生上行链路信号,通过接口 A1 向列控车载设备传送报文;选择启动方式,确定是发送自身存储的报文还是发送接口 C 来的报文;串音防护;管理操作/编程模式;接收来自接口 C 的数据;控制 I/O 接口特性;产生“列车通过”信号。

应答器向列控车载设备传送以下信息:

①线路基本参数:如线路坡度、轨道区段长度等参数。

②线路速度信息:如线路最大允许速度等。

③临时限速信息:当由于施工等原因引起的对列车运行速度进行限制时,向列车提供临时限速信息。

④车站进路信息:根据车站接发车进路,向列车提供“线路坡度”“线路速度”“轨道区段”等线路参数。

⑤道岔信息:给出前方道岔侧向允许列车运行的速度。

⑥特殊定位信息:如升降弓、进出隧道、鸣笛、列车定位等。

⑦其他信息:固定障碍物信息、列车运行目标数据、链接数据等。

应答器用于向 CTCS-2 级列控系统车载设备提供线路速度、线路坡度、轨道电路、临时限速等线路参数信息;向 CTCS-3 级列控系统车载设备提供位置、级间转换、建立无线通信等信息。

应答器以报文的形式发送信息,因此需要定义报文的格式和所代表的含义。我国列控系统中,应答器报文采用欧洲标准。每条应答器报文都是由一个 50 位的报文帧头、若干信息包以及一个 8 位的结束包构成,共计 830 位,每个信息包都具有各自的格式和定义。为了保证传输的安全性和可靠性,要按照欧洲标准对其进行加扰编码,形成 1 023 位的传输报文,应答器、LEU、列控中心中储存、传输的都是 1 023 位的传输报文。

2. 应答器的分类

根据应答器所传输报文是否可变，应答器分为固定信息应答器(无源应答器)和可变信息应答器(无源应答器)。

每个无源应答器预先固定写入一条应答器报文，列车经过该应答器时，固定发送预先写入的报文。无源应答器用于发送固定不变的数据，如设置在区间，发送线路坡度、最大允许运行速度、轨道电路参数、列控等级切换等信息。

有源应答器通过专用的应答器电缆与 LEU 连接，根据 LEU 设备所发送的报文，变化地向列车传送应答器报文信息，主要是进路信息和临时限速信息。有源应答器的报文按应答器编码规则编制，内容包括编号、链接关系、临时限速(至限速始点距离、限速区长度、限速速度)、进路长度、线路载频、线路固定信息等。

3. 应答器的结构

阿尔斯通的有源应答器和无源应答器结构完全相同，通过电缆及插接件与 LEU 连接，就作为有源应答器使用。西门子的有源应答器在生产中已经将电缆固定在应答器上。它们均符合欧洲标准。

(1)应答器机械特性

应答器由壳体(黄盒子)、电路板、灌封材料构成。壳体由玻璃纤维类材料热压而成；电路板厚度为 3.2 mm，安装在壳体内，它包含了用于发送和接收的电磁感应耦合线圈。应答器外部尺寸：长 480 mm，宽 350 mm，高 70 mm。质量约 7 kg。

(2)应答器的电路板

应答器电路板原理如图 3-49 所示。

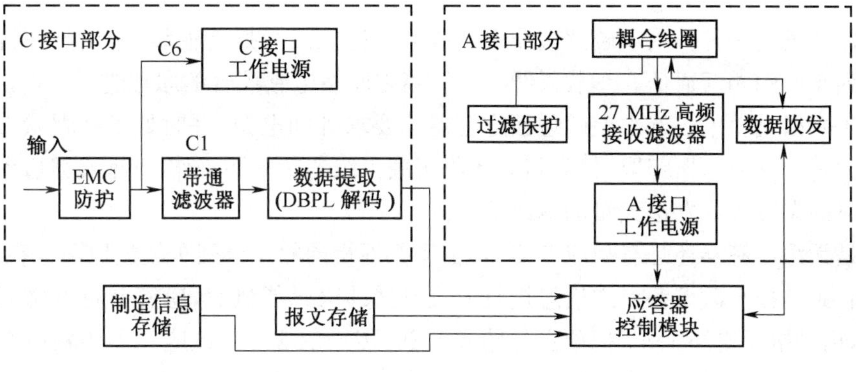

图 3-49　应答器电路板原理

当车载天线接近应答器时，应答器的耦合线圈感应到 27 MHz 的磁场，能量接收电路将其转化为电能，从而建立起应答器工作所需要的电源，应答器开始工作。

应答器控制模块是整个电路的控制核心，当电源建立后，它首先判断由 C 接口来的数据是否有效。若有效，则控制模块将发送 C 接口传来的收据。若该数据无效或无数据，则使用存储在报文存储器中的数据，将其进行移频键控(FSK)调制后，输出到数据收发模块，经功率放大后由耦合线圈发送。只要电源存在，控制模块就不间断地发送。

一旦控制模块作出报文选择(选择存储的数据还是 C 接口传来的数据)，在这次上电的工作周期内，无论 C 接口数据有效与否，应答器都不会改变发送的数据。

当车载天线离开应答器上方后，应答器失去了电源，便停止数据发送。C接口工作电源仅用于该接口电路部分，不给控制模块和数据收发供电，因此，有源应答器也只有在车载天线出现时才发送数据。

(3)应答器的接口

应答器与其他设备连接以及报文传输主要有A接口、C接口。

①A接口

A接口是应答器与列控车载设备之间的无线传输接口，它具有上行数据传输接口A1、供电接口A4、编程接口A5。

A1接口是应答器向列控车载设备传输数据报文的接口。当车载设备经过应答器上方时，应答器连续不断地将1 023位的传输报文发出。A1接口采用移频键控调制方式。

A4接口是列控车载设备向应答器提供工作电源的接口。车载天线单元通过连续发送频率为27.095 MHz的电磁波，应答器感应该电磁波，并将其转换为工作电源。

A5接口用于对应答器进行编程，即写入报文及生产制造标识信息。

②C接口

C接口是LEU与有源应答器之间的数据传输接口，具有C1接口、C6接口、C4接口。

C1接口用于LEU向有源应答器传送报文。LEU将1 023位的应答器传输报文进行码型变换，将其转换为DBPL码，通过电缆不间断地向有源应答器发送。分线盒至有源应答器的连接采用铜丝编织屏蔽层应答器数据传输电缆。

C6接口是由LEU给有源应答器接口电路提供电源的接口。

C4接口用于有源应答器向LEU发送有列车通过的信息。

4. 应答器的工作原理

应答器系统是一种采用电磁感应原理构成的高速点式数据传输设备，用于在特定地点实现地面与列车间的相互通信。车载天线与应答器之间按电感耦合的原理进行工作。

安装于两根钢轨中心枕木上的地面应答器不要求外加电源，平时处于休眠状态。应答器的工作电源是由感应电压获取，仅靠瞬时接收车载天线的功率而工作，并能在接收到车载天线功率的同时向车载天线发送大量的编码信息。

不论是无源应答器还是有源应答器，其工作原理相同的。当列车经过地面应答器上方时，应答器接收到列控车载设备点式信息接收天线发送的电磁能量后，应答器将电磁能量转换为工作电源，启动电子电路工作，把预先存储或LEU传送的1 023位应答器传输报文循环发送出去，直至电能消失(即车载天线离去)。

通过报文读写工具(BEPT)可以改写无源应答器的数据报文，对无源应答器存储的数据报文进行读出、校核。

有源应答器通过与LEU的连接，可实时改变传送的数据报文。当与LEU通信故障时(接口C故障)，有源应答器可以自动切换到无源应答器工作模式，发送预先存储在应答器中的默认报文。

LEU与应答器通信中断时，有源应答器应有保证行车安全的缺省报文。在办理通过进路且出站有源应答器通信中断或列车未收到其报文时，若进站应答器预告有临时限速，车载ATP将按45 km/h速度控制列车在区间运行；否则按线路规定速度控车。

5. 应答器组

为完成传送的数据报文的任务，应答器组经常要成组运用，构成应答器组。由 2～8 个应答器组成。组内相邻应答器间的最小距离应为(5.0±0.5) m。

6. 应答器编号和名称

(1)应答器编号

每个应答器(组)都有一个编号，并且该编号在全国铁路范围是唯一的。

在每一条报文的帧头中，都要包含该应答器(组)的编号以及每个应答器在组中的位置；在链接信息包中，要提供所链接的应答器的编号。

每个应答器(组)的编号由大区编号、分区编号、车站编号、应答器单元编号共同构成。应答器编号表示为：大区编号—分区编号—车站编号—应答器单元编号(应答器组内编号)。

大区编号是按全国铁路区域、以现行电务段或高速铁路区域为参照而划分的，它由三位十进制数表示，编号范围为 1～127。

分区编号由一位十进制数表示，编号范围为 1～7。在大区编号内，以线别和车站分布情况进行分区编号，同一线别的车站应尽量分配在同一分区内，车站数量较多时可分配多个分区；车站数量较少时，多个线别可合并在一个分区内。

车站编号由两位十进制数表示，编号范围为 1～60。一般按分区内车站的下行方向顺次进行车站编号，当多个线别合并在一个分区时，线别之间车站编号留出适当余量，既有分区内增减车站时，不得影响其他车站编号。

应答器单元编号由三位十进制数表示，编号范围为 1～255。对车站管辖范围内(含区间)的全部应答器(组)进行统一编号，以列车正运行方向或用途为参照，按正线贯通、从小到大的原则进行编号，下行编号为奇数，上行编号为偶数。

每个应答器组可由 1～8 个应答器组成，以列车正运行方向为参照，列车首先经过的应答器为①，其他顺次编号。

(2)应答器名称

应答器编号相当于是身份识别，而从该编号中很难看出其特征及安装位置，不便于维护和管理，因此，除编号外，每个应答器(组)应有其名称。应答器命名以 B 开头，后加里程标或信号机名称，其中里程标参照区间通过信号机命名规则。

7. 应答器的设置

在 CTCS-2 级区段，应答器的设置分为在进站信号机外方设置的应答器组、出站信号机外方设置的应答器、区间设置的应答器组、设置特殊用途的应答器组(包括用于列控等级切换和大号码道岔的应答器组)。应答器布置如图 3-50 所示。

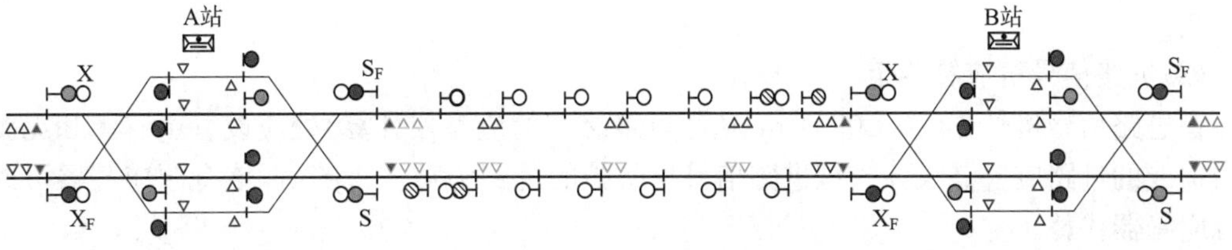

图 3-50　应答器布置

(1)进站信号机应答器组

进站信号机外方(30±0.5) m(从靠近绝缘节的应答器计算)处设置由有源应答器和无源应答器组成的应答器组(JZ),提供临时限速、接车进路参数、调车危险以及发车方向的区间轨道电路和线路参数等信息。

应答器组距调谐单元或机械绝缘节的距离为(30±0.5) m,组内相邻应答器间的距离为(6±0.5) m,图 3-51 所示为在进站信号机处设置 1 个有源应答器和 1 个无源应答器组成的应答器组。

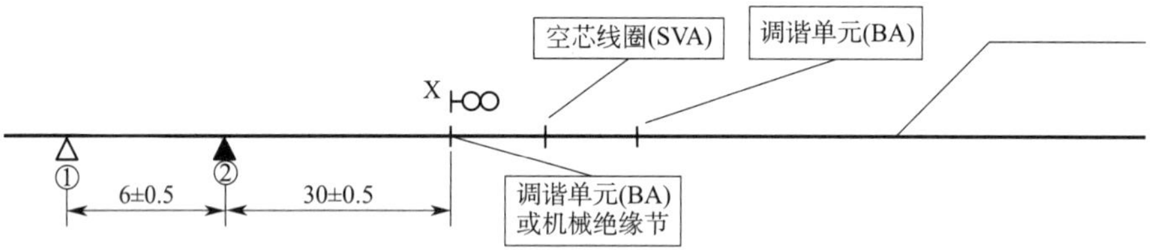

图 3-51 进站信号机处应答器组设置示意(单位:m)

正向进站口第一个应答器为无源应答器,用于提供反方向行车时所需要的数据,如反向链接、反向运行、反向运行的轨道区段和调车危险信息包。进站口第二(三)个应答器为有源应答器,用于提供列车正向进站所需要的数据,如正向链接、线路坡度、轨道区段、临时限速信息包;当排列反向发车时,发送反向运行、临时限速等信息。由于这些信息随着排列不同的进路而变化,因此需要靠有源应答器传送。有源应答器的设置位置靠近进站信号机。

反向进站信号机(或标志牌)处设置由有源应答器和无源应答器组成的应答器组,用于列车定位、进路线路参数和临时限速,其应答器组设置如图 3-52 所示。

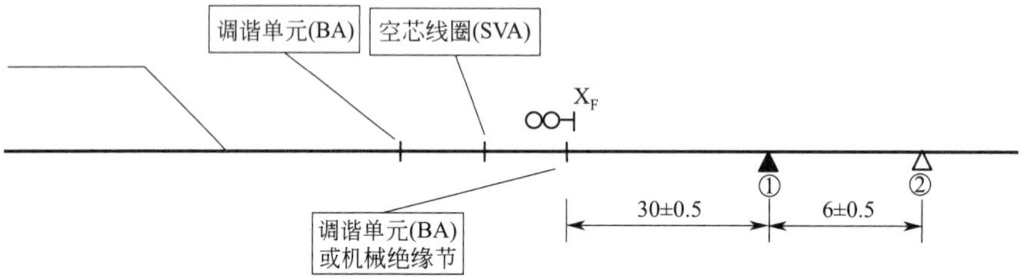

图 3-52 反向进站信号机处应答器组设置示意(单位:m)

反向进站口按列车正向运行,该处第一个是有源应答器,当排列正向发车时,有源应答器发送正向链接信息包、临时限速信息包;当排列反向接车时,发送轨道区段、临时限速、反向运行信息包。第二(三)个是无源应答器,提供正向、反向运行的线路坡度、轨道区段和调车危险信息包。

(2)进路信号机应答器组

在进路信号机外方(30±0.5) m(从靠近绝缘节的应答器计算)处应设置由有源和无源应答器构成的进路应答器组。当该进路信号机防护的进路为唯一进路时,该有源应答器可改用无源应答器代替。

(3)出站信号机应答器组

在车站到发线和有图定转线作业的正线出站信号机处设置由一个有源应答器和一个无源

应答器构成的出站应答器组（CZ）。用于列车定位、进路线路参数、临时限速、绝对停车（当出站信号关闭时，应答器组发绝对停车报文，车载设备在完全监控、部分监控、调车监控、机车信号等工作模式下接收到该报文均应触发紧急制动）。

出站信号机和轨道电路绝缘节均设置在距警冲标 55 m 处（含过走防护距离 50 m），出站信号机处的应答器组应安装在出站信号机绝缘节前方（30±0.5）m（从靠近绝缘节的应答器计算）处，应答器在站内股道设置位置如图 3-53 所示。

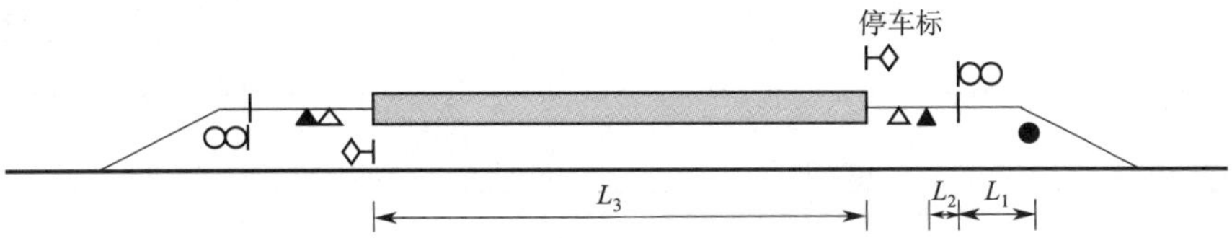

L_1—警冲标至绝缘节距离（含过走防护距离）：55 m；L_2—应答器至绝缘节距离：（30±0.5）m；

L_3—车站站台长度：450 m。

图 3-53　应答器在站内股道设置位置示意

（4）调车应答器组

对于有调车作业并有可能危及列车运行安全的调车信号机外方适当地点应设置由一个有源应答器和一个无源应答器构成的调车应答器组（DC），提供调车危险信息。

（5）列车定位应答器组

车站进站信号机（含反向）外方（200±0.5）m 处、车站各股道中间应设置由单个无源应答器构成的定位应答器组（DW）。

（6）区间应答器组

区间设置无源应答器组，用于提供线路固定参数，如线路坡度、线路允许速度、轨道区段、链接信息等。

区间原则上每两个闭塞分区，即间隔一个闭塞分区设两个及以上无源应答器构成应答器组（Q），应答器在区间设置位置如图 3-54 所示。

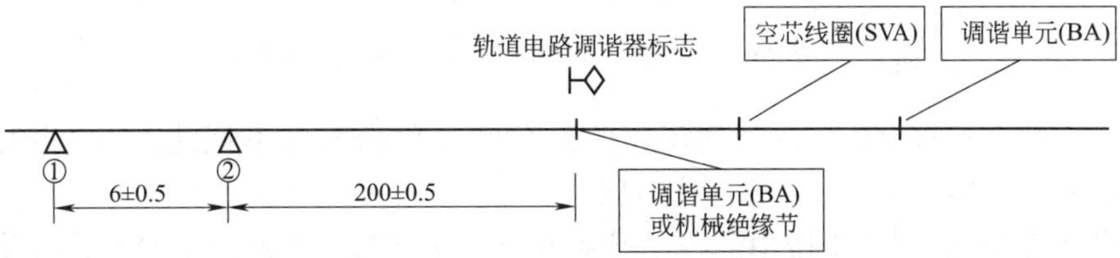

图 3-54　应答器在区间设置位置示意（单位：m）

区间无源应答器组应设置在闭塞分区入口处外方，并距闭塞分区入口最近的调谐单元（BA）或机械绝缘节（200±0.5）m（从靠近调谐单元或机械绝缘节的应答器计算）。

对于正向运行的信息，应答器提供至运行前方第二个应答器（组）的线路参数，并增加一个完整列车常用制动距离的数据余量，同时还必须满足覆盖前方应答器从次高允许码到 HU 码的闭塞分区数量，即取上述两种条件下信息覆盖长度较大值。

(7)区间信号中继站应答器组

区间信号中继站处,上、下行线路分别设置由有源应答器和无源应答器构成的中继站应答器组(ZJ),用于发送临时限速信息。中继站应答器组之间的距离应为(100±0.5) m。中继站应答器设置如图 3-55 所示。其中,第一个有源应答器位置处设置中继站标。该标志采用白底色、写有黑"××号中继站"标记的反光长方形板,装设于邻近的接触网支柱上。

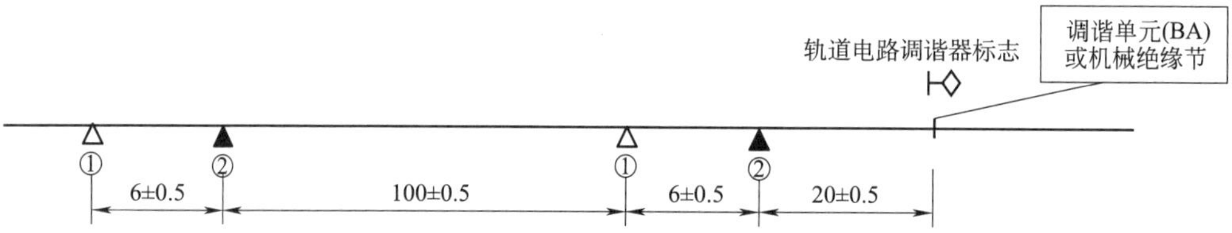

图 3-55 区间信号中继站应答器设置示意(单位:m)

(8)级间转换应答器

动车组同时装备列控车载设备和 LKJ。列车在线路上运行时,需要自动地完成 CTCS-0 级至 CTCS-2 级或相反过程的控车等级的切换,中途不需要列车停车。

CTCS-2 级区段与 CTCS-0 级区段的分界处设置级间转换应答器组,提供切换信息,以实现列控车载设备与 LKJ 之间的转换。级间切换点一般选择在车站离去区段区间信号机(点)处。级间切换点设三组固定信息应答器,分别是正向预告点应答器组(YG0/2)、等级转换执行应答器组(ZX0/2)和反向预告点应答器组(FYG0/2),CTCS-0/CTCS-2 级间预告应答器组及执行应答器组应由两个无源应答器组成,CTCS-0/CTCS-2 级间转换应答器布置如图 3-56 所示。

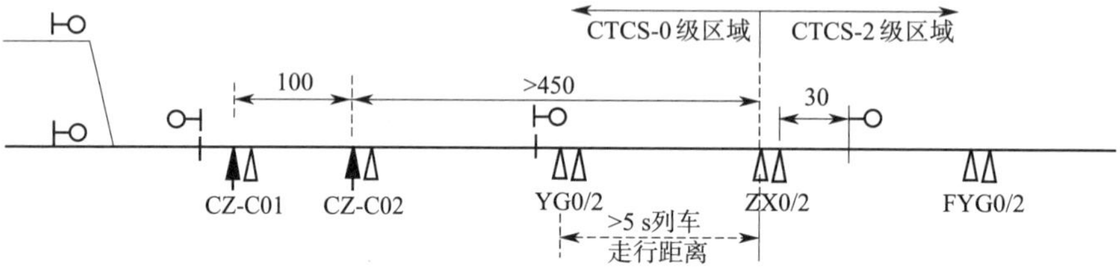

图 3-56 CTCS-0/2 级间转换应答器布置示意(单位:m)

等级转换执行点宜设置在区间列车较少实施制动的区段,且不宜设置在过分相区附近。等级转换执行应答器组应设置在距闭塞分区入口(30±0.5) m 处。

转换预告点与执行点之间的距离应大于列车按等级转换点处线路最高允许速度运行 5 s 的走行距离。

级间转换应答器根据功能分别存储切换预告信息和执行信息,当列车通过预告点应答器时,列控车载设备接收到级间转换预告信息,提示列车司机准备开始切换,当列车越过转换执行点应答器后,开始执行转换动作。预告点和执行点应答器信息互为冗余,只要一组应答器工作正常,就可以向列控车载设备提供完整的级间转换信息。

为保证控车权可靠平稳交接,控车权的交接以列控车载设备为主。级间转换时若列车已触发制动,则保持制动作用完成,直至停车或列车发出缓解指令后,再自动切换。如果自动切换失败，或其他特殊情况下，司机可以根据列控车载设备指示，手动进行级间转换。

在级间转换应答器组对应的线路左侧设级间转换标志。该标志采用涂有白底色、黑框、写有黑“C0”“C2”或“C3”标记的反光菱形板。

(9)大号码道岔应答器组

为了提高列车侧向通过道岔的速度，在 18 号(不含)以上大号码道岔外方第二个闭塞分区入口(200±0.5) m 处应设置由有源应答器和无源应答器组成的大号码道岔应答器组(DD)。

根据道岔区段排列进路条件，给出道岔侧向允许列车运行的速度。根据道岔区段排列进路条件的不同，同一大号码道岔其侧向允许列车运行的速度可以有多个等级。

当大号码道岔侧向允许列车运行的速度小于或等于 80 km/h 时，应答器可以不给出“大号码道岔”报文。

(10)自动过分相应答器组

采用应答器提供过分相信息时，根据需要可在自动过分相区域设置过分相区预告应答器组和分相区定位应答器组(DW-F)。主要用于 CTCS-2 级列控系统为动车组提供过分相预告信息和换相信息。预告、定位应答器组也可利用其他区间应答器组或车站应答器组。

分相区信息应为分相区断电标志牌起点位置及长度信息，如图 3-57 所示。

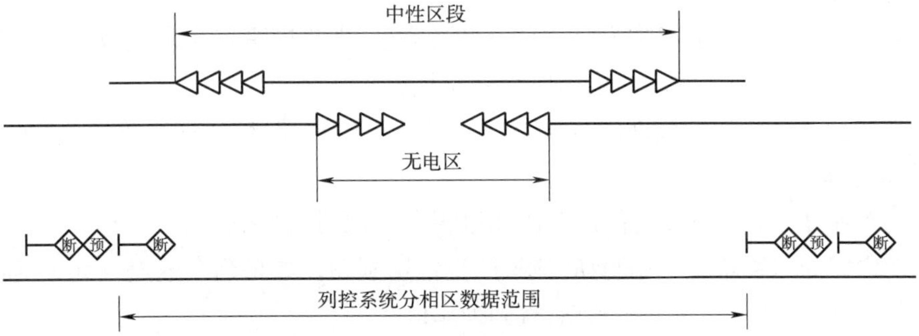

图 3-57　分相区示意

正向运行时，宜有三组区间无源应答器组发送分相区信息，第一组宜为分相区外方第 7 个闭塞分区入口处的区间应答器组，第二组宜为 20 s 外方最近的区间应答器组，最后一组宜为 10 s 外方最近的区间应答器组，发送分相区应答器位置如图 3-58 所示。

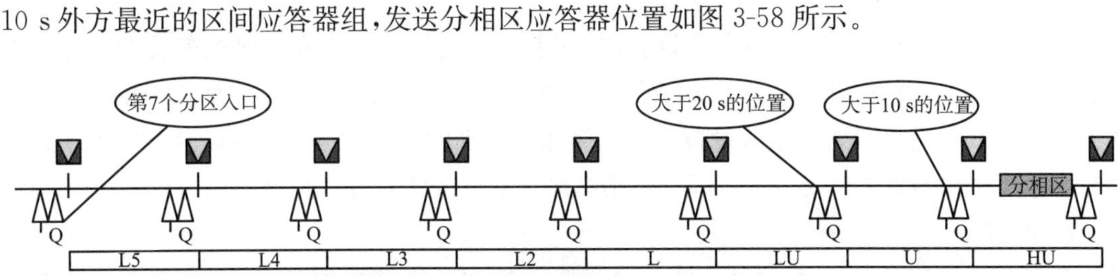

图 3-58　发送分相区应答器位置示意图

当反向线路参数覆盖范围内有分相区时，对应的应答器组应发送反向过分相信息。

(11)断链应答器组(DL)

在长短链边界设置长短链专用的单个应答器构成的断链应答器组。

第三节　CTCS-2级列控车载设备

CTCS-2级列控车载设备有CTCS2-200H型和CTCS2-200C型。

一、列控车载设备的功能

1. 轨道电路信息接收与处理

通过轨道电路信息接收天线和轨道电路信息接收模块从轨道电路获取地面信息，包括：行车许可、前方空闲闭塞分区数量、车站进路速度等信息。

2. 应答器信息接收与处理

通过应答器信息接收天线和应答器信息接收模块从地面应答器获取地面信息，包括：前方线路信息、列车位置、列车的运行方向、进路信息、临时限速信息等。

3. 测速测距

实时监测列车运行速度并计算列车走行距离，校正空转或滑行对测速测距的影响。根据应答器信息进行位置校正，两个应答器的位置校正通过检测轨道电路的边界（绝缘节）实现。可通过主机的拨码开关进行轮径补偿系数的设定。

4. 超速防护

根据来自轨道电路信息接收模块的轨道电路信息、来自应答器信息接收模块的线路数据以及列车的特性，生成一次制动的连续控制模式曲线。

列控车载设备监控列车允许的速度，包括：动车组构造速度、线路允许速度、进路允许速度、临时限速和紧急限速。

如果列车速度与允许速度之间的差距超过报警门限，提供相应报警信息。如果列车速度与允许速度之间的差距超过常用制动门限，产生常用制动。如果列车速度与允许速度之间的差距超过紧急制动门限，产生紧急制动，直到列车停车。

5. 两种车载工作方式选择

列控车载设备具有设备制动优先和司机制动优先两种模式，允许通过内部设置（机柜内跳线）选择其中一种模式。

6. CTCS级间切换

CTCS级间切换主要指列控车载设备与LKJ之间控制权的切换。列控车载设备在地面应答器的配合下，可以在区间完成与LKJ的自动切换，也可以通过人机界面（DMI）进行人工切换。控车权的交接以列控车载设备为主。为保证制动的安全性、平稳性和连续性，如果在切换时列控车载设备或LKJ已经触发制动，则在停车后或缓解后方可切换。

7. 防溜

在列车停车的状态下，会对列车的不恰当移动进行防护，防止列车在停车状态下发生非预期的前后移动。

8. 与LKJ接口

通过开关量接口、通信接口、模拟量接口，列控车载设备向LKJ输出控车权，与LKJ交换与运行监督记录有关的信息，提供轨道电路感应信号、机车信号等；LKJ经列控车载设备与列车的制动控制接口连接。LKJ 向列控车载设备输出 LKJ 制动状态以及司机号、车次号、日期、时间等信息。

9. 与列控设备动态监测设备接口

列控车载设备设有用于进行动态监测的通信接口。通过该接口实时监测列控车载设备的运行情况，提供接收的轨道电路信息、应答器信息、工作模式、模式速度、车体输入状态、车体输出状态、设备工作状态等。

10. 与动车组接口

列控车载设备接收动车组输入的牵引位置、制动位置、零位位置、向前位置、向后位置等信息，向动车组输出紧急制动、最大常用制动、中等常用制动、弱常用制动、切除牵引等指令。

11. 机车信号

列控车载设备具备机车信号功能，并向列车运行监控记录装置输出机车信号信息。

12. 载频锁定

轨道电路信息接收模块具有接收多个载频的能力。利用应答器信息、人机界面(DMI)选择、轨道电路信息等三种方法锁定载频。在 CTCS-0 级列控系统区段，按人机界面(DMI)选择和轨道电路信息锁定载频的方法中最新接收的指令锁定载频。在 CTCS-2 级列控系统区段，优先采用应答器信息锁定载频。如果未收到应答器信息，也可通过人机界面(DMI)选择或轨道电路信息锁定载频。

13. 与司机进行信息交互

通过人机界面(DMI)设备，可接受司机的信息输入，部分非安全信息也可通过运行监控装置提供，并向司机提供以下信息：列车实际速度、目标速度、限制速度、目标距离、机车信号等，以及显示和声音提示。

14. 数据记录

为了能在事故发生时进行原因分析，采用连续记录的方式对信息进行详细记录，最少可以连续记录 24 h，记录的周期为 300 ms。对于地面应答器的信息，只有在通过地面应答器时才进行记录。记录列控车载设备的主要状态，其记录容量达到 30 天以上。只有在检测出故障时，才进行一般设备状态记录。当所有数据域记录满后，用新数据覆盖旧数据。

二、列控车载设备的功能扩展

在 CTCS-2 级列控系统发展过程中，不断增加了新的功能，进一步帮助司机实现重要信息的提示，重要功能的执行处理。同时不断改进子设备的数据记录、存储、下载等方式，进一步提升现场维护的效率和水平，减轻司机的劳动强度，提高了运营效率。

1. 站台信息提示

动车组均为两侧配置车门的方式。在站内一般都采用两个相邻站台间铺设两条甚至三条股道的方式建设。这样动车组在站内上下旅客时，仅开启一侧车门，另一侧车门绝大部分情况下都是紧靠邻线线路。动车组列车尚不具备站台识别和正确控制开启站台侧车门的功能，开门作业由动车组司乘人员手动操作，司机在列车进站对标停车后，需要反复瞭望，确认站台侧后方可开启对应站台侧车门。故存在司机误操作，开错车门的隐患。一旦车门方向开启错误，就存在旅客跌落的风险，造成运营事故，后果非常严重。亟需增加站台侧信息提示功能，能在列车进站过程中和列车停车后给司机清晰明确的站台侧提示信息。

在有站台股道的两端的出站信号机处应答器组或进路应答器组的无源应答器中增加文本信息包[ETCS-72],有效范围为股道两端应答器间的距离。文本信息内容为"＃L"或"＃R","＃"为站台侧信息区分标志,"L"为运行方向左侧站台,"R"为运行方向右侧站台。

车载设备处于除LKJ、隔离(IS)模式及调车监控(SH)模式外的其他模式时,会处理站台侧信息。当列车运行至股道,接收到站台侧信息时输出两遍"左侧站台"或"右侧站台"的语音。当列车停车,ATP输出防溜制动时,输出两遍"左侧站台"或"右侧站台"的语音,同时在DMI上以1 Hz频率闪烁显示站台侧方向图标3次后,稳定显示图标。直至列车起动后,不再显示站台信息图标。

2. 自动过分相

列车通过分相区时,需要控制主断路器(VCB)断开,到达新分相区再闭合VCB。现行的地面开关自动切换方案和柱上开关自动断电方案存在如下缺点:①真空负荷开关带负荷分断,不利于在线备份和检修备份;②合闸时有电流冲击;③投资巨大。磁感应式自动过分相,属于车上自动控制断电方案,实际使用中磁钢控制过分相有如下问题:①地面磁铁的安装需要在路基上施工,牵扯部门多、施工难度大;②对地面磁铁需要长期维护,检修难度大,且磁铁存在易丢失、弱化等问题,会造成漏检,发生拉弧等行车事故;③列车断电时间不可控,如果断电时间过长,则会造成较大的列车速度损失,如果时间过短,则会产生电流冲击和列车冲动。

列控车载设备进行软硬件优化设计,增加自动过分相控制功能。ATP自动过分相依托现有的地面应答器设备,通过在应答器报文中增加包含分相区信息的[ETCS-68]包,ATP获取[ETCS-68]包后提前预告前方有分相区,到达分相区后根据列车速度自动控制通过分相区;具有设备可靠性高、安装维护方便、利用现有资源改造升级投资低、距离精度准确、操作人性化等优点。

(1)硬件方案

ATP对外提供"分相有效"和"分相指令"两组信号。同时设立分相隔离开关,提供给主机"正常""隔离"和"禁止"三个挡位。当自动过分相异常时,可以通过分相隔离开关进行隔离。自动过分相硬件方案如图3-59所示。

(2)软件方案

CTCS2-200C型ATP在完全监控模式下通过应答器接收分相区信息应实现自动过分相控制功能。ATP在执行过分相操作时,DMI上动态显示分相图标,输出过分相语音等提示信息。

3. 数据无线下载与诊断

由于列控车载设备型号众多,软硬件单元众多,设备差异较大,数据记录存储方式各异,下载方式各异,对日常的维护管理十分不便,迫切需要实现车载设备记录数据的自动下载。根据既有技术条件,研制出车载数据无线下载系统,能在故障后较短时间内给出分析结果,既能减少故障对现场运营的影响,又能降低维护人员工作强度,提高劳动效率。

如CTCS2-200C型列控车载设备提供了一个可记录多种ATP运行网络数据、机车信号数据及多方式下载的记录转储单元。该单元依靠原有的ATP设备为基础,给ATP提供了一个较为全面的存储系统,ATP运行的所有数据均可发送到该单元进行存储,方便操作人员进行下载。记录单元与DMS进行通信,通过DMS进行无线传输和下载。

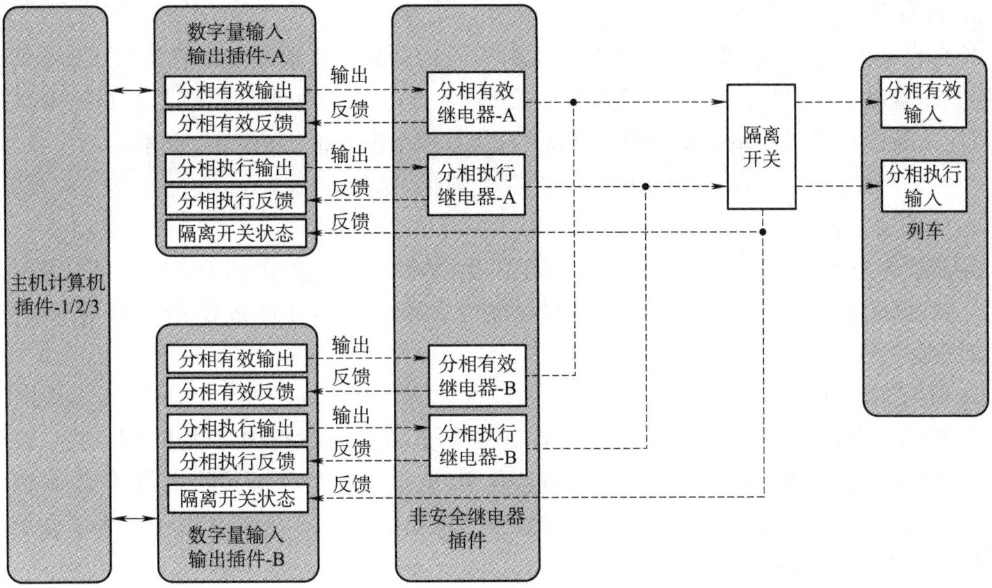

图 3-59　自动过分相硬件方案

CTCS2-200C 型 ATP 的 DRU 结构如图 3-60 所示，CCTE 将运行记录数据（SAM、MID）通过网线发送至 DRU。DRU 通过采集解码板（CFSK 板）入口的轨道电路模拟信号保存原始信号。DRU 采用网线与 DMS 相连，DMS 无线传输至地面终端。

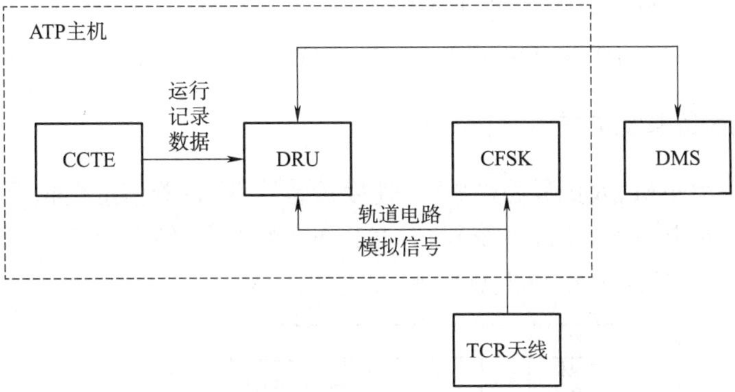

图 3-60　CTCS2-200C 型 ATP 的 DRU 结构

CTCS2-200C 型数据记录单元具备以下功能：①记录 ATP 网络数据；②记录 CFSK 信号数据；③下载记录的数据；④实时监测；⑤地面终端软件下载、显示 ATP 设备 SAM、MID 数据。

三、列控车载设备的特点

1. 采用目标—距离模式曲线控制方式

目标—距离模式曲线是根据目标速度、线路参数、列车参数、制动性能等确定的反映列车允许速度与目标距离间关系的曲线。它反映了列车在各位置的允许速度值。列控车载设备根据目标距离模式曲线实时给出列车当前的允许速度，当列车超过当前允许速度时，自动实施常用制动或紧急制动，保证列车能在停车点前停车。这种控制方式具有较高的运行效率。

2. 具有兼容性

具有自动根据地面设备配置情况确定运行模式的功能。当地面设备满足 CTCS-2 级条件时，列控车载设备按照目标距离模式曲线方式进行控制。当地面条件仅满足 CTCS-0 级条件时，列控车载设备可以实现机车信号的功能，为其他控制设备提供机车信号信息。

列控车载设备可以自动识别 ZPW-2000 系列轨道电路的信息。

3. 具有自我诊断能力

各子系统分别具有自检测和自诊断功能，发生故障时，通过静态和动态方式可以及时发现故障位置，保证系统不产生危险侧输出和尽量减小故障影响；发生严重故障时，具有降级能力，保证列车运行安全。

4. 具有实时性

列控车载设备是实时信息处理和实时控制的系统，在列车运行中对轨道电路信息、线路参数、停车轨道电路和准许运行位置等进行信息采集，绘出一次制动模式曲线，并依据车辆位置与模式速度值的关系，对其进行实时、有序的处理，输出制动力。线路数据和限速信息无须预存在列控车载设备内部。

5. 可靠性、安全性高

列控车载设备设计严格遵照故障—安全原则，各模块之间以及与其他系统之间的联系采用冗余通道。

6. 可维护性

列控车载设备采用模块化开放式结构设计，易与相关系统接口，易于功能扩展更新，满足设备的可用性、维修性的要求。在使用中用户提出新的需求时，在硬件体系结构不变的前提下，可以对软件进行适当的修改升级工作。此外设备如有故障，可以直接更换模块或板卡。

四、列控车载设备系统构成

列控车载设备由主机、人机界面(DMI)、速度传感器、应答器信息接收天线、轨道电路信息接收天线等组成。列控车载设备系统构成(CTCS-2 级列控车载设备有 CTCS2-200H 型和 CTCS2-200C 型，现以 CTCS2-200H 型为例)如图 3-61 所示。

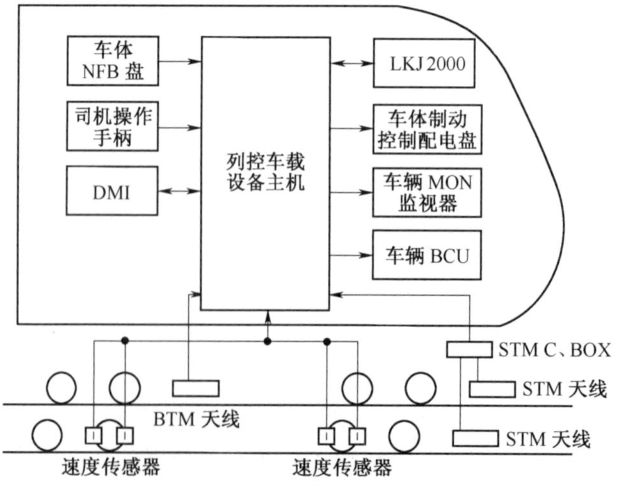

图 3-61　列控车载设备系统构成

1. 主机

主机是列控车载设备的关键部件，包括 VC、STM、BTM、DRU、TIU 等，它们组合成一体，放在机柜内，便于设备的安装、维护和管理。

(1)VC

VC 是列控车载设备的控制核心。它从车载设备各个模块获取信息，依据轨道电路信息、列车制动力、线路坡度、列车运行速度等信息，确定列车位置，生成相应的运行模式曲线；确定列车行车许可界限(LMA)后，生成制动模式曲线，并比较列车运行速度与模式曲线，必要时通过“故障—安全”电路向列车输出制动信息，控制列车安全运行。

安全计算机采用 2 乘 2 取 2 硬件安全冗余结构。由功能完全相同的两个系统构成。每个系统具有功能相同的两个 CPU。两个 CPU 的处理结果相比较，如果两个 CPU 的处理结果不一致，则说明该系故障。双重系统中的各系完全平等。单系发生故障时，隔离发生故障的系，制动指令由正常工作的系进行判断，不存在启动时间、相互切换等间隔，对运行没有影响。双系均故障时，持续输出制动。

VC 卡包括 8 块板卡，自左至右为电源板、QXC8-4A、QXC8-2A、BUF8-6A、FSC8-6A、OPE8-6A、AMP8-6A、QXC8-3A。电源板输入 DC 110 V，输出 DC 5 V 和 DC 24 V 电压。QXC8-2A、QXC8-3A、QXC8-4A 板用于和外部连接。BUF8-6A 板是车体条件的信号采集板。FSC8-6A 板和 BTM 进行通信接收应答器报文信息，和 DMI 进行信息传输，生成模式数据。OPE8-6A 板接收速度传感器的速度信号，与 STM 进行通信接收轨道电路信息，进行速度比较，进行设备整体的故障检测。AMP8-6A 板是“故障—安全”信号输出电路。

VC 采用 RS-422 方式与 STM、BTM、DMI 和 DRU 进行通信，通过采集速度分配盘的信号获取速度信息。

(2)STM

STM 通过感应接收线圈(即 STM 天线)感应出轨道电路的信息，由软件解调出信号的载频和低频信息，并将这些信息传递给安全计算机，为生成制动模式曲线提供依据，同时将没有处理的原始信息供给监控装置 LKJ。

STM 可根据应答器信息、轨道电路载频锁定信息、司机操作锁定可接收的载频，以防止邻线干扰。

为提高可靠性和安全性，STM 采用 2 乘 2 取 2 结构，由功能完全相同的两个系统组成。每个 STM 与一台安全计算机配合，组成一系控制系统。两系 STM 完全独立工作。

每套主机中有两块电源板和解码板，STM 的板卡从左至右依次为：电源板、记录板、解码板、模拟量输入板、解码板、测试板、电源板。电源板用于板卡的供电电源。解码板解读来自 STM 天线的轨道电路信息，与 VC 通信。模拟量输入将来自 STM 天线的轨道电路信号分配给解码板，与 VC 的通信接口。记录板通过采样获得轨道电路信息，在 CF 卡中记录 STM 的动作状态、故障信息等，用于数据分析。测试板可仿真轨道电路的载频信息，方便对 STM 天线的在线测试。

STM 通过电源电缆、通信电缆、模拟量输入电缆、测试电缆和仿真电缆与外部接口连接。电源电缆的输入为直流 110 V 电源。模拟量输入电缆的输入信号为从钢轨上感应出的载频加低频信号。测试电缆的输入信号为从测试板输出和从钢轨采集到的模拟信号。仿真电缆采用 RS-232 方式。通信电缆采用 RS-422 方式。

STM 可以接收最多 16 种载频，包括 ZPW-2000 系列轨道电路各种信息。

(3)BTM

BTM 用于接收处理应答器信息，并将解码得到的应答器报文提供给车载安全计算机。

在列车运行的整个期间，BTM 通过 BTM 天线，不断向地面发送信号。当列车经过地面应答器时，地面应答器被激活并将存储在其内的报文信息发送给 BTM 主机。BTM 主机接收到报文后进行框架确定、错误核对、解码，并将解码后的数据传输给 VC，为生成制动模式曲线提供数据。来自应答器的数据包括线路参数信息、进路信息、临时限速信息以及级间切换等信息。

BTM 由 7 块板卡构成，自右至左为：电源板、发送器、接收器、解码板和三块通信板。电源板将 DC 110 V 转换为 BTM 工作所需的 DC 24 V、DC 5 V、DC 3.3 V 电源。发送器产生 27.095 MHz 的能量信号并经由天线电缆传送给天线；接收由天线传来的从地面应答器接收到的 FSK 信号并将该信号传送给接收器；产生 BTM 主机工作所需的时钟信号。接收器在特殊情况下，如天线切换或系统自检时控制发送器的工作；接收由发送器传来的地面应答器 FSK 信号，并从该信号中解调出数字信号；将解调出的信号发送给解码板；BTM 主机工作状态的指示。解码板对接收的应答器报文进行解码处理，并判断报文的有效性。通信板通过通信接口与列车控制计算机通信；接收 VC 发送的查询命令，向 VC 发送有效的应答器报文或系统状态信息；通过诊断和监测接口实现系统诊断、监测功能。

BTM 通过电源线和通信线与外部接口连接。其中电源线输入 DC 110 V；通信线采用 RS-422 方式与 VC 和 DRU 通信。

在应答器组连续发送信息的情况下，列控车载设备能够暂时保留其内容。

(4)DRU

DRU 通过通信接口与 STM、LKJ2000、VC_1 和 VC_2 相连，获取列控车载设备的动作、状态、司机的操作等各种输入/输出信息，通过 BUF 板采集各节点的状态，可将行车及列控车载设备自身运行状况和节点的状态等关键数据记录到 PCMCIA 卡上，并可通过读卡器将数据下载至地面分析管理微机，维护人员根据下载读取记录卡的信息获取列车的运行信息，进行设备运行状况分析。

DRU 采用 PC 记录卡作为记录介质，将 PC 记录卡取出，即可利用一般的计算机来读出该记录卡上的记录内容。

DRU 由 8 块板卡组成，自左至右为 EUR-E060BCN、QXC8-1A、QXC8-2A、BUF8-4A、PCR8-1A、FSC8-6A 、QXC8-2A、QXC8-3A。EUR-E060BCN 板供各板卡电源。QXC8-1A、QXC8-2A 、QXC8-3A 板是用于和外部连接的 PCB 转接板。BUF8-4A 板采集来自 TIU 的继电器接点的信号和风扇故障信号。PCR8-6A 板接收速度传感器的速度信息，与 STM 进行通信接收轨道电路信息，进行速度比较；进行设备整体的故障检测。FSC8-6A 板与 BTM 进行通信接收应答器报文信息，与 DMI 进行通信，生成模式数据。

DRU 通过电源线和通信线与外部相连。通信线采用 RS-422 的方式与 BTM、LKJ2000、VC_1 和 VC_2 通信。

(5)TIU

TIU 也称为继电器逻辑单元，主要由继电器组成。TIU 接收来自两套安全计算机的输出指令，比较这两制动指令，进行“或”操作后，作为系统的最终输出。通过继电器输出相应的信号，包括 EB、B7N、B4N、B1N 等指令。当各系统制动指令输出不相同时，选择输出大的制动力指令。两系统中单系统故障时，故障系统的常用、紧急输出产生短路，列车接口单元不再核对双系统的输出，此时，正常系统的制动指令输出将作为系统的最终输出。两系统均故障时，则认为整个系统故障，列车接口单元最终输出紧急制动。

TIU 由 6 块板卡组成，从左到右为 RLY8-21A、RLY8-15A、RLY8-17A、RLY8-18A、RLY8-19A、RLY8-20A。RLY8-15A 板安装车载设备制动指令(EB、BR7)的最终输出继电器。RLY8-17A 板安装输入车体的 DC 110 V 所用的继电器。RLY8-18A 板安装检测系统故障继电器。RLY8-19A 板安装备用继电器、定时器电路。RLY8-20A 板安装车载设备制动指令(BR4、BR1、PCUT)的最终输出继电器。RLY8-21A 板安装 LKJ 的接口继电器。

TIU 将来自外部的输入分配给各个系统，并可以进行逻辑输出，还能将来自两个系统的输出进行集中。

此外，安装在 TIU 上的还有继电器 LKJOAR、LKJOBR，对来自列控车载设备的制动指令和来自 LKJ 的制动指令进行切换。

TIU 通过继电器与动车组设备、NFB 配电盘、司机操作盘、车体制动控制配电盘相连，此外还与列控车载设备的 DRU、VC_1、VC_2、LKJ2000 和隔离开关等相连。

(6)其他附属装置

机柜通过车体可靠接地，同时装备有其他附属装置，包括隔离开关、速度分配盘、风扇、风扇逆变器、浪涌吸收器、连接器与电缆等。

隔离开关是有两个位置的凸轮式开关，两个位置分别为“正常”和“隔离”，具有 14 个独立的接点。将开关打到“隔离”位置时，可停止列控车载设备控车。

速度分配盘(也称 WCD)将速度传感器输出的速度信号分配给 VC_1、VC_2、BCU、MON 等。

风扇用来对主机内部进行强行制冷散热。风扇逆变器将 DC 110 V 转换为风扇用的交流电源。DRU 读取风扇故障信号进行监控。

浪涌吸收器用来吸收浪涌电压。

为了保证各连接接口连接紧固，相关电缆接口分别采用 GTC 连接器、QE 连接器和航空插座，为了保证信号不受干扰，并且能够防火、防碰撞、防磨损，相关电缆采用了特殊的电缆：双绞屏蔽线或同轴无限频率电缆。

此外，列控车载设备还预留了 GSM-R 接口，以便于将来向 CTCS-3 级扩展。

2. 人机界面(DMI)

DMI 是列控车载设备的操作和显示界面，以图像、声音的形式输出速度信息、显示信息，输入“模式切换”“等级切换”等司机指令。

DMI 安装在便于司机操作和观察的位置。其面板配置为 LCD，周围配置了扬声器和各种按键，司机可以通过操作这些按键来切换列控车载设备的模式以及输入信息。

DMI 主要由显示屏、键盘、扬声器、航空插座，以及电源板、主板、嵌入式 CPU 板组成。显示屏用于显示各种图形信息。键盘用于司机进行各种操作或输入数据。扬声器用于向司机输出语音或声音提示信息。航空插座包括：电源插座用于连接车载设备的电源，A 系通信插座用于连接车载设备的 VC_1系，B 系通信插座用于连接车载设备的 VC_2系。电源板将输入电压转换为 DMI 内部各个部分所需的工作电压。主板为 CPU 板提供各种连接通道，包括通信接口、键盘采集接口等。嵌入式 CPU 板是 DMI 的核心计算部分，内部装有嵌入式操作系统。

DMI 软件系统包括主控模块、界面显示模块、通信采集模块、键盘接收处理模块和声音播放模块。主控模块负责任务调度。通信采集模块负责与列控车载设备进行通信。界面显示模块以图形化方式显示由列控车载设备传来的数据。键盘接收处理模块负责接收用户输入的操作命令和信息。声音播放模块播放各种提示信息和警示音。DMI 软件系统在主控模块的调度下，以图形化的方式显示接收到的列控车载设备数据，并伴有相应的语音提示和警示；同时接收来自键盘输入的用户操作命令和输入信息，通过通信模块反馈给列控车载设备，并给出相应的显示和语音提示、警示。

DMI 的电气接口包括电源接口和 HDLC 通信接口。电源接口为直流 110 V、1 A。DMI 的 HDLC 通信接口有两个，分别为 A 系和 B 系，接口为 RS-422 方式，全双工通信，分别接收列控车载设备 VC_1 系发送至 DMI 的信息、DMI 发送至 VC_1 系的信息、VC_2 系发送至 DMI 的信息、DMI 发送至 VC_2 系的信息。

3. 速度传感器

速度传感器属于磁电式感应器，安装在动车组两端车头的第二轴和第三轴上，将各轴的转速转变成电信号后加以输出。该信号的频率和列车速度成比例，传递给车载设备的 VC，VC 通过对该频率的计数来获得速度和距离。

动车组类型不同，速度传感器种类也不一样。如 CRH1 型动车组采用 AG43E 型速度传感器，CRH2 型采用 AG43 型速度传感器。

每个速度传感器有三组线圈：e_1、e_2 和 e_3。e_1 和 e_2 的相位关系正好相差 90°，由相位差可以判断列车前进还是后退。e_3 线圈的作用是通过能否产生振荡来判断线圈是否断线。

速度传感器通过 WCD 输入到 VC 内的 OPE 板内。

列控车载设备根据速度传感器传输的速度脉冲信号检测列车速度，并根据列车速度判断是否出现空转、滑行现象。

若当前列车速度和 1 s 前的列车速度的差值(加速度)过大，超过了空转判定加速度，列控车载设备认为出现了空转现象，并对列车速度进行校正。校正方法是把空转校正加速度默认为当前加速度，得出校正速度。来自速度传感器的检测速度值低于校正速度后，校正结束。

若当前列车速度和 1 s 前的列车速度的差值(减速度)过大，超过了滑行判定加速度，车载设备认为出现了滑行现象，并对列车速度进行校正。校正方法是把滑行校正减速度默认为当前减速度，得出校正速度。当来自速度传感器的检测速度值高于校正速度后，校正结束。

4. BTM 天线

BTM 天线安装在动车组头部距离车头一定范围内，车体底部的横向中心线上。为了从应答器得到报文，BTM 天线具有从车上向地面应答器发送能量的功能。BTM 天线通过地面应答器的正上方时，会接收到地面应答器所发出的高频无线电信号，并通过专用的电缆将该信号传递给列控车载设备中的 BTM。

5. STM 天线

在列车运行头部的第一轴前，在左右轨道的正上方各设一台 STM 天线。STM 天线利用电磁感应原理接收流经钢轨的信号电流。STM 两个天线所接收到的信号被传送到设置在列控车载设备主机柜内的 STM 主机上，由 STM 主机对该信号进行选择和解调。

6. NFB 配电盘

NFB 配电盘将来自车体的 DC 110 V 电源信号，通过接触器和断路器分配给列控车载设备上的 VC、DRU、TIU、BTM、STM 和风扇。CRH1 型动车组的 NFB 配电盘属于列控车载设备。

7. 与列控车载设备相连接的其他设备

(1)车体 NFB 盘

向列控车载设备提供电源，并控制电源开关。

(2)车体司机操作手柄

将车体操作手柄的信号(牵引、制动、零位、向前、向后)传递给列控车载设备。

(3)LKJ

在 CTCS-0 级列控系统区段运行时作为控车设备。

(4)车体制动控制单元

包括车体制动控制配电盘和车辆 BCU 等,将列控车载设备的制动指令传递给制动控制设备。

(5)车辆 MON 监视器

集中管理车辆运行和搭载车辆设备动作等相关信息。

五、CTCS2-200H 型车载列控系统工作模式

1. 列控车载设备的工作模式

列控车载设备工作模式可分为 CTCS-2 级工作状态和机车信号工作状态。在 CTCS-2 级状态下,列控车载设备具有 6 种工作模式:待机(SB)模式、完全监控(FS)模式、部分监控(PS)模式、目视行车(OS)模式、SH 模式、IS 模式。在 LKJ 控车时,列控车载设备工作在机车信号状态下。

(1)SB 模式

在列控车载设备默认等级设置为 CTCS-2 级情况下,上电后,列控车载设备自动转入待机模式。在待机模式下,列控车载设备应保持接收轨道电路信息、接收应答器信息等功能有效,不进行速度比较等控制。处于待机模式时,能自动启动防溜逸控制功能。

(2)FS 模式

FS 模式是 CTCS-2 级列控系统中最普通的模式,当列控车载设备具备控车所需的基本数据(轨道电路信息、应答器信息、列车数据)时,列控车载设备转入此模式。它也是列车在区间(含车站正线通过和侧进直出)和车站接车作业时的正常运行模式。在 FS 模式下,列车判断自身位置和停车位置后,在保证列车速度满足线路固定限速、车辆构造速度、停车位置、临时限速等条件的前提下,产生目标—距离模式曲线,连续监控列车速度,自动输出紧急制动或常用制动命令,并能通过 DMI 显示列车运行速度、允许速度、目标速度和目标距离等,监控列车安全运行。

FS 模式分为两种情况:正向 FS 模式和反向 FS 模式。

(3)PS 模式

列控车载设备将应答器信息接收异常导致线路数据缺失,或者其他原因导致列控车载设备无线路数据,以及引导接车时的工作模式定义为 PS 模式。

①无线路数据时(侧线发车)的 PS 模式

在待机模式下,按“启动”按键,列控车载设备根据股道轨道电路信息(根据道岔限速发送 UU 码或 UUS 码),形成并保持固定限制速度(至出站口),控制列车运行。

②引导接车时的 PS 模式

车站开通引导接车进路时,列控车载设备从轨道电路接收 HB 码,越过进站信号机后,自动转入 PS 模式生成固定限速的模式曲线。在此模式下,司机应当在每 60 s 之内或运行 200 m 以前按下警惕开关,否则列控车载设备将触动紧急制动。

③应答器信息缺失时的 PS 模式

当列控车载设备运行在 FS 模式、缺失应答器的线路数据时,从已知线路数据的末端开

始，列控车载设备工作在部分监控模式。在此模式下，列控车载设备无法详细确定自己的位置，但可以识别轨道电路信息的变化获得相对距离。

以FS模式运行时，如果从应答器获得的线路数据描述的范围小于通过轨道电路信息推算的停车点、检测到应答器信息丢失，且列车速度已经降到125 km/h以下，从FS模式转换到PS模式。

(4)OS模式

当列控车载设备接收到禁止信号或无信号时，列车停车后，根据行车管理办法(含调度命令)，司机经特殊操作(如按压专用按钮)，列控车载设备生成固定限制速度(20 km/h)，列车在列控车载设备监控下运行，司机对安全负责。

(5)SH模式

列车进行调车作业时，司机经特殊操作(如按压专用按钮)后，转为SH模式，列控车载设备生成45 km/h的固定速度模式曲线，限制列车速度，监控列车运行。列车速度一旦超过该限制速度，列控车载设备输出制动。当从车站进、出站端的应答器接收到调车危险信息包时，列控车载设备输出紧急制动。

(6)IS模式

将隔离开关操作到隔离位置，隔离列控车载设备的制动输出，列控车载设备转入IS模式，当机车信号功能正常，向LKJ提供机车信号。

在CTCS-2级以外区段，以及运行在CTCS-2级区段但列控车载设备某些故障时，用LKJ进行控制，列控车载设备工作在机车信号状态，向LKJ提供机车信号信息，不输出制动。在机车信号状态下，STM和BTM的信息接收功能、位置识别功能有效。

2. 工作模式的转换

列控车载设备的工作模式是在一定的条件下运用的，条件发生变化，相应工作模式也要变化。有些工作模式可以直接进行转换，但有些工作模式不能直接转换，必须间接转换。

六、车载信号

在列控车载设备人机界面(DMI)中，主要有速度信息区、运行计划信息区、补充驾驶信息区、功能键信息区、距离监控信息区和监控信息显示区等。列控车载设备人机界面(DMI)分区如图3-62所示。

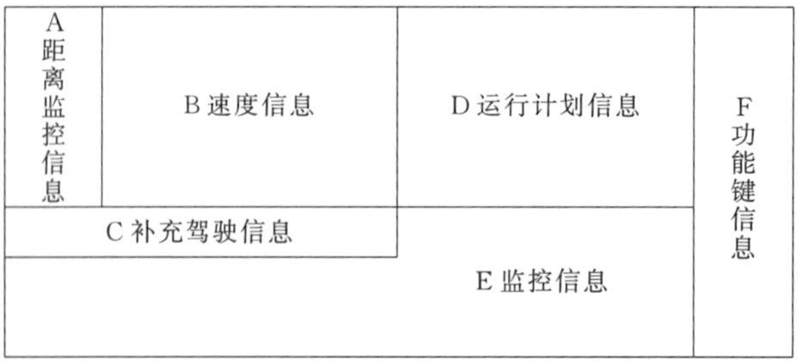

图3-62 列控车载设备人机界面(DMI)分区

速度信号在速度表盘上以不同颜色的光带显示。速度信号显示包括动车组列车当前速度、允许速度(列控车载设备允许列车在该时刻达到的安全运行速度)和目标速度(在该时刻列控车载设备提示列车在到达目标点的允许速度)。速度表盘表示方式如图3-63所示。

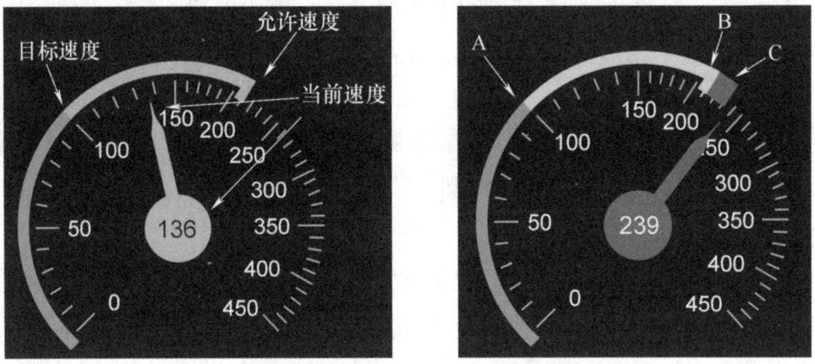

(a)　　　　(b)

图 3-63　速度表盘表示方式

动车组列车当前速度采用双重显示。一种是采用速度表表示方法，速度表的指针指向刻度盘的当前速度；另一种是数字表示方法，在速度表的中间区，以数字形式表示出当前速度值。

监控信息区显示无线闭塞中心连接状态和无线闭塞中心连接预告图标。

动车组列车目标距离使用柱状光带表示法以及数字表示法同时显示在距离监控信息区。柱状光带位于该区域的下部，光带正上方为数字表示区，单位为 m。柱状光带的左侧为坐标系刻度，该坐标系采用对数坐标（0～100 m 采用线性坐标），最大显示范围是 1 000 m，颜色为白色。当目标距离大于 1 000 m 时，光带上方（能显示 5 个数字）用文字显示实际目标距离，柱状光带的高度保持不变，数字显示的精度为 10 m，当目标距离小于 1 000 m 时，柱状光带逐渐缩短，数字显示的精度为 1 m。目标—距离表示方式如图 3-64 所示。

距离信息区提供最远 8 000 m/32 km 范围内的线路最大允许运行速度、动车组列车与前方第一个起模点（顶棚速度监视区和目标速度监视区的交界点）的距离及通过斜线表示从起模点到下一个最限制速度曲线起点的整个降速过程。距离信息区表示方式如图 3-65 所示。

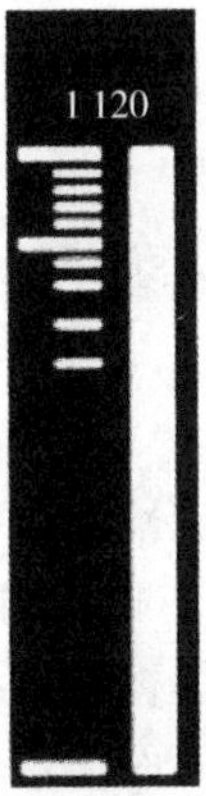

图 3-64　目标—距离表示方式

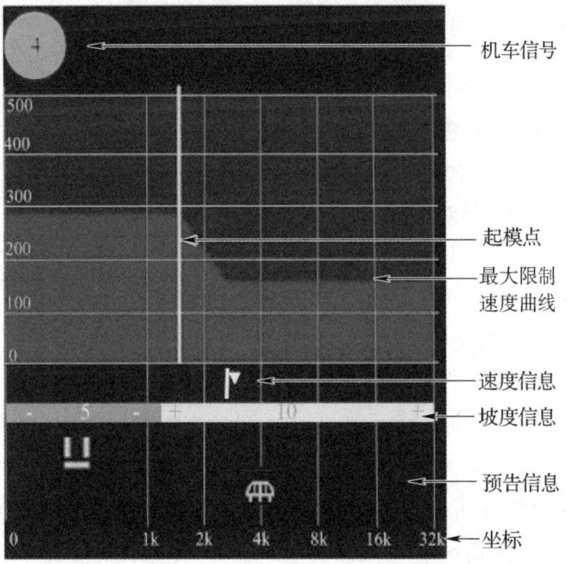

图 3-65　距离信息区表示方式

七、CTCS2＋ATO

CTCS2＋ATO 列控系统是在既有 CTCS-2 级列控系统的基础上，实现车站自动发车、区间自动运行、车站定点停车及车站通过、车门自动开门(防护)、折返作业、列车运行自动调整、车门站台门防护及联动等自动运行相关功能的列控系统。

CTCS-2级车载设备在CTCS2+ATO车载系统中主要新增了AM、SL(休眠)、CS(机车信号)等模式，实现了既有CTCS-2模式与新增模式之间的转换功能；实现了无线通信的建立、维护、中断等功能；实现了列车停准停稳判断、车门站台门联动、车门防护、立即折返等功能；实现了与ATO协同配合，共同完成CTCS2+ATO相关功能。

在CTCS-2级列控系统的基础上，车载增加ATO单元、GPRS电台及相关配套设备。如在以CTCS2-200C设备作为ATP车载设备的CTCS2+ATO列控车载系统中，CTCS2-200C设备针对具体的CTCS2+ATO应用环境对软硬件进行了必要的适配性调整；针对具体的CTCS2+ATO非CTCS-2级功能按照规范进行了增加和丰富，并且与既有CTCS-2级功能进行有机、无缝融合，可以实现如仅开启CTCS2-200C设备能够确保既有CTCS-2级列控车载功能不变化，以及整体开启200C+ATO设备能够实现CTCS2+ATO列控车载设备所要求的ATP部分功能。

第四节　CTCS-2级列控系统的维护

高速铁路信号设备实行以状态修与预防性计划修相结合的维护模式。列控车载设备维护实行运用检修(一、二级)和高级检修(三、四、五级)五个修程。地面信号设备维护实行维修、中修、大修三大修程。

高速铁路信号设备维护工作，应通过日常巡检、动车组出入库检测，动静态监测系统及各维护终端数据信息查询分析、报警等获得设备的运用状态和工作状态，发现设备状态异常时，要及时安排计划进行处理。

一、列控地面设备的维护

1. 列控地面设备的日常巡检

列控地面设备的日常巡检主要工作有：

(1)列控中心日常巡检

①备机柜外观检查

检查：各部件外观是否清洁，风扇、机箱、机柜通风正常；各部螺栓紧固，机柜门、锁无破损；通信电缆的是否紧固；应答器电缆的是否紧固；备品备件是否完整。至少每15天检查一次上述内容，并做记录。

②设备工作状态检查

检查：各种标签完整、正确、清晰；列控中心电源模块的电源是否有报警，是否有发热现象，并记录每个电源模块的输出电压和电流值；通信接口单元的各个板卡工作指示灯闪烁是否正常，是否有异常指示；主/备机状态，是否有离线状态，记录主/备机位置，是否有倒机现象；主机单元的工作指示灯闪烁是否正常，是否有异常指示；交换机的工作状态，工作指示灯是否正常；监测维护终端工作是否正常，记录维修诊断软件的监控界面上的设备状态和通道连接状态；LEU的状态、应答器状态是否完好；监测维护终端中的列控中心故障历史记录，判断是否故障报警，并做记录；集中监测历史记录，判断是否有列控中心故障；信号安全数据网的网管终端中的状态显示，判断是否有通信通道中断，并检查历史记录；判断是否有故障发生。

上述检查内容每天完成一次。

(2)LEU、应答器的日常巡检

检查 LEU 工作指示灯;LEU 的“C”接口工作是否正常,四个端口是否有输出;应答器的组成应完整,包括应答器、安装装置及有源应答器的尾缆;应答器本身不能有破损;应答器是否松动,如有松动紧固应答器固定螺栓;应答器表面不能有覆盖物,如石块、金属件等杂物;应答器表面不能有明显较厚的粉尘,如有则要进行清扫,清扫不能损伤应答器表面;距应答器四周边 0.3 m 范围内不能有金属杂物;有源应答器尾缆胶皮护管不能有穿透性损伤和明显老化,如有则进行更换;应答器安装符合标准;应答器支架良好,不破损。

连接 LEU 与有源应答器的电缆每月巡视一次,发现问题及时汇报和处理。

(3) TSRS 的日常巡检

①LKX-T 型临时限速服务器的日常巡检

每天通过询问或者来自其他部门的信息收集:铁路局集团公司中心工区来自调度所的列控系统运行信息;询问车载车间来自列车运行状态的列控系统运行信息;和通信核心网机房沟通,了解关于无线设备运行情况。

TSR 服务器硬件状态检查:服务器是否安装牢固;观察 CPU 风扇、机壳风扇是否运转正常;有无异常声音、有无过热现象,有无异味;PDU 安装是否牢固,固定铁架是否有下沉现象。

TSR-M、KVM 等设备状态检查:显示器、键盘、触摸板作用良好;试验切换功能正常,各个服务器状态查看功能良好;TSR-TSRM 的状态栏和限速情况栏,TSR 与列控中心的连接与初始化情况是否正常,TSR 与相邻 TSR 连接、TSR 与 CTC 连接、TSR 与 RBC 连接是否正常。限速执行情况是否正常,站场图是否正常显示限速黄框;查看报警栏,确认报警信息是否异常。

检查通信网络部分各通信接头端子、通信连接线是否连接牢固;检查路由器、光交换机、网络交换机各种指示灯是否正常;检查网络柜内设备连接、防雷模块是否正常;检查网络交换机上的网线插接是否牢固,网线固定是否良好;检查各通信设备有无过热、有无异味、设备间散热是否良好;各种标签是否齐全。

电源屏电源工作指示灯、模块指示灯显示正常;电源屏间无异常声音和异味;电源屏状态显示屏正常,报警无异常。UPS 良好,电源工作指示灯、负载指示灯、电池指示灯等正常;测试 UPS 输出电压,是否稳定,电压是否超标。

终端机柜各部件连接正常;终端自身无异常声音、无异味;终端显示设备显示正常,备用视频线、鼠标线检查正常;各个终端运行程序运行正常;通信设备连接正常、无不良报警;空调运行正常,无异常报警;外部清洁无尘;机房环境清洁;机柜外露部分、服务器风扇口、网线口、传输通道口、UPS 网罩无尘。

②TSRS-hs 型临时限速服务器的日常巡检

机柜设备巡检:机柜内无异常温升、无异声、无异味,各风扇运转正常,通风良好;电源模块面板显示正常、指示灯状态正确;TSRS 的倒机单元切换手柄在自动位置,主、备机工作状态及指示灯显示正确;各板卡工作状态、指示灯显示正确、显示器显示正常;交换机、路由器等网络设备状态指示灯显示正常;主机程序运行正常。

维护终端设备巡检:维护终端及显示器状态良好;应用程序运行正常,站场等信息显示正确;是否有故障告警提示,显示主/备状态、通信状态是否与实际状态一致;临时限速服务器与列控中心、RBC、CTC 双通道通信连接正常;TSR 与 RBC、CTC 临时限速一致性并记录;无异常温升、无异声、无异味。

2. 列控地面设备的集中检修

(1)列控中心、LEU 和应答器的集中检修

列控地面设备的集中检修主要工作是:

每季对列控中心、LEU 和应答器设备进行集中检修,检修工作内容同“日常巡视”的工作内容。

定期对列控中心的电源插座、插头进行一次检查。

定期对机柜进行一次内部检查清扫,对维护机、键盘等设备进行一次清洁。

定期进行一次列控中心主、备机切换(A/B 机互相切换),和一次重新启动试验。

定期对轨道电路通信接口板的主、备板进行切换试验,测试是否正常。

定期对有源应答器接线电缆盒进行内部检查、清扫。

定期对有源应答器电缆进行对地综合绝缘测试,测试时必须先要点断开 LEU 工作电源,然后拔下 LEU 的输出插头,同时在有源应答器电缆盒处断开应答器电缆后方可进行。

只能对有源应答器与 LEU 设备的连接电缆进行综合绝缘测试,严禁在连接 LEU 和有源应答器的情况下对电缆进行综合绝缘测试。

定期对风扇过滤网进行一次清扫。

每年进行一次列控系统功能关系检查试验(进路号检查、信号降级显示检查)。

(2)TSR 设备的集中检修

TSR 设备集中检修计划必须预先经过铁路局集团公司批准,并在运转室登记、要点,由调度员、电务段调度批准并接收双调度命令后方可进行 TSR 设备集中检修。

①LKX-T 型临时限速服务器的集中检修

确认当前 TSR 服务器主/备系为正常工作状态;检查 TSR 服务器在机柜背面各线缆的标签清晰、完好,发现破损应该立即补齐;检查计划要整治的一系服务器是主系还是备系,若是备系,那无须切换,若是主系则将其切换为备系;拔下对应服务器的电源线、网络线以及连接 KVM 的数据线;从机柜内导轨上取下对应服务器;擦拭服务器表面灰层,并打开服务器上盖板;检查各插部件接触良好、无松动;对服务器内部进行除尘;确认设备无异常,盖合服务器上盖板,并安装回对应导轨;连接服务器电源线、网络线、数据线,确保接触良好;当前该系服务器均整治完毕后,启动电源检查程序运行正常后进行切系试验,确认整治后各服务器工作正常。

②LKX-hs 型临时限速服务器的集中检修

机柜设备检修:检查机柜安装正直稳固,无倾斜,标牌清晰正确,柜门开关灵活,无卡阻;检查各板卡、接口螺栓紧固;检查网线、同轴电缆、光缆、电源线等各种接口连接紧固、绑扎整齐、防护良好、无破皮、标识清晰完整,光纤(尾纤)绑扎无死弯;检查各风扇运转正常,通风良好,过滤网清洗,内部检查清扫,无灰尘;检查各设备接地线完整,紧固良好;检查各类外接输入端口加封良好;检查电源空气开关状态无异常,无发热,防雷元件无劣化;检查单系电源模块供电时,系统工作正常;各设备重新启动试验正常,A、B 机工作状态正确,重启前对现有限速进行记录、重启后检查程序运行正常,限速与重启前一致;检查电源模块工作状态、指示灯显示正确;检查各板卡工作状态、指示灯显示正确、显示器显示正常;检查交换机、路由器等网络设备状态指示灯显示正常;查看 TSR 与 CTC 临时限速一致性;查看是否有故障告警提示,显示主/备状态、通信状态是否与实际状态一致;查看临时限速服务器与列控中心、CTC 双通道通信连接正常、通道质量测试良好。

维护终端设备检修:检查网线、电源线等各种接口连接紧固、防护良好、无破皮、绑扎整齐、

标牌清晰完整；维护机、键盘、鼠标、机桌等设备进行清扫，无灰尘；与CTC系统时钟一致性核对；主机各类外接输入端口加封良好；检查维护终端及显示器工作状态良好。

查看是否有故障告警提示，显示主/备状态、通信状态是否与实际状态一致；查看临时限速服务器与列控中心、CTC双通道通信连接正常、通道质量测试良好；查看TSR与CTC临时限速一致性并记录；无异常温升、无异声、无异味，风扇运转正常，通风良好；查看应用程序运行正常。

车站（含中继站）列控地面设备维修工作项目及标准见表3-7。应答器、室外LEU电缆线路等维修工作项目及标准见表3-8。TSRS设备维修工作项目及标准见表3-9。

表3-7　车站（含中继站）列控地面设备维修工作项目及标准

修程	工作项目	单位	周期	工作内容及标准
日常巡检	检查列控中心、LEU及网络设备	站	有人值守站每日2次；无人值守站和区间中继站每月1次	各子系统机柜、机箱风扇运转正常，通风良好；系统内安装的UPS风扇运转正常，面板指示灯显示正常； 各子系统Ⅰ、Ⅱ系同步，不脱机，模块、I/O板件、光端机、交换机、路由器、协议转换器等设备工作正常，指示灯显示正确； LEU面板指示灯显示正确，“C”接口工作正常，四个端口有输出，冗余切换单元工作正常； 列控中心、LEU等关联设备间相互通信正常，本站列控中心与其他列控中心通信正常； 电源适配器及电缆、电线、接地线连接、插接良好，无异状； 系统防雷单元正常，无劣化指示
集中检修	列控中心、LEU及网络设备检查、整修	站	每年1次	机柜安装螺栓紧固，不松动，柜内模块、板件、网络设备、电源适配器、断路器（熔断器）等安装、插接牢固，防护措施良好； 接线端子紧固、不松动，电缆、电线焊接、插接及接地、等电位连接牢固，防雷单元正常、无异状； 设备配线无异常、不老化，绑扎、防护措施良好； 机柜、终端及设备、器材，UPS、工控机防尘过滤网、风扇清洁干净，无粉尘； 系统光纤弯曲符合标准，光纤遮光防护措施良好（含备用光纤）； 按周期更换到寿命期或轮修期设备、器材及状态不良器材； 各子系统Ⅰ、Ⅱ系自动、手动切换试验正常，双系同步，模块、I/O板件、LEU、UPS、光端设备、交换机、路由器、协议转换器、风扇等设备工作正常，指示灯显示正确； LEU/BDU“C”四个端口有输出，冗余切换试验正常； 子系统配备的UPS主、备切换试验正常，电池性能良好； 列控中心、LEU/BDU等关联设备间相互通信正常，本站列控中心与其他列控中心通信正常
	检查与列控中心配套的设备			机架、机柜安装牢固、不倾斜，安装螺栓紧固、不松动，继电器、变压器、驱动单元、断路器、调整器等器材插接牢固，防脱措施良好； 接、配线端子紧固、不松动，电缆、电线焊接、插接及接地、等电位连接牢固； 设备、器材配线无异常、不老化，走线平顺、整洁，绑扎、防护措施良好； 机柜及设备、器材清洁干净，无粉尘； 按周期更换到寿命期或轮修期设备、器材及不良器材； 继电器、变压器、驱动单元、断路器、调整器、综合防雷单元等器材工作正常，无异状； 阻容插件、防雷补偿器、综合防雷单元检查、测试正常； 地网良好，接地电阻不大于1 Ω； 信号电缆全程对地绝缘测试、记录并符合标准

表 3-8　应答器、室外 LEU 电缆线路等维修工作项目及标准

修程	工作项目	单位	周期	工作内容及标准
日常巡检	应答器、室外 LEU	处	站内 2 个月 1 次；区间 6 个月 1 次	检查室外 LEU 外观无破损，加锁装置良好，基础面、设备外部清扫； 应答器(包括应答器、安装装置及有源应答器的尾缆)完整、无异状； 应答器清扫，表面不能有覆盖物，如石块、金属件、粉尘等； 应答器四周无金属杂物； 检查各部螺栓不松动
	电缆线路	站		电缆径路外观检查(各种电缆埋设标、警示牌，过桥、过涵电缆防护、施工及其他外界干扰等)； 检查电缆埋设标、警示牌是否齐全完好； 电缆沟(槽、井)封堵检查； 贯通地线外观埋设情况检查
	箱盒及其他			检查箱盒、基础无破损、裂纹，加锁装置良好； 外部安装螺栓检查紧固并注油； 基础面、箱盒外部清扫，标识清晰
集中检修	应答器、室外 LEU	处	每年 1 次	检查应答器无破损，固定良好，表面无杂物； 检查应答器四周边 0.3 m 范围内无金属杂物； 应答器连接电缆应固定防护良好，胶皮护管不能有穿透性损伤和明显老化； 检查应答器安装符合标准； 检查应答器支座良好，不破损 ； 应答器电缆绝缘测试(须断开设备)； 检查室外 LEU 外观及通风、防潮、防水、防尘状况； 检查 LEU 的“C”接口工作是否正常，四个端口是否有输出； 检查 LEU 的面板指示灯是否正常
	电缆线路	站		按规定周期进行电缆全程对地测试； 电缆沟(槽、井)检查； 配合检查、试验光缆线路； 补齐电缆埋设标及警示牌
	箱盒及其他设备			检查箱盒、基础有无破损、裂纹，加锁装置良好，箱盒防尘、防潮良好； 外部安装螺栓检查紧固并注油； 基础面、箱盒外部清扫，标识清晰； 检查、核对各种标牌、图标齐全正确，电缆贯通端子标志清晰； 箱盒内部设备、器材固定良好，且工作正常，配线端子紧固、不松动； 箱盒开盖检查、内部清扫、端子螺栓紧固、不良设备整修；电缆固定牢固； 检查、测试各部绝缘，不良更换； 限界测量

表 3-9　TSRS 设备维修工作项目及标准

修程	工作项目	单位	周期	工作内容及标准
日常巡检	检查 TSRS 机房、空调	处	每日 2 次	机房综合接地装置良好； 机房通风、防潮、防水、防尘、防鼠良好； 机房空调设备工作正常，室内温度符合标准
	检查 TSRS 电源、UPS、蓄电池			输入电源配电无异常，缆线不发热，输入防雷单元无劣化指示； 配电柜模块工作正常，散热良好，指示灯显示正确；输入、输出电压、电流显示不超标；断路器(熔断器)状态良好； UPS 风扇运转正常，面板指示灯显示正常，电压、电流显示正常不超标； 蓄电池外观良好、不腐蚀、漏液，液体指示正确

续上表

修程	工作项目	单位	周期	工作内容及标准
日常巡检	检查 TSRS 及网络设备	处	每日 2 次	TSRS、数据传输网机柜、设备机箱风扇运转正常，通风良好，模块、板件工作正常，面板指示灯显示及含义正确； TSRS 各系同步、工作正常，显示界面（面板、显示器）信息显示正确，无故障报警； TSRS 内部通信正常，与外部系统通信正常； 器材插接良好，电缆、电线、接地线连接、插接良好，无异状； 系统及器材防雷单元正常，无劣化指示； 设备、器材铭牌、标识齐全
	检查调度台终端、系统维护终端及记录分析			机柜防潮、防尘良好； 终端设备工作正常，键盘、鼠标、打印机使用良好，铭牌标识齐全； 维护终端、记录单元报警信息分析处理； 各单项设备电气特性、运用状态分析
集中检修	检查、整修 TSRS 机房、空调	处	每年 1 次	清洁机械室地面，检查门、窗密封及通风设施。机械室地面清洁，无尘土、杂物；门窗密封、通风、防潮、防水、防尘良好； 机械室空调制冷（热）性能良好，室内温度符合标准； 逐个检查应急备用器材，型号齐全、性能良好且摆放整齐，各种系统技术图纸完整
	检查、整修 TSRS 电源、UPS、蓄电池			电源配电盘（柜、箱）接线端子紧固，输入电源断路器（熔丝、空气开关）容量符合标准、无异状，缆线接触良好，不发热，防雷单元正常； 智能电源屏各部安装及接线端子紧固，模块及电气连接插接牢固，地线接触良好，断路器（熔断器）、防雷单元正常、无异状，各部配线无异常、不老化，绑扎、防护措施良好； 智能电源屏内、外部清洁，无粉尘杂物； 智能电源屏上电不报警，各模块工作正常，模块指示灯显示正确； Ⅰ、Ⅱ路电源自动、手动和主、备模块切换试验正常；Ⅰ、Ⅱ路电源切换时间小于等于 0.15 s；调压范围符合标准，模块保护性能良好； UPS 安装及接线端子螺栓检查紧固，电气连接插接牢固，地线接触良好；风扇（过滤网）及外部无粉尘，清洁干净；上电风扇运转正常，面板指示灯显示正常，电压、电流显示正常不超标； UPS 主、备切换及直供、旁路试验正常； 蓄电池电气连接端子螺栓检查紧固，电池清洁；电池液体检查（指非免维护酸性电池），补充电解液，满足电池液面标准； 蓄电池组、单块电池性能测试、试验。蓄电池组、单块电池电压、电流符合标准，切换电池供电良好； 测试电源系统输入、各种输出电压及接地绝缘符合规定标准，电压、电流表头计量显示准确
	检查、整修 TSRS 及网络设备			机柜安装螺栓紧固，不松动，柜内模块、板件、网络设备、电源适配器、断路器（熔断器）等安装、插接牢固，防护措施良好； 接线端子紧固、不松动，电缆、电线焊接、插接及接地、等电位连接牢固，防雷单元正常、无异状； 设备配线无异常、不老化，绑扎、防护措施良好； 机柜、终端及设备、器材，UPS、工控机防尘过滤网、风扇清洁干净，无粉尘； 系统光纤弯曲符合标准，光纤遮光防护措施良好（含备用光纤）； 按周期更换到寿命期或轮修期设备、器材及不良器材； 各子系统Ⅰ、Ⅱ系自动、手动切换试验正常，双系同步，模块、I/O 板件、LEU/BDU、UPS、光端机、交换机、路由器、协议转换器、风扇等设备工作正常，指示灯显示正确； UPS 主、备切换试验正常，电池性能良好； TSRS 内部通信正常，与外部系统通信正常
	检查、整修行车室操作终端、维护终端			机柜内、外及终端设备清洁，无粉尘，防潮、防水、防尘良好； 终端设备电源、电缆、电线、接地线连接、插接良好，无异状；键盘、鼠标、打印机使用良好； 配线无异常、不老化，绑扎、防护措施良好

3. 列控中心、LEU 和应答器的故障及处理

(1)故障查找、分析及处理的一般方法

故障查找、分析及处理的一般方法有直观法、测量法、分析法、互换试验法等。

(2)列控中心主机故障及处理

仍以 LKD_2-T2 型列控中心为例。

①Ⅰ系或Ⅱ系异常停机,F486-41 板上异常红灯点亮

记录停机状态下 F486-41、FSIO、CAINIF、VHSC6 面板指示灯状态反馈给一级维护中心。在 F486-41 板插入 IC 卡的情况下,将故障机的电源开关扳下,再重新扳起加电,即可恢复正常。如不能启动,则需要更换 F486-41 板。

②从系与主系不同步

从系 F486-41 板上 D2 灯点亮,在站场上无任何作业的情况下,重新启动从系。若仍不同步,要点重新启动列控双系。

③ET 机笼内 ET-PIO 板故障

机笼内各板均不能开起,需检查该逻辑 24 V 电源接线端子或插头。

ET-LINE 板卡状态:绿色为工作状态正常,红色表示状态异常,灰色表示板卡未上电启动。若 ET-LINE 板 Normal 灯不亮,RXD 灯不闪烁,需检查 ET-LINE 板后面光缆接插是否牢固。

ET-PIO 板卡状态:绿色为工作状态正常,红色表示状态异常,灰色表示笼内未配备该板卡。当 ET 机笼上的 ET-PIO 板空置未装,或者被断电时,机笼相应位置显示该板状态为红色。若 ET-PIO 板 Normal 指示灯灭灯,重新开启该 PIO 板电源开关,应可正常启动,若不能启动则需更换该板。

若某对 PIO 对应的所有采集信息无表示或对应的所有驱动位均不能驱动继电器,需检查该对 PIO 背面的接口 24 V 电源的接线端子、插头或熔断器。

处理时应记录板卡表示灯报警状态,根据表示灯的提示初步判断故障范围,然后检查供电插头是否松动或供电是否正常,目视检查外围配线连接良好;对板卡进行重启;更换 ET-PIO 板。

④ET-PIO 驱采通道故障

ET-PIO 驱采通道窗口打开方式:单击“ET 机笼”图标;打开工况图界面顶端菜单→实时信息→列控驱采 PIO 视图。

按名称查找继电器位置的方法:输入查找继电器名称;单击【查找】按钮;查看红色名称继电器,即可观察继电器对应点位。各点表示的继电器名称可于鼠标指向时显示,各点点灯绿色表示状态为“1”,白色为“0”,灰色表示实际工程中无配置。

当发生驱采通道故障时可先查看红色继电器对应点位,检查组合内继电器位置是否与驱动、采集一致,然后逐步查找驱采通道故障。

⑤监测维护终端故障

监测维护终端无法开机,内置电源风扇不转,前面电源指示灯不亮,系该机电源故障,需更换电源。

开机后,机器内发出“嘀、嘀……”间断的报警声,内存条或显卡接触不良,需打开机箱盖,重新拔插内存条及显卡。

电源正常的情况下无法开机,也无报警声,可能是主板与机箱底板接触不良或主板故障,

重新拔插主板，若还不能恢复则需更换主板。

⑥轨道电路通信接口板故障

a. 只有工作灯红灯亮

系通信板对应的 CPU_1 或 CPU_2 的 CAN 地址配置错误或地址开关没拨到位。

b. 工作灯红灯亮，主/备灯不亮，CANA、CANB、CAND、CANE 表示灯闪烁。

系列控主机与通信板的 $CANAB_1$、$CANAB_2$ 连线没连接。

c. 工作灯红灯亮，主/备灯不亮，CANA、CANB、CANC、CAND、CANE 表示灯闪烁，系通信板与移频柜的 CAND、CANE 连线没有连接。

d. 在单总线工作状态下(即列控主机与通信组匣只有一条 CAN 总线连接)，主通信板工作正常，备通信板工作灯亮红灯。

(3)列控系统故障及处理

应尽量利用列控中心维修诊断软件的诊断信息，如网络状态连接图、故障报判断处理故障报警信息等。通过网络状态连接图可以直接看出列控设备各级通道连接的通断情况、板卡故障情况，利用报文解析浏览图可直接查看有源应答器的当前报文和历史报文记录及相关故障信息。主要常见故障有：

①列控备机失步

此时，可对列控中心备机进行重启，重启后一般可同步。

②列控主机通道异常

列控主机与联锁通道状态：绿色为通信正常，红色为通信故障。

列控主机与 TSRS 通道状态：绿色为通信正常，红色为通信故障。

列控主机与 CTC 系统通道状态：绿色为通信正常，红色为通信故障。

列控主机与邻站通道状态：绿色为通信正常，红色为通信故障。

此时，可首先利用 Ping 命令确认通道是否良好，结合故障报警信息再检查交换机、光纤或网线通道是否异常。

(4)网络通道故障及处理

①通信通道故障

主要检查物理通道连接是否完好、交换机工作灯状态是否正常、通信单元工作是否正常。当出现网络通道故障报警时，首先查看网管中心网络拓扑图状态，检测到列控中心主机有一侧离线，应及时记录主机的故障代码，并重启列控中心主机，同时把故障代码传给厂家分析，根据分析结果作后续处理。

②应答器通道故障

列控中心的监测维护软件只能检测到列控中心发送的报文，报文的室内室外传输通道的完整性检测需要通过从室外读取应答器报文来判断。报文帧头中变量 M_MCOUNT＝0，说明该报文是 LEU 默认报文；M_MCOUNT＝253，说明该报文是列控中心默认报文。M_MCOUNT＝252，说明该报文是应答器默认报文。M_MCOUNT＝255，说明列控中心发送报文正常。

可以通过测量电压的方法来判断出现通道问题的应答器电缆。LEU 至应答器之间的 C 接口传送的信其频率超出了普通万用表的正常测量范围，除非使用宽频的真有效值变换的万用表，否则测量出的数值不能正确表示信号的有效值，但有一定的参考意义。通过实测，列控中心正常工作的参考电压是：室内分线盘或 LEU 输出：4.8 V；室外分线盒：3 V。

(5)LEU故障及处理

①LEU故障

LEU故障或未上电,导致LEU切换单元动作。

TCC的接口通信单元CI-TIU与LEU_1连接的RS-422通道侧显示故障态,LEU_1的4路端口显示为全灰,而LEU切换单元状态显示为倒向B。此时,应检查CI-TIU与LEU_1的连接电缆、排除LEU_1本身空开被断开或设备本身故障。

②LEU端口状态异常

LEU_1的端口2状态显示为红色,文字提示为故障状态。如果LEU_1检测到自身端口2为开路状态,应检查TB端子条上相关配线。

(6)应答器故障及处理

①无源应答器报文传输通道故障

列控维护终端没有无源应答器报文监测记录。

在车上收到错误的应答器报文或应答器丢失时,应先确认应答器位置、发生时间的信息;可通过DMS对当时的场景进行历史回放,提取无源应答器数据进行分析。

无源应答器M_MCOUNT=252,说明该报文是应答器默认报文,需重新更换新应答器。当无源应答器读取数据与写入数据不一致时,更换新应答器,并对数据不一致应答器进行分析。当读取应答器报文显示信号低时,说明内部发射模块故障,需重新更换应答器。

②有源应答器报文传输通道故障

对车上报告有源应答器报文接收异常,应按照如图3-66所示的流程分析数据。

通过分析数据,判断查找故障原因。

4. 临时限速服务器故障及处置

(1)非正常情况下的应急处置

临时限速服务器发生故障时,各TCC仍可维持原限速信息内容,原现场施工项目可正常进行。应迅速赶往TSRS所在地,进行故障性质确认。若有新的限速需求且须下达的,可采用人工调度指挥限速方式。

应根据报警内容,采取相应的措施。若TSRS主机双系均有发生重新上电复位时,则需在完成TSR设备复位后,还应通过车务值班员来告知中心调度员下达限速状态初始确认的操作,TSR系统设备方能正式投入运行。

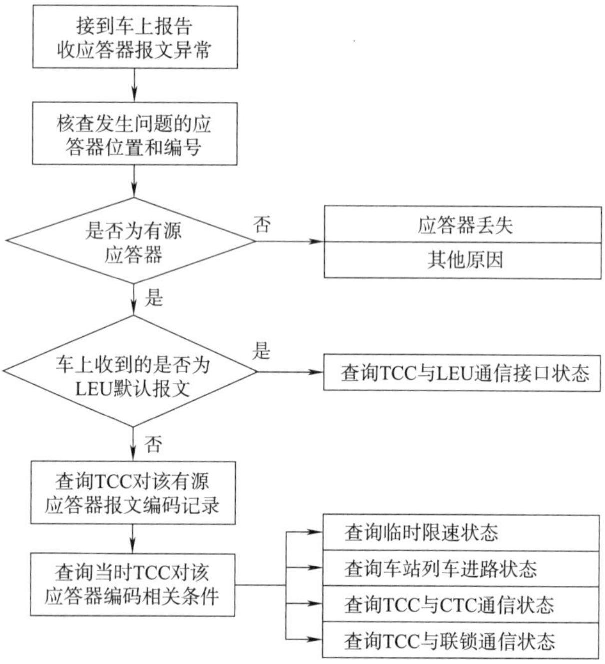

图3-66 有源应答器报文接收异常时的流程分析数据

若TSRS与CTC通道故障,还应定期协助车站值班员向调度员报告当前限速命令状态信息。

若TSRS发生故障不能恢复,该调度台范围内的限速命令需转为人工调度管理。

若TSRS所连接的TCC通道中断,导致限速命令无法设置时,应取消该限速计划或转为人工调度管理；当通道恢复时，调度员应及时补办下达该列控限速。

对限速状态初始确认的操作的完成情况可根据 TSRM 的界面显示情况进行确认。TSRM 将实时监测 TSRS 当前连接设备（不包括连接中断的设备）的初始化状态，若当前连接中存有某列控设备尚未初始化情形则为灰色背景；若当前连接的所有列控设备均已初始化情形则为黑色背景。

应根据报警内容，采取相应的措施。若 TSRS 主机双系均发生重新上电复位时，在完成 TSR 设备复位后，还应通过车站值班员告知调度员下达限速状态初始确认的操作（要求中心执行初始化操作，完成对各站列控中心的初始化），初始化操作前需提醒调度员确认该 TSRS 管辖范围内有无临时限速，如有临时限速必须先下达临时限速命令，TSR 系统设备方能正式投入运行。

还可调阅历史记录信息，分为对命令的历史记录管理，对区间方向信息的历史记录管理和对闭塞分区状态的历史记录管理。如果想要查看指定的一条历史记录，可以在内容和字段框中输入一定的内容和字段进行查询。如果是按时间查询，点击读取数据库，在弹出的对话框中选择指定的时间进行查询。

可通过单击“帮助”菜单，查阅 TSR 系统版本信息及相应的操作。

（2）TSRS 板件故障处理

①LKX-T 型临时限速服务器硬、软件故障处理

LKX-T 型临时限速服务器硬件故障处理见表 3-10，LKX-T 型临时限速服务器软件异常处理见表 3-11。

表 3-10　LKX-T 型临时限速服务器硬件故障及处理

序号	故障类型	故障现象	处理措施
1	TSRS 掉电	TSRM 显示对应的 TSRS 模块状态为灰色（离线）； 服务器电源指示灯熄灭	如果多个服务器同时掉电，则首先检查柜内电源开关是否正常，然后检查电源屏输出是否正常； 若单个服务器显示掉电，首先打开显示界面检查服务器是否确实停止工作，如设备正常工作，那么现象原因为指示灯显示有误，此时不宜立即采取操作，应另申请时间进行检查； 发生其对应的电源接口是否松动，如不能判断，应使用万用表测量服务器一端，如判断对服务器供电正常则转入“2”
2	TSRS 发生不可立即修复的硬件故障	服务器不能启动； 服务器工作不正常、死机	记录服务器信息面板的报警信息； 采用备用设备对故障设备进行替换
3	无法对服务器进行操作	无法通过鼠标、键盘对指定的设备进行操作	检查指定服务器和 KVM 之间的连线接口是否正常，然后通过 KVM 开关按钮人工关闭 KVM，等待 5 s 左右再行开启
4	交换机故障掉电	交换机所有灯灭，网络中断	如果机柜内有多台设备掉电，检查电源； 如果只有 1 台交换机掉电，检查其对应的电源接口是否松动，重插该电源线； 使用万用表测量交换机端的电源线上是否有电，如没有，检查 PDU 端，如果有，交换机硬件故障
5	交换机硬件故障	网络中断	检查是否掉电； 检查交换机指示灯状态； 检查交换机端口灯是否闪烁

续上表

序号	故障类型	故障现象	处理措施
6	KVM 故障	显示器没有显示	检查是否掉电； 重启 KVM 电源开关

表 3-11　LKX-T 型临时限速服务器软件系统异常处理

序号	故障类型	故障现象	处理措施
1	TSRS 单系重启	TSRM 显示对应的 TSRS 模块状态为灰色(离线)； 检查机柜内服务器显示系统重启	等待重启完成，启动完成之后程序将自动运行，如果不符合预期结果则转入“2”； 重启完成后在 VPC_C 下载 crashInfo. tar. gz. 1
2	TSRS 重启后应用程序没有启动	TSRM 显示对应的 TSRS 模块状态为灰色(离线)； 对应 VPC_A\B\C 显示操作系统已完成启动	等待 3 min，如果一直保持非正常状态，则人工重启所有对应的 A/B/C 机，如果重启之没有解决则需要专业人员进行检查； 重启完成后在 VPC_C 下载 crashInfo. tar. gz. 1
3	TSRS 双系重启	TSRM 显示对应的 TSRS 模块双系状态均为灰色(离线)； 检查机柜内服务器显示双系重启	等待重启完成，启动完成之后程序将自动运行，如果不符合预期结果则转入“1”如果启动后单系工作则执行“1”的操作，并检查系统是否经过 CTC 初始化，如不是则转入接口异常 1； 重启完成后在 TSRM 维护终端下载 crashInfo. tar. gz. 1
4	系统无法关闭	重启系统时发现设备等待/停止在关闭状态	人工关闭服务器，然后再人工开启设备
5	服务器操作系统故障	通过 TSRS 机柜的显示器观察到操作系统无法正常启动，处于挂起状态	人工重启该服务器，如人工重启后仍处于故障状态则转入“6”
6	服务器操作系统崩溃	服务器无法启动，一直显示完全黑屏或者花屏状态	检查该服务器对 KVM 的连接是否正常，如正常则认为系统损坏，应重新安装操作系统和软件
7	单系 VPC_A/B/C 服务器操作系统崩溃	—	首先执行“1”的操作，然后重新对故障服务器中安装操作系统和应用软件的操作
8	TSRS 双系出现操作系统崩溃	—	采用备用设备对一系设备进行替换，同时对替换下的服务器进行软件重新安装

②LKX-H 型临时限速服务器板件故障处理

查看维护终端及显示状态；查看应用程序是否运行正常；查看是否有故障报警提示，显示主/备状态、通信状态是否与实际一致；查看与列控中心、RBC/CTC 通道通信连接正常；有无异常温升、异常声音、异味。

(3)TSRS 与其他接口故障处理

①LKX-T 型 TSRS 与其他接口故障处理

LKX-T 型 TSRS 与其他接口故障处理见表 3-12。

表 3-12　LKX-T 型 TSRS 与其他接口故障处理

序号	故障类型	故障现象	处理措施
1	TSRS 未经过 CTC 初始化	TSRM 上显示系统未初始化	通知调度员对 TSRS 执行初始化操作
2	单个 TSRS 与 TCC 通信中断	TSRM 的状态页面显示对应的 TCC 通信中断	检查是否可以接通对应 TCC 的 IP 地址，如果不能则执行以下操作： 通过交换机端口显示灯、检查 TSRS 至 TCC 的线缆连接是否正常，如不正常则人工进行恢复； 检查安全网通信是否正常，可同时检查 RBC 对联锁的连接状态； 如果时间超过 3 min 没有恢复，则认为短时间内不能恢复，先人工重启 TSRS 备系，待其重启完成后再人工重启 TSRS 主系，完成后再检查接口状态
3	多个 TSRS 与 TCC 通信中断	TSRM 的状态页面显示对应的 TCC 通信中断	检查安全网通信是否正常，可同时检查 RBC 对联锁的连接状态
4	TSRS 与 RBC 通信中断	TSRM 的状态页面显示对应的 RBC 通信中断	检查是否可以接通对应 RBC 的 IP 地址，TSRS 对 RBC 的物理连接，以及 RBC 是否工作正常
5	TSRS 与 CTC 通信中断	TSRM 的状态页面显示对应的 CTC 通信中断	检查是否可以接通对应 CTC 的 IP 地址，TSRS 对 CTC 的物理连接，以及 TSRI 是否工作正常； 通道尚未恢复期间，电务人员还应定期协助车站值班员向中心调度员报告当前限速命令状态信息

②LKX-H 型 TSRS 与其他接口故障处理

TSRS 对外接口均采用安全冗余的连接，某条通道中断不影响设备的正常运转，但如果出现通道中断的情况，应尽快联系厂家；如果为物理通道损坏，需要更换线缆，如果为软件故障，则需要发给厂家分析。

二、列控车载设备的维护

列控车载设备维护实行运用检修（一、二级）和高级检修（三、四、五级）五个修程。

1. 列控车载设备的维修

(1)列控车载设备运用检修

列控车载设备运用检修采取“一级检修与二级检修”相结合的作业方式。列控车载设备运用检修是根据列控车载设备运行记录数据和 DMS 信息分析，结合动车组一、二级检修实施的列控车载设备针对性维修。

一级检修应结合动车组一、二级检修进行；二级检修结合动车组二级检修对设备进行全面的检查整修。列控车载设备一、二级检修工作内容及作业标准参照《列控车载设备维修工作项目及标准》（表 3-13）内容执行。

电务段要跟踪动车组运行进行动态监测信息分析。列控车载设备运行数据下载分析包括：反映运行中存在问题时应下载分析；检测中发现显示界面有故障记录信息时应下载分析；DMS 信息分析存在问题时应下载分析。

列控车载设备出入库检测应填写出入库检查记录。维修更换部件后应及时填写列控车载设备技术履历，跟踪记载设备安装使用、技术状态等情况。

安装有列控车载设备速度传感器的车轮轮径尺寸发生变化后，电务部门应及时根据车辆部门书面提供的新轮径尺寸修正列控车载设备设定。

铁路局集团公司、电务段应做好跨局、跨段列控车载设备的维护管理工作。相关电务段应签订维修协议，明确双方故障报修方式、故障处理、维修职责和有关事项。

表 3-13　列控车载设备维修工作项目及标准

修程	工作项目	单位	周期	工作内容及标准
一级检修	询问司机列控车载设备运用情况	端	结合动车组一级修程进行	存在问题及时记录并处理
	检查 DMI（含备用 DMI），隔离、冗余、拨码等开关			安装牢固，外观无异状； 屏幕表面无划痕，各区显示颜色正确，显示内容符合规定；按键及功能键作用良好； 检查隔离开关转换良好； 提示音输出清晰、良好； 拨码开关设定符合规定； 记录卡完好并安装良好
	检查轨道电路信息接收天线、应答器信息接收天线，STM（TCR）、BTM，车底转换盒			安装牢固，外观无异状、无破损，防护设施完整； 连接电缆固定、绑扎良好且无异状，BTM 馈线电缆弯曲无异状
	检查速度传感器、雷达			安装牢固，外观无异状； 连接电缆固定良好，无破损
	列控车载设备时钟校核			双系、双端使用车载检测仪校准列控车载设备时钟
	检查列控车载设备柜内设备、器材、状态显示及 DMS			单元、模块、板件、继电器外观无异状，安装、插接牢固，插接件不破损； 各单元连接电缆绑扎良好、无异状，弯曲半径符合标准，接线端子紧固、不松动； 各单元接地电缆连接良好； 各模块、板件状态显示指示灯显示正确； 速度分配盘、噪声过滤器、风扇逆变器以及风扇单元，运行正常
	转储运行、故障信息记录，并检查端口			转储下载故障信息； 运行记录数据、日志下载端口正常
	启动试验： ①STM 信号接收确认检查； ②应答器信号接收确认检查； ③DMI 显示确认； ④列车接口检查确认； ⑤制动接口检查确认； ⑥等级转换试验			冗余开关切换正常，对应系启动，120 s 内主、备用 DMI 启动正常，并进入待机模式； DMI 按键及语音正常，激活司机室后对应 DMI 无错误报警消息输出，DMI 显示制动测试成功，DMI 显示时间与当前时刻一致；对应 DMI 上 TC 码序与预计一致； 各模块、板件工作正常，指示灯显示正确； 速度分配盘、噪声过滤器、风扇逆变器以及风扇单元，运行正常； 连续式信息和点式信息接收正确
	处理检测发现的问题后，填写出入库检查测试记录			测试良好后，出库前发放合格证

续上表

修程	工作项目	单位	周期	工作内容及标准
二级检修	检查、核对轮径	端	结合动车组二级检修进行	轮径尺寸发生变化时，调整参数，保证测速准确
	检查、调整轨道电路信息(STM、TCR)接收天线、应答器信息接收天线，应答器信息传输模块，车底转换盒			轨道电路信息(STM、TCR)接收天线、应答器信息(BTM)接收天线安装高度符合标准； 各部件安装螺栓紧固，外观无异状，密封及防水、防潮作用良好； 连接电缆固定、绑扎良好且不破皮，BTM 馈线电缆弯曲半径符合要求
	检查速度、雷达传感器			速度、雷达传感器安装几何尺寸符合标准； 安装螺栓紧固，外观无异状； 连接电缆固定、绑扎良好且不破皮
	检查 DMI 及连接电缆			各部安装螺栓紧固，外观无异状； 屏幕表面无划痕，按键良好； 连接电缆固定良好，不破损、磨卡且接插牢固
	列控车载设备机柜及柜内模块、器材及 DMS 设备			列控车载设备主机柜外观无倾斜、龟裂、损伤、腐蚀现象； 单元、模块、板件、继电器等安装螺栓紧固，插接牢固，外观无异状，插接件不破损； 检查隔离开关转换、各单元接地电缆连接良好； 各单元连接电缆绑扎良好、无异状，弯曲半径符合标准，接线端子紧固、不松动； DMS 设备安装良好
	STM(TCR)感应线圈、速度传感器线圈电阻测试			感应线圈 1、2 电阻小于或等于 8 Ω，感应线圈 3 电阻小于或等于 1 Ω； 速度传感器线圈电阻 e_1、e_2、e_3 分别为 60 Ω、33 Ω、27 Ω 的 ±10%
	列控车载设备与车体接地电阻测试，电源电压测试			车载设备与车体接地电阻小于 1 Ω； 直流 110 V，电压范围：77～138 V； 直流 5 V，电压范围：4.95～5.05 V； 直流 24 V，电压范围：23.76～24.24 V
	轨道电路信息(STM、TCR)接收天线、应答器信息接收天线，速度传感器、雷达传感器，TVM 传感器等设备电缆绝缘电阻测试			电缆与车体绝缘电阻均大于 10 MΩ
	启动试验： ①STM 信号接收确认检查； ②应答器信号接收确认检查； ③DMI 显示确认； ④列车接口检查确认； ⑤制动接口检查确认			冗余开关切换正常，对应系启动，120 s 内主、备用 DMI 启动正常，并进入待机模式； DMI 按键及语音正常，激活司机室后对应 DMI 无错误报警消息输出，DMI 显示制动测试成功，DMI 显示时间与当前时刻一致；对应 DMI 上 TC 码序与预计一致； 各模块、板件工作正常，指示灯显示正确； 速度分配盘、噪声过滤器、风扇逆变器以及风扇单元，运行正常； 连续式信息和点式信息接收正确； CTCS-2 级至转换 LKJ 无错误
	填写技术履历及测试资料			齐全、完整、准确

(2)列控车载设备高级检修

列控车载设备高级检修结合动车组三、四、五级高级修程,同步对列控车载设备进行的全面检查、测试、整修和试验,达到技术规范和质量指标的要求。

列控车载设备高级检修工作必须坚持质量第一、预防为主的方针,实施专业化检修。

列控车载设备高级检修应积极采用先进的技术手段,优化检修作业方式方法,提高劳动生产率,不断提高设备质量和运用可靠性。

列控车载设备高级检修项目、标准按照列控车载设备高级检修规程执行。

2. 列控车载设备的故障及处理

(1)故障查找、分析及处理的一般方法

故障查找、分析及处理的一般方法有直观法、测量法、分析法、互换试验法等。直观法、测量法、互换试验法的采用同 LKJ 系统。CTCS-2 级列控车载设备的故障查找多采用分析法。

分析法是利用车载数据分析软件,对列控车载设备记录的运行数据进行分析,查看数据中是否有故障信息记录和异常记录,根据数据分析的相关信息和提示,来分析判断故障范围和故障点。

分析法是列控车载设备故障查找和分析的一项重要的手段,在故障处理中经常运用,对故障判断和处理有较大的帮助。列控车载设备具备较强的设备自检功能和数据记录功能,由于设备判定标准较严格,同时设备均具备冗余设计要求,一般的软性故障没有明显的表象,在 DMI 上没有相关的故障信息和故障现象,因此需要借助专业分析软件,对车载记录的数据进行分析,由于不同类型的列控车载设备记录的数据不一样,利用分析软件进行数据分析时的重点也不一致。

对于 CTCS2-200H 型列控车载设备,利用 PC 卡数据分析软件对 PCF 数据进行分析,重点查看“Troudle index”文件夹中的故障信息内容,通过“详细 1”中的“OPE 信息”中 1、2 系各类信息内容,主要查看“故障信息”栏中黑体字的信息内容,通过故障信息内容判断故障原因和故障点。故障内容如用黑体字表示,则为故障触发的原因。

对于 CTCS2-200C 型列控车载设备,利用 PC SAM 数据分析软件对 MID 数据进行分析,重点查看设备报警信息。数据详细记录了 CFSK 板故障的时间,通过数据中故障信息内容判断处理设备故障。同时可根据数据中记录的 DMI 文本信息判断故障现象和故障范围。

利用数据分析法判断故障范围和故障点时,可根据故障现象或者需查看的重点,有针对性地下载和分析记录数据。数据分析情况一定要结合故障现象进行综合分析,对故障情况进行判断。

(2)DMI 故障判断与处理

①DMI 按键失效

在 DMI 上进行相关操作时,某些按键作用不良,功能键不起作用。

此类故障属于 DMI 按键接触不良或 DMI 内部电子元器件不良造成,可以尝试多次按压按键,如属于暂时性的接触不良,则故障可能消失。如果还不行,需更换 DMI 显示器,进行相关检测试验。

②DMI 功能区显示不正确

DMI 在开机工作情况下,某个功能区显示缺失,或者显示内容不能更新。

原因系 DMI 主机内部电子盘故障,造成来自安全计算机的显示信息无法转换到 DMI 液晶屏上。此时，应更换 DMI 主机，更换后进行设备启动试验，进行相关功能测试。

③DMI 无语音提示或报警

DMI 无正常输出语音，报警时无任何声音提示。

原因系 DMI 扬声器故障，造成 DMI 无语音或提示报警音输出。

此时，应更换 DMI 主机，更换后进行设备启动试验，进行相关功能测试。

④DMI 黑屏或花屏

DMI 显示屏黑屏或花屏系 DMI 主机电源模块工作不稳定或显示屏故障。

此时，应更换 DMI 主机，更换后进行设备启动试验，进行相关功能测试。

(3)速度传感器故障判断与处理

①显示速度值与实际速度值误差过大

动车组运行时 DMI 上显示的速度值与实际速度值偏差过大，可参考动车组 MON 屏上的速度值。

如果速度值误差情况基本保持不变，速度值一直比动车组车辆显示屏速度值高 10 km/h 且基本保持不变的情况，最大可能是车载设备轮径值参数设置错误造成。

此时，应进行轮径参数检查，要求车辆部门提供动车组最新轮径值，核查动车组轮径参数值设置是否与实际值一致，如存在误差，按照动车组车载设备轮径参数调整操作程序进行轮径调整；携带 BDS 测速仪等设备添乘，检查确认列控车载设备速度值显示是否正确；检查速度传感器状态是否正常。

②DMI 显示“测速测距故障”(CTCS2-200C 型列控车载设备)

CTCS2-200C 型列控车载设备启动时或者在正常工作时，DMI 文本信息栏显示“测速测距故障”，重新启动设备后故障不能消除。

由于 CTCS2-200C 型列控车载设备采用两个 6 通道光电速度传感器，提供电脉冲信号，信号的频率与车轮速度成正比，每个速度传感器分别向 3 块 CCTE 模块提供速度信息，当其中一个速度传感器的一路速度通道故障时，将造成单链设备故障，同时 CCTE 板将判断为测速测距故障，发生该故障时不影响动车组正常运行。

此时，应下载 PCSAM 数据，查看 MID 数据中 ODMV 故障报警信息，判断故障速度传感的具体位置，更换故障速度传感器，并进行设备启动试验和动车试验。同时下载 PCSAM 数据，查看 MID 数据中是否有 ODMV 故障报警信息。

③DMI 显示“安全计算机 1 系故障”(CTCS2-200H 型列控车载设备)

动车组运行途中，DMI 文本信息栏显示“安全计算机 1 系故障”，此时列控车载设备正常工作。

由于 CTCS2-200H 型列控车载设备采用两个永磁式速度传感器，每个速度传感器单独向对应的 VC 发送脉冲信号，当其中一个速度传感器故障或断线时，将造成其对应的安全计算机故障，同时 DMI 上有“安全计算机 1 系故障”的文本信息显示。通过数据分析，可在“详细 1”中的“5 故障信息”一栏中发现有“速度传感器断线检测”的记录，因此可以判断为速度传感器断线。

此时，应更换速度传感器，更换后进行设备启动试验和相关功能测试，同时必须进行动车试验，检查列控车载设备速度值是否正确，试验完成后对 PC 卡数据进行进一步检查分析。

(4)轨道信息接收天线故障判断与处理

①动车组运行途中，车载信号掉码

动车组运行途中瞬间掉码，列控车载设备输出常用制动。动车组运行途中发生多次掉码现象,其原因主要是:接收天线安装位置不达标、接收天线性能和电气特性不达标、连接电缆接触不良或电阻值过大、轨道信号接收模块工作异常或灵敏度不达标等。

常用分析判断方法有分析记录数据和测量参数两种。

对于 CTCS2-200H 型列控车载设备,可以通过分析 CF 卡记录数据,查看掉码时接收到的轨道电路信息幅值,如果幅值满足译码要求,则可判断主机以下至接收天线范围内设备正常。如发现掉码时接收到的轨道电路信息幅值较小,不能满足译码要求,则可判断为轨道电路信息处理主机以下至接收天线范围内设备异常;之后可测量接收天线相关技术参数是否达标。

直接测量接收天线相关技术参数,如:天线线圈电阻值、连接电缆线间绝缘,同时可以利用便携式机车信号发码箱对接收天线灵敏度进行测量。由于接收天线电阻值过大,造成接收灵敏度降低,当动车组运行到轨道电路信息发送功率较低的区段时易造成掉码现象。

经测量发现接收天线电气性能不达标则更换故障天线;如接收天线电气性能正常、灵敏度达标,则根据数据分析情况更换轨道电路信息处理模块。更换接收天线后需进行灵敏度测试,检查接收灵敏度是否达标,更换设备后必须进行设备启动试验和功能测试。

②车载信号不译码

车载信号不译码,车载设备无法接收轨道电路信息,动车组不能正常运行。

由于车载设备轨道电路接收、处理单元采用双冗余设计,发生轨道电路信息处理模块故障或轨道电路接收天线故障的概率较低,发生较多的是接收天线被外物撞击损坏,致使单个天线的两组线圈开路,造成轨道电路信息处理模块双冗余设备失效。

虽然发生概率较小,也不排除双冗余轨道电路借息解码单元同时发生故障的可能。

可观察接收天线外观状态,测量天线内部线圈电阻值;同时观察轨道电路信息处理单元工作指示灯状态。

如果接收天线线圈开路,需更换故障天线;如果轨道电路信息处理单元工作指示灯不正常时,要更换故障板件。更换设备后必须进行设备启动试验和功能测试,更换接收天线后需进行灵敏度测试。

(5)主机模块故障判断与处理

①OPE 板故障(CTCS2-200H 型列控车载设备)

DMI 显示“安全计算机 1 系故障”,OPE 板是 CTCS2-200H 型列控车载设备安全计算机单元中的一个重要的处理模块,其接收速度传感器的速度信号、与 STM 进行通信,同时接收轨道电路信息、进行速度比较、进行设备整体的故障检测。如该板发生故障,LED_1 指示灯由正常的闪烁变为非闪烁,同时 AWP 板的 OUTPUT 指示灯由长亮变成灭灯,可判断该板故障导致整个 VC 故障。

此时,应更换故障的 OPE 板。由于该板上有动车组轮径值参数设置的拨码开关,在更换该板后应将轮径参数值的拨码开关设置位置进行调整,恢复到最初设置,两个安全计算机的轮径值参数设置应保持一致,更换设备后必须进行设备启动试验和功能测试。

②MOTRE 板故障(CTCS2-200C 型列控车载设备)

DMI 显示“单链严重故障”。MOTRE 板是 CTCS2-200C 型列控车载设备中较重要的板件,故障率较高。MOTRE 板通过 ProfiBus 总线和 CCTE 板连接,控制信息输入/输出。当 MOTRE 板故障时,会造成对应的单链故障,DMI 上会有“单链严重故障”的文本信息。

由于列控车载设备的冗余设计,单链设备发生故障时一般不会影响系统工作,可根据面板工作指示灯的显示判断 MOTRE 板的故障状态。MOTRE 板故障可通过分析 PCSAM 数据的 MID 故障记录数据，查看 MOTRE 板工作状态来分析。

此时，应根据 MOTRE 板面板工作指示灯的显示或 MID 故障记录数据判断故障板件，更换故障板件，更换设备后必须进行设备启动试验和功能测试。

(6)BTM 故障

①DMI 显示"应答器信息接收模块故障"(CTCS2-200C 型列控车载设备)

列控车载设备在启动过程中 DMI 显示"应答器信息接收模块故障""单链严重故障"的文本信息，但不影响设备的正常制动测试试验。

原因是列控车载设备在启动过程中因 BTM 单元故障、BTM 与主机通信干扰、BTM 主机启动失败，此时列控车载设备完成制动测试后将进入 CTCS-0 级待机模式，如在 DMI 上进行操作，并不影响 CTCS-0 级模式转换和上/下行载频选择。如不及时重新启动设备，在动车组运行至 CTCS-2 级区段时无法接收应答器信息，不能自动转换为 CTCS-2 模式控车。

如经多次启动不能恢复，则判断为 BTM 硬件故障，可查看 BTM 主机面板工作指示灯的显示情况。

此时，应择机进行重新启动试验；如不能恢复，则需要更换 BTM 主机，更换设备后必须进行设备启动试验和功能测试。

②DMI 报"ATP 设备故障""安全计算机 1 系故障""安全计算机 2 系故障""安全计算机双系故障""BTM 故障"(CTCS2-200H 型列控车载设备)

列控车载设备正常启动失败，DMI 显示"ATP 设备故障""安全计算机 1 系故障""安全计算机 2 系故障""安全计算机双系故障""BTM 故障"的文本信息，系统无法正常工作。

当 BTM 主机发生故障时，在列控车载设备启动过程中，安全计算机与 BTM 主机之间无法建立正常的通信，此时双系安全计算机会报系统故障，列控车载设备将无法正常工作，DMI 不能进行任何操作。此时应查看 BTM 主机面板工作指示灯状态，分析判断故障。

为进一步分析，可下载 PC 卡记录数据，查看设备启动自检时 BTM 主机的故障代码。

此时，应根据不同的故障代码，更换相应的板件，更换设备后必须进行设备启动试验和功能测试。

复习思考题

1. 简述 CTCS-2 级列控系统的结构。
2. 简述目标距离—速度控制的原理。
3. 简述临时限速服务器系统的功能和结构。
4. TSR 与哪些系统有接口？
5. 简述列控中心系统的结构和各部分的作用。
6. 列控中心与哪些外部系统有联系？
7. 列控中心功能是什么？
8. 简述列控中心的基本原理。
9. LEU 的功能是什么？
10. 简述 LEU 的结构。

11. 简述 LEU 的工作原理。

12. 应答器的功能是什么?

13. 无源应答器和有源应答器有何异同?

14. 简述应答器的结构。

15. 简述应答器的工作原理。

16. 应答器如何编号?如何命名?

17. 进站口外方应答器组如何设置?

18. 区间无源应答器(组)如何设置?

19. 特殊用途应答器(组)如何设置?

20. 列控车载设备有哪些功能?扩展了哪些功能?

21. 列控车载设备有哪些特点?

22. 简述列控车载设备系统构成和各部分的作用。

23. CTCS2-200H 型列控系统控制方式有哪几种?各在什么情况下使用?

24. CTCS2-200H 型列控车载设备的工作模式有哪几种?各在什么情况下使用?如何转换?

25. CTCS-2 级列控系统如何与 ATO 相适配?

26. 简述 CTCS-2 级列控系统设备维修修程和周期。

27. 简述 CTCS-2 级列控系统设备修程范围。

28. CTCS-2 级列控系统故障查找、分析及处理的一般方法有哪些?各适用于何种情况?

29. 如何按列控车载设备记录的运行数据进行分析、判断故障?

30. 总结 CTCS-2 级列控系统故障查找的步骤。

第四章 CTCS-3 级列控系统

CTCS-3 级列控系统是我国铁路速度 300～350 km/h 高速铁路的重要技术装备，是铁路技术体系和装备现代化的重要组成部分，是保证高速列车运行安全、可靠、高效的核心技术之一。CTCS-3 级列控系统是基于 GSM-R 实现车—地信息双向传输、无线闭塞中心生成行车许可的列控系统，采用先进的技术手段对高速运行下的列车进行运行速度、运行间隔等实时监控和超速防护，以目标—距离连续速度控制模式、设备制动优先的方式监控列车安全运行，并可满足列车跨线运营的要求。

CTCS-3 级列控系统是为速度 300 km/h 及以上高速动车组的主用列控系统，用 CTCS-2 级列控系统作为备用列控系统。

第一节　CTCS-3 级列控系统运营需求

一、主要技术原则

CTCS-3 级列控系统主要技术原则包括：

(1)满足运营速度 350 km/h、最小追踪间隔 3 min 的要求。

(2)满足正向按自动闭塞追踪运行，反向按自动站间闭塞运行的要求。

(3)满足跨线运行的运营要求。

(4)车载设备采用目标—距离连续速度控制模式、设备制动优先的方式监控列车安全运行。

(5)CTCS-2 级列控系统作为 CTCS-3 级列控系统的后备系统，无线闭塞中心(RBC)或无线通信故障时，CTCS-2 级列控系统控制列车运行。

(6)全线 RBC 设备集中设置。

(7)GSM-R 无线通信覆盖包括大站在内的全线所有车站。

(8)动车段及联络线均安装 CTCS-2 级列控系统地面设备。

(9)速度 300 km/h 及以上动车组不装设监控装置。

(10)在速度 300 km/h 及以上线路，CTCS-3 级列控系统车载设备速度容限规定为超速 2 km/h 报警、超速 5 km/h 触发常用制动、超速 15 km/h 触发紧急制动。

(11)RBC 向装备 CTCS-3 级车载设备的列车，应答器向装备 CTCS-2 级车载设备的列车分别发送分相区信息，实现自动过分相。

(12)CTCS-3 级列控系统统一接口标准，涉及安全的信息采用满足 IEC 62280 标准要求的安全通信协议。

(13)CTCS-3 级列控系统安全性、可靠性、可用性、可维护性满足 IEC 62278 等相关标准的要求，关键设备冗余配置。

二、主要工作模式

通用的模式有完全监控(FS)模式、目视行车(OS)模式、引导(CO)模式、调车(SH)模式、隔离(IS)模式、待机(SB)模式和休眠(SL)模式等7种;仅适用CTCS-2级的模式有部分监控(PS)模式和机车信号(CS)模式。

1. FS模式

当具备列控所需的全部基本数据(包括列车数据、行车许可和线路数据等)时,列控车载设备生成目标—距离连续速度控制模式曲线,并通过DMI显示列车运行速度、允许速度、目标速度和目标距离等信息,监控列车安全运行。

2. OS模式

当地面设备故障、列控车载设备显示禁止信号且列车停车后需继续运行时,根据行车管理办法,经司机操作,列控车载设备按固定限制速度40 km/h监控列车运行,列车每运行一定距离(300 m)或一定时间 (60 s)司机需确认一次。

3. CO模式

当开放引导信号或出站信号机开放且列车前端距离出站信号机较远(大于250 m)发车时,列控车载设备生成目标—距离连续速度控制模式曲线,并通过DMI显示列车运行速度、允许速度、目标速度和目标距离等,车载设备按固定限制速度40 km/h监控列车运行,司机负责在列车运行时检查轨道占用情况。

4. SH模式

当进行调车作业时,司机按压调车按钮,列控车载设备按固定限制速度40 km/h(顶棚)监控调车车列前进或折返运行。当工作在CTCS-3级列控系统时,经RBC同意,列控车载设备转入SH模式后与RBC断开连接,退出SH模式后再重新与RBC连接。

5. IS模式

当列控车载设备停用时,须在停车情况下,经操作隔离列控车载设备的制动功能。在该模式下,车载设备不具备安全监控功能。此时,列控车载设备应能够监测隔离开关状态。

6. SB模式

当列控车载设备上电时,执行自检和外部设备测试正确后自动处于SB模式,车载设备禁止列车移动。当司机开启驾驶台后,列控车载设备中的DMI投入正常工作。

7. SL模式

该模式用于非本务端列控车载设备。在该模式下,列控车载设备仍执行列车定位、测速测距、记录等级转换及RBC切换信息等功能。

列车立折,非本务端升为本务端后,车载设备可自动进入正常工作状态。

8. PS模式

在CTCS-2级,当车载设备接收到轨道电路允许行车信息,而缺少应答器提供的线路数据时,列控车载设备产生一定范围内的固定限制速度,监控列车运行。

9. CS模式

当列车运行到地面设备配置未装备CTCS-3级/CTCS-2级列控系统的区段时,根据行车管理办法(含调度命令),经司机操作后,列控车载设备按固定限制速度80 km/h监控列车运行,并显示机车信号。当列车越过禁止信号时触发紧急制动。

在CTCS-3级列控系统控车时或CTCS-2级列控系统控车时,满足一定条件可进行模式转换。

三、闭塞分区的划分

闭塞分区长度原则上按照不大于 2 000 m 进行设计，满足 350 km/h 速度、3 min 列车追踪运行的要求。闭塞分区配置要考虑电气化分相绝缘器的位置，以防止列车停车再运行时无法越过无电区域。

四、列车安全防护距离

列车安全防护距离是指列车行车许可界限与车载 ATP 生成的常用制动模式曲线终点之间的距离。它是牵引计算的基础参数。列车安全防护距离的长短与车载 ATP 设备中设计的制动控制模式曲线有关，列车安全防护距离应确保列车在危险点之前停车。

列车控制模式曲线设置两条，一条为常用制动模式曲线，另一条为紧急制动模式曲线。在一般情况下，ATP 超速防护设备正常启动常用制动时，不应触发紧急制动。

根据高速铁路股道有效长度 650 m 的要求，在设计列车制动模式曲线时，列车安全防护距离最大值应控制在站内 60 m、区间 110 m 的范围内。

五、CTCS-3 级列控系统与 CTCS-2 级列控系统的异同

1. CTCS-3 级列控系统与 CTCS-2 级列控系统的相同处

(1)运行方式

满足正线双线双方向运行，正向按自动闭塞追踪运行，反向按自动站间闭塞运行的要求。为固定自动闭塞方式。

(2) 监控列车方式

CTCS-3 级列控系统与 CTCS-2 级列控系统都是对高速运行下的列车进行运行速度、运行间隔等实时监控和超速防护，以目标—距离连续速度控制模式、设备制动优先的方式监控列车安全运行。

(3)配套系统

用于高速铁路的 CTCS-3 级列控系统与 CTCS-2 级列控系统都必须配套调度集中、计算机联锁、信号集中监测系统。

(4)车载设备

车载设备除 GSM-R 无线通信单元(RTU)外，其他如车载安全计算机(VC)、应答器信息传输模块 (BTM)、司法记录单元(JRU/DRU)、人机界面(DMl)、列车接口单元 (TIU)、测速测距单元 (SDU)、动态监测接口等均相同。

(5)列车定位

车载设备依据地面应答器收到的信息并以此为基准点通过测速单元等设备测量列车运行距离来获得列车位置。

(6)轨道电路

由轨道电路实现列车占用检查。除复杂大站的其他区段采用 25 Hz 相敏轨道电路外，复杂大站的正线、股道区段以及一般车站(线路所)全站都采用通信编码的 ZPW-2000 系列有绝缘轨道电路。列控中心还控制运行方向。

2. CTCS-3 级列控系统与 CTCS-2 级列控系统的不同处

CTCS-3 级列控系统与 CTCS-2 级列控系统的不同处见表 4-1。

表 4-1　CTCS-3 级列控系统与 CTCS-2 级列控系统的不同处

项　目	CTCS-3 级	CTCS-2 级
适用范围	300～350 km/h 高速铁路	200～250 km/h 高速铁路
车—地信息通道	GSM-R 及部分应答器	轨道电路及应答器
地面主要控制设备	无线闭塞中心	列控中心
备用系统	CTCS-2 级	LKJ
临时限速	通过连续的无线通信传送给车载设备	由应答器传送给车载设备
区间通过信号机	不设，只设区间信号标志牌	设(运行非动车组列车的线路)
车站地面信号机	常态为灭灯	常态为点灯(设区间通过信号机的线路)
发送分相区信息	RBC	应答器
工作模式	7 种	另外有部分监控模式和机车信号模式

第二节　CTCS-3 级列控系统总体结构

CTCS-3 级列控系统包括地面设备和车载设备，以及 GSM-R 无线传输网络。地面设备由无线闭塞中心(RBC)、列控中心(TCC)、ZPW-2000 系列轨道电路、应答器(含 LEU)、GSM-R 通信接口设备等组成。车载设备由车载安全计算机(VC)、GSM-R 无线通信单元(RTU)、轨道电路信息接收单元(TCR)、应答器信息传输模块 (BTM)、记录单元(JRU/DRU)、人机界面(DMI)、列车接口单元(TIU)等组成。

RBC 根据轨道电路、联锁进路等信息生成行车许可，并通过 GSM-R 无线通信系统将行车许可、线路参数、临时限速传输给 CTCS-3 级车载设备；同时通过 GSM-R 无线通信系统接收车载设备发送的位置和列车数据等信息。

TCC 接收轨道电路的信息，并通过联锁系统传送给 RBC；同时，TCC 具有轨道电路编码、应答器报文储存和调用、站间安全信息传输、临时限速功能，满足后备系统需要。

应答器向车载设备传输定位和等级转换等信息；同时，向车载设备传送线路参数和临时限速等信息，满足后备系统需要。应答器传输的信息与无线传输的信息的相关内容含义保持一致。

车载安全计算机根据地面设备提供的行车许可、线路参数、临时限速等信息和动车组参数，按照目标—距离连续速度控制模式生成动态速度曲线，监控列车安全运行。

CTCS-3 级列控系统地面设备总体结构如图 4-1 所示；CTCS-3 级列控系统车载设备总体结构如图 4-2 所示。

CTCS-3 级列控系统地面设备与车载设备间的信息应采用 GSM-R 无线传输方式和轨道电路加应答器的传输方式。其中轨道电路按照 CTCS-2 级列控系统的要求传输信息；应答器除传输 CTCS-2 级列控系统的有关信息外，还应传输 CTCS-3 级列控系统所需的列车定位、与 RBC 链接等信息；RBC 与车载设备之间通过 GSM-R 系统相互传输行车许可、线路数据、应答器链接、临时限速、列车参数等信息。

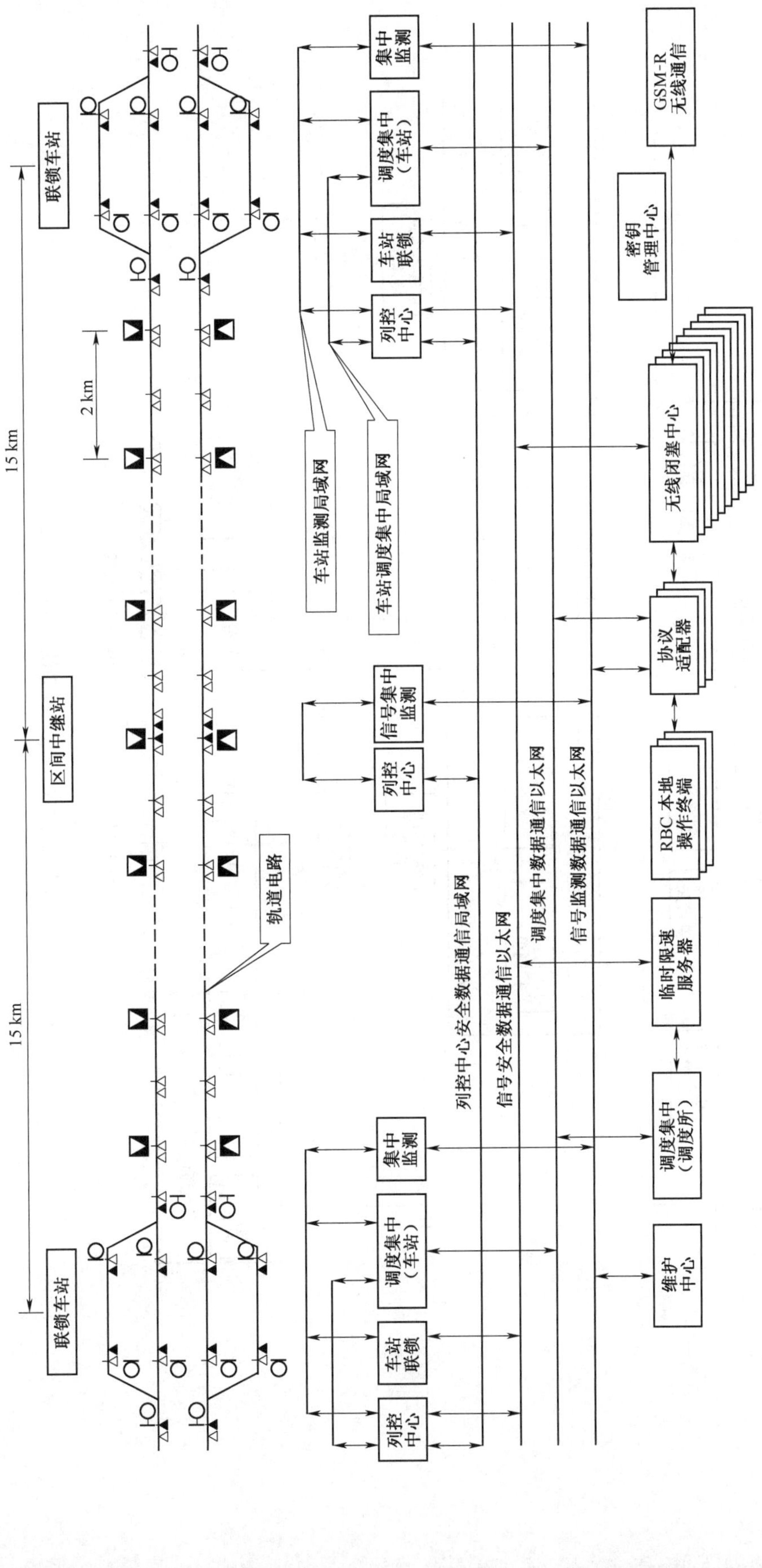

图 4-1　CTCS-3 级列控系统地面设备总体结构

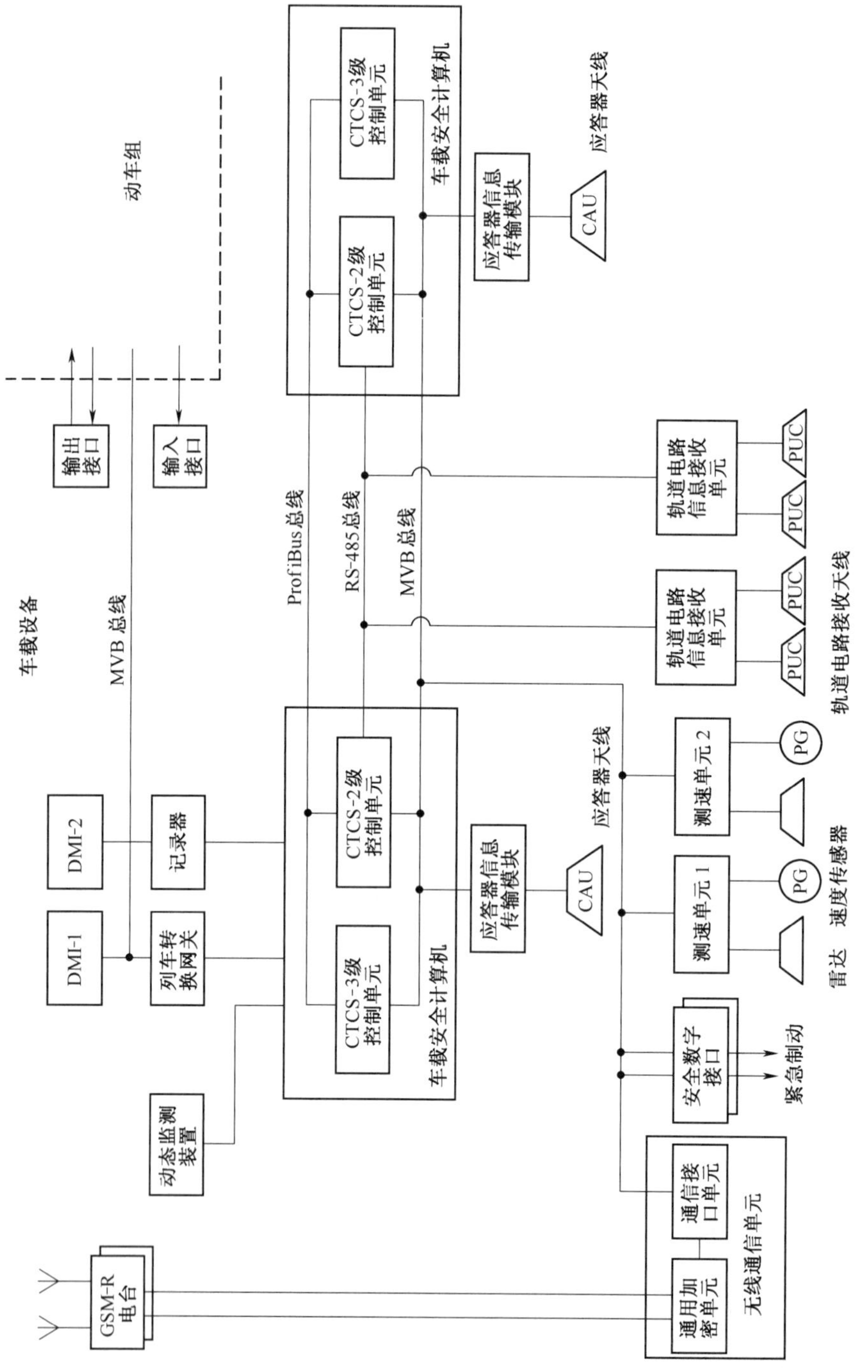

图4-2 CTCS-3级列控系统车载设备总体结构

第三节　CTCS-3 级列控系统地面设备

一、RBC

RBC 是基于"故障—安全"计算机平台的信号控制系统，是 CTCS-3 级列控系统的地面核心设备。RBC 根据所控制列车的状态，其控制范围内的轨道占用、列车进路状态、临时限速命令、灾害防护和线路参数等信息，产生针对所控列车的行车许可(MA)控制信息，并通过 GSM-R 无线通信系统传输给车载子系统，保证其管辖范围内列车的运行安全。

1. RBC 配置原则

RBC 的配置原则重点考虑控制能力、接口能力及维护适应性。RBC 及其他关键设备应采用安全冗余结构。

每台 RBC 的控制能力包括：同时登录的 CTCS-3 级列车数量、同时设定的进路数量、同时激活的临时限速区域数量、同时激活的紧急区域数量、同时激活的临时调车区域数量、同时相接口的联锁系统数量、同时相接口的综合业务数字网-基群速率接口(ISDN-PRI)线路数量、同时相接口的临时限速服务器数量、同时相接口的 CTC 数量、同时与协议适配器(VIA)接口的 RBC 数量。这些数量都不应超过系统设计容量。

列车数量是计算 RBC 数量的主要限制因素。RBC 控车数量按 RBC 管辖范围内所需的最大列车数量计算。计算 RBC 控车数量时，考虑车站股道、正线(含 RBC 切换覆盖范围)、衔接线路等需要与 RBC 链接的列车数量。

RBC 控制范围的边界应设置在闭塞分区分界点处，并与维护边界统筹考虑。

RBC 的控制范围还应考虑以下因素：车站股道数量超过 16 条时或进路数超过 200 条或需要为将来建设线路做预留的枢纽车站，应单独设置 1 套 RBC；RBC 的控制范围管辖车站(不包括中继站)不能超过 6 个，管辖范围不宜大于 200 km；RBC 控制范围的分界点应设计在区间，原则上与列控中心控制范围分界点保持一致；RBC 的控制范围不宜跨越铁路局集团公司边界；RBC 的控制范围还应综合考虑枢纽站及大站线路发展、维修、管理等方面等因素。

根据以上因素确定每条高速铁路所需要的 RBC 数量。例如京沪高速铁路设 13 台 RBC，沪宁城际高速铁路 5 台。

综合考虑各种限制条件和运行调试、维修维护的便利性，RBC 主机宜集中设置。综合考虑各种限制条件和运行调试、维修维护的便利性，RBC 设备集中设置。例如沪宁城际高速铁路和沪昆高速铁路沪杭段的 RBC 设在上海虹桥站。京沪高速铁路的 1～3 台 RBC，控制范围为北京铁路局集团有限公司和济南铁路局集团有限公司管内，设在北京南站；4～6 台 RBC，控制范围为济南铁路局集团有限公司管内，设在济南西站；7～12 台和 14 台 RBC，控制范围为上海铁路局集团有限公司管内，设在上海虹桥站。

同一车站设置多个车场，且各车场均采用 CTCS-3 级列控系统时，如有转场作业，车站各场宜共用一套 RBC。例如上海虹桥站的高速场为京沪高速铁路和沪昆高速铁路沪杭段用，综合场为沪宁城际高速铁路用，两者有转场列车作业，共用一套 RBC——京沪高速铁路的RBC13。

2. RBC 功能

RBC 的主要功能是控制和管理 CTCS-3 级运行的列车，其功能如下：

（1）实现列车的注册与注销，并接收来自列车的位置报告和列车数据。

（2）根据从联锁系统获得的信号授权和从列车获得的信息，向列车发送移动授权；在向列车发送移动授权的同时，发送限速、线路坡度、轨道条件、进路适宜性等的信息。

（3）根据临时限速命令，向相关列车发送临时限速信息。

（4）保证通过 RBC-RBC 边界的列车获得 MA 的一致性，列车不减速通过 RBC 的边界。

（5）向列车提供分相区相关信息，实现自动过分相。

（6）接受列车的调车模式请求，并可以重新注册离开调车模式的列车。

（7）根据联锁系统或调度员的紧急停车命令，向列车发送紧急停车信息。

（8）记录所有的交互事件和系统状态，在地面司法记录器（R-JRU）中存储。R-JRU 实时地对数据进行完整地保存；确保所有的记录数据可以通过相应的下载工具进行下载；具有灵敏的周期性自检功能，能检测到自身的错误并将其保存；记录完整的数据包信息并保存 30 天；保存的数据不因 R-JRU 电源掉电而丢失；当有事件发生时，JRU 能及时检测到并将相应的数据保存。

（9）提供安全密钥管理功能，并提供密钥管理工具。

（10）具备完整的自诊断、维护、测试、管理手段。

3. 主要技术指标

（1）每个 RBC 同时管理 60 列已注册的列车，同时管理 480 条已激活的进路，同时管理 250 个已激活的临时限速，同时管理 100 个已激活的紧急区。

（2）每个 RBC 最多可处理 4 路 ISDN-PRI 接口；在每个 ISDN-PRI 通道上最多可处理 30 列列车的信息。

（3）每个 VIA 能同时支持 300 列已注册的列车。

（4）RBC 本地终端最多支持 4 个显示屏，同时支持 300 列列车。

（5）RBC 记录 24 h 内发生的事件；VIA 记录 24 h 内发生的事件；R-JRU 记录 30 天内 RBC 系统发生的事件。

（6）每个 RBC 最多连接 6 个联锁系统；连接 1 个 TSRS。

（7）每个 VIA 连接 9 个 RBC；连接 1 个 CTC；连接 1 个 CSM。

（8）每个 RBC 本地终端连接 1 个 VIA。

（9）RBC 从备用模式切换到在线模式不超过 500 ms。

（10）VIA 从备用模式切换到在线模式不超过 5 s。

4. RBC 设备配置

RBC 有 RBC-TH 型、RBC-2-YH 型、RBC-HS 型，现以 RBC-TH 型 RBC 系统为例介绍 RBC 设备的配置。

RBC-TH 型 RBC 系统硬件采用冗余安全结构，设备包括无线闭塞单元（RBU）、ISDN 服务器、RBC 维护终端、VIA 服务器、RBC 本地终端、R-JRU 和交换机等设备组成。RBC 通过信号安全数据网与联锁、相邻 RBC、TSRS 连接，通过接口服务器与 CTC、CSM 连接。RBC 系统组成及接口如图 4-3 所示。

（1）系统特点

RBC-TH 型 RBC 采用基于 2 乘 2 取 2 的安全计算机平台，遵循安全性原则，实现列车控制。系统具有以下特点：

①RBC 设备的硬件平台采用通用服务器、操作系统和以太网搭建组成，利用专业厂商生产的服务器、交换机等设备实现逻辑处理和通信功能，因此可提供优秀的计算处理能力，并且

易于通过软件更新满足需求。

②安全平台由不同的"故障—安全"处理单元和操作系统构成。应用软件采用 N 版本冗余技术,对运算和表决采用不同的策略。

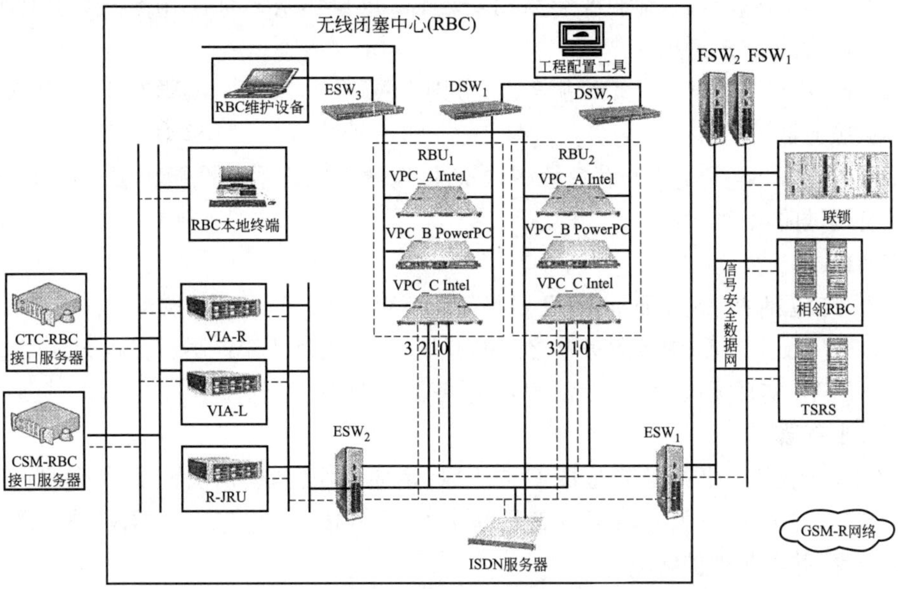

图 4-3　RBC 系统组成及接口示意

③RBC 采用冗余结构,并采用热备工作方式。当软件需要更新时,备用 RBC 可先进行软件版本升级,并在合适的时间对在线 RBC 和备用 RBC 进行切换。更换部件时,未更换的部分可立刻恢复原来的使用状态,而需要更换的部件必须在用于运营之前进行适当的调试。

④RBC 对外所有接口均通过以太网连接,可设置在具备通信网络的任何地点。

⑤系统具有配套的离线数据生成、系统配置软件和测试软件,数据可靠性强,逻辑程序与数据分离,具有高安全性,产品生成周期短。

⑥系统结构简单、合理,安全性和可靠性达到国际标准。

⑦系统具有高安全性、高可靠性,易维护,少维修,易扩展。

(2)系统组成

RBC 系统主要由无线闭塞单元(RBU)、ISDN 服务器、多用途接口适配器 VIA 和 RBC 本地终端以及测试服务器、通信交换机设备以及显示、操作设备组成。

①RBU

RBU 是 RBC 系统的核心逻辑处理单元,包括网络系统、硬件平台、操作系统、故障安全处理软件、应用逻辑软件、工程配置数据等。

RBC 采用安全计算机平台,遵循安全性原则。安全平台由不同的故障安全处理单元和操作系统构成。

应用软件采用 N 版本冗余技术,对运算和表决采用不同的策略。

RBU 系统框架为基于通用计算服务器的 2 乘 2 取 2 计算机系统。RBU 采用冗余结构,每一系由三台服务器组成,分别为 VPC_A、VPC_B 和 VPC_C,其中 VPC_A 和 VPC_B 为"故障—安全"处理单元,又分别称为 FSPA 和 FSPB,用于实现 RBC 逻辑功能,VPC_C 为伺服处理单元,又可称为 SPU,用于处理 RBC 设备对外接口和通信功能。

②ISDN 服务器

ISDN 服务器是 RBU 和 GSM-R 之间的接口，为 RBC 和 GSM-R 之间提供通话路由。它和 RBU 通过以太网连接，和 GSM-R 网络采用基本多路连接(S2M)。ISDN 服务器集成了 ISDN 接口(1SDN-PRI 卡)。硬件平台采用安装 Linux 操作系统的通用服务器，其功能实现符合欧洲无线协议的非安全层。

每台 RBC 中包含有 4 个 ISDN 服务器，分别为 VPC_I_1、VPC_I_2、VPC_I_3 和 VPC_I_4。

③测试服务器

测试服务器 VPC_T 用于安装系统测试软件，以便于验证系统性能和功能，多用于实验室测试和系统调试阶段。

④交换机

RBC 柜内包括两台内部交换机(DSW_1/DSW_2)和三台外部交换机($ESW_1/ESW_2/ESW_3$)。DSW 用于 RBU 中各服务器之间的通信。ESW_1 和 ESW_2 用于实现无线闭塞单元的对外通信。ESW_3 实现无线闭塞单元、ISDN 服务器到 VPC_T 的通信。

⑤VIA 服务器

VIA(协议适配器)服务器实现 RBC 与 RBC 本地操作终端、司法记录单元、CTC、集中监测之间的通信，一个 VIA 服务器可以满足 9 个 RBC 的需求，并与一套 RBC 本地终端连接。采用冗余配置，并配备维护终端。

VIA 服务器(接口服务器)硬件平台采用通用服务器结构，是由 VIAL 和 VIAR 组成的双机热备系统，并配备维护终端。

⑥RBC 本地终端

RBC 本地操作终端设置在 RBC 监控室，由服务器和工作站组成，主要完成站场图形显示、进路及列车运行情况显示、列车的登记与注销、紧急操作等功能。RBC 系统的工作状态、与 CTC、CSM 系统的通信状态及 CTCS-3 级列车的运行状态将在该终端上显示。允许操作员使用 RBC 中的维护、诊断等功能。

⑦JRU

JRU 对 RBC 系统的所有状态以及列车报告的数据和状态等信息进行记录，并且其记录可作为司法依据，以备分析检查。其硬件平台亦为服务器结构。信息和事件的记录功能基于计算机硬件平台和以太网数据通信来实现。

⑧RBC 维护终端

每台 RBC 设有一个维护终端界面，主要是为维护工程师及其他维护人员提供与 RBU 接口。主要完成监视系统工作及通信状态，还可以通过它切换 RBU 工作状态；告警提示，所有与 RBU 有关的报警发生时都会在一个窗口里显示出来；读取由 RBU 存储的诊断数据(包括来自安全传输单元的数据)；下载系统日志；设定时间和日期。

⑨密钥管理中心

CTCS-3 级车载设备与 RBC 之间使用 GSM-R 交换信息，为了保证通信安全(对发送端/接收端以及数据完整性的认证)，CTCS-3 级车载设备与 RBC 之间需要使用密钥。

在通信开始时，发送端和接收端通过认证(自动识别和认证程序)，交换的数据通过使用消息认证码受到保护。

密钥管理中心(KMC)负责密钥的生成和分配。

(3)RBC 设备机柜

RBC 设备机柜包括:RBC 柜,VIA 柜,RBC 本地终端以及防雷接口柜、信号安全数据网机柜。这些机柜均放在 RBC 机房。

①RBC 机柜

RBC 机柜结构如图 4-4 所示,主要包括:RBC 主机,IBM 服务器 6 台,由 VPC-A、VPC-B、VPC-C 组成,运行 RBC 应用程序。其中 VPC-A、VPC -C 为 Xseries 系列服务器,VPC-B 是 Power 系列服务器。

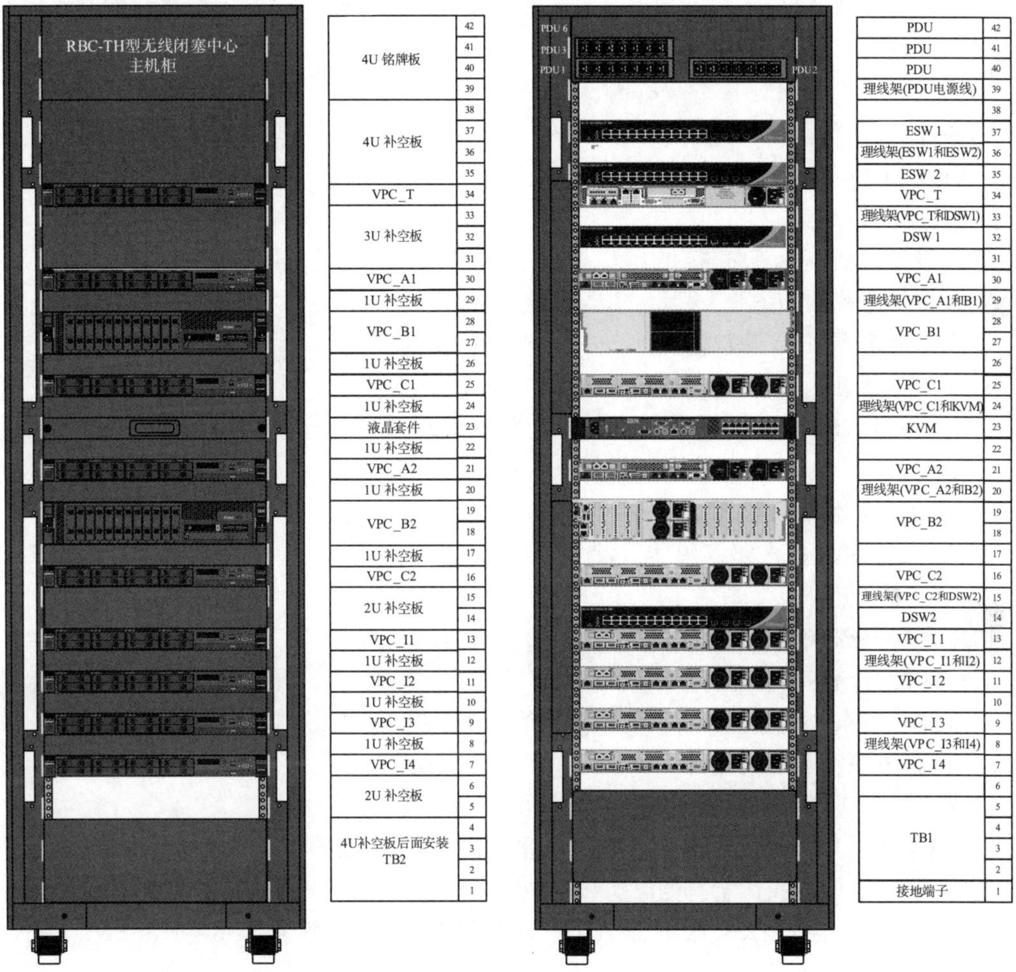

(a) 前视图　　(b) 后视图

图 4-4　RBC 机柜结构(648 mm×2 020 mm×1 105 mm)

VPC-T,IBM Xseries 服务器 1 台,运行维护、诊断、试验、记录和仿真应用程序。

VPC-I,IBM 服务器 4 台,运行 ISDN 应用程序。

KVM 交换机,用于实现对各服务器的切换操作,最多可支持 16 路信号。

FPM,液晶显示套件,1 套。

键盘和鼠标多路复用器,1 套。

DSW,内部交换机,HP 交换机 2 台,用于 RBC 主机间通信。

ESW,外部交换机,HP 交换机 3 台,用于 VPC-C 与 VPC-I、VPC-T、VIA、R-JRU、TSR、联锁间的通信。

KVM 交换机,用于实现对各服务器的切换操作,最多可支持 16 路信号。

PDU,电源分布单元,3 套。

RBC 应使用专用的不间断电源供电。每个 RBC 机柜要求 3 路独立经 UPS 的净化稳压 AC 220 V 电源,电压范围 AC 210～230 V,50 Hz。3 路电源实际用电量为,L_1 1 100 W,L_2 1 100 W,L_3 800 W,适当考虑余量。在主配电架上,三路电源独立设置 16 A 熔断器。每个 PDU(配电单元)都有自己的单相 PDU 电源线。所有的电源线都应有三根独立的芯线:相线、中性线和接地线。

L_1通过 PDU_1为 VPC-A_1、VPC-B_1、VPC-C_1、VPC-I_1、ESW_1、FPM、DSW_1供电。

L_2通过 PDU_2为 VPC-A_2、VPC-B_2、VPC-C_2、VPC-I_2、ESW_2、KVM、DSW_2供电。

L_3通过 PDU_3为 VPC-I_3、VPC-I_4、ESW_3、VPC-T 供电。

②接口柜(VIA)

VIA 设备包括 VIA 服务器和 R-JRU,以及交换机、显示、操作设备。

VIA 机柜正视图如图 4-5 所示,主要包括:

R-JRU 服务器,HP 服务器 1 台,记录 RBC 系统信息。

VIA 服务器,HP 服务器 2 台。

LAN 交换机,HP 交换机 4 台,其中 LAN_1 为外部交换机,用于与 CTC、CSM、本地终端通信,LAN_3 用于与 RBC 主机通信。

FPM,液晶显示套件,1 套。

KVM,键盘和鼠标多路复用器,1 套。

配电单元,2 套。

PDU,电源分布单元,2 套。

阻抗变换器,最多 4 台。

VIA 机柜要求 2 路独立经 UPS 的净化稳压 AC 220 V 电源,电压范围 AC 210～230 V,50 Hz。两路电源实际用电量,L_1 700 W,L_2 500 W,适当考虑余量。

VIA 主电源应使用专用的不间断电源供电。

在主配电架上,两路电源(L_1和 L_2)应独立设置 16 A 熔断器。每个 PDU(B_1单元)都应有自己的单相 PDU 电源线。所有的电源线都应有三根独立的芯线:相线、中性线和接地线。

L_1通过 PDU_1 为 R-JRU 服务器、VIA 服务器 1、VIA 服务器 2、KVM、FPM、LAN_1 B、LAN_2B、LAN_3 B 供电。

L_2通过 PDU_2为 R-JRU 服务器、VIA 服务器 1、VIA 服务器 2、LAN_1 R、LAN_2 R、LAN_3 R 供电。

机柜尺寸:648 mm×2 200 mm×1 105 mm。

③RBC 本地终端

RBC 本地终端置 RBC 机械室。主要包括:HP 工作站 1 台;HP20 显示器 4 台;键盘与鼠标。工作台 1 台放置工作站和显示器。

该终端将允许操作员使用 RBC 中的维护、诊断等功能。RBC 的工作状态在该终端上显示。

④防雷柜

防雷柜安装防雷元件,为 RBC 通道防雷。

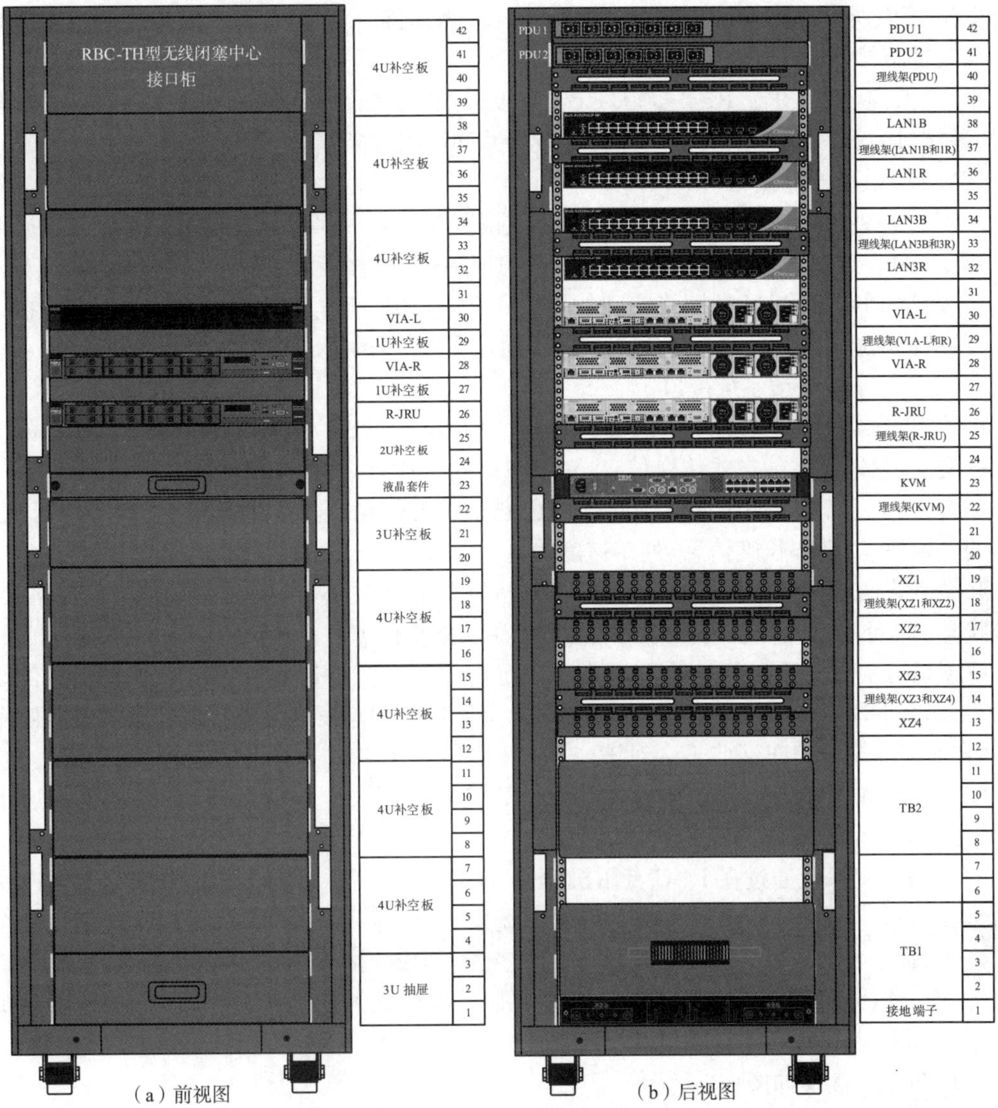

（a）前视图　　（b）后视图

图 4-5　VIA 机柜

注：在 LCD 显示器和键盘后面安装了 8 口 KVM 交换机；键盘包含集成鼠标；服务器、显示器和键盘安装在滑动槽上；两个 IEC 配电单元；机柜尺寸：2 000 mm×1 008 mm×612 mm。

⑤信号安全数据网机柜

信号安全数据网机柜用于将 RBC 系统连接信号安全数据网所需要的网络设备。

(4)RBC 系统内部接口

RBC 系统内部接口包括：RBU 与 ISDN 间的接口、RBU 与 VIA 和操作控制终端接口、RBU 与本地维护终端接口、RBU 与司法记录器接口。

RBC 内部连接可分为两个部分：

RBU 中各服务器通过内部交换机的通信连接以及 RBC 机柜中所有其他服务器到 VPC_T 的连接，用于实现无线闭塞主机内部通信和柜内服务器到测试主机的通信。

RBC 中所有服务器对外部交换机 ESW_1、ESW_2 的连接，用于实现 RBU 对 ISDN 服务器的通信以及 RBC 系统对外部设备的连接。

RBC 柜内所有连接均使用 STP CAT6 网线，物理接口为 RJ-45，水晶头采用金属屏蔽层并和网线屏蔽接合。

1 个 VIA 负责与 9 个 RBC 接口，RBC 与 VIA 之间的连接均使用 STP CAT5e/CAT6 网线，物理接口为 RJ-45，水晶头采用金属屏蔽层并和网线屏蔽接合。

(5)RBC 系统外部接口

RBC 设备外部接口包括：通过信号安全数据网与车站联锁系统接口、通过专用数据网与 CTC 系统接口、通过信号安全数据网与临时限速操作服务器接口、通过专用数据网与 CSM 系统接口、通过 PRI 与 GSM-R 网络之间的接口。其中，RBC 与 CTC 接口、RBC 与 CSM 接口均通过 VIA 实现通信，RBC 与信号安全数据网通过 RBC 中的 ESW 连接。

①RBC 与车站联锁系统接口

RBC 和联锁系统将站间线路划分为若干个信号授权(SA)区段，然后以此为基本单位进行信息交互，它以对象的方式传递信息，对象包括列车状态、信号授权和紧急停车区。

RBC 通过列车状态对象向联锁系统发送列车相关信息，包括：列车信息、行车许可状态、列车的位置信息、列车长度信息、列车速度信息。

联锁系统通过信号授权对象向 RBC 发送进路状态相关信息，包括：进路类型、进路状态、降级状态、SA 区段的 ID 号、危险点信息、列车溜入检测标志、开口速度。

联锁系统中可设置紧急停车区，其状态可通过紧急区对象传递给 RBC。如果紧急停车区被激活，那么 RBC 将向该区域内以及将要进入该区域的列车发送无条件或有条件紧急停车消息，并在撤销该紧急停车区前不会对该区域下发新的行车许可。

RBC 与联锁系统通过冗余配置的 TCP/IP 信号专用安全通信网连接，采用安全通信协议，实现信息安全传输。

RBC 与联锁系统通过在 RBC 专用机房设置的冗余配置的 TCP/IP 信号安全数据网交换机，接入信号安全数据网，进而实现与联锁系统的连接，采用安全通信协议，实现信息安全传输。一个 RBC 可以与多个联锁系统进行信息交换。RBC 接入信号安全数据网，物理接口为 RJ-45。连接电缆应采用标准屏蔽双绞电缆和带金属屏蔽的水晶头，电缆屏蔽层和水晶头屏蔽层相互连接，电缆长度不宜超过 50 m。

RBC 与联锁接口如图 4-6 所示。

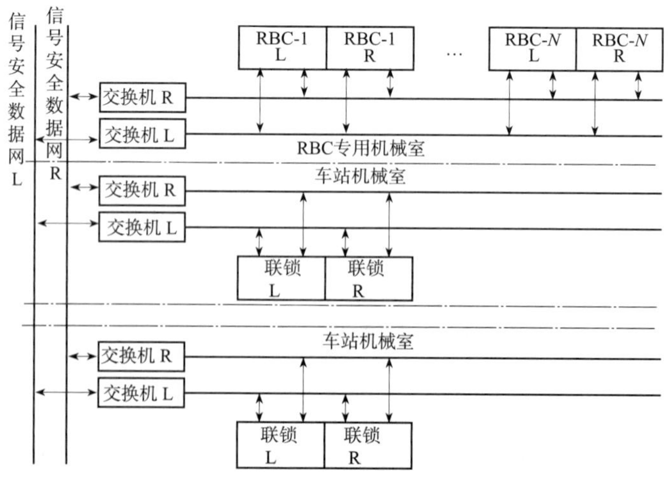

图 4-6 RBC 与联锁接口示意

RBC 的主、备系通过冗余网络与联锁的主、备系同时建立连接。RBC 的主系通过冗余网络向联锁系统的主系和备系发送列车信息。RBC 系统的主、备系均从联锁系统的主系接收信号授权信息和紧急停车区域信息。

RBC 如果在规定时间内(3 s)接收消息缺失(未收到或收到无效信息)时,则认为与联锁系统的通信已中断。RBC 的所有输入将被置为安全态,RBC 不向列车发送该联锁控制范围内的移动授权。RBC 应用层应发出断开连接指令,并在维护终端上显示与联锁终端。通信恢复后联锁重新发起连接。

②RBC 与 CTC 设备接口

RBC 向 CTC 发送列车信息以及 RBC 系统内部如发生需要通知调度员的事件,如注册列车数量接近 120 列的限制等。CTC 向 RBC 发送时钟同步信息,调度员通过 CTC-RBC 向列车发送无条件紧急制动命令和文本信息。

接口信息内容包括:

a. 登录及注销

CTC 向 RBC 发送登录信息和注销信息,登录信息包括操作 ID 号、操作员 ID 号、操作员用户名和密码,操作号用于操作反馈,用户名和密码在登陆时使用,操作员 ID 将在其他指令下使用以验证操作员。注销信息只包括操作 ID 号和操作员 ID 号。

b. 设置和撤销紧急停车命令

CTC 可以通过 RBC 向列车下发无条件紧急停车命令,也能够撤销下发的紧急停车命令。对于 CTC 发来的命令,RBC 将无条件执行。

c. 时间同步信息

时间同步信息由 CTC 向 RBC 发送,CTC 系统采用 NTP 时间同步协议。

d. 列车状态信息

当 RBC 与 CTC 通信连接建立后,RBC 需要向 CTC 发送所有的列车状态信息。随着列车运行,当列车状态发送变化时,RBC 需要主动向 CTC 发送更新的列车状态信息。CTC 系统也可以根据需要,主动要求 RBC 向 CTC 发送指定列车的状态信息。列车状态信息包括列车状态请求消息和列车状态消息。

e. RBC 工作状态

RBC 系统应周期向 CTC 发送其工作状态信息,包括 VIA-RBC 连接状态、RBC 设备在线信息和 VIA 设备在线信息。

f. 报警信息

RBC 系统内部如发生需要通知调度员的报警信息时,如 GSM-R 无线单元内列车数量超限的报警,可通过接口传送 CTC 系统。

g. 文本信息。

h. 操作反馈信息

CTC 向 RBC 发送的操作信息时数据中都带有操作号信息,此时 CTC 将启动超时检测机制,要求 RBC 在规定间内返回应答信息。如果 CTC 接收操作反馈信息失败,则采取相应防护措施。操作反馈信息数据中也包括对应的操作号信息。

在 CTC 系统调度中心设置 CTC/RBC 接口服务器(属 CTC 系统设备),CTC/RBC 接口服务器通过以太网通信端口一端接入 RBC 网络,另一端接入 CTC 调度中心局域网。CTC 系统通过 RBC 系统的 VIA 设备和 RBC 系统进行数据交换。CTC-RBC 接口服务器为双套配置,同时和多套 VIA 相连。

RBC 通过 VIA 设备与 CTC 中心设备通信,由于 CTC 设备放置于调度中心,因此双方需要通过以太网或 2M 数字传输通道进行通信。

CTC 系统与 RBC 系统之间通信方式分为基于以太网通信和基于 2M 数字传输通道通信。基于以太网通信的方式如图 4-7 所示。

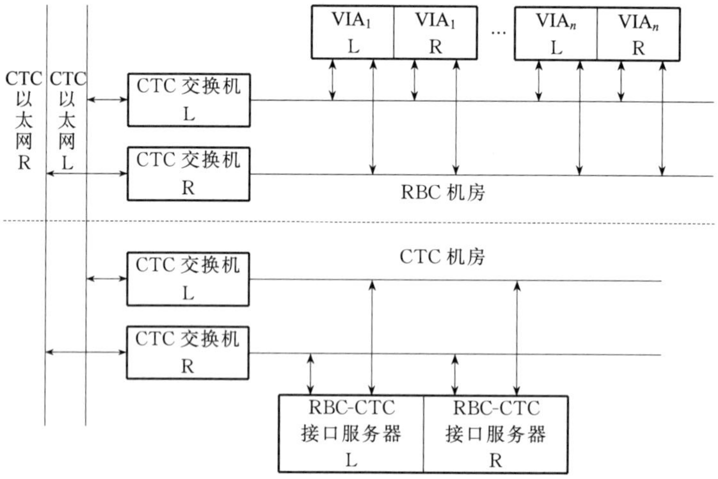

图 4-7　基于以太网通信的方式

基于 2M 数字传输通道通信的方式如图 4-8 所示。在 RBC 机械室内的通信机柜内设置冗余配置的交换机、路由器和协议转换器设备。VIA 与通信柜之间采用 STP CAT5e/CAT6 网线连接,物理接口为 RJ-45,水晶头应采用金属屏蔽层并和网线屏蔽接合。VIA-CTC 通信协议转换器应通过成对同轴电缆连接到通信机房的 ODF 架并接入 2M 数字通道,转换器对同轴电缆提供 BNC 阴型插座。

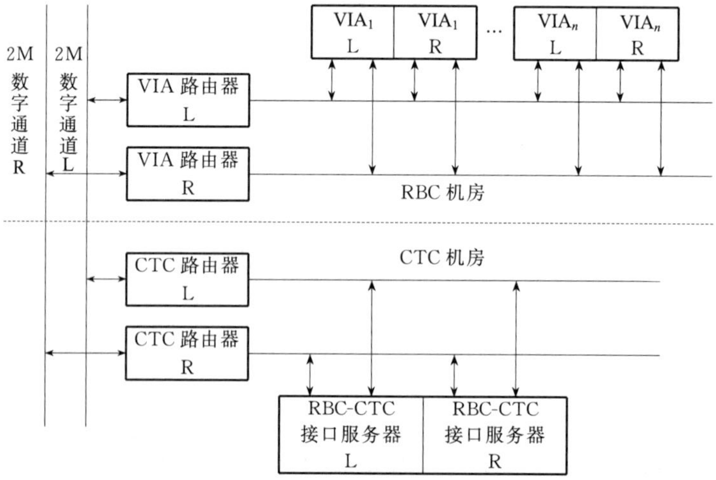

图 4-8　基于 2M 数字传输通道通信的方式

③RBC 与临时限速服务器接口

临时限速信息包括临时限速命令和临时限速状态。临时限速服务器与 RBC 间交换的所有数据均采用安全通信协议，保证数据交换的安全。

当 RBC 接受 TSRS 下发的初始化命令后，RBC 方可接收列车注册并向列车发送移动授权和临时限速信息。临时限速信息包括临时限速命令和临时限速状态。临时限速服务器/RBC 间交换的所有数据均采用安全通信协议，保证数据交换的安全。

TSRS 向 RBC 下达的 TSR 设置或取消命令。由 TSRS 保证 TSR 命令的设置顺序，即先验证，后执行。RBC 应在 1 s 内向 TSRS 返回相应的结果。对于 TSR 验证的命令，RBC 仅做可执行性检验，不更新列车的临时限速信息。TSRS 下发 TSR 执行命令时，RBC 应向 TSRS 返回执行结果。RBC 如果在规定时间内（3 s）接收消息缺失（未收到或收到无效信息）时，则认为与该设备的通信中断。通信恢复后 RBC 重新发起连接。

RBC 与临时限速操作服务器接口如图 4-9 所示。RBC 通过在 RBC 专用机房设置的信号专用安全数据通信网交换机，接入信号安全数据网，进而实现与临时限速服务器的连接，传输临时限速相关信息。RBC 接入信号安全数据网，物理接口为 RJ-45。连接电缆应采用 6 类标准屏蔽双绞电缆和带金属屏蔽的水晶头，电缆屏蔽层和水晶头屏蔽层相互连接，电缆长度不宜超过 50 m。

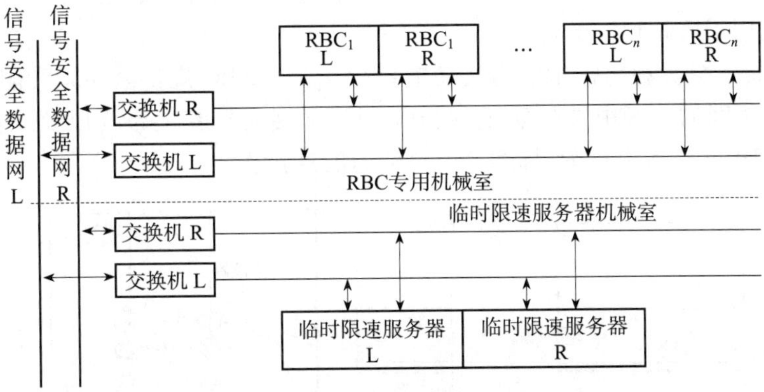

图 4-9　RBC 与临时限速操作服务器接口示意

④RBC 与 GSM-R 之间的接口

RBC 通过 ISDN-PRI 接口与 GSM-R 网络移动交换中心（MSC）连接。

每套 RBC 设置 4 台 ISDN 服务器，每台 ISDN 服务器配置 1 个 ISDN-PRI 接口，用于与 GSM-R 接口，RBC 与 GSM-R 的接口如图 4-10 所示。RBC 的主机和 ISDN 服务器之间通过 VLAN 交换机连接，采用 TCP/IP 通信。RBC 通过 ISDN 服务器的 ISDN-PRI 接口与 MSC 连接。每套 RBC 至 GSM-R 网络移动交换机需要 5 路独立的 2M 通道，其中使用 4 路，1 路用于冷备冗余。一个 RBC 与 MSC 的 PRI 接口必须冗余配置，MSC 为这些接口分配统一的 ISDN 呼入号码，并按照负荷分担的原则将车载台对某个 RBC 的呼叫路由到一个可用的 PRI 接口上。

RBC-GSM-R 接口在 RBC 机房的连接按以下方式进行：

通信设置 2M 柜（ODF 架），放置传输设备，用于实现对 RBC 防雷机柜的物理接口，对于每个 RBC 的 4 路主用通道，每 2 个主用通道为 1 组，分成 2 组，每组分别配置在 2M 柜中不同的背板上，备用通道不作限制。

在 RBC 机房放置防雷接口柜，用于安装 75～120 Ω 阻抗转换设备和防浪涌器件。RBC

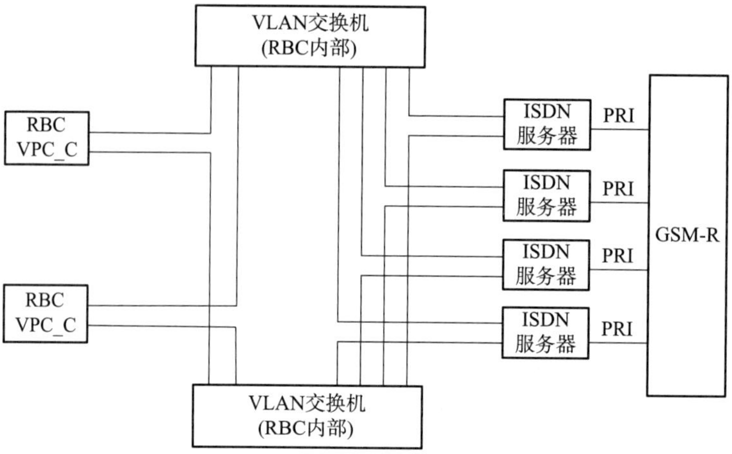

图 4-10　RBC 与 GSM-R 的接口示意

与防雷接口柜之间通过 STP CAT5e/CAT6 网络电缆连接，每路通道需要一根网络电缆。防雷接口柜内阻抗转换设备 BNC 接口端与 ODF 架通过 2M 同轴通信电缆连接，每路通道需要一对电缆(分别用于接收和发送)。

RBC 和通信的分界在防雷柜的阻抗转换器接口处。RBC 提供防雷柜和阻抗转换器，2M 柜到 RBC 防雷柜间的连接由通信实施，包括电缆(含接头)、施工布线以及维护。图 4-11 为 RBC 与 ODF 架柜间连接示意图，描述了两路通道的连接方式。

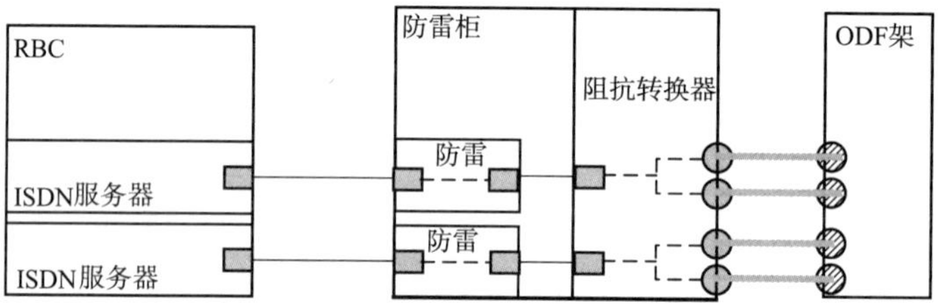

■ RJ-45接口；○ BNC接口；◎ 2M通信接口；—— STP CAT5e/CAT6网线；▬ SYV75-2-1同轴电缆。

图 4-11　RBC 与 ODF 架柜间连接示意

防雷柜与 2M 柜间的电缆传输距离不得超过 50 m，铺设电缆时应避开存在电磁干扰(如电源电缆等)的区域，同时室间部分应增加物理防护。阻抗转换器对 2M 方向提供的接头为 75 Ω BNC 插座，每路通道占用一列上、下两个接口，上方为本地数据接收端，下方为本地数据发送端。

⑤RBC 与信号集中监测系统接口

RBC 向信号集中监测站机传送的主要信息包含有：RBC 设备的运行状态信息、维护诊断信息等。

RBC 系统通过接口服务器与信号集中监测系统设置在 RBC 机房的 RBC-CSM 接口服务器接口。RBC 与信号集中监测系统接口如图 4-12 所示。

在控制中心设置信号监测终端系统，终端计算机一端接入 RBC 的非安全局域网，一端接入监测局域网。RBC 的本地终端将所有 RBC 的维护、诊断信息汇总、处理，并按照规定的应用层通信协议，将 RBC 的监测信息发送给信号集中监测的终端计算机；通过信号集中监测网

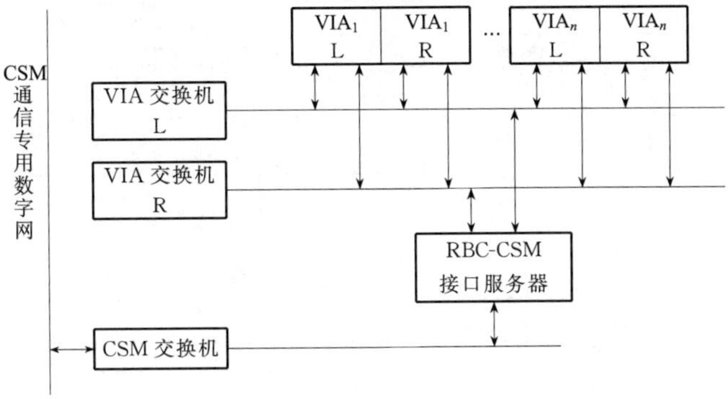

图4-12　RBC与信号集中监测系统接口示意

络，将RBC监测信息发送给各级维修中心。依照负荷分担的原则将车载台对某个RBC的呼叫路由到一个可用的PRI接口上。

二、GSM-R通信网络

1. GSM-R核心网节点设计

GSM-R核心网包括移动交换子系统、GPRS子系统、智能网子系统，应按照全路核心网建设规划建设，各条高速铁路接入相关节点。

2. GSM-R无线网络

采用交织冗余覆盖方案，排序为奇数(1、3、5……)或偶数(2、4、6……)的基站达到的覆盖都分别能够满足系统规定的服务质量(QoS)指标，GSM-R无线覆盖网络如图4-13所示。这种覆盖结构允许在单点(单个基站或单个直放站远端机)故障的情况下仍然能够满足系统规定的QoS指标。

基站频率配置应满足各类业务正常应用的需求，在两个RBC交界区域，还应考虑从一个RBC向另一个RBC切换时每列车双移动终端使用的容量需求。

列控系统每列车需要占用1个无线信道(RBC间切换时占用2个)，对于大站，由于停靠、通过的列车数量较多，需要占用大量的无线信道资源。

三、临时限速服务器

临时限速服务器适用于高速铁路CTCS-2级列控系统，也适用于CTCS-3列控系统。不同的是，CTCS-3列控系统的临时限速服务器要实现对各无线闭塞中心分配和集中管理临时限速指令。而且，要保证RBC和TCC临时限速命令的一致性、完整性、有效性，以及冲突检测等功能。

CTCS-3级列控系统临时限速区的起点和终点宜按线路里程设定，CTCS-3级列控系统可与CTCS-2级系统同精度，也可按闭塞分区为单位进行归档。CTCS-3级列控系统和CTCS-2级列控系统采用统一的临时限速设置原则，临时限速值按相同标准归档设置，限速命令、管辖范围应保持一致。中继站TCC临时限速由临近车站TCC负责转达。

300～350 km/h高速铁路的临时限速由临时限速服务器管理，临时限速服务器接收CTC的临时限速命令，分别经过RBC限速通道和TCC限速通道向列车传送，300～350 km/h高速铁路的临时限速传送如图4-14所示。RBC限速通道是临时限速服务器将临时限速命令经过RBC、GSM-R向列车传送。TCC限速通道是临时限速服务器将临时限速命令经过TCC、LEU、应答器向列车传送。

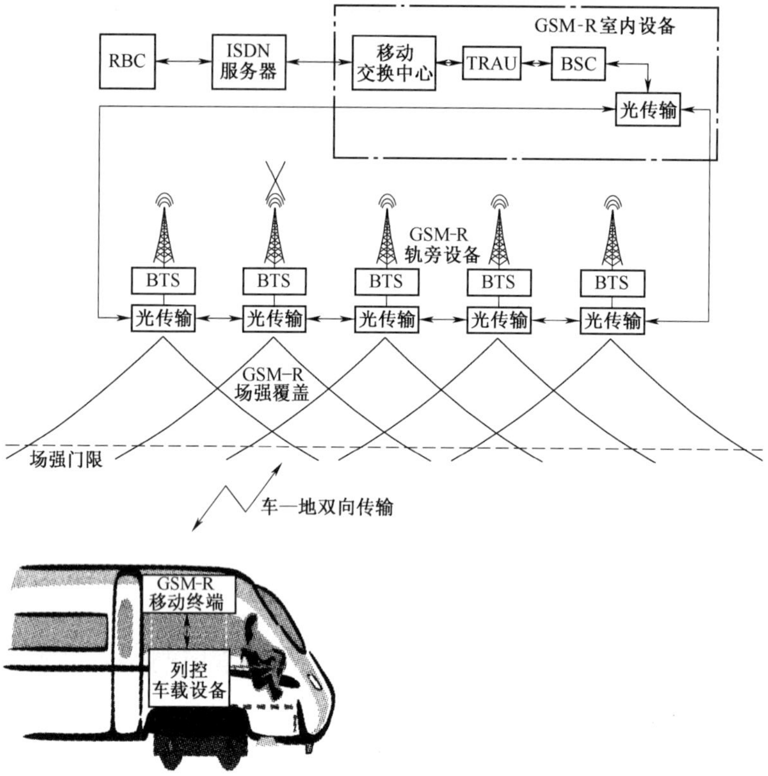

TRAU—码型转换和速率适配单元；BSC—基站控制器；BTS—基站。

图 4-13　GSM-R 无线覆盖网络

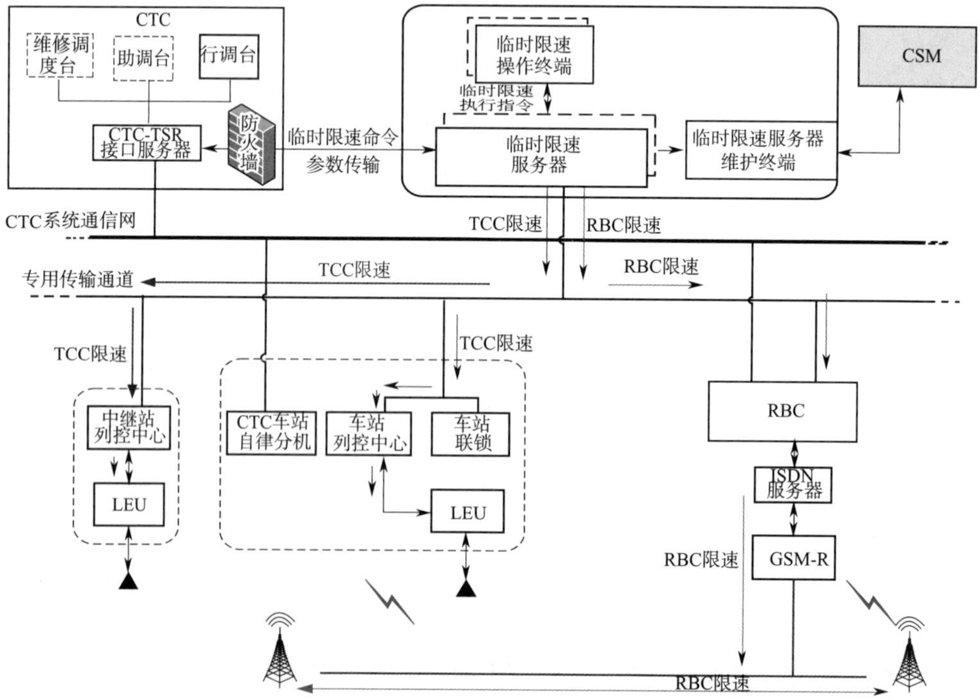

图 4-14　300～350 km/h 高速铁路的临时限速传送

四、列控中心 TCC

TCC 是 CTCS-2 级列控系统地面子系统的核心部分。CTCS-3 级列控系统各车站、线路所及区间信号中继站均设置一套 TCC，区间信号中继站距离一般不超过 15 km，特殊困难地段不能超过 20 km。

五、信号安全数据网

1. 功能

信号安全数据网保证车站、区间信号中继站、无岔站以及其与中心信号设备(如 RBC、TSRS)间的安全信息可靠传输，同时还确保 RBC、TSRS 等中心设备与其他相邻线路安全数据网的安全信息可靠传输。

安全数据网设置网络管理系统，实现数据记录、故障报警、状态预测等功能，确保安全信息通信高可靠、高可用和高可维护性的要求。

信号安全数据网接入设备包括：TCC、计算机联锁(CBI)、TSRS、RBC、网络管理设备。信号安全数据网接入设备如图 4-15 所示。

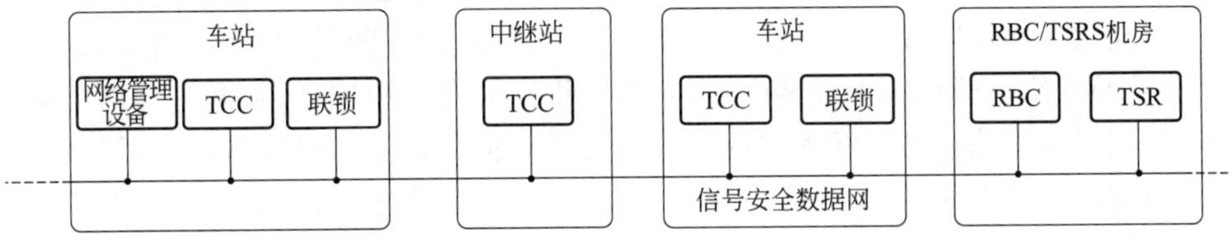

图 4-15　信号安全数据网接入设备示意

在信号安全数据网络中，采取了关闭交换机的闲置端口、绑定网络端口与固定地址、设置交换机本身的密码保护机制等安全措施。同时，采用授权终端对网络设备进行设置和管理的方式，防止非授权用户通过网络、Web、串口等各种方式对设备进行配置修改和安全设定修改。

信号安全数据网承载地面列控系统的安全数据通信，通信业务如下：

在 TCC 和 TCC 通信中，TCC 设备通过信号安全数据网传输向相邻 TCC 传输的信息包括：轨道区段边界信息、边界信号机状态、区间闭塞分区状态信息、区间改方信息、设备状态信息等。在 TCC 和 CBI 通信中，TCC 向 CBI 传输的信息包括：区间方向信息、区间闭塞分区状态信息、信号降级命令信息。CBI 向 TCC 传输的信息：列车进路状态信息、调车信号状态信息、区间改方命令信息、车站信号机点灯状态信息。在 CBI 和 CBI 通信中，CBI 间通过信号安全数据网传输站联信息。在 TCC 和 TSRS 服务器通信中，TSRS 服务器向 TCC 传输临时限速命令信息和校时时钟信息；TCC 向 TSRS 服务器传输临时限速命令状态信息、区间闭塞分区状态和站内正线轨道区段信息。在 RBC 和 TSRS 服务器通信中，TSRS 服务器向 RBC 传输临时限速命令；RBC 向 TSRS 服务器传输临时限速命令状态。在 RBC 和 CBI 通信中，CBI 向 RBC 传输 SA 信息；RBC 向 CBI 传输列车相关信息。

2. 组网结构

根据 CTCS-3 级列控系统管辖范围以及相邻线路连接方式，信号安全数据网的网络结构有基本网络结构、子网划分结构、不同线路网络连接结构、网络分支连接结构四种形式。

(1)基本组网结构

信号安全数据网采用在每个车站或中继站设置的工业以太网网络设备构成冗余双环网，双网间物理隔离，网络设备间采用专用单模光纤连接。信号安全数据网结构如图 4-16 所示。

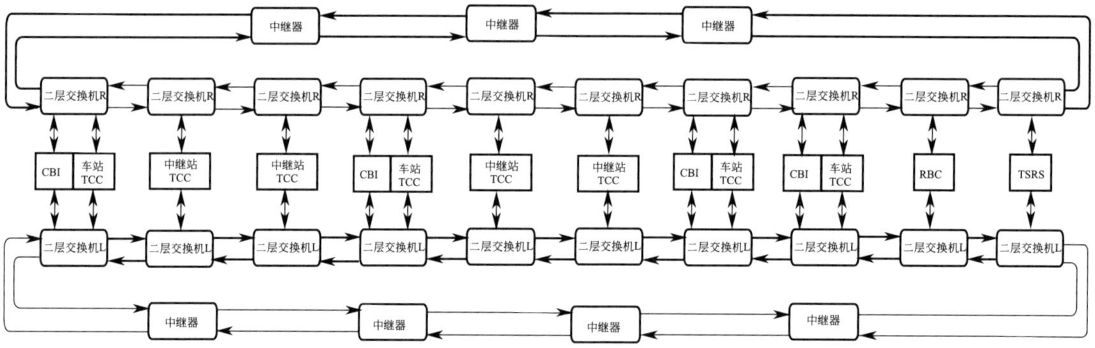

图 4-16　信号安全数据网组网结构示意

每侧环网由 4 芯光纤构成，并预留 2 芯作为备用。利用工业以太网交换机的环网冗余协议，实现在每侧环网中一处光纤中断后，不影响网络中的设备通信。

为了提高通信通道以及通信设备的可靠冗余，两环网设备间互联光纤(设备端—设备端)采用不同物理路径，也即在每个环网中，采用不同路径的光纤构成环，在两个环网相同的网络路径处也采用了不同路径的光纤来实现。同时为了避免车站设备停电后造成网络中断，两个环中用于组成环网的中继设备也不应在同一个车站或区间信号中继站设置，最大限度地保障了信号安全数据网的通信可靠性。

(2)子网划分结构

为了确保网络通信安全性和可靠性，避免由于广播风暴数据引起整个网络瘫痪，将组网线路超过 600 km 的网络划分成不同的子网。具有子环网的信号安全数据网组网结构如图 4-17 所示。

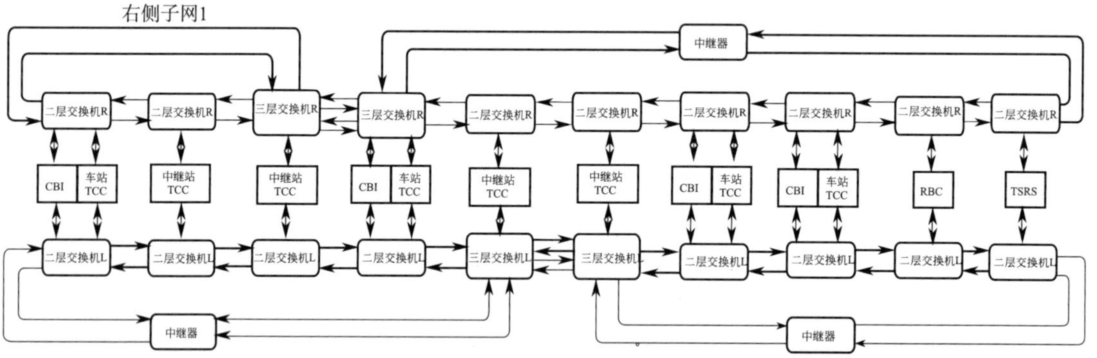

图 4-17　具有子环网的信号安全数据网组网结构示意

子环网划分利用三层工业以太网交换机实现，三层交换机间采用双冗余光缆进行连接，双通道冗余光缆应采用不同路径铺设，以提高通道的物理冗余性。

左右网的子网划分界面不能设在同一车站或区间信号中继站，避免车站或中继站设备停电后造成通信中断。

(3)不同线路网络连接结构

对于不同的线路,信号安全数据网采用图 4-18 所示接口结构连接。

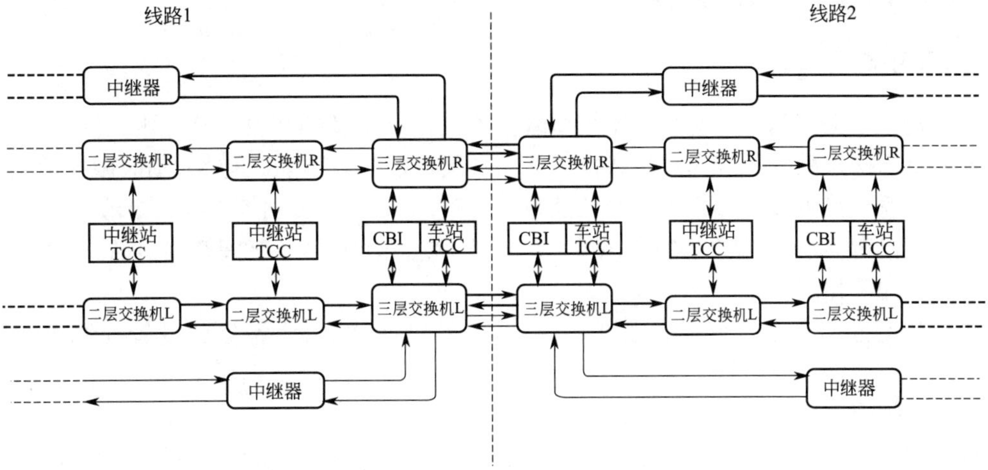

图 4-18　相邻数据网的连接示意

为了避免不同的网络之间广播数据干扰,每侧网络都采用三层交换机进行路由通信,交换不同线路间的站间通信数据,并阻隔广播数据的通信:三层交换机间采用冗余光缆进行连接,冗余光缆应采用不同路径铺设。

(4)网络分支连接结构

对于联络线车站,采用网络分支的方式接入信号安全数据网,分支车站的网络设备并不纳入信号安全数据网的环网中。

网络分支连接结构如图 4-19 所示,分支上的车站设置独立的交换机与相邻信号安全通信网连接,交换站间通信数据,光纤通道采用物理位置不同的双通道冗余光缆连接线路 1 和线路 2 的设备,每侧光纤需要 4 芯,备用 2 芯。

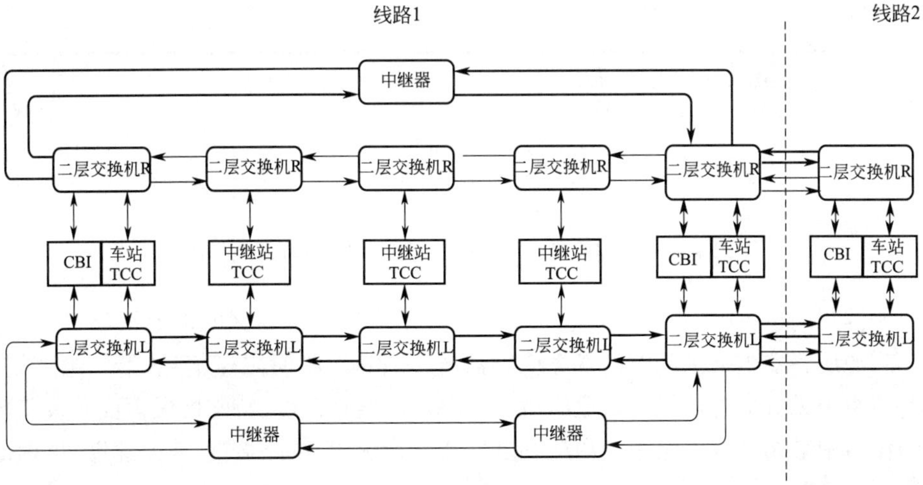

图 4-19　网络分支连接结构示意

六、LEU

CTCS-3 级列控系统的设置同 CTCS-2 级列控系统。

七、应答器

应答器用于向 CTCS-3 级列控系统车载设备提供位置、级间转换、建立无线通信等信息，同时对 CTCS-2 级列控系统车载设备提供线路速度、线路坡度、轨道电路、临时限速等线路参数信息。应答器设置满足 CTCS-3 级列控系统、兼容 CTCS-2 级列控系统的要求。

闭塞分区分界点、车站进站及出站信号机(或标志牌)、CTCS 级间转换点、接触网分相区等处所应设应答器组。

进站信号机处、反向进站信号机处、出站信号机处、区间应答器的设置原则基本上同 CTCS-2 级。

1. 区间应答器组

区间每个闭塞分区入口处均设置由两个及以上无源应答器构成的区间应答器组(Q)。当区间相邻两个应答器组之间的距离大于 1 500 m 时，在两个应答器组中间应增加由单个应答器构成的 DW。

2. 区间信号中继站应答器组

在上、下行线路靠近区间信号中继站的位置，均设置两组各由一个有源应答器和两个无源应答器构成的应答器组，用于发送临时限速和线路数据，两个应答器组之间的距离为(200±0.5) m，组内第三个应答器为有源应答器，区间信号中继站应答器组设置如图 4-20 所示。

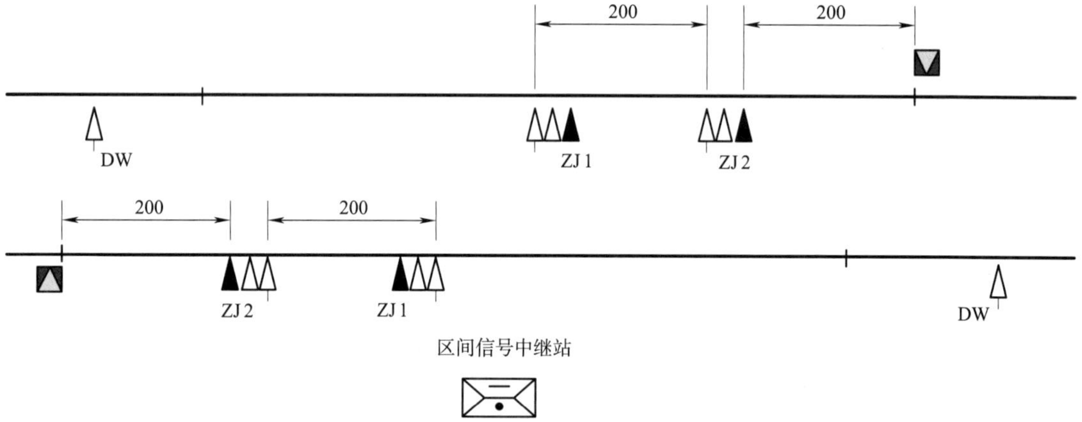

图 4-20 区间信号中继站应答器组设置示意(单位:m)

按照线路正向运行方向，第二组区间信号中继站应答器组与区间应答器组或定位应答器组合并。有源应答器根据区间方向发送应答器链接信息和临时限速信息，第一组区间信号中继站应答器组中无源应答器发送轨道区段、线路坡度、线路速度、特殊区段等反向线路数据，第二组区间信号中继站应答器组中无源应答器发送轨道区段、线路坡度、线路速度、里程信息、特殊区段等正向线路数据。

3. 对于车站无接发车作业的正线股道出站信号机

对于无接发车作业，即全部为通过码正线股道的出站信号机，其外方(30±0.5) m 处设置由两个无源应答器构成的 DW。

4. 级间转换应答器组

CTCS 级间转换能自动完成，其转换地点宜选在区间且列车较少使用制动的区段。从 CTCS-2 级转为 CTCS-3 级时，在转换区入口处设置 RBC 连接应答器组(RL)，该应答器组至 CTCS-2/CTCS-3 等级转换点的距离应大于列车按该区段线路允许的最高速度运行 40 s 的距离。CTCS-2/3 级间转换应答器布置如图 4-21 所示。

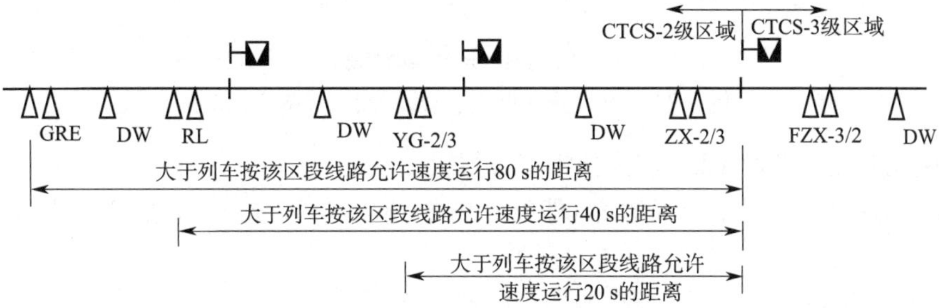

图 4-21　CTCS-2/3 级间转换应答器布置示意

在 CTCS-2/CTCS-3 等级转换边界(闭塞分区边界)外方，且其内方的 CTCS-3 进路为唯一进路时，应设置由无源应答器构成的等级转换预告应答器组(YG-2/3)，用于列车定位。该应答器组至 CTCS-2/CTCS-3 等级转换点的距离应大于列车按该区段线路允许的最高速度运行 20 s 的距离。该应答器组应冗余设置。

在距 CTCS-2/CTCS-3 等级转换边界处，应设置转换执行应答器组(ZX-2/3)。

在 GSM-R 覆盖区域 CTCS-2 至 CTCS-3 等级转换边界外方，根据需要可设置 GSM-R 网络注册应答器组(GRE)。

应答器组 RL、YG、GRE、ZX 可与设置在闭塞分区入口处的应答器组共用。

5. RBC 连接取消应答器组

当列车已经与 RBC 建立联系并且经联络线驶向非 CTCS-3 级区段时，在靠近联络线道岔处应设置 RBC 连接取消应答器组(RL-Q)以及等级转换预告取消应答器组(YG-Q)，取消应答器组布置如图 4-22 所示，RL-Q 和 YG-Q 由两个无源应答器构成。

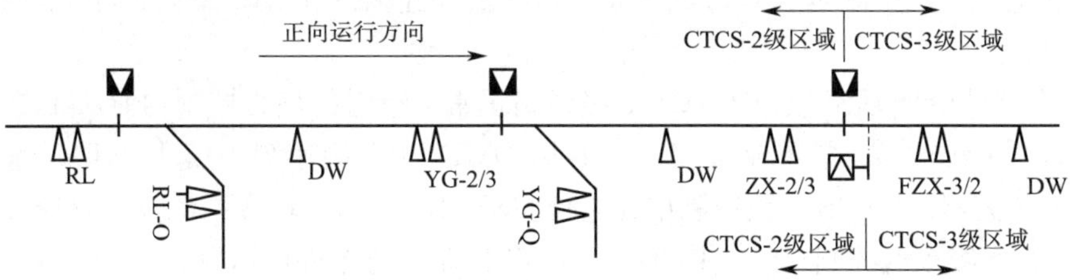

图 4-22　取消应答器组布置示意

6. RBC 切换应答器组

在两个相邻的 RBC 管辖范围切换的预告点和分界点处设置由 2 个无源应答器组成的应答器组，用于提供 RBC 切换命令、接收 RBC 的 ID 及电话号码。RBC 分界点应答器设置如图 4-23所示。

在 RBC 切换边界(闭塞分区边界)外方大于列车按该区段线路允许速度运行不小于 20 s

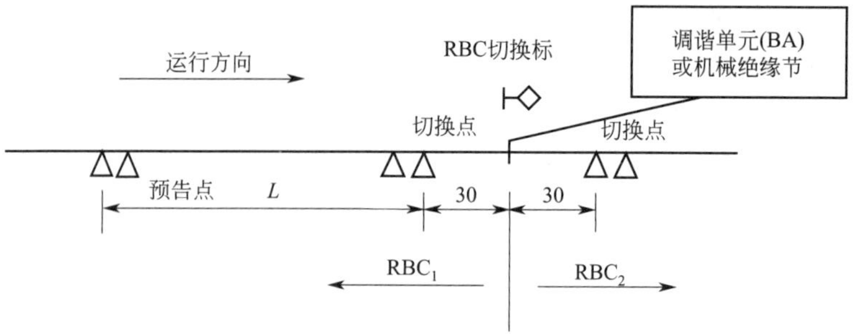

L—最小为列车走行20 s的距离。

图 4-23　RBC 分界点应答器设置示意(单位:m)

的距离处应冗余设置两组 RBC 切换预告应答器组。

在 RBC 切换边界(闭塞分区边界)外方和内方(30±0.5) m 应设置 RBC 切换执行应答器组。

RBC 切换区与 GSM-R 的 MSC 的切换区域宜错开设置。

应答器组内的正线线路参数应冗余覆盖,以满足同方向的下一个应答器组丢失而不影响列控车载设备的正常工作。

第四节　CTCS-3 级列控车载设备

CTCS-3 级列控车载设备包括车载安全计算机(VC)、应答器信息传输模块(BTM)、轨道电路信息接收单元(TCR)、测速测距单元 (SDU)、人机界面(DMI)、列车接口单元(TIU)、司法记录器(JRU)、GSM-R 无线通信单元(RTU)、动态监测接口等。车载设备采用分布式结构。车载设备与动车组的接口采用继电器或 MVB 总线方式。

一、设备设置原则

车载安全计算机、应答器信息传输模块、安全输入/输出接口、轨道电路信息接收单元、测速测距单元、人机界面(DMI)等关键设备均采用冗余配置。

车载安全计算机中既包含 CTCS-3 级控制单元,也包括 CTCS-2 级控制单元,两者独立设置,同时运行。

CTCS-3 级控制单元负责在 CTCS-3 级线路正常运行时的核心控制功能,CTCS-2 级控制单元负责后备系统的核心控制功能。两者共用 DMI、TIU、测速测距模块、BTM、速度传感器及雷达速度传感器。CTCS-3 级控制单元连接 GSM-R 单元,并负责系统总线管理及统一对外输出。CTCS-2 级车载控制单元连接 TCR,从 TCR 获得行车许可信息。

在 CTCS-3 级设备控车时,CTCS-2 级设备仍正常接收轨道电路信息和应答器信息,并根据接收到的地面信息计算限速曲线,根据列车实际运行速度和限速曲线进行比较,但计算和比较结果不作为控制列车的依据和不传送 DMI 显示,仅作为 CTCS-3 级控制单元的备用,在 CTCS-3 级转换到 CTCS-2 级时能马上投入控车和送 DMI 显示。

当 CTCS-2 级控制单元设备控车的时候,CTCS-2 级控制单元根据接收到轨道电路信息和应答器信息计算限速曲线,对列车的速度进行监督控制,并把相关信息通过 DMI 进行显示。CTCS-2 级控制单元监督控制功能的实现,需要 CTCS-3 级控制单元的辅助和监管,这时

CTCS-3 级控制单元的作用是:监视整个系统包括 CTCS-2 级设备的状态是否安全;控制系统的启动包括自检(CTCS-2 级控制单元设备自检,当 CTCS-3 级控制单元授权之后 CTCS-2 级控制单元也可以检查列车接口);提供访问列车接口通道;提供制动的控制;提供对速度传感器数据的访问通道。

CTCS-2 级控制单元和 TCR 故障不影响 CTCS-3 级的正常运行;CTCS-3 级专用模块(如 GSM-R 模块)故障不影响 CTCS-2 级的正常运行。

二、级间转换

CTCS-3 级和 CTCS-2 级之间的转换分为正常转换和故障转换,正常转换通过转换点地面设置的应答器实现不停车转换。

(1)在 CTCS-2 级工作时,车载设备从应答器接收到呼叫 RBC 的命令后,若具备 CTCS-3 级控制列车条件,自动转换到由 CTCS-3 级监控列车。

(2)在 CTCS-3 级工作时,当 RBC 或无线通信设备(含车载和地面设备)故障时,当列车运行速度降至后备系统可控的允许速度后车载设备自动转为 CTCS-2 级设备控车(需司机确认)。也可人工或转换到 CTCS-2 级监控列车安全运行。

(3)装备 CTCS-3 级车载设备的列车应能在装备 CTCS-2 级地面设备的线路上按 CTCS-2 级运行。

(4)列车通过 CTCS-2 级到 CTCS-3 级的等级转换点时,如不具备 CTCS-3 级监控列车的条件,应继续按 CTCS-2 级运行,直至 CTCS-3 级控车条件具备后,车载设备应自动转入 CTCS-3 级工作。

(5)列车通过 CTCS-3 级到 CTCS-2 级的等级转换点时,车载设备自动转入 CTCS-2 级工作。

(6)等级转换后,司机应根据车载设备提示,及时确认等级转换(CTCS-2 级转换到 CTCS-3 级或 CTCS-3 级转换到 CTCS-2 级),车载设备应记录司机的操作。否则,车载设备应实施常用制动,并记录实施制动的原因。

(7)系统不应因等级转换而触发制动。

三、设备功能

CTCS-3 级列控系统车载设备负责接收地面数据命令信息,生成速度模式曲线,监控列车运行,保证列车运行安全。具有以下基本功能:

1. 自检功能

车载设备启动时首先进行系统自检以确认设备是否有效,自检包括:测试常用制动、紧急制动命令能否正确输出,测试 TCR 完好、DMI 显示等。车载设备的自检完成后能在 DMI 上显示自检结果。

2. 数据的输入和存储

车载设备能记录外部输入的列车参数以及发生变化的时间,记录存储的列车参数包括:

(1)车次号,由司机手动输入并存储。

(2)司机 ID 号,由司机手动输入并存储。

(3)列车长度,由司机手动输入并存储。

(4)列车类型,司机通过菜单选择并存储,未选择时采用默认值。

(5)列车最大允许速度(结构速度),司机通过菜单选择并存储,未选择时采用默认值。

(6)列车装载限界,司机通过菜单选择并存储,未选择时采用默认值。

(7)列车轴重,司机通过菜单选择并存储,未选择时采用默认值。

(8)列车供电类型,司机通过菜单选择并存储,未选择时采用默认值。

(9)应答器天线1距离车头的距离,司机手动输入并存储,未选择时采用默认值。

(10)应答器天线2距离车头的距离,司机手动输入并存储,未选择时采用默认值。

3. 界面显示

列控车载设备提供显示和操作人机界面(DMI),安装在司机便于操作和观察的位置,为司机提供驾驶过程的参考信息。

DMI显示满足CTCS-3级列控系统显示、兼容CTCS-2级列控系统显示的要求。显示内容包括:

(1)警示信息显示:预警时间、目标距离、目标速度等信息。

(2)速度信息显示:列车当前速度、控制模式、实际运行状态、缓解速度等信息。

(3)设备状态信息显示:设备运行状态、列控车载设备制动、工作模式等信息。

(4)距离信息显示:距离坐标;开始实施制动的地理位置;命令和通告;坡度曲线;与速度曲线有关的信息;最限制速度曲线;起模点;列车位置及地理位置等信息。

(5)报警信息显示:车次号和司机号;日期和时间;文本信息;列车制动标识;司机活动监督;GSM-R状态监视等信息。

4. 信息接收及发送

在CTCS-3级模式下,车载设备通过GSM-R向RBC发送司机选择输入和确认的数据(如车次号、列车长度),列车固有性质数据(列车类型、列车最大允许速度、牵引类型等),车载设备在RBC的注册、注销信息,定期向RBC报告列车位置、列车速度、列车状态(正常时)和车载设备故障类型(非正常时)信息,列车限制性信息以及文本信息等。同时,车载设备接收RBC发送的行车许可(包括车载设备识别号、目标距离、目标速度以及可能包括的延时解锁相关信息、防护区相关信息、危险点相关信息)、紧急停车(无条件紧急停车和有条件紧急停车)、临时限速、外部报警信息以及文本信息等。车载设备通过应答器获取列车的位置信息。

在CTCS-2级模式下,BTM接收无源应答器的列车定位信息和一定范围内的线路参数以及有源应答器的进路线路参数信息和临时限速信息。车载设备的轨道电路信息接收单元具有接收多个载频的功能,并从中解调出低频信息。

5. 静态曲线比较

车载设备根据列车数据和线路数据生成静态列车速度曲线,静态曲线考虑线路速度等级、线路允许速度、列车的限制速度等计算得到线路所有位置的列车允许速度。

6. 动态曲线计算

车载设备考虑列车运行的各种限制生成动态列车制动模式曲线,动态曲线包括常用全制动曲线和紧急制动曲线。计算动态列车制动模式曲线的公式和参数经过评估,在保证安全的前提下尽量优化制动曲线,减少制动距离。

7. 列车定位

车载设备具有确定列车位置的功能,该功能是依据地面应答器收到的信息并以此为基准点通过测速单元等设备测量列车运行距离来获得列车位置。计算列车位置时要考虑测速设备的误差。车载设备应定时向RBC报告列车位置。

8. 速度的测量及显示

车载设备通过安装在车轮上的速度传感器和安装在车体的雷达能够实时测试列车的运行速度，测速单元把速度传感器和雷达的输入进行测量和逻辑运算，得到列车的实际速度，并把列车运行速度送主机模块，同时通过 DMI 向司机显示。

9. 行车许可和限速命令显示

车载设备根据得到的行车许可和限速命令通过 DMI 向司机显示目标距离、允许速度，还可以运用声音提示等方式向司机进行报警，提供司机足够的显示信息，方便司机驾驶。

10. 行车许可和限制速度的监督

车载设备允许司机以最大安全速度行驶，保证列车在静态和动态速度模式曲线监督下安全运行。当列车速度超过报警速度值时向司机报警，报警持续到实际速度低于允许速度为止；列车速度超过常用制动速度值时，车载设备实施常用制动直到实际速度低于缓解速度，此后可以由设备或司机选择缓解常用制动；如果常用全制动失效列车速度超过紧急制动速度值，车载设备实施紧急制动，列车停稳后司机才能缓解紧急制动。

11. 司机操作的监督

车载设备某些情况下要求司机在一定间隔(时间或距离)内应答。如果在规定的间隔未接收到司机的应答信息，则以声音形式向司机报警，如果司机在报警后的一定时间内未做出响应，车载设备实施紧急制动，直到列车停稳后方可缓解紧急制动。当列车在完全监控方式时，该监督功能可以取消。

12. 溜逸防护

为防止列车溜逸，车载设备监视列车的运行方向和当前运行状态。当列车发生溜逸时，车载设备实施紧急制动，该制动只能在列车停车后才能由司机缓解。

13. 信息记录

车载设备将输入的数据、接收的数据和计算的数据进行信息记录，所有记录的数据与统一时钟和位置参考点对应；记录数据可以通过标准输出接口转储到其他介质上以便分析。

14. 自动过分相

车载设备能根据地面设备提供的数据提供前方过分相信息。

15. 站名和公里标显示

车载设备能根据地面提供信息提供当前车站站名显示和固定点公里标信息。

16. 在非 CTCS-2 级/CTCS-3 级区段运行功能

在没有装备 CTCS-2 级/CTCS-3 级地面设备而具有 ZPW-2000 轨道电路的区段，列控车载设备支持以 CS 模式行车。

17. 特殊行车功能

车载设备支持重联等特殊行车功能。车载设备支持使用有重联控制装置的多机牵引。使用多机牵引时，不必隔离正在工作的牵引单元上的车载设备，但该牵引单元的列车冒进防护功能被禁止，车载所接收的信息不影响正在工作的牵引单元操作；用于全体乘务人员、维护人员的信息，可在本务机车司机室外的其他司机室 DMI 上显示。

18. 其他防护功能

(1)紧急停车

遇到紧急情况时，司机将紧急消息通过无线发送给 RBC，RBC 自动将该消息发送给正接近报警地点的列车。列车司机在 5 s 内确认收到的紧急报警信息并决定安全停车的地点，否则设备将实施紧急制动。

(2)施工防护

列车收到地面施工信息后可执行施工防护。施工信息包括施工地段的位置、长度、速度限制等基础数据。列车通过施工地段的速度受到监督，直到列车全部通过施工地段前，列车速度不能超过限制速度。

(3)进路适应性防护

车载设备能将实际建立的进路与列车所允许通过进路的基础数据进行比较，以确定列车能否在该进路运行。只有符合进路要求的列车才能在该进路上运行，列车在禁止运行的进路外方停车。

四、功能扩展

1. CTCS-3 级、CTCS-2 级行车许可安全比较

(1)现实意义

CTCS-3 级列控系统车载设备在 CTCS-3 级运行时，控车使用的线路数据和行车许可等信息均来自 RBC，在增加 CTCS-3 级、CTCS-2 级行车许可安全比较功能之前，轨道电路信息仅用于向司机提示前方进路信息，没有作为行车凭证参与到行车许可的计算中，即不使用轨道电路信息参与控车。在 RBC 数据配置出现错误或联锁设备提供的数据错误的情况下，可能导致 CTCS-3 级行车许可错误延伸。对此，增加 CTCS-3 级、CTCS-2 级行车许可安全比较，将轨道电路参与到 CTCS-3 级行车许可的计算和比较中，在不增加任何设备投入的情况下，可以有效防护可能存在的 RBC 数据配置错误、其他相关地面设备数据错误及无线异常不能及时收到 RBC 的紧急停车消息等原因导致的风险，通过车载设备的逻辑判断，来发现和防护地面系统的错误，进一步提高 CTCS-3 列控系统的安全性。通过系统安全思路来实现综合安全防护，同时对于信息安全和网络安全防护也很有意义。双曲线比较功能设计在国际上尚无应用先例，是 CTCS-2 级/CTCS-3 集成的技术创新，强化了系统安全和网络安全，能进一步提升中国高速铁路的安全性。

CTCS-3 级的行车许可较长，最长可达到 32 km，而轨道电路提供的行车许可相对较短，如果直接使用 CTCS-2 级的轨道电路行车许可与 CTCS-3 级的行车许可比较，则会失去 CTCS-3 级行车许可长度的技术优势，因此需要选取合适的 CTCS-2 级轨道电路行车许可长度。CTCS-3 级完全监控模式，在符合“故障—安全”的原则下，增加了 CTCS-3 级行车许可长度与根据轨道码计算的行车许可长度进行比较的功能，当 CTCS-3 级行车许可长度超过 CTCS-2 级行车许可长度一定范围时，即 CTCS-3 级的行车许可终点(EoA)大于轨道电路行车许可终点，且持续一定时间，则 CTCS-3 级车载设备将行车许可终点缩短至轨道电路行车许可终点处。

(2)总体功能

列控车载设备 CTCS-3 级、CTCS-2 级行车许可安全比较的功能实现符合“故障—安全”的原则，CTCS-3 级列控车载设备结合 CTCS-2 级行车许可剩余长度或轨道电路信息，并根据列车当前位置确定轨道电路信息行车许可终点或输出制动。该功能仅适用于 CTCS-3 级列控车载设备的 FS 模式，且仅适用于以下轨道电路信息码：L3、L2、L、LU、U、HU、HU 码变无码(包括 25.7 Hz 及 27.9 Hz)、H 码。

(3)轨道电路信息码为 L3、L2、L、LU 的处理

若 CTCS-3 级行车许可终点,大于轨道电路信息行车许可终点,并持续 5 s,则 ATP 将行车许可终点缩短至轨道电路信息行车许可终点处。根据对全路不同 CTCS-3 级线路闭塞区段长度统计,可得出在不同坡度下闭塞分区的平均长度。

轨道电路信息行车许可长度的计算见式(4-1)。

轨道电路信息行车许可长度=(轨道电路信息所定义的空闲闭塞分区数量+列车所在区段+控制余量)×闭塞分区平均长度　　(4-1)

其中,列车所在区段=1;控制余量=2(L3、L2、L、LU)。

根据式(4-1)计算轨道电路信息行车许可的长度,见表 4-2。

表 4-2　轨道电路信息行车许可长度

轨道电路信息	空闲闭塞分区数量	许可长度/m
L3	前方第 5 个为停车闭塞分区	(5+1+2)×闭塞分区平均长度
L2	前方第 4 个为停车闭塞分区	(4+1+2)×闭塞分区平均长度
L	前方第 3 个为停车闭塞分区	(3+1+2)×闭塞分区平均长度
LU	前方第 2 个为停车闭塞分区	(52+1+2)×闭塞分区平均长度

闭塞分区平均长度根据当前 CTCS-3 级行车许可范围内的平均坡度定义,见式(4-2)。

闭塞分区平均长度=1 800 m(平均坡度大于或等于 0‰)
2 100 m(平均坡度小于 0‰且大于或等于−10‰)
2 400 m(平均坡度小于−10‰且大于或等于−20‰)
3 000 m(平均坡度小于−20‰)　　(4-2)

CTCS-3 级行车许可范围内的平均坡度计算见式(4-3)。

$$G' = \frac{\sum_{0}^{n} G_n \cdot L_n}{\sum_{0}^{n} L_n} \tag{4-3}$$

式中,G'为计算得出的平均坡度;G_n为每段坡度的坡度值,若大于 0‰坡度则取值为 0‰;L_n为每段坡度的长度值。

(4)轨道电路信息码为 U 码、HU 码的处理

考虑到 U、HU 码为进站停车指示码,为了进一步加强安全性,应进行特殊处理。

①CTCS-2 后台处于完全监控模式的处理

a. 轨道电路信息许可长度取 CTCS-2 级行车许可剩余的真实长度。

b. CTCS-3 级列控车载设备实时获取轨道电路信息许可长度并与 CTCS-3 级行车许可剩余长度进行实时比较。

c. 若 CTCS-3 级行车许可剩余长度大于轨道电路信息许可长度且两者差值大于 100 m,则 CTCS-3 将行车许可终点位置立即缩短至轨道电路信息许可终点处。此后,应持续进行防护判断,并在码序更新和经过应答器时,向 RBC 申请行车许可。

d. 当列车处于非停车状态并满足上述功能触发条件时,CTCS-3 级列控车载设备应在 DMI 上进行两次语音提示(语音:注意停车),同时在 DMI 上进行文本提示(文本:与 CTCS-2 级行车许可不一致)。

②CTCS-2 后台处于非完全监控模式的处理

由于无法生成轨道电路行车许可，为了安全考虑，应通过输出制动的方式将列车降低至一个较低的速度，并以低于一个固定的限速运行，防止列车超速。在非停车状态下向司机进行语音和文本提示。

a. CTCS-3 级列控车载设备在接收到 U 码时输出最大常用制动，当列车速度降低到 80 km/h 后自动缓解，并以最高允许速度 80 km/h 继续运行。

b. CTCS-3 级列控车载设备在接收到 HU 码时输出最大常用制动，当列车速度降低到 40 km/h 后自动缓解，并以最高允许速度 40 km/h 继续运行。

c. 若在 HU 码下接收到与运行方向一致的应答器报文【CTCS-5】包，立即转入冒进模式，并输出紧急制动。

d. 当列车处于非停车状态，并满足上述功能触发条件时，CTCS-3 级列控车载设备应在 DMI 上进行两次语音提示（语音：注意停车），同时在 DMI 上进行文本提示（文本：CTCS-2 非完全监控）。

(5)轨道电路信息码为 HU 码变无码、H 码的处理

轨道电路信息码为 HU 码变无码、H 码时，立即转入冒进模式，并输出紧急制动。

(6)根据轨道电路信息缩短行车许可终点位置状态的监控处理

①若 CTCS-3 将行车许可终点位置缩短至轨道电路信息许可终点处，则进行以下处理：

a. 仍应持续进行防护判断。

b. 若接收到码序变化或 LRBG 更新，应向 RBC 申请行车许可。

c. 应屏蔽因行车许可缩短导致进入目标速度监控区（TSM）而触发的行车许可申请。

d. 若发送行车许可申请，应向 RBC 声明线路描述信息已被删除。

②满足功能触发条件时，CTCS-3 将相应的报警信息进行记录，并向 DMS 实时传输。

(7)TCR 模块故障时的处理

当列控车载设备检测到 TCR 模块故障时，列控车载设备不启用结合轨道码信息的防护功能。

2. 数据无线下载与诊断

为了解决现场 ATP 车载设备故障记录不全、记录不能自动下载、故障分析定位困难等问题，研制了 300 型车载设备数据无线下载与智能诊断系统。

(1)CTCS3-300T 设备智能诊断系统

CTCS3-300T 设备智能诊断系统具有记录自动下载、数据自动传输与分类存储、实时显示列车当前运行数据、自动进行故障分析、能够针对具体故障给出处理建议、提供故障信息统计管理等功能，大幅度提升了 CTCS3-300T 设备的智能化运维水平。

①系统组成

CTCS3-300T 设备智能诊断系统组成如图 4-24 所示。

a. 车载诊断记录单元(DRU)

DRU 能够自动采集下载车载主机各模块的故障告警数据，能够通过非接触方式采集隔离开关信号、驾驶台信号、过分相信号、制动输出及反馈信号等 I/O 数据，能实时采集 MVB 总线和 ProfiBus 总线数据，能够采集 BTM 数据、电压数据、速度传感器和测速雷达的脉冲数等，并能够通过 EOAS/MIT 将采集的数据自动传输到地面数据分析服务器。

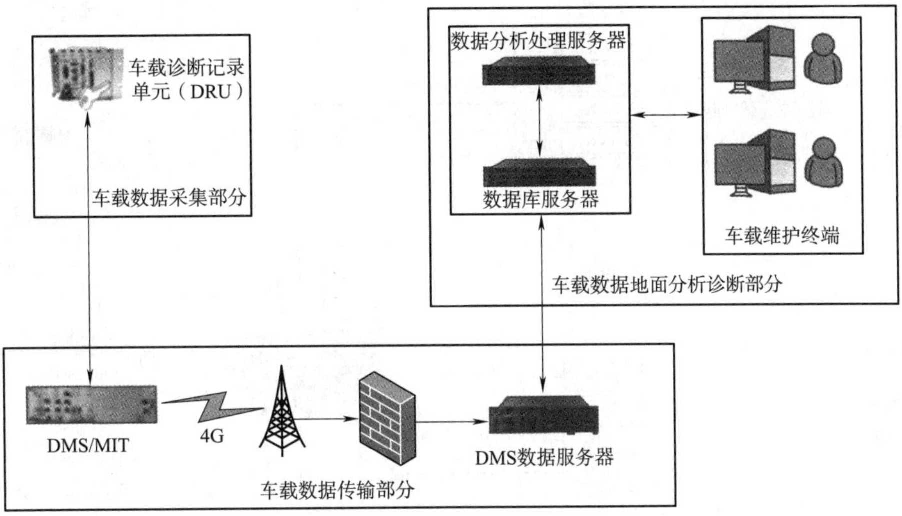

图 4-24　300T 设备智能诊断系统组成

b. 传输子系统

统一采用 DMS/MIT 传输平台，通过 4G 网络，实现诊断数据的车—地无线传输，DMS 服务器通过以太网接口将诊断系统的采集数据转发到车载数据分析处理服务器。

c. 数据分析子系统

数据分析子系统由数据库服务器、数据分析处理服务器和操作终端组成。数据库服务器运行 My SQL 数据库，主要用于存储故障库、分析策略库、故障信息、I/O 实时数据等；数据分析处理服务器运行故障分析软件和通信处理软件及前端处理软件，主要实现数据接收处理及命令发送、故障自动分析、终端操作显示的处理等功能。用户操作终端可以是台式机或笔记本电脑，与服务器在同一个网络环境中，用户可以通过浏览器查看故障信息、查看实时数据、进行故障信息的查询统计等。

②CTCS3-300T 设备智能诊断系统接口

CTCS3-300T 设备智能诊断系统车载诊断记录单元安装在 ATP 车载设备机柜内，通过 RS-232 接口与 ATP 车载设备各单元连接；通过 MVB 接口和 ProfiBus 接口与 ATP 车载设备的 MVB 总线和 ProfiBus 总线连接；通过非接触传感器采集隔离开关信号、驾驶台信号、过分相信号、制动输出及反馈信号等 I/O 数据。ATP 数据分析服务器运行在国铁集团或铁路局集团公司机房，与 DMS 服务器通过以太网连接。用户操作终端可以是台式机、笔记本电脑等，无特殊要求。系统接口如图 4-25 所示。

a. RS-232 接口

向 ATP 单元输入命令，下载各单元输出的 AELog 故障告警数据。

b. DMS/MIT 以太网通信接口

车载诊断记录单元与 DMS/MIT 通过以太网连接，作为车—地数据传输的无线传输通道。

c. BTM 测试(BTRA)接口

车载诊断记录单元通过 RS-422 接口或以太网接口采集 BTM 记录信息。

d. 雷达、速传方波输出接口

采用高速高精度穿孔式电流感应传感器，非接触式采集。

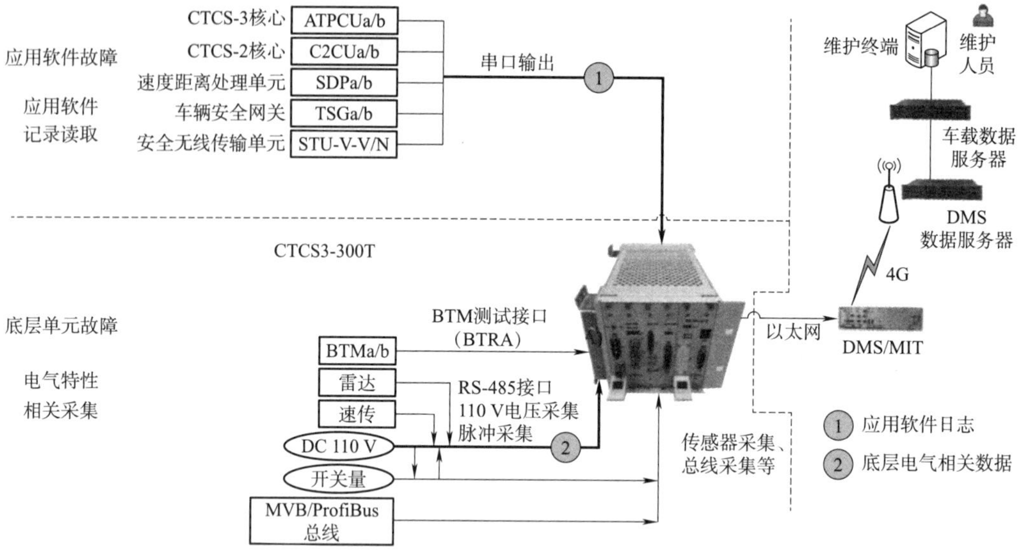

图 4-25　CTCS3-300T 设备智能诊断系统接口

e. 关键继电器采集接口

采用高速高精度穿孔式电流感应传感器采集关键信号线中电流,判断继电器接点状态。

f. MVB 总线采集接口

MVB 总线采集接口设计有过流、EMI 防护,保证了接口故障不影响 MVB 总线。

g. ProfiBus 总线采集接口

ProfiBus 总线采集接口设计有过流、电压隔离、EMI 防护,保证了接口故障不影响 ProfiBus 总线。

h. 电压采集接口

电源接口电压采集采用分压电阻高阻设计,防护短路故障。

i. 车载数据分析处理服务器与 DMS 服务器接口

车载数据分析处理服务器与 DMS 服务器通过以太网接口实现数据交换。

j. 车载数据分析处理服务器与数据库服务器接口

车载数据分析处理服务器与数据库服务器接口通过以太网接口实现数据交换。

k. 车载数据分析处理服务器与操作终端接口

车载数据分析处理服务器与操作终端接口通过以太网接口实现数据交换。

③CTCS3-300T 设备智能诊断系统功能

CTCS3-300T 设备智能诊断系统能够采集列车运行的多种数据,能够自动分析故障、显示故障信息并自动存储;主要包括以下功能:

a. 故障记录数据自动采集功能

数据采集及传输单元通过 RS-232 接口与 ATP 各单元连接,在系统启动后自动采集故障记录数据,并自动将故障记录数据传输到 ATP 数据分析服务器进行处理。

b. I/O 接口数据采集功能

通过非接触传感器采集隔离开关信号、驾驶台信号、过分相信号、休眠信号、制动输出及反馈信号等 I/O 数据,并将采集的 I/O 数据实时传输到 ATP 数据分析服务器进行处理。

c. 电压数据采集功能

通过采用分压电阻高阻设计，采集车载 ATP 供电电压，并将采集的电压数据实时发送到 ATP 数据分析服务器进行处理。

d. 速传及雷达数据采集功能

通过非接触传感器采集 2 路速度传感器(简称速传)数据和 2 路雷达数据，并将采集的速传和雷达数据实时发送到 ATP 数据分析服务器，数据分析服务器根据对应车的参数计算当前车速。

e. BTM 数据采集功能

通过 RS-422 接口或以太网接口采集 BTM 数据，并能够根据地面请求将相应时间段的 BTM 数据传输到 ATP 数据分析服务器进行处理。

f. MVB 总线数据采集功能

通过 MVB 接口采集 MVB 总线数据：并能够根据地面请求将相应时间段的 MVB 总线数据传输到 ATP 数据分析服务器进行处理。

g. ProfiBus 总线数据采集功能

通过 ProfiBus 接口采集 ProfiBus 总线数据，并能够根据地面请求将相应时间段的 ProfiBus 总线数据传输到 ATP 数据分析服务器进行处理。

h. 故障记录数据自动分析功能

ATP 数据分析服务器软件能够对故障记录数据进行自动分析诊断，根据故障库和分析策略判断故障原因、定位故障模块，提供处理建议，并将分析结果生成故障报告，同将故障分析结果存入数据库。

i. I/O 数据自动存储功能

ATP 数据分析服务器软件能够实时接收并存储驾驶台信号、方向手柄信号、制动输出信号及反馈信号、休眠信号及过分相信号等信息；能够实时查看 I/O 信号状态，支持查看历史 I/O 数据。

j. 供电电压数据自动分析判断功能

ATP 数据分析服务器软件能够分析判断供电电压是否发生异常，能够实时查看供电电压，支持查看历史电压数据。

k. 速传和雷达数据自动存储功能

ATP 数据分析服务器软件能够实时接收并存储速传和雷达数据，能够根据列车参数实时计算当前列车运行速度并显示，支持查看历史速传和雷达数据。

l. 总线数据自动分析功能

当 ATP 设备发生总线相关故障后，系统支持下载故障时刻前后相关总线数据，自动对总线数据进行分析诊断，判断总线故障原因，生成故障分析报告，同时将分析结果存入数据库。支持对 MVB-T 总线和 MVB-S 总线各个端口发送的数据进行监控，当某个端口发送的数据异常时，可生成异常报告，并在前端显示。

m. BTM 数据自动分析功能

当 ATP 设备发生 BTM 相关故障后，系统支持下载故障时刻前后相关 BTM 数据，自动对 BTM 数据进行分析诊断，前端显示过应答器时间、应答器编号、应答器报文，根据解码位数计算报文质量，画出 RSSI 曲线图，判断应答器受干扰程度。

n. 故障查询统计功能

CTCS3-300T 设备智能诊断系统支持多种条件的故障查询统计功能，如按时间、车体号、故障类型、故障模块等条件进行查询统计已发生故障信息。

o. JRU 数据获取功能

CTCS3-300T 设备智能诊断系统能够通过操作终端获取 JRU 数据，并支持使用既有 JRU 解析软件查看 JRU 数据。

p. 用户分级管理

CTCS3-300T 设备智能诊断系统将用户分为三个等级。一级为最高等级，可以增加列车、增加用户名和密码、修改故障分析报告。二级用户能修改故障分析报告。三级用户只能查看和下载故障分析报告，无修改权限。

q. 网络安全防护

采用国密 SM4 算法对所有传输数据进行加密处理、利用数字签名技术实现数据分析服务器身份及指令合法性认证，系统具有防重放攻击功能，满足工业互联网安全测评认证安全要求。

r. 高并发场景下的 ATP 采集数据实时处理和存储

支持多辆动车组列车同时发送 ATP 运行数据，采用分布式消息系统，实现高效存储和处理；支持用户端多系统多平台访问，无须安装任何软件，即可对 ATP 进行运行维护；软件监控程序能定时监控各个进程运行状态，对于意外停止进程可快速重新启动，保障系统稳定运行。

(2)CTCS3-300H 型列控车载设备数据无线下载终端

数据无线下载终端采用大数据高速采集和存储技术，通过无线 4G 网络和 Wi-Fi 网络大数据量实时传输。诊断分析系统采用大数据分析、云平台计算等前沿科技。建立 CTCS3-300H 型列控车载设备故障诊断专家库和运维模型，可实现自动化故障分析和定位，并在最短时间内给出分析结果，指导工区操作维护人员迅速做出响应和故障处理，减少故障对现场运营的影响。

数据无线下载终端采用 3U 标准机箱设计，安装在 CTCS3-300H 型列控车载设备中机柜 2 的空余槽位。数据无线下载终端通过以太网接口、RS-422 接口、RS-232 接口，实时接收 CTCS3-300H 设备 VC 单元、车载无线传输模块(RTM)、BTM、GSM-R 单元的运行状态数据。故障数据和分析数据分类存储在大容量固态存储器中，可以按照维护人员的要求，实时通过 4G 网络或 Wi-Fi 网络发送到地面诊断分析系统，进行数据分析和故障诊断。系统架构描述如图 4-26 所示。

图 4-26 数据无线下载终端在系统中的结构

无线下载车载终端由电源模块、ATP 数据处理模块、BTM 数据处理模块、GSM-R 电台数据处理模块、无线传输模块、记录模块组成，如图 4-27 所示。

无线下载车载终端中数据处理模块采用高性能 DSP 处理器，基于高速串口收发接口和大容量 FIFO 的 FPGA 芯片。可解析以太网协议数据并实时处理 ATP 各单元传输的工作状态信息，故障信息，CTCS-3 级控车数据，CTCS-2 级控车数据，接收应答器报文信息、GSM-R 无线数据等车载设备诊断分析需要的数据。无线下载车载终端无线传输模块集成工业级高性

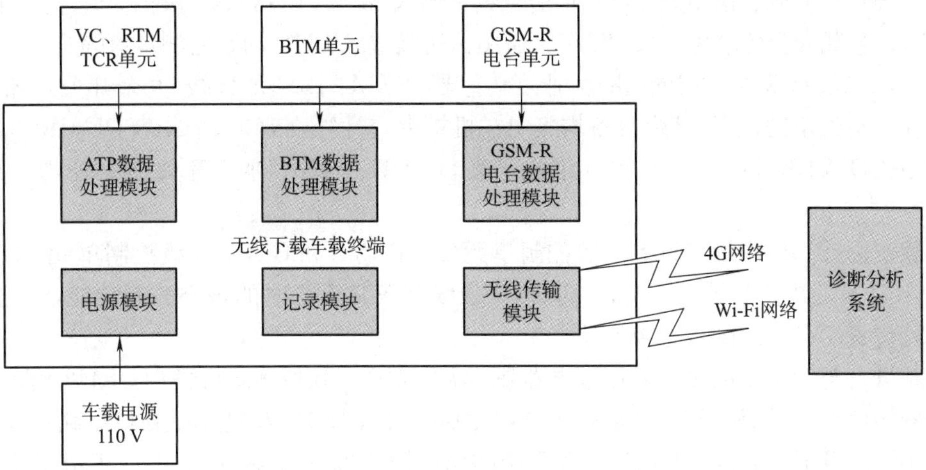

图 4-27 无线下载终端逻辑结构

能、可运行安卓操作系统的 4G 智能模块，支持 LTE-FDD/LTE-TDD/WCDMA/TD-SCDMA/EVDO/CDMA/GSM 等多种制式；并支持 Wi-Fi 802.11 b/g/n 网络，可以适应不同无线网络条件的大数据量传输。记录模块采用 256 Gbit NAND Flash 大容量存储技术，并配置 USB3.0 和 SD 卡接口，方便维护人员快速下载数据。

诊断分析系统结合大数据智能分析技术，会自动生成记录系统运行状态、事件的日志数据，对其数据特征的研究，能够使维护/维修人员及时掌握系统的运行情况，适时地对系统进行检修与维护，保证列车的正常安全运行。

五、安全技术平台

CTCS-3 级列控车载设备采用分布式模块结构，各模块之间通信采用了高安全高可靠的车辆总线 ProfiBus 和 MVB 双总线方式，对列车紧急制动输出采用专用的安全输出。

安全平台由两套硬件软件完全一致的车载安全计算机组成，两套车载计算机互为备用。

六、车载设备接口

1. 内部接口

车载设备内部接口包含：人机界面(DMI)接口、速度传感器接口、雷达接口、运行记录单元接口、轨道电路信息接收单元接口、应答器信息接收模块接口、GSM-R 无线通信单元接口等。

2. 外部接口

车载设备外部接口包含：动车组接口、GSM-R 接口、动态检测接口、应答器接口、轨道电路接口、司法记录器下载接口、电源接口等。

七、车载系统设备组成

1. CTCS3-300T 车载设备

CTCS3-300T 车载设备采用分布式结构。设备包括车载安全计算机单元(VCU)、应答器传输模块＋紧凑型天线装置(BTM＋CAU)、应答器信息接收模块(BTM)、轨道电路信息接收单元(TCR)、测速测距单元(SDU)、人机界面(DMI)、列车接口(TIU)、司法记录单元

(JRU)、GSM-R 无线通信单元(RTU)、安全数字输入/输出(VDX)、数字输入(DI)、数字输入/输出(DX)、车载安全传输单元(STU-V)、通用保密装置(GCD)、动态监测接口等。

其中,DMI、TCR 接收线圈、雷达、速度传感器、BTM、GSM-R 天线、冗余开关及隔离开关等安装在车头的不同位置,其余设备均集中在机柜中,它们是:VCU、TCR、SDU、JRU 、RTU、STU-V、GCD、VDX、DI、DX、开关和继电器等。VCU、BTM、DMI 等关键设备均采用冗余配置。

车载安全计算机中的 CTCS-3 级控制单元(ATP CU)和 CTCS-2 级控制单元(C2CU)独立设置,CTCS-3 级控制单元负责在 CTCS-3 级线路正常运行时的核心控制功能,CTCS-2 级控制单元负责后备系统的核心控制功能。

车载设备与动车组的接口采用继电器或 MVB 方式。列控车载设备和 CRH2 型动车组采用继电器接口,和 CRH3 型动车组采用 MVB 总线接口,CRH2 型动车组列控车载系统结构如图 4-28 所示,CRH3 型动车组列控车载系统结构如图 4-29 所示,CRH2 型动车组车载机柜结构如图 4-30 所示。

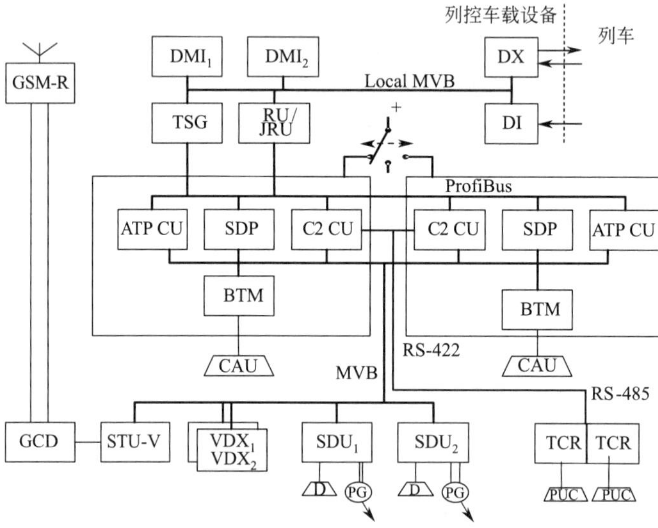

图 4-28　CRH2 型动车组列控车载系统结构

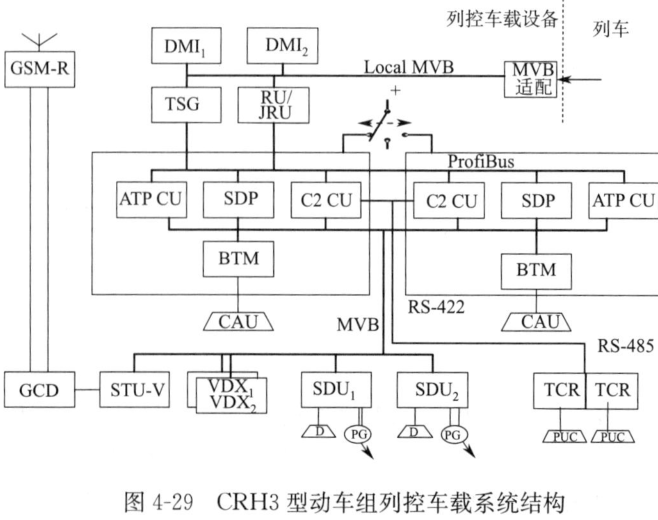

图 4-29　CRH3 型动车组列控车载系统结构

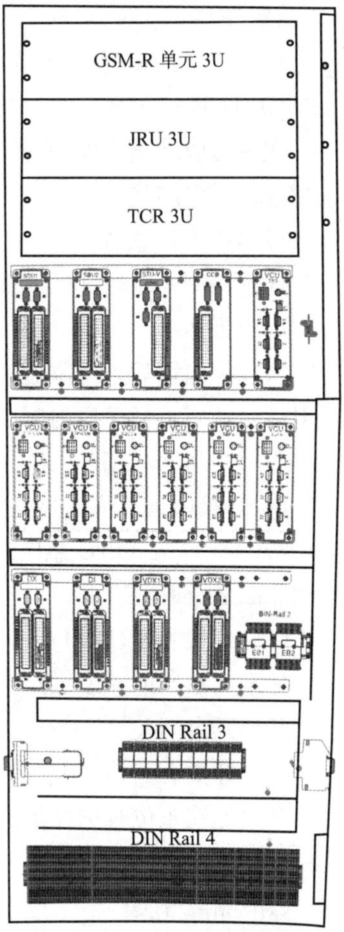

图 4-30　CRH2 型动车组车载机柜结构

(1)VCU

VCU 包括:CTCS-3 级控制单元(ATP CU)、CTCS-2 级控制单元(C2 CU)、速度距离处理单元(SDP)和列车网关(TSG)。

ATP CU 是 CTCS-3 级主机控制核心单元,接收 RBC 传来的数据,结合 BTM 传来的数据和当前列车速度计算速度曲线,监控列车运行。ATP CU 冗余配置,分别为 ATP CUa 和 ATP CUb。

CTCS-2 级专用传输模块(C2 CU)是 CTCS-2 级主机控制核心单元,接收 BTM 传来的数据,结合 TCR 传来的数据和当前列车速度计算速度曲线,监控列车运行。C2 CU 冗余配置,分别为 C2 CUa 和 C2 CUb。

SDP 接收从 SDU 传来的原始脉冲计数,经过运算处理得到当前列车运行的速度和距离数据,再通过通信总线发送给 CTCS-3 级主机控制单元和 CTCS-2 级主机控制单元。SDP 冗余配置,分别为 SDPa 和 SDPb。

TSG 进行列车总线转换网关,连接 ProfiBus 总线与 MVB 总线。在 CRH2 型动车组上主要是用于 DMI 数据与 ATP CU 和 C2 CU 之间数据交互。

以上四个单元在硬件上是完全一样的,通过不同软件实现不同的功能。

(2)SDU

SDU 为速度传感器和测速雷达提供电源,当列车运行时,SDU 模块接收速度传感器和测速雷达发出的脉冲信号,并将脉冲信号转换成数字数据通过 MVB 总线发送给速度距离处理模块 SDP。SDU 冗余配置,分别为 SDU_1 和 SDU_2。

(3)VDX

列车接口,用于列车超速时,输入/输出安全相关的信号,如:紧急制动、全常用制动、紧急制动反馈等。VDX 冗余配置,分别为 VDX_1 和 VDX_2。

(4)DI

列车接口,用于采集列车输入信号,包括驾驶室激活、向前、向后、睡眠信号等。

(5)DX

列车接口,用于采集列车输入信号,和输出控制列车的其他信号,如:切断牵引。

(6)STU-V+GCD

STU-V 和 GCD 为 CTCS-3 级专用。STU-V 是 GSM-R 无线电台与 MVB 总线接口单元,对无线数据进行安全传输。GCD 是密钥管理模块,对数据进行加密解密。

(7)RTU

用于将接收到的 RBC 信息进行解调处理,通过 RS-422 通信接口与车载 ATP 中的 GCD 单元相连,再通过 STU-V 实现与车载 ATP 之间的数据交互。

(8)JRU

用于记录列车运行中,车载设备采集的原始信息和车载设备输出的控制信息。

(9)TCR+TCR 天线

用于接收轨道电路信息,并将该信息通过 RS-422 接口传送给主机 C2 CU。TCR 天线用于感应轨道电路信息。

(10)速度传感器

通过检测轮轴转速的方式,得到当前列车运行速度。

(11)雷达

当目标向雷达天线靠近时,反射信号频率将高于发射频率;反之,当目标远离天线而去时,反射信号频率将低于发射频率。可借频率的改变数值,计算出目标与雷达的相对速度。

(12)BTM+CAU

BTM 接收地面应答器信息,并将其信息转发给 ATP CU、C2 CU 处理。

CAU 工作方式电磁感应式信号调制方式 FSK,接收频率载波频率 4.234 MHz±200 kHz;移频 282.24 kHz,速率 564.48 kbit/s;功率载频 27.095 MHz±5 kHz。

(13)人机界面(DMI)

显示列车当前速度、最大限速、目标速度、目标距离等驾驶信息;列车相关数据的输入。

(14)冗余开关

冗余开关有三挡,用于选择系统 1、系统 2 和系统关闭电源。

开关处在 1 位时选择系统 1 工作,开关处在 2 位时选择系统 2 工作,开关处在 0 位时,系统断电。

(15)隔离开关

隔离开关有两挡。开关处在 1 位时,设备正常工作;开关处在 2 位时,设备断电,并切除 ATP 设备输出控制。

2. CTCS3-300S 车载设备

CTCS3-300S 车载设备包括:列车管理模块(TMM)、无线通信模块(RIM)、安全计算机(EVC)模块、自适应逻辑模块(ALM)、TCR、GSM-R 无线通信单元,BTM,DMI,JRU,动态监测接口,速度传感器,雷达天线及相互之间连接电缆等设备组成。ALA 单元、BTM 单元、断路器模块和 DC/DC 直流转换器、司法记录单元和 ORP、IRP 继电器单元安装在车载机柜里。DMI 安装在驾驶室内。车载机柜由 DC/DC 转换器和断路器模块供电。其中 DC/DC 模块需要通过 4 mm^2 的线缆接至接地点,断路器模块需要 10 mm^2 的线缆接至接地点。车载系统安装和车载机柜结构如图 4-31 所示。

ALA 机柜(主柜)尺寸为 770 mm×530 mm ×300 mm,分为三个部分:上部,3U 高,带有 I/O 连接器;中部,为上机箱,6U 高,安装主用/备用 TMM 部分及现场侧电路电源构成的模块;下部,为下机箱,6U 高,安装主用/备用 ALM、RIM 和 EVC 及电源部分构成的模块。通风系统位于底座上。上机箱内安装 TMM,下机箱内安装 ALM、EVC 模块、RIM。

(1)TMM

上机箱内安装 TMM,实现列车的接口及测速测距功能,专门用来对列车执行机构(不包括 RSC 传感器)进行管理,由下述各板构成:

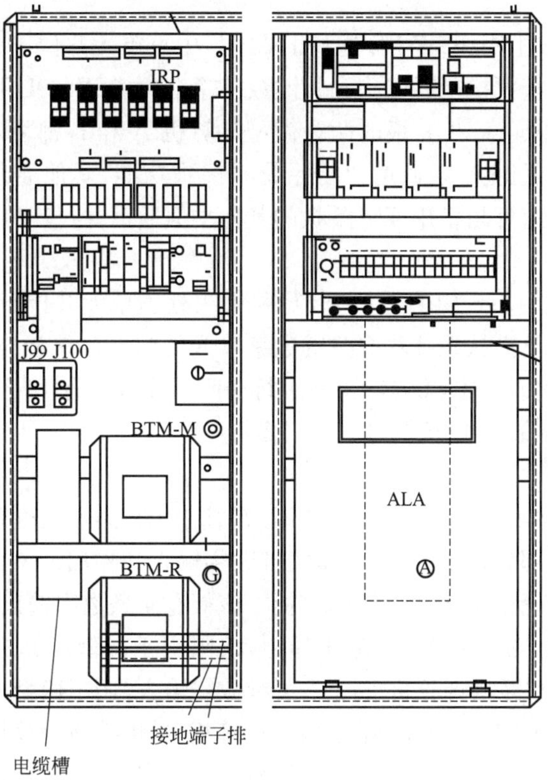

(a) 正视图　　(b) 后视图

图 4-31　车载系统安装和车载机柜结构示意

①AL 24 V 板

AL 24 V 板(位号 1 主用、78 备用)的上部电源单元(+24 V-1),产生 24 V 电压,用于对 AUXT 上的 DC/DC 转换器进行供电以产生辅助电压,对 2 台冷却风机供电。下部电源单元(+24 V-2),产生 24 V 电压,用于对 MULU 板数字电压输出所控制的负载供电,对 MULE 板数字电压输出所控制的负载供电。

②CPU_2-TMM 板

CPU_2-TMM(位号 13 主用,68 备用)是基于 I/O MS9E 并行总线的 2 取 2 微型计算机系统内的中央处理单元板,由相互独立和电隔离的两台基于 MC68360 微处理器的微型计算机 A 和 B 构成。该板通过冗余 ProfiBus 总线(主用和备用线路)构成的通信网络与其他系统的中央单元通信;通过两个 I/O MS9E 并行总线对系统的 I/O 进行访问;通过特殊接口电路对 MS9E 总线的访问进行管理。

对系统内所用 CPU_2 板(下同)的要求:2 取 2 架构硬件冗余;通过微型计算机 A 和微型计算机 B 电路之间的电隔离,使两台微型计算机相互独立;电路自诊断;定期选取和更换处理结果。

③MVBV 板

MVBV 板(位号 8 主用、78 备用)是一种适用于中距离 MVB-EMD 总线的控制和接口板,带有冗余线路,可用于基于 VME 总线的系统内。该板带有其自己的硬件资源(存储器、CPU 等),确保执行根据 TCN 标准等级 6(会议层)所确定的协议和功能,并符合列车通信网络规范的要求,与 MVB 总线的连接采用前面板上的连接器 X_1-X_2实现。

④WDOU 板

WDOU 板(位号 18 主用、63 备用)是基于 CPU_2 中央单元并位于 MS9E 总线上 2 取 2 微型计算机的电路板。该板可执行看门狗和关键数字输出功能 WDOU 板与两个 MS9E 总线部分都连接,由此使中央单元(CPU_2)板的两台微型计算机 A 和 B 都可对它们的内部资源进行访问。该板有 5 条输出通道:1 条通道执行系统看门狗功能,其他通道执行 4 种关键输出功能。该板的关键输出通道可与备用 TMM 板的其他类似通道并行连接。

⑤IDVI 板

IDVI 板(位号 23 主用、58 备用)是基于 CPU_2 中央处理单元并位于 MS9E 总线上的 2 取 2 系统的构成部分。该板负责从系统获取关键数字输入的状态。该板位于 MS9E 总线的 A 和 B 两部分,可使中央处理单元(CPU_2)对该板进行访问。该板带有 12 条关键输入通道,另外还带有可用于电源输入的 DC/DC 转换器。

⑥MULE 板

MULE 多功能板板(位号 28 主用、53 备用)是基于 CPU_2 中央处理单元并位于 MS9E 总线上的 2 取 2 系统的一部分,用于关键和非关键数字输入和输出。该板位于 MS9E 总线的 A 和 B 两部分,中央处理单元(CPU_2)可访问该板。该板有 4 条数字输出通道,电源 0～24 V,仅限用于微型计算机 A;1 条继电器数字输出通道,仅限用于微型计算机 A;8 条非关键数字输入,用于微型计算机 A 和微型计算机 B;3 条关键数字输入,用于微型计算机 A 和微型计算机 B;3 条安全 RS-485 半双工串行通道,用于微型计算机 A 和微型计算机 B;1 条关键数字输出通道,0～24 V,用于微型计算机 A 和微型计算机 B。所有输出可与 TMM 备用 MULE 板的其他类似通道并行连接。看门狗禁用可对所有相关的通道去激活。

⑦TACU 板

TACU 板(位号 33 主用、48 备用)是基于 MS9E 总线的 2 取 2 计算机系统的一种模块。用于测速变送器输入 MULU 板。该模块可执行来自数字测速变送器的 4 个输入功能,通过 MS9E 总线由系统(例如 CPU_2)中央处理单元进行管理。该板可与两个变送器(ENC1、ENC2)连接,两通道变送器可以都是光学的,也可以是有源磁性变送器。TACU 板由相互独立且电隔离的两个相同微型计算机 A 和微型计算机 B 构成,4 个逻辑通道 CH_1、CH_2、CH_3、CH_4的电路在两部分都可复制。

⑧MULU 板

MULU 多功能板(位号 38 主用、43 备用)是基于 CPU_2 中央处理单元并位于 MS9E 总线上的 2 取 2 系统的一部分,用于非关键数字输入和输出。该板分别位于 MS9E 总线的 A 和 B 两部分,中央处理单元(CPU_2)可访问该板。该板有:16 条非关键数字输出通道,加电,仅限于微型计算机 A;4 条继电器非关键数字输出通道,触点不加电,仅限于微型计算机 A;6 条非关键数字输入通道,仅限于微型计算机 A;4 条 RS-485 半双工串行线路,2 条线路位于微型计算机 A 上,2 条线路位于微型计算机 B 上;1 个音调发生器,设置声音顺序发生,变压器电隔离,通过软件控制继电器在驾驶室 A 和 B 报警之间切换;8 个电路用于 4 风机诊断,4 个位于微型计算机 A 上,4 个位于微型计算机 B 上;2 个电路探测过温,1 个位于微型计算机 A 上,1 个位于微型计算机 B 上。所有输出和报警控制都可与备用 MULU 板通道并行连接。看门狗禁用功能可完全禁止使用所有相关通道。

(2)ALM

ALM 专门用来对 RSC 传感器进行管理,并在 STM SCMT 环境下执行列车运行逻辑,实现 CTCS-2 的功能,同时与 DMI、CTCS2 传感器接口并处理轨道电路信息。由下述各板构成。

①AUXT 24 V 板

AUXT 24 V 板(位号 2 主用、78 备用)是 ALA 柜电源系统的一部分,该电路可确保电池输入电压中断 10 ms 时 AL 5 V 和 AL24 电源的输出。DC/DC 转换器,输入+24 V 电压,产生以下辅助电压:+15 V 和-15 V 电源,用于所有 ALM 系统内 2 取 2 微型计算机系统的 A 部分和+15 V 和-15 V 电源,用于所有 ALM 系统内 2 取 2 微型计算机系统的 B 部分;+5 V 电源,用于 ProfiBus 线路侧和所有主用 RS-485 线路上的接口;+5 V 电源,用于 ProfiBus 线路侧和所有备用 RS-485 线路上的接口;+5 V 电源,用于测速仪串行线路的线路侧接口。

②AL 5 V 板

AL 5 V 板(位号 1 主用、75 备用)由 2 个电源构成,分别产生用于所有系统内 2 取 2 微型计算机系统的 A 和 B 部分的+5 V 电源。

③CPU_2 ALM 板(位号 33 主用、48 备用)

CPU_2 ALM 板是基于 I/O MS9E 并行总线上 2 取 2 微型计算机系统内的中央处理单元。该板包括两台都基于 MC68360 微处理器的、相互独立且电隔离的微型计算机 A 和 B。该板通过冗余 ProfiBus 总线(主用和备用线路)所构成通信网络与其他系统的中央单元通信,通过 I/O MS9E 并行总线的两部分访问 TCR 板。VME 总线接口(不用于 ALM 系统)只适用于微型计算机 B。

④TCR 板

TCR 板(位号 38 主用、43 备用)是轨道电路信息接收单元。

(3)RIM

RIM 是无线通信模块,用来实现通移动终端与无线网络的连接,对移动终端的串行通道进行管理,由下述各板构成:

①RIME 板

RIME 板(位号 18 主用、63 备用)是一种通过 VME 总线与 CPU_2 RIM 板通信的电路板,移动终端和看门狗的接口板,并有控制移动终端专用的串行驱动器,还带有对无线电协议进行管理的软件。

②CPU_2 RIM 板

CPU_2 RIM 板(位号 13 主用、68 备用)是基于 I/O MS9E 并行总线的 2 取 2 微型计算机系统内的中央处理单元板。该板由相互独立和电隔离的两台基于 MC68360 微处理器的微型计算机 A 和 B 构成,通过冗余 ProfiBus 总线(主用和备用线路)构成的通信网络与其他系统的中央单元通信,通过两个 I/O MS9E 并行总线部分和 VME 总线(仅限微型计算机 B)对 RIME 板进行访问。

(4)EVC 模块

EVC 模块是安全计算机模块,是执行 ETCS 逻辑功能的安全计算机,用来在 ERTMS 环境下执行车辆逻辑,对 DMI 面板的串行通道进行管理,由下述各板构成:

①CPUE EVC 板

CPUE EVC 板(位号 23 主用、58 备用)是一种基于 I/O MS9E 并行总线的 2 取 2 微型计算机系统内中央处理单元的电路板。该板包括两台微型计算机 A 和 B,相互独立并进行电隔离，两台计算机都基于 MC68360 微处理器。该板通过冗余 ProfiBus 总线（主用和备用线路）构成的通信网络与其他系统的中央单元进行通信，通过两条 I/O MS9E 并行总线访问 WDRS 板。另外，与 VME 总线的接口只提供给微型计算机 B。

②WDRS 板

WDRS 板（位号 28 主用、3 备用）是一种基于中央单元（CPUE）并位于 MS9E 总线上的 2 取 2 联锁微型计算机电路板。该板是 DMI 和看门狗接口板，可执行看门狗功能并带有连接到 DMI 上的两个安全 RS-485 串行通道，由微型计算机 A 或微型计算机 B 单独管理。该板与两个 MS9E 总线部分都相连，借此 CPUE 板的两台微型计算机 A 和 B 都可访问其内部资源。

上述模块通过通信网络实现互联，CTCS3-300S 车载设备各模块的互联如图 4-32 所示。两条 RS-485 串行线路和 ProfiBus 冗余协议（主用 ProfiBus 和备用 ProfiBus）以实现模块之间的信息交换，两条 RS-485 串行线路和 CTODL 冗余协议（主用 CTODL 和备用 CTODL）在不同系统间交换测距和同步数据，两条 RS-485 串行线路和协议交换待在 DMI（前/后）上显示的信息，两条 RS-422 串行线路符用于 RIM 单元（ALA 柜）和移动终端（关键数据无线电子系统）之间的通信。另外，还提供 RS-485 互联线路用来发送诊断信息。

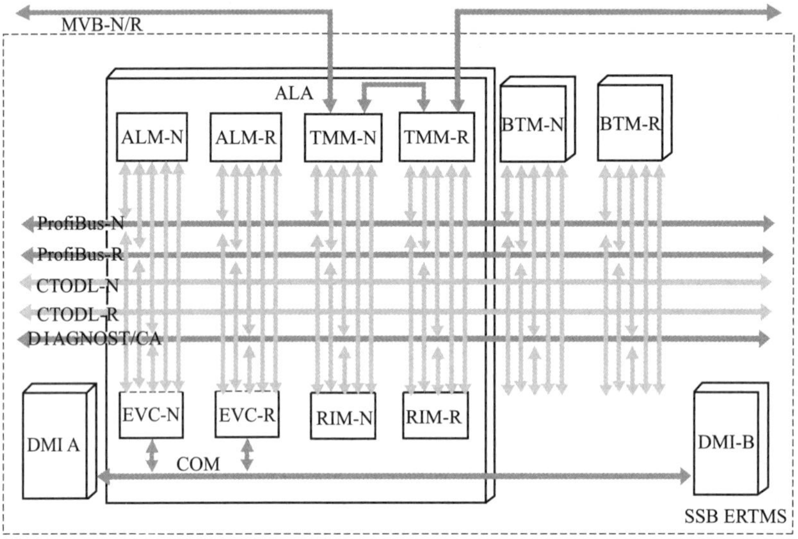

图 4-32 CTCS3-300S 车载设备各模块的互联

（5）电源配电盘

电源配电盘为电源配电模块，包括断路器、开关和接插件，带有以下自动开关：ALA-N 主用中央设备；ALA-R 备用中央设备；BTM-N 主用天线接口；BTM-R 备用天线接口；Radio M. T1 主用无线电设备；Radio M. T2 备用无线电设备；DMI-A 驾驶室 DMI-A；DMI-B；驾驶室 DMI-B；AUX。

（6）无线电设备 SSR

SSR-DV 无线电设备由两个相同的部分构成，每一部分包括：基于 GSM-R 技术的无线电模块（简称移动终端）、无线电频率信号用无源滤波器（Duplexer）电源静态转换器（简称 DC/DC 转换器）、保持板（电容器和报警单元）、外部 GSM 天线（DATA 天线）。

SSR-DV 的主要功能：提供两个基于 GSM-R 技术的独立无线电通信通道，确保 ERTMS/AV 车载子系统和 RBC 之间的两路数据交换，降低 GSM-R 无线电设备之间的任何干扰，其天线位于附近(低于 2 m)。

无线电子系统在车上不同点安装的三个元件构成车顶天线;车内机柜上规定的机箱;天线和机箱之间连接用 RF 电缆。

关键数据无线电子系统接口:双串行接口与 SSR-DV 和 ERTMS/AV SSB 连接,是计算机调制解调器型连接,其中 ERTMS/AV SSB 表示为 DTE,而移动终端表示为 DCE。

其他部件同 CTCS3-300T 车载设备。

3. CTCS3-300H 型车载设备

(1)系统构成

CTCS3-300H 型列控车载设备的系统构成如图 4-33 所示。

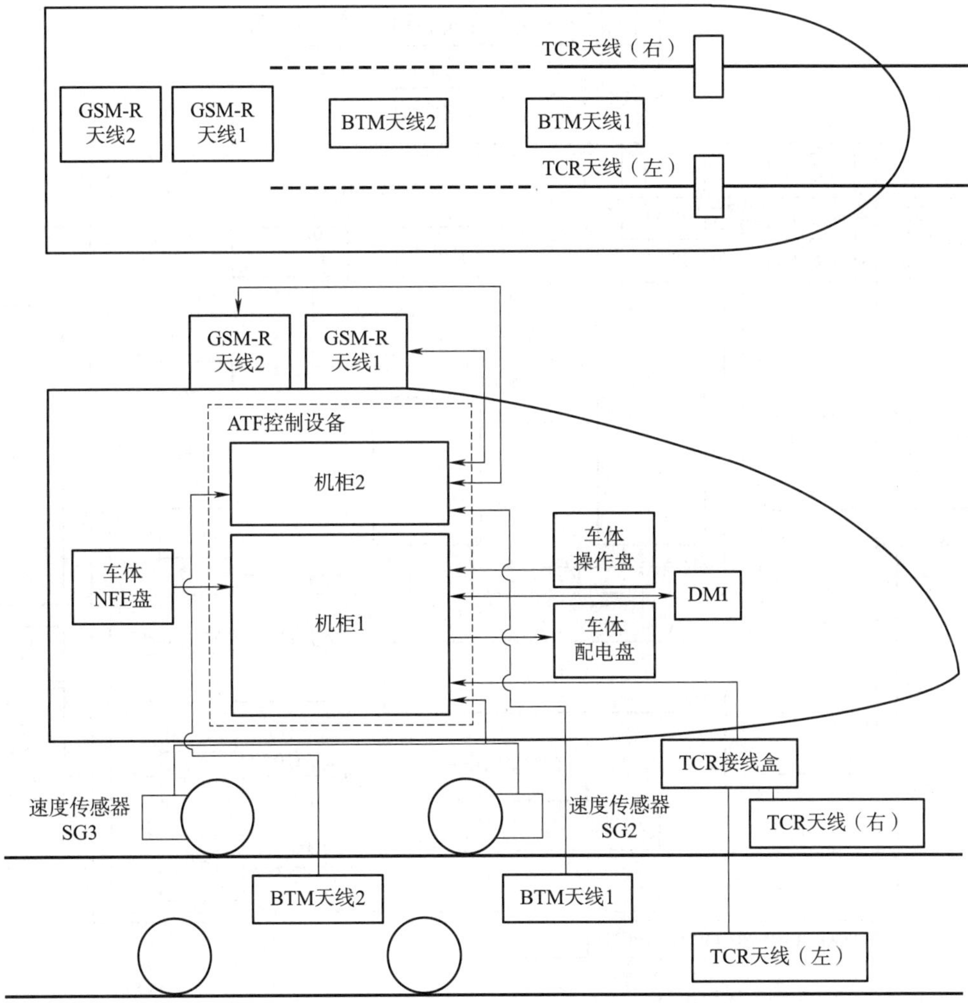

图 4-33　CTCS3-300H 型列控车载设备系统构成

注:请注意 GSM-R 天线在车顶中轴压 1、2 天线位、BTM 天线和 TCR 天线在车底、TCR 天线是安装天线时,面朝车底时进行左右区分的。

CTCS3-300H 型列控车载设备包括 ATP 控制设备、车体 NFB 盘或 NFB 面板、车体操作盘、DMI、速度传感器、BTM 天线、TCR 天线和接线盒、GSM-R 天线。

①ATP 控制设备接收地面信息并进行速度控制。

②车体 NFB 盘或 NFB 面板给 ATP 控制设备提供电源。

③车体操作盘将车体信号(牵引、制动、零位、向前、向后)传递给 ATP 控制设备。

④DMI 将速度信息、显示信息通过图像、声音输出。还有,输入模式切换等司机指令。

⑤速度传感器将车轮的旋转速率转换为速度脉冲(速度信号),传给 ATP 控制设备。

⑥BTM 天线将从地面应答器接收到的 Balise 信号传给 ATP 控制设备。

⑦TCR 天线和接线盒将轨道电路信号传给 ATP 控制设备。

⑧GSM-R 天线将 RBC 给出的无线报文传输给 ATP 控制设备。

(2)ATP 控制设备

ATP 控制设备的内部构成如图 4-34 所示。

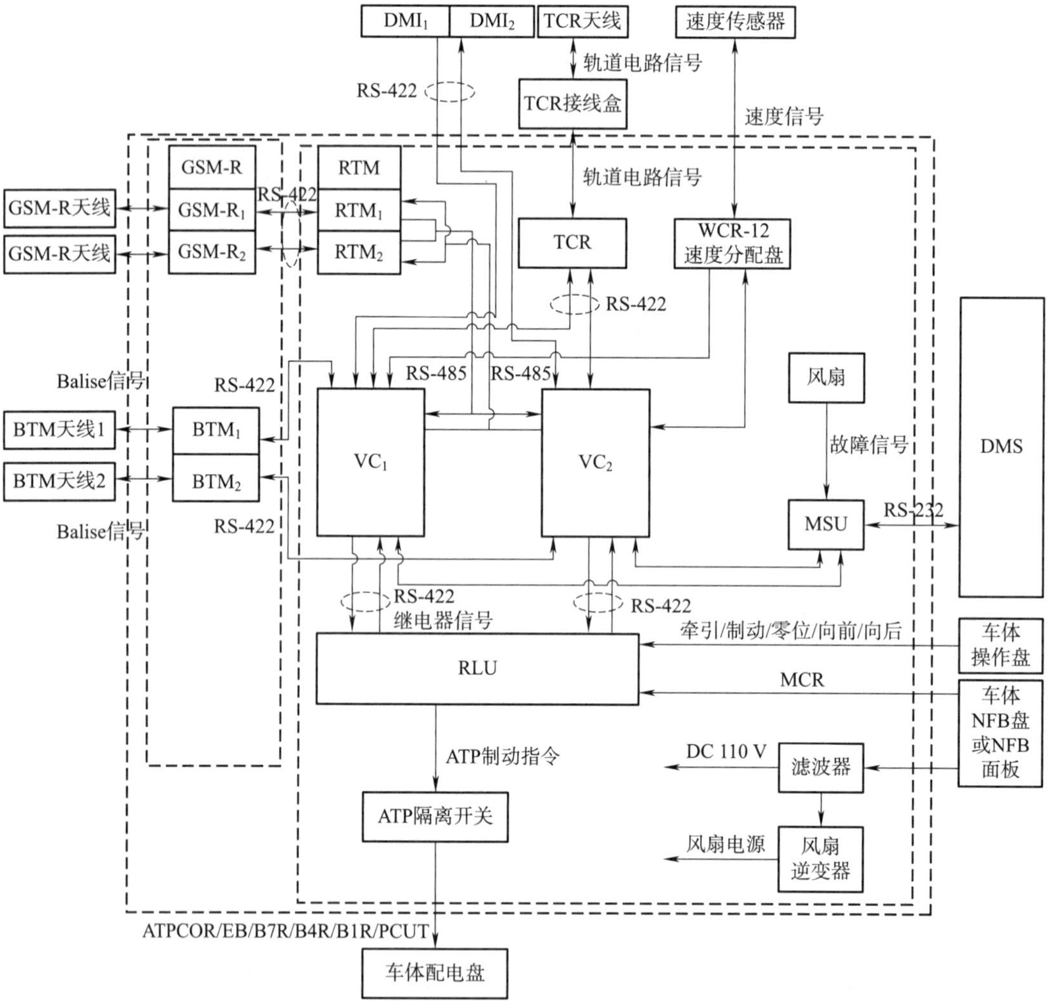

图 4-34 ATP 内部结构

注:DMI_1、DMI_2 通过 DMI 转换开关进行切换、BTM_1、BTM_2 通过 BTM 切换开关进行切换、同一时间只有一系进行工作。

ATP 控制设备由以下设备构成:

①ATP 机柜

ATP 机柜分为 ATP 机柜 1 和 ATP 机柜 2。

②VC单元

VC单元位于机柜上部，专门用来对列车运行进行管理。VC单元是以“故障—安全”原理动作的安全计算机，由VC_1、VC_2双系构成冗余结构。VC单元通过与BTM之间的RS-422通信输入Balise报文，通过和TCR的RS-422通信输入轨道电路信息，输入来自速度分配盘的速度信号，生成速度核查模式，将制动指令输出给制动接口单元(RLU)。VC单元还通过和DMI的RS-422通信，输入按键操作及输出显示/声音/语音指令。

VC单元的功能包括：输入速度信号、轨道电路信息、Balise报文；解析Balise报文；输入DMI键操作；向DMI输出显示、语音、声音指令；作成速度核对模式曲线；实行速度核对演算；向RLU输出制动指令；速度传感器断线检测；速度传感器速度差异常检测。

③维修服务单元(MSU)

MSU收集与VC_1、VC_2的通信信息；与DMS通信，将车载装置的动作及状态发送给DMS；采集风扇状态信息。

④RTM

RTM位于机柜左下部，专门用来对移动终端的串行信道进行管理。RTM通过GSM-R接收来自RBC的控制信息，将数据进行加工，并发送给VC。同时，将车载信息加工成报文加载到GSM-R网络，发送给RBC。装备了两台RTM，不仅是为了确保冗余度，更是为了RBC-RBC通信能顺利地进行。

⑤RLU

RLU将来自VC_1、VC_2的制动指令综合作为ATP设备的制动指令向继电器接点输出。如果VC单系出现故障，能够隔离故障VC系统从而使整体动作正常。另外，RLU还用于输入/输出来自车体操作盘的指令信号及输入/输出来自NFB面板的MCR信号。

RLU的功能包括：车体操作盘指令的继电器输入、ATP制动指令的继电器输出、故障VC系的输出分离、输出分相区信号。

⑥TCR

TCR的功能包括：解读TCR天线接收到的轨道电路信号；通过RS-422发送解读过的轨道电路信息给VC_1、VC_2。

⑦BTM

BTM解读BTM天线接收到的Balise信号，将Balise报文传送给VC_1、VC_2.。

⑧GSM-R

GSM-R将GSM-R无线通信频率传送的数据解调、变换为基带信号，转化为计算机能处理的形式，并向RTM交送。同时，它还将来自VC的报文调制、变换至GSM-R无线频段。

GSM-R单元接收来自RTM的通信数据，经协议转换后，通过车载天线传输至地面系统；通过车载天线接收地面系统的无线通信数据，经协议转换后，传输至RTM；记录GSM-R单元工作过程中的通信数据。

⑨恒压电源模块

恒压电源(EUR-E060ADR)安装于VC_1单元、VC_2单元、RTM_1、RTM_2、MSU上。

⑩PC卡

PC卡安装在VC、RTM的PCR模块上，记录ATP控制设备的动作状态和故障信息。在PCR模块的LED_6灯灭的时候和ATP控制设备发生异常的时候，进行异常解析，在PC卡上可以保存约30 h的数据。如果PC卡容量用满，其旧数据将会被新数据覆盖。

⑪CF 卡

CF 卡安装在 TCR、GSM-R、BTM 的记录板上，记录相应设备的工作状态和故障信息，可在异常情况时进行解析。

⑫隔离开关

ATP 隔离开关将来自 ATP 设备的制动指令(ATP 制动指令)隔离开。

当 ATP 控制设备发生故障时，使用 ATP 隔离开关切除由 ATP 控制设备输出给车体的制动指令。隔离中不会向车体输出制动，须在停车中或 ATP 控制设备电源切断的时候进行操作。

⑬速度分配盘

速度分配盘是将速度传感器输入的速度信号向 VC_1、VC_2、BCU、MON 分配。

⑭噪声滤波器盘

噪声滤波器盘是用于 VC_1、VC_2、TCR、DMI、风扇的 DC 110 V 的电源滤波器。

⑮风扇逆变器

风扇逆变器用把 DC 110 V 生成风扇用的 AC 电源。

⑯风扇单元 FAN

风扇对 ATP 控制设备内的电子部件进行强制空冷。可以通过 MSU 读取风扇故障信号进行监控。

⑰BTM 切换开关

当 BTM 单系故障时，使用 BTM 切换开关，切换到另一系。须在停车中或 ATP 控制设备电源切断的时候进行操作。

⑱DMI 切换开关

当 DMI 单系故障时，使用 BTM 切换开关，切换到另一系。须在停车中或 ATP 控制设备电源切断的时候进行操作。

(3)机柜外部件

①DMI

DMI 具有界面显示、司机命令输入、声音及语音播放、通信采集和故障表示功能。

在 DMI 的画面上以文本信息的形式表示出 ATP 控制设备的动作状态。在文本信息中也包括 ATP 控制设备的故障信息。

DMI 用电缆包括有一条电源电缆和两条通信电缆。连接器端接到 DMI 上，另一端接到连接器上，通过连接器与 ATP 控制设备相连。

②TCR 附属件

TCR 附属件包括：TCR 天线、TCR 天线保护支架、TCR 接线盒、TCR 接线盒保护板、TCR 用电缆。

TCR 天线接收轨道电路信号。TCR 接线盒连接 TCR 单元和 TCR 天线。TCR 接线盒保护板保护 TCR 接线盒。

③BTM 附属件

BTM 附属件包括：BTM 天线、BTM 天线电缆、BTM 电源电缆、BTM 通信电缆。

BTM 天线接收应答器信号。

④GSM-R 附属件

GSM-R 单元天线为车载设备无线通信的收发器，接收无线信号。为保证无线通信的正确性和可靠性，GSM-R 单元天线需要安装在金属框架(定制支架)或在导电性表面上，接地平面

(反射面)尺寸需要大于 500 mm×500 mm。

GSM-R 天线电缆有两种，分别为Ⅰ系 GSM-R 天线电缆和Ⅱ系 GSM-R 天线电缆。根据现场安装的要求，天线电缆实际由一根 0.5 m 的软线和长距离的馈线组合而成。馈线两端接头为 N 头和 TNC 头，其中 TNC 头用来与 GSM-R 单元主机板卡相连；N 头(母头)用来与软线相连。0.5 m 软线两端接头均为 N(一公一母)，一端用来与 GSM-R 天线相连(母头)；一端连接馈线(公头)。使用时可以根据线缆标签区分两种电缆。

GSM-R 电源电缆有 4 种，分别为：Ⅰ系 GSM-R 电源电缆 A、Ⅰ系 GSM-R 电源电缆 B、Ⅱ系 GSM-R 电源电缆 A 和Ⅱ系 GSM-R 电源电缆 B。这 4 种电缆长度一致，与 GSM-R 单元主机板卡连接的一端都使用 M12 插头(塑封)，另一端均为散线。使用时可以根据电缆标签及散线端线号管予以区分。

GSM-R 通信电缆有两种，分别为：Ⅰ系 GSM-R 通信电缆和Ⅱ系 GSM-R 通信电缆。这两种电缆的长度一致。与 GSM-R 单元主机板卡连接的一端都使用航空插头(塑封)，另一端均为散线。使用时可以根据电缆标签及散线端线号管予以区分。

⑤速度传感器

速度传感器将速度转换为速度信号。

CTCS3-300H 使用的速度传感器型号为 AG43E，自带 1.7 m 电缆及连接器，有三路输出($e_1/e_2/e_3$)，每台 ATP 控制设备使用 2 个速度传感器，分别安装于 SG_2、SG_3 位置。

八、CTCS3+ATO 车载设备的适配

随着我国高速铁路的发展，在运营需求、技术条件和当前铁路的发展趋势方面，都表明我国具备了并需要开展 350 km/h 等级的自动驾驶技术研究。

1. CTCS3-300T 车载设备的自动驾驶功能适配

CTCS3-300T 车载设备支持接入 ATO 设备，共同完成 GoA2 级列车作业。

(1)新增设备

为支持 ATO 设备接入，在既有 CTCS3-300T 系统结构上需增加 ATO 适配单元(ATOAU)、安全数字输入输出单元(VDX3/4)，系统结构如图 4-35 所示，其中浅色底色部分表示冗余冷备单元，深色底色部分表示相对于既有 CTCS3-300T 设备新增的单元。

ATOAU 对内接入 ProfiBus 总线和 MVB 总线，对外通过以太网与 ATO 连接，实现 ATP 与 ATO 的数据交互。VDX3/VDX4 对内接入 MVB 总线，对外通过 I/O 硬线与列车接口，实现 ATP 新增 ATO 相关功能的安全输入/输出。

(2)车载设备新增功能

增加 ATO 设备后，CTCS3-300T 设备分为人工驾驶和自动驾驶两种工作状态。在起动和停车状态下，CTCS3-300T 设备提供 ATO 预选功能，决定是否允许进入 AM 模式，当预选模式为“预选 ATO”时，若条件满足则提示允许转为 AM 模式。人工驾驶时，CTCS3-300T 车载设备工作模式执行现行技术规范。自动驾驶时，CTCS3-300T 设备新增功能包括车站自动发车、区间自动运行、车站自动停车、车门自动开门(防护)、车门/站台门联动控制。

(3)新增接口

①ATP 与 ATO 接口

ATP 与 ATO 通过以太网进行双向通信，实现 ATO 控车功能。

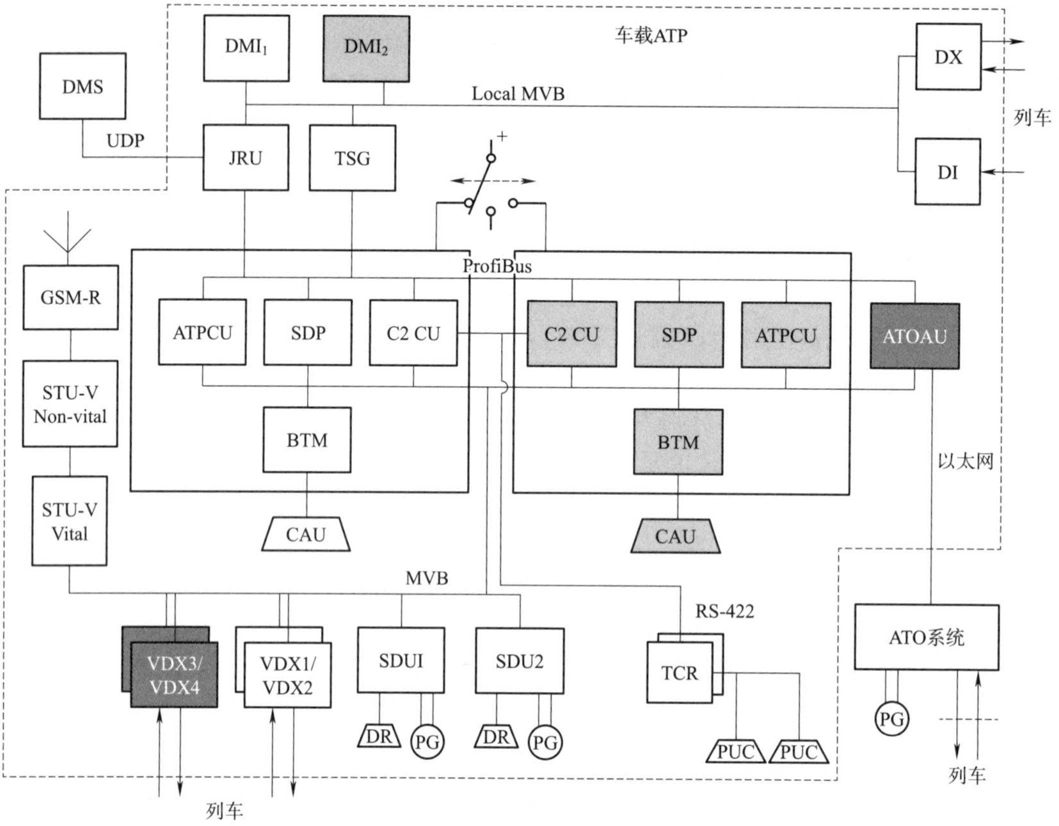

图 4-35　支持 ATO 设备接入的 CTCS3-300T 系统结构

ATP 向 ATO 发送模式、速度、位置、限速信息、控制命令、DMI 操作命令、无线通信数据等信息。

ATO 向 ATP 发送 ATO 输入、ATO 输出、ATO 状态等信息。

②ATP 与列车接口

ATP 与列车通过继电器接口，ATP 向列车输出开左门允许、开右门允许、ATO 有效，列车向 ATP 输出牵引制动手柄组合零位信号。

③DMI 显示

为满足自动驾驶系统的人机交互需求，DMI 增加了 ATO 状态、开车门允许、停稳停准、ATO 牵引/制动状态、ATO 电台注册及 TSRS 连接状态、通过标识、发车倒计时等 ATO 相关功能的图标和信息显示。

发车倒计时用于站停时显示发车倒计时，表示距离发车时间还剩 150 s。

2. CTCS3-300H 车载设备的自动驾驶功能适配

CTCS3-300H 车载设备为了适配自动驾驶功能，硬件和软件需进行适配性研究。

(1)硬件适配

①增加 ATP 车载设备与 ATO 硬件接口

ATP 车载设备需增加与 ATO 的硬件接口，完成与 ATO 的数据交互，实现与自动驾驶相关的行车控制。

②增加 ATP 车载设备与车辆硬件接口

在自动驾驶状态下，由 ATP 车载设备进行安全防护，控制 ATO 设备的启用，需要增加 ATO 允许信号的硬件控制接口。在列车进站停车后，由 ATP 车载设备进行车门开关安全防护的功能，需要增加相应的车门防护的硬件接口。

(2)软件适配

①增加停稳停准和开门允许技术

在自动驾驶状态下，当列车进站停车后，由 ATP 车载设备根据地面精确定位应答器中的信息判断停车位置是否在预期的停车窗口范围内。只有列车停在规定的停车窗口内时，车载设备判定为列车停稳停准，向列车输出车门允许信号。

ATP 车载设备根据从地面接收的应答器信息判断车门侧，并在人机界面(DMI)上向司机提示。

ATO 系统作为 SIL2 级系统，在功能分配上未承担安全功能，考虑到开门功能涉及安全，一旦开错左右侧车门将会导致旅客安全受到威胁，因此 ATO 系统的自动开门功能由 ATP 系统实现，以满足 SIL4 级功能需求。

②增加允许进入和退出 ATO 技术

ATP 车载设备根据列车当前运行状态、驾驶台手柄位置和自身工作状态，综合判断是否满足允许进入自动驾驶的条件，并在 DMI 上向司机提示。

在自动驾驶过程中，当不满足自动驾驶的条件时，向司机提示退出自动驾驶，并要求司机在 DMI 上确认。如果司机在规定时间内不予确认，则车载设备采取安全措施，通过输出制动的方式保证列车运行安全。

③增加与 ATO 相关的任务启动流程

在具有自动驾驶功能的车载设备中，完成 ATP 的任务启动流程后，车载设备提示司机是否启用自动驾驶功能，从而在后续的驾驶过程中由司机选择手动驾驶还是自动驾驶功能。

④增加与 ATO 相关的 DMI 显示技术

在自动驾驶状态下，DMI 增加了更加丰富的信息提示，向司机显示在自动驾驶状态下的设备运行状态信息，为司机提供帮助。

3. CTCS3-300S 车载设备的自动驾驶功能适配

在 CTCS-3 级列控系统的基础上，车载设备增加 ATO 单元、GPRS 电台及相关配套设备，具备车站自动发车、区间自动运行、车站自动停车、车门自动开门(防护)、车门/站台门联动控制功能。

九、5G-R 通信系统适配

1. 5G-R 代替 GSM-R 是必然趋势

目前，基于 GSM-R 的 CTCS-3 级列控系统，在时速 300～350 km 高速铁路上得到了广泛的应用。但是，GSM-R 是 2G，为第二代移动通信技术，属于窄带通信系统，频谱利用率低，主要承载语言业务和少量数据业务，传输速率为 kbit/s 级别，承揽能力有限。在铁路大站、枢纽地区及交越并线区域，同频、邻频干扰问题日趋严重，频率资源比较紧张。GSM-R 网络采用电路交换方式，即使补充上 GPRS 后，数据业务的承载能力仍然有限。随着铁路事业的不断发展，其低速率、高时延已逐渐不能满足铁路日益增长的业务需求。由于公网 GSM 产业的加速萎缩，GSM-R 系统也将面临主流设备供应商产品更新换代，停止支持的问题。因此，铁路亟须下一代移动通信技术解决 GSM-R 系统面临的问题。

5G-R 作为铁路下一代移动通信系统，具有业务宽带化、网络扁平化、数据传输速率高、频谱利用率高、数据传输延时小、服务质量保障机制等特点，还可以支持视频监控、列车实时监控等适合未来铁路发展的业务。

在列控系统应用层面，5G-R 与现行 GSM-R 系统的最大区别是，5G-R 是基于 IP 的通信系统，而 GSM-R 的列控业务应用的是电路域。

2. CTCS3-300T 设备对 5G-R 的支持

通过对 CTCS3-300T 设备中 STU-V Non-vital 单元和 GSM-R 电台单元的升级，CTCS3-300T 设备可支持 5G-R 网络。图 4-36 所示为与列车通过继电接口，同时支持 GSM-R 网络和 5G-R 网络的 CTCS3-300T 设备结构，STU-V 和 GSM-R/5G-R 为支持 5G-R 网络需升级的单元。与列车通过 MVB 接口的 CTCS3-300T 设备升级 STU-V Non-vital 单元和 GSM-R 电台单元也可同时支持 GSM-R 网络和 5G-R 网络。

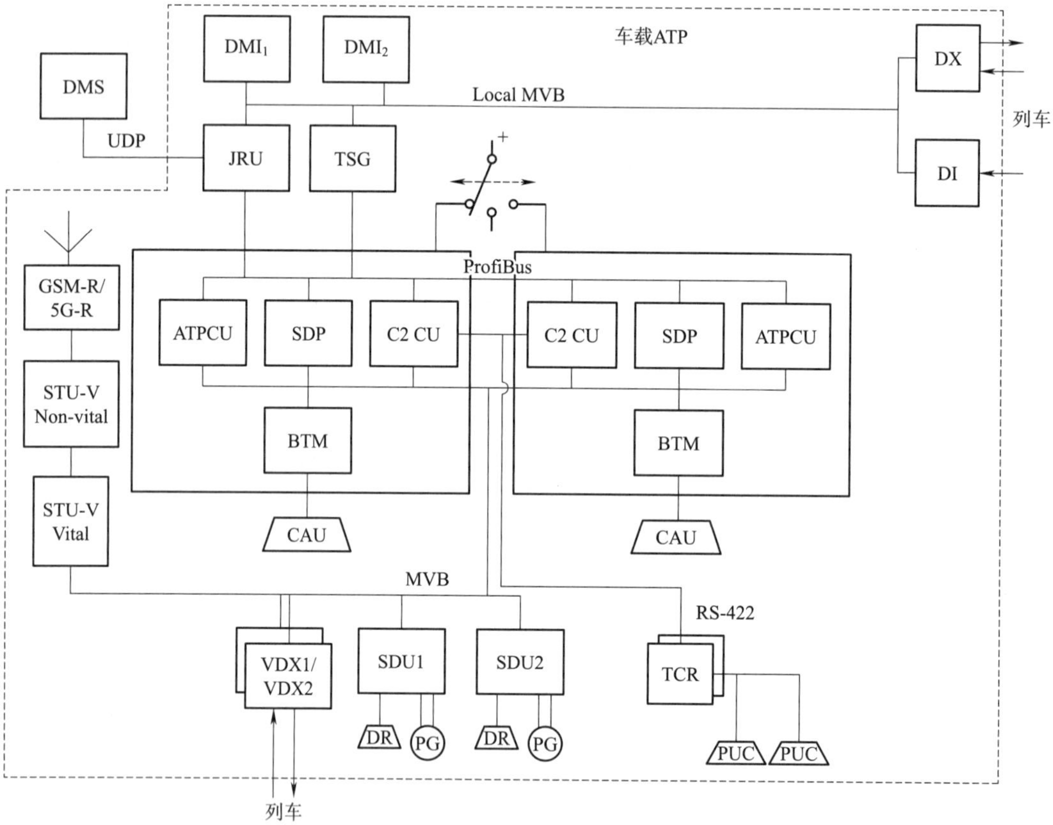

图 4-36　支持 GSM-R 网络和 5G-R 网络的 CTCS3-300T 设备结构

(1)支持 GSM-R/5G-R 的双模电台

CTCS3-300T 设备中的电台单元支持接入 GSM-R 网络，通过软/硬件升级后，增加 5G-R 通道，可支持接入 GSM-R 网络和 5G-R 网络。图 4-37 所示为车载设备中支持 GSM-R/5G-R 的双模电台及对外接口，深色底色部分表示相对于既有 GSM-R 电台变化的部分。车载设备配置两个双模电台 MT_1 和 MT_2，与 RTU 仍采用 $I_{gsm\text{-}r}$ 接口。RTU 通过 $I_{gsm\text{-}r}$ 接口发送 AT 指令，命令电台进入 GSM-R 模式或 5G-R 模式。

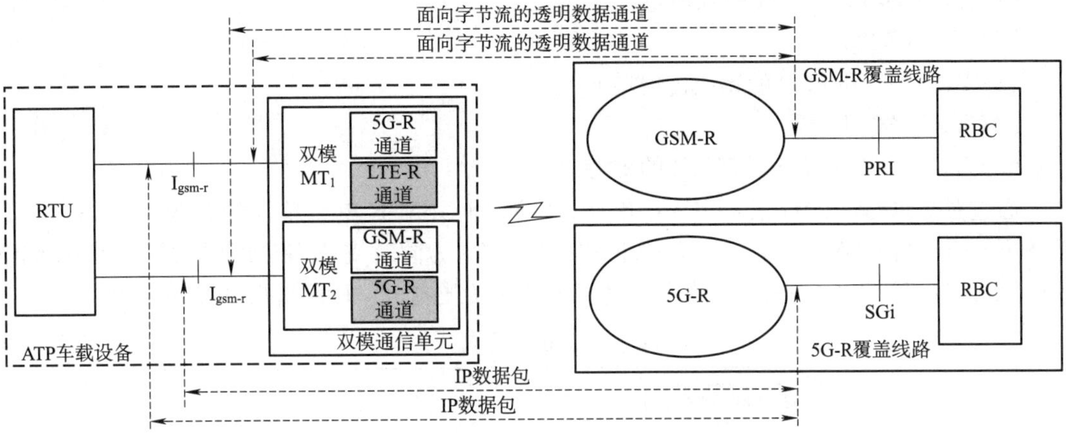

图 4-37 支持 GSM-R/5G-R 的双模电台

(2)支持电路交换数据(CSD)和分组交换数据(PSD)的无线传输单元

为支持 5G-R 网络,CTCS3-300T 设备中的 RTU 的软件需增加支持 PSD 业务的适配层(ALE)、TCP/IP 协议栈。

3. CTCS3-300S 设备对 5G-R 的支持

通过对 CTCS3-300S 设备中 EVC 模块、RIM 和 MT 电台模块的升级,CTCS3-300S 设备可支持 5G-R 网络。图 4-38 为同时支持 GSM-R 网络和 5G-R 网络的 CTCS3-300S 设备结构。

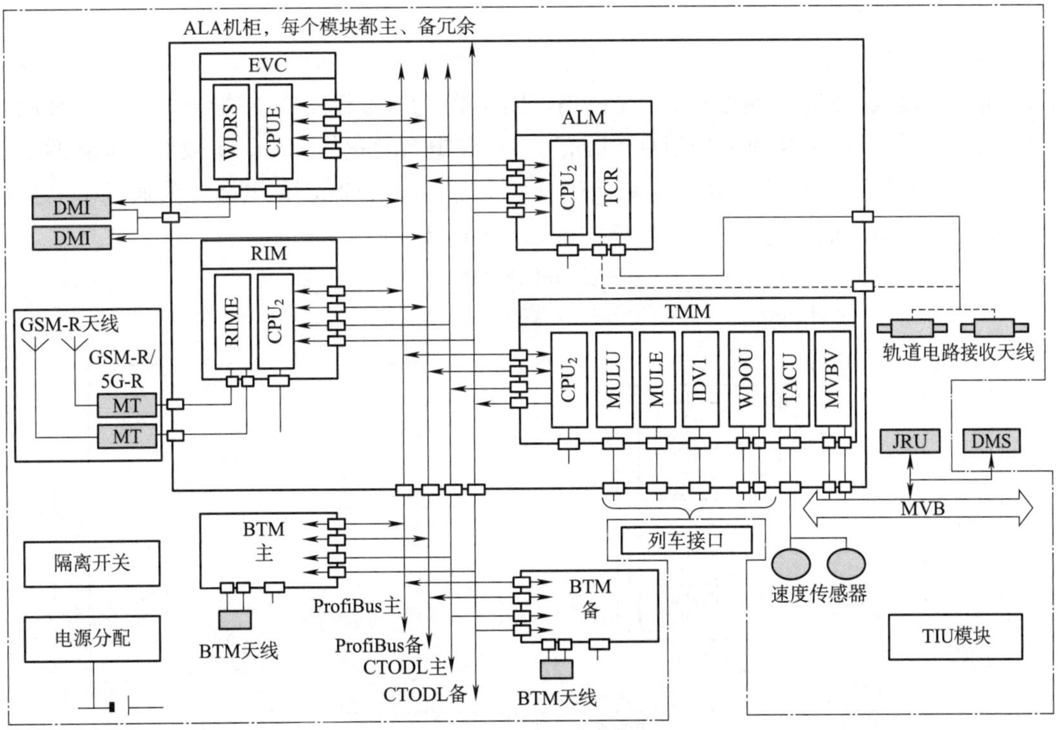

图 4-38 支持 GSM-R 网络和 5G-R 网络的 300S 设备结构

(1)支持 GSM-R/5G-R 的双模电台

同 CTCS3-300T。

(2)支持 CSD 和 PSD 的无线传输单元

同 CTCS3-300T。

4. CTCS3-300H 设备对 5G-R 的支持

通过对 CTCS3-300H 设备中 VC 单元、RTM 和 GSM-R 电台单元的升级，CTCS3-300H 设备可同时支持 GSM-R 网络和 5G-R 网络。图 4-39 为同时支持 GSM-R 网络和 5G-R 网络的 CTCS3-300H 设备结构，其中深色底色部分表示为支持 5G-R 网络需升级的单元。

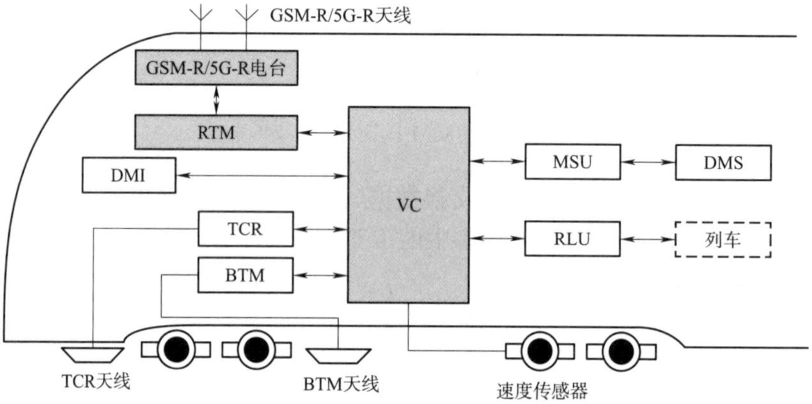

图 4-39　支持 GSM-R 网络和 5G-R 网络的 CTCS3-300H 设备结构

(1)支持 GSM-R/5G-R 的双模电台

CTCS3-300H 设备中的电台单元支持接入 GSM-R 网络，通过软硬件升级后，增加 5G-R 通道，可支持接入 GSM-R 网络和 5G-R 网络。图 4-40 为车载设备中支持 GSM-R/5G-R 的双模电台及对外接口，5G-R 通道是相对于既有 GSM-R 电台变化的部分。车载设备配置两个双模电台 MT_1 和 MT_2，与 GSM-R 电台单元仍采用 $I_{gsm\text{-}r}$ 接口。GSM-R 电台单元通过 $I_{gsm\text{-}r}$ 接口发送 AT 指令，命令电台进入 GSM-R 模式或 5G-R 模式。

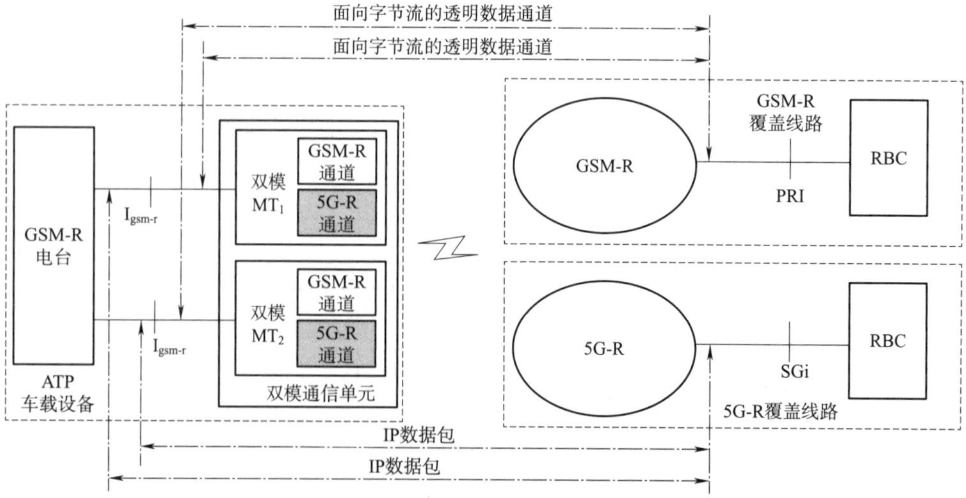

图 4-40　支持 GSM-R/5G-R 的双模电台

(2)支持CSD和PSD的无线传输单元

为支持5G-R网络,CTCS3-300H设备中的GSM-R电台单元的软件需增加支持PSD的ALE、TCP/IP协议栈。

5. 支持5G-R网络的分组域网络模型

图4-41为支持5G-R网络的分组域网络模型,深色底色部分为无线传输单元新增的分层。ALE位于安全层和运输层之间,完成建立和断开TCP连接、安全层数据包和面向字节流的TCP段之间的转换等功能。运输层使用点对点协议(TCP),提供了一种可靠的面向连接的字节流运输层服务。网络层使用IP协议,提供分组和路由服务。数据链路层使用点对点协议(PPP),为网络层发送和接收IP数据报。当无线传输单元命令双模电台进入5G-R模式后,与双模电台建立PPP连接,并根据RBC的IP地址与RBC建立TCP连接。

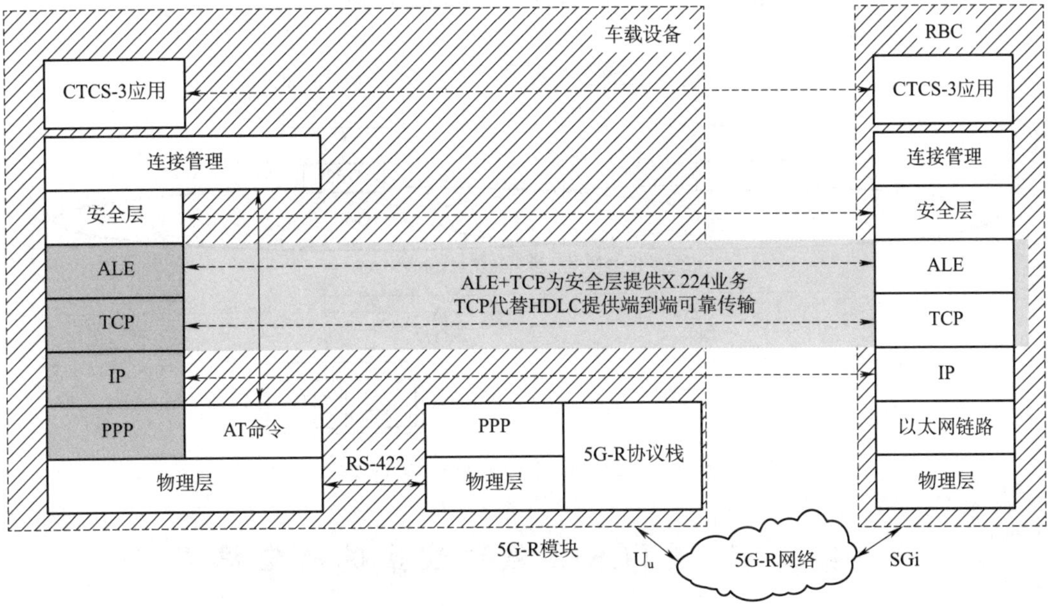

图4-41 支持5G-R网络的分组域网络模型

6. 基于5G-R的CTCS-3列控应用场景

支持GSM-R/5G-R网络的CTCS3-300T设备,可支持列车在GSM-R网络覆盖区、5G-R网络覆盖区运行,并支持在两种网络之间的切换和移交。以列车从GSM-R网络覆盖区进入5G-R网络覆盖区为例介绍该场景下车载无线传输单元和电台的工作状态。

在GSM-R网络覆盖区,MT_1与移交RBC建立CSD业务连接,车载设备通过该通道与移交RBC进行业务数据交互。此时,MT_2的5G-R通道处于待机状态。

列车越过移交"预告点"后,车载设备通过RTU控制MT_2的5G-R通道进入正常工作状态,如图4-42所示。MT_2的5G-R通道附着到5G-R网络:建立专用承载。车载设备通过MT_2的5G-R通道与接收RBC建立TCP连接,进行业保持CSD连接。

列车越过移交"执行点"后,车载设备通过RTU控制MT_1断开与移交RBC的CSD连接,MT_1已进入待机状态。至此,列车完成从GSM-R网络到5G-R网络的RBC移交,如图4-43所示。

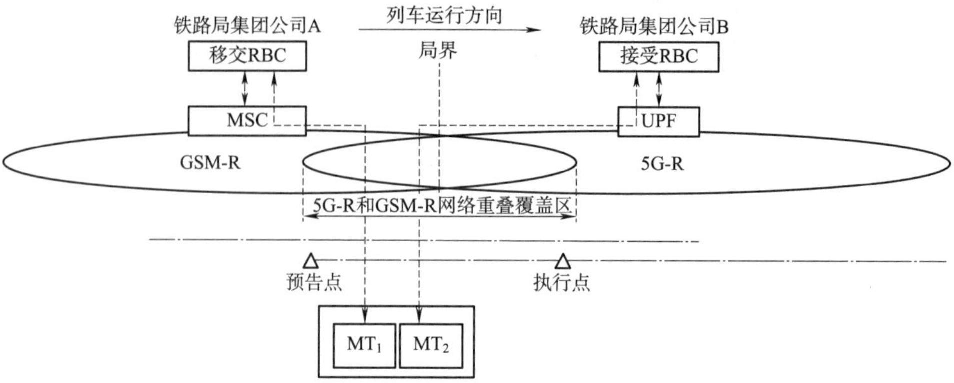

图 4-42 列车越过 RBC 移交“预告点”

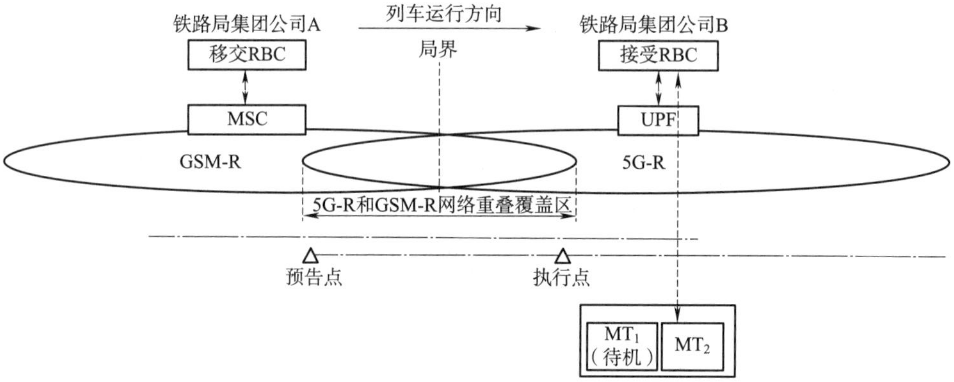

图 4-43 列车越过 RBC 移交“执行点”

第五节 CTCS-3 级列控系统的维护

高速铁路信号设备实行以状态修与预防性计划修相结合的维护模式。列控车载设备维护实行运用检修(一、二级)和高级检修(三、四、五级)五个修程。地面信号设备维护实行维修、中修、大修三大修程。

高速铁路信号设备维护工作,应通过日常巡检、动车组出入库检测,动静态监测系统及各维护终端数据信息查询分析、报警等获得设备的运用状态和工作状态,发现设备状态异常时,要及时安排计划进行处理。

一、列控地面设备的维护

列控地面信号设备维护实行维修、中修、大修三大修程。维修又分日常巡检和集中检修。

1. 列控地面设备的维修

(1)列控地面设备的日常巡检

列控中心、LEU、应答器的日常巡检同 CTCS-2 级列控系统。

(2)列控地面设备的集中检修

列控中心、LEU、应答器的集中检修同 CTCS-2 级列控系统。

RBC、TSRS 设备维修工作项目及标准见表 4-3。

表 4-3　RBC、TSRS 设备维修工作项目及标准

修程	工作项目	单位	周期	工作内容及标准
日常巡检	检查 TSRS、RBC 系统机房、空调	处	每日 2 次	机房综合接地装置良好； 机房通风、防潮、防水、防尘、防鼠良好； 机房空调设备工作正常，室内温度符合标准
	检查 TSRS、RBC 系统电源、UPS、蓄电池			输入电源配电无异常，缆线不发热，输入防雷单元无劣化指示； 配电柜模块工作正常，散热良好，指示灯显示正确；输入、输出电压、电流显示不超标；断路器（熔断器）状态良好； UPS 风扇运转正常，面板指示灯显示正常，电压、电流显示正常不超标； 蓄电池外观良好、不腐蚀、不漏液，液体指示正确
	检查 TSRS、RBC 系统及网络设备			TSRS、RBC、数据传输网机柜、设备机箱风扇运转正常，通风良好，模块、板件工作正常，面板指示灯显示及含义正确； RBC、TSRS 各系同步、工作正常，显示界面（面板、显示器）信息显示正确，无故障报警； RBC、TSRS 内部通信正常，与外部系统通信正常； 器材插接良好，电缆、电线、接地线连接、插接良好，无异状； 系统及器材防雷单元正常，无劣化指示； 设备、器材铭牌、标识齐全
	检查系统维护终端及记录分析			机柜防潮、防尘良好； 终端设备工作正常，键盘、鼠标、打印机使用良好，铭牌标识齐全； 维护终端、记录单元报警信息分析处理； 各单项设备电气特性、运用状态分析
集中检修	检查、整修 TSRS、RBC 系统机房、空调	处	每年 1 次	清洁机械室地面，检查门、窗密封及通风设施。机械室地面清洁，无尘土、杂物；门窗密封、通风、防潮、防水、防尘良好； 机械室空调制冷（热）性能良好，室内温度符合标准； 逐个检查应急备用器材，型号齐全、性能良好且摆放整齐，各种系统技术图纸完整
	检查、整修 TSRS、RBC 系统电源、UPS、蓄电池			电源配电盘（柜、箱）接线端子紧固，输入电源断路器（熔断器、空气开关）容量符合标准、无异状，缆线接触良好，不发热，防雷单元正常； 智能电源屏各部安装及接线端子紧固，模块及电气连接插接牢固，地线接触良好，断路器（熔断器）、防雷单元正常、无异状，各部配线无异常、不老化，绑扎、防护措施良好； 智能电源屏内、外部清洁，无粉尘杂物； 智能电源屏上电不报警，各模块工作正常，模块指示灯显示正确； Ⅰ、Ⅱ路电源自动、手动和主、备模块切换试验正常；Ⅰ、Ⅱ路电源切换时间小于等于 0.15 s；调压范围符合标准，模块保护性能良好； UPS 安装及接线端子螺栓检查紧固，电气连接插接牢固，地线接触良好；风扇（过滤网）及外部无粉尘，清洁干净；上电风扇运转正常，面板指示灯显示正常，电压、电流显示正常不超标； UPS 主、备切换及直供、旁路试验正常； 蓄电池电气连接端子螺栓检查紧固，电池清洁；电池液体检查（指非免维护酸性电池），补充电解液，满足电池液面标准； 蓄电池组、单块电池性能测试、试验。蓄电池组、单块电池电压、电流符合标准，切换电池供电良好； 测试电源系统输入、各种输出电压及接地绝缘符合规定标准，电压、电流表头计量显示准确

续上表

修程	工作项目	单位	周期	工作内容及标准
集中检修	检查、整修 TSRS、RBC 系统及网络设备	处	每年 1 次	机柜安装螺栓紧固，不松动，柜内模块、板件、网络设备、电源适配器、断路器(熔断器)等安装、插接牢固，防护措施良好； 接线端子紧固、不松动，电缆、电线焊接、插接及接地、等电位连接牢固，防雷单元正常、无异状； 设备配线无异常、不老化，绑扎、防护措施良好； 机柜、终端及设备、器材，UPS、工控机防尘过滤网、风扇清洁干净，无粉尘； 系统光纤弯曲符合标准，光纤遮光防护措施良好(含备用光纤)； 按周期更换到寿命期或轮修期设备、器材及不良器材； 各子系统Ⅰ、Ⅱ系自动、手动切换试验正常，双系同步，模块、I/O 板件、LEU/BDU、UPS、光端机、交换机、路由器、协议转换器、风扇等设备工作正常，指示灯显示正确； UPS 主、备切换试验正常，电池性能良好； RBC、TSRS 内部通信正常，与外部系统通信正常
	检查、整修行车室操作终端、维护终端、集中监测设备			机柜内、外及终端设备清洁，无粉尘，防潮、防水、防尘良好； 终端设备电源、电缆、电线、接地线连接、插接良好，无异状； 键盘、鼠标、打印机使用良好； 配线无异常、不老化，绑扎、防护措施良好

2. 列控地面设备的故障及处理

列控中心、LEU、应答器的故障及处理同 CTCS-2 级列控系统。

(1)RBC 常见故障及处理

①RBC 掉电

本地终端对应的 RBC 信息缺失，站场图呈粉红色；诊断终端上有告警。

此时，应检查电源输入，电源开关是否正常；检查电源线接头，接地等是否有短路现象；查看 RBC 机柜内各电源模块是否正常工作；重新对系统进行上电。

②RBC 安全核心部件故障

排除逻辑的运算输出指示灯异常；诊断维护终端出现告警信息。

此时，应重启故障安全核心的电源开关；重启不能解决问题，则更换硬件板卡。

③RBC 单系 CC 通信计算机故障

联锁、TSRS、CTC 出现单系通信告警；与 MSC 连接通道出现告警；当前建立连接的列车通信中断。

此时，应检查指示灯工作状态；断开电源开关 5 s 后，重新启动设备；如故障不能恢复，则更换硬件。

④RBC 双系 CC 通信计算机故障

与管辖内车站联锁通信中断，大屏红色显示；管辖范围内所有列车无法呼叫 RBC；与 CTC、TSRS 通信中断；与 MSC 连接通道出现告警；相邻 RBC 无法进行交权。

此时，应根据设备手册检查指示灯工作状态；断开电源开关 5 s 后，重新启动设备；如故障不能恢复，则更换硬件。

⑤排除逻辑硬件故障

排除逻辑的状态指示灯异常；

此时，应拔出排除逻辑模块，等待 1 min 后重新插入。

⑥单系通信交换机故障

与所有车站单系通信故障；与 CTC、TSRS 通信中断。

此时，应检查电源输入开关，确保电源正常；如果软件应用程序出错，断开电源开关，等待 5 s 后重新启动；如果硬件板卡故障，断开电源，更换板卡并重新烧制应用程序。

⑦双系通信交换机故障

与所有车站双系通信故障；与 CTC、TSRS 通信中断。

此时，应检查电源输入开关，确保电源正常；如果软件应用程序出错，断开电源开关，等待 5 s 后重新启动；如果硬件板卡故障，断开电源，更换板卡并重新烧制应用程序。

⑧RBC 单系 ART 故障

诊断维护终端会出现告警信息；通信自动切换到另外一系；与信号集中监测系统单系通信中断。

此时，如果软件故障，则重新启动应用程序；如果硬件故障，通过电源开关重启系统，看是否排除，故障仍然存在，则更换硬件。

⑨RBC 双 ART 故障

诊断维护终端出现告警信息；大屏显示粉红色；与信号集中监测系统通信中断。

此时，应检查电源，排除电源故障；如果软件故障，则重新启动应用程序；如果硬件故障，通过电源开关重启系统，看是否排除，故障仍然存在，则更换硬件。

⑩OT 故障

大屏显示丢失。此时，应处理应用程序故障，重启应用程序；若是计算机故障，重装计算机系统，并安装应用程序。

⑪单系 Secap 供电单元故障

设备故障告警，没有电源输出，不影响设备运行。

此时，应检查该电源模块的输入状态，如果输入有问题，继续检查电源屏是否正常工作；若电源输入正常，则检查电源模块的告警菜单，若是硬件故障，则切断输入电源，更换设备。

⑫双系 Secap 供电系统故障

所有设备均出现告警，系统无法运行。此时，应检查电源屏的输出。

(2)RBC 系统板件常见故障及处理

①LKR-TH 型 RBC 系统硬、软件故障处理

LKR-TH 型 RBC 系统硬件故障处理见表 4-4，LKR-TH 型 RBC 系统软件故障处理见表 4-5。

表 4-4　LKR-TH 型 RBC 系统硬件故障处理

序号	故障类型	故障现象	处理措施
1	RBC 服务器掉电	RBC 本地终端显示对应的 RBC 模块状态为红色； 服务器电源指示灯熄灭	如果多个服务器同时掉电，则首先检查柜内电源开关是否正常，然后检查电源屏输出是否正常； 若单个服务器显示掉电，首先打开显示界面检查服务器是否确实停止工作，如设备正常工作，原因为指示灯显示有误，因不影响设备正常工作，应在维护天窗内进行检查； 检查其对应的电源接口是否松动，如不能判断，应使用万用表测量服务器一端，如供电正常则转入“2”

续上表

序号	故障类型	故障现象	处理措施
2	RBC 服务器发生不可立即修复的硬件故障	服务器不能启动； 服务器工作不正常、死机	记录服务器信息面板的报警信息； 立即联系设备方技术人员； 采用备用设备对故障设备进行替换
3	无法对服务器进行操作	无法通过鼠标键盘对指定的设备进行操作	检查服务器和 KVM 之间的连线接口是否正常，然后通过 KVM 开关按钮人工关闭 KVM，等待 5 s 左右再行开启
4	交换机故障掉电	交换机所有灯灭，网络中断	如果机柜内有多台设备掉电，检查电源； 如果只有 1 台交换机掉电，检查其对应的电源接口是否松动，重插该电源线； 使用万用表测量交换机端的电源线上是否有电，如没有，检查 PDU 端，如果有，交换机硬件故障
5	交换机硬件故障	网络中断	检查是否掉电； 检查交换机指示灯状态； 检查交换机端口灯是否闪烁
6	KVM 故障	显示器没有显示	检查是否掉电； 重启 KVM 电源开关
7	本地终端故障	突然关机	检查是否掉电； 重启计算机看是否有报警

表 4-5　LKR-TH 型 RBC 系统软件故障处理

序号	故障类型	故障现象	处理措施
1	系统单系工作	在 RBC 本地终端上显示对应的 RBC 模块一系为绿色，另一系为红色	维护人员在 RBC 设备的维护终端界面上确认系统单系工作(在 Home 页面下按压【Confirm cold standby】按钮)
2	RBC 单系重启	RBC 本地终端显示对应的 RBC 模块状态为红色； 检查机柜内服务器显示系统重启	等待重启完成，启动完成之后程序将自动运行，如果不符合预期结果则转入“3”。 重启完成后在 RBC 维护终端下载 crashInfo. tar. gz. 1，送设备方技术人员分析
3	RBC 重启后应用程序没有启动	RBC 本地终端显示对应的 RBC 模块状态为红色； RBC 的维护终端显示系统工作状态非“system is running”	等待 3 min，如果一直保持非正常状态，则人工重启所有对应的 A/B/C 机，如果重启之后没有解决则需要专业人员进行检查； 重启完成后在 RBC 维护终端下载 crashInfo. tar. gz. 1，送设备方技术人员分析
4	RBC 双系重启	RBC 本地终端显示对应的 RBC 模块双系状态均为红色； 检查机柜内服务器显示双系重启	等待重启完成，启动完成之后程序将自动运行，如果不符合预期结果则转入“3”，如果启动后单系工作则执行“1”的操作，并检查系统是否经过 TSRS 初始化，如不是则转入接口异常处理表； 重启完成后在 RBC 维护终端下载 crashInfo. tar. gz. 1，送设备方技术人员分析
5	系统无法关闭	重启系统时发现设备等待/停止在关闭状态	人工关闭服务器，然后再人工开启设备
6	服务器操作系统故障	通过 RBC 机柜的显示器观察到操作系统无法正常启动，处于挂起状态	人工重启该服务器，如人工重启后仍处于故障状态则转入“7”

续上表

序号	故障类型	故障现象	处理措施
7	服务器操作系统崩溃	服务器无法启动，一直显示完全黑屏或者花屏状态	检查该服务器与 KVM 的连接是否正常，如正常则认为系统损坏，应重新安装操作系统和软件

②LKDR-H 型 RBC 系统板件故障处理

a. 检查 RBC 系统的运用状态。

b. 检查需更换的板卡状态，并记录指示灯显示。

c. 检查将要更换的板件型号、插针，芯片，跳线正常。

d. 关闭需要更换的设备电源进行更换。

e. 打开相应的设备电源，观察面板工作灯显示正常。

f. 联系通信部门、GSM-R 部门核对相关设备的工作状态。

g. 观察 RBC 系统的运行状态正常。

(3)RBC 系统与其他系统接口故障及处理

①LKR-TH 型 RBC 与其他系统接口故障处理

LKR-TH 型 RBC 与其他系统接口故障处理见表 4-6。

表 4-6　LKR-TH 型 RBC 与其他系统接口故障处理

序号	故障类型	故障现象	处理措施
1	RBC 未经过 TSRS 初始化	RBC 维护终端上显示系统未初始化	通知调度员对 RBC 执行初始化操作，如果通信故障导致无法初始化则转入“4”
2	单个 RBC 与联锁通信中断	RBC 维护终端的 NodeStatus 页面显示对应的联锁通信中断	检查是否可以 ping 通对应联锁的 IP 地址，如果不能则执行以下操作： 通过交换机端口显示灯，检查 RBC 至联锁的线缆连接是否正常，如不正常则人工进行恢复； 检查安全数据网通信是否正常，可同时检查 TSRS 对 TCC 的连接状态； 如果时间超过 3 min 没有恢复，则认为短时间内不能恢复，先人工重启 RBC 备系，待其重启完成后再人工重启 RBC 主系，完成后再检查接口状态
3	多个 RBC 与联锁通信中断	RBC 维护终端的 NodeStatus 页面显示对应的联锁通信中断	检查安全网通信是否正常，可同时检查 TSRS 对 TCC 的连接状态
4	RBC 与 TSRS 通信中断	RBC 维护终端的 NodeStatus 页面显示对应的 TSRS 通信中断	所有与该 TSRS 连接的 RBC 通信中断，则应检查 TSRS 工作状态； 只有单个 RBC 与 TSRS 通信中断检查是否可以 ping 通对应 TSRS 的 IP 地址，RBC 对 TSRS 的物理连接是否正常，以及 TSRS 是否工作正常
5	多列列车无法呼叫 RBC 成功	得到通知	检查 RBC 工作状态是否正常，包括 ISDN 服务器； 检查 RBC 是否经过 TSRS 初始化，如不是则“1” 检查该 RBC 的 ISDN 卡接口指示灯是否正常(显示为绿色)，如果正常则表示 ISDN 线路正常； 如果均正常则应可判断为 RBC 工作正常

续上表

序号	故障类型	故障现象	处理措施
6	列车呼叫 RBC 成功，但是一直无法获得移动授权	得到通知	检查 RBC 是否处于单系工作状态，若是则检查是否对设备单系工作进行了确认，参见软件系统异常 1； 检查与联锁是否断开； 检查联锁与列控中心是否断开
7	多列车在 RBC 管辖范围内同时因无线超时制动	得到通知	检查 RBC 设备（含 ISDN 服务器）是否发生故障或者重启； 检查 ISDN 通信工作是否正常； 检查 RBC 对联锁接口是否正常； 如果均正常则可判断为 RBC 工作正常
8	多列车在 RBC 边界无线超时	得到通知	检查 RBC 设备（含 ISDN 服务器）是否发生故障或者重启； 检查 ISDN 通信工作是否正常； 检查 RBC 对联锁接口是否正常； 如果均正常则在维护天窗时间内下载日志，报送设备方技术人员，分析是否为软件故障

②LKDR-H 型 RBC 与其他系统接口故障处理

LKDR-H 型 RBC 与其他系统接口故障处理见表 4-7。

表 4-7　LKDR-H 型 RBC 与其他系统接口故障处理

序号	故障类型	故障现象	处理措施
1	RBC 与单个车站联锁通信中断	屏幕显示该车站信息丢失，车站范围内轨道电路全部占用	检查联锁通信机接口是否正常工作； 检查安全网通信是否有异常
2	RBC 与管辖内车站联锁通信中断	RBC 管辖内车站信息丢失，RBC 管辖内所有轨道电路全部占用； 车站联锁显示双系通信告警	判断是否 CC 双系故障； 检查 RBC 与安全网之间的连接是否正常
3	某一 RBC 与临时限速服务器通信中断	区域内临时限速无法下达； 无法对 RBC 进行初始化	检查通信计算机是否正常工作； 检查通信计算机与通信交换机之间的网线连接
4	所有 RBC 与临时限速服务器通信中断	全线临时限速无法下达； 全线无法对 RBC 进行初始化	检查通信计算机是否正常工作； 通信计算机正常工作，检查通信计算机与通信交换机之间的网线连接； 检查临时限速服务器的通信接口及程序是否正常工作
5	某一 RBC 与 CTC 通信中断	该区域内列车信息和接口信息查询丢失； 该区域内无法下达紧急停车信息和文本信息	检查通信计算机是否正常工作； 通信计算机正常工作，检查通信计算机与通信交换机之间的网线连接
6	所有 RBC 与 CTC 通信中断	全线列车信息和接口信息查询丢失； 全线无法下达紧急停车信息和文本信息	检查通信计算机是否正常工作； 通信计算机正常工作，检查通信计算机与通信交换机之间的网线连接； 检查 CTC 接口服务器的通信接口及程序是否正常工作

续上表

序号	故障类型	故障现象	处理措施
7	某一 RBC 与集中监测系统通信中断	集中监测无法获取该 RBC 设备的状态信息	从 RBC 所属 ART 上进行 ping 操作，检查 IP 是否通信； 若通信正常，则对系统之间连线进行检查，是否松动； 重新启动 ART 服务或者计算机，进行恢复
8	所有 RBC 与集中监测系统通信中断	集中监测无法获取所有 RBC 设备的状态信息	从 RBC 所属 ART 上进行 ping 操作，检查 IP 是否通信； 若通信正常，则对系统之间连线进行检查，是否松动； 重新启动 ART 服务或者计算机，进行恢复； 重新启动集中监测采集终端，进行恢复

(4)RBC 系统柜间通道故障及处理

①LKR-TH 型 RBC 柜间通道故障处理

LKR-TH 型 RBC 柜间通道故障处理见表 4-8。

表 4-8　LKR-TH 型 RBC 柜间通道故障处理

序号	故障类型	故障现象	处理措施
1	VIA 服务进程崩溃	维护终端产生报警信息； RBC 与 VIA 通道显示红色	重新启动 VIA 服务器； 在维护天窗时间下载相应日志，报送设备方技术人员分析
2	意外断电	维护终端所有 RBC 与 VIA 通道显示为红色	再次通电后，VIA 服务器会自动重新启动并且会随机启动 VIA 系统； 本地终端需要登录计算机并启动程序； R-JRU 需要登录计算机并人工启动程序
3	运行迟缓	系统性能急剧下降	重启服务器
4	VIA 服务器工作模式不是在线和待机模式	VIA 维护终端显示不是一系在 ONLINE，另一系在 STANDBY 模式	查找没有启动的进程； 在日志文件中查找没有启动的进程； 在 SYSMAN 日志中检查消息。打开 SYSMAN 日志，双击 Windows 任务栏上的 ESM LOG 按钮； 检查已经使用的磁盘空间； 检查 VIA 服务器之间的局域网链接； 使用 ping 命令检查局域网连接，检查的方法是在命令提示窗口中输入 ping 地址(Address)命令；Address＝被检查计算机的 TCP/IP 地址； 重启相应的进程
5	与 R-JRU、维护终端、或 RBC 之连接中断	相应的通道、指示灯显示为红色	检查计算机中的线缆是否接好或已损坏； 检查局域网中交换机的线缆连接是否接好或已经损坏； 使用事件查看器(Event Viewe)查看事件：开始(Start)→程序(Programs)→管理工具(Administrative Tools)→事件查看器(Event Viewer)→系统日志(System Log)； 使用 ping 命令，检查从 VIA L 到 VIA R、维护终端和所有 RBC 的连接； 若以上都正常，则可能是某些硬件已经损坏需要进行更换

续上表

序号	故障类型	故障现象	处理措施
6	与 CTC 通信不正常	维护终端的设备连接状态图中相应通道和指示灯灰色或红色	在 VIA 中，检查与 RBC 连接是否正常，检查与 CTC 的网络连接； 在通信柜中，检查路由器、交换机及 2M 通道的各连接是否正常，不良处理
7	R-JRU 无法获取 VIA 日志		检查网络，从 R-JRU 上 ping VIA 的 IP； 在 VIA 中，需要将下列日志文件删除(应该在两台服务器上都删除这些文件)：C:\JruLogs\Events\.. 目录中的. csv 文件；C:\EBIScreen\JingHu\Server\Events1 目录中的. evh 文件；C:\EBIScreen\JingHu\Server\Events2 目录中的 evh 文件。 注意：如果删除的文件在将来调查中需要用到，请将这些文件复制存档(CD 或一些文件夹中)；在删除这些文件前请停止 VIA WDS_FE 服务，删除后请启动 VIA WDS_FE；删除这些文件时，其他的 VIA 服务器仍然可以运行(首先从待机的服务器中删除，对 VIA 进行转换，然后从原来在线的服务器中删除这些文件)
8	R-JRU 无法获取 RBC 日志	得到通知	R-JRU 无法获取 RBC 日志是由于 R-JRU 与 RBC 通信中断引起，请检查 RBC 与 R-JRU 之间的网络

②LKDR-H 型 RBC 柜间通道故障处理

测网线予以查找。

(5)RBC 系统机柜电源故障处理

测电源线、空开。

(6)协调配合现场进行故障应急处置

①LKR-TH 型 RBC 系统

当某一 RBC 与 GSM-R 通信中断时，首先观察 RBC 操作终端上是否有报警，若无报警，则检查 RBC 机柜中 ISDN 服务器的工作状态；联系通信段检查 RBC 与 MSC 之间的通道。

当所有 RBC 与 GSM-R 通信中断时，联系通信段检查通道及 GSM-R 的 MSC 状态。

当所有 RBC 与联锁通信中断时，检查 RBC 与安全网之间的连接是否正常。

②LKDR-H 型 RBC

检查 RBC 上通信计算机的状态；联系通信段检查 RBC 与 MSC 之间的通道。

当所有 RBC 与 GSM-R 通信中断时，联系通信段检查通道及 GSM-R 的 MSC 状态。

当所有 RBC 与联锁通信中断时：判断是否 CC 双系故障；检查 RBC 与安全网之间的连接是否正常。

二、列控车载设备的维护

1. 列控车载设备的检修

列控车载设备维护实行运用检修(一、二级)和高级检修(三、四、五级)五个修程。

(1)列控车载设备运用检修同 CTCS-2 级列控系统

列控车载设备运用检修列控车载设备一、二级检修工作内容及作业标准参照《列控车载设备维修工作项目及标准》(表 4-9)内容执行。

表 4-9　列控车载设备维修工作项目及标准

修程	工作项目	单位	周期	工作内容及标准
一级检修	询问司机列控车载设备运用情况	端	结合动车组一级修程进行	存在问题及时记录并处理
	检查 DMI(含备用 DMI),隔离、冗余、拨码等开关			安装牢固,外观无异状; 屏幕表面无划痕,各区显示颜色正确,显示内容符合规定;按键及功能键作用良好; 检查隔离开关转换良好; 提示音输出清晰、良好; 拨码开关设定符合规定; 记录卡完好并安装良好
	检查轨道电路信息接收天线、应答器信息接收天线,STM(TCR)、BTM,车底转换盒			安装牢固,外观无异状、无破损,防护设施完整; 连接电缆固定、绑扎良好且无异状,BTM 馈线电缆弯曲无异状
	检查速度传感器、雷达			安装牢固,外观无异状; 连接电缆固定良好,无破损
	列控车载设备时钟校核			双系、双端使用车载检测仪校准列控车载设备时钟
	检查列控车载设备柜内设备、器材、状态显示及 DMS			单元、模块、板件、继电器外观无异状,安装、插接牢固,插接件不破损; 各单元连接电缆绑扎良好、无异状,弯曲半径符合标准,接线端子紧固、不松动; 各单元接地电缆连接良好; 各模块、板件状态显示指示灯显示正确; 速度分配盘、噪声过滤器、风扇逆变器及风扇单元,运行正常
	转储运行、故障信息记录,并检查端口			转储下载故障信息; 运行记录数据、日志下载端口正常
	启动试验: STM 信号接收确认检查; 应答器信号接收确认检查; DMI 显示确认; 列车接口检查确认; 制动接口检查确认; 无线通信的确认检查; 等级转换试验			冗余开关切换正常,对应系启动,120 s 内主、备用 DMI 启动正常,并进入待机模式; DMI 按键及语音正常,激活司机室后对应 DMI 无错误报警消息输出,DMI 显示制动测试成功,DMI 显示时间与当前时刻一致;对应 DMI 上 TC 码序与预计一致; 各模块、板件工作正常,指示灯显示正确; 速度分配盘、噪声过滤器、风扇逆变器以及风扇单元,运行正常; 连续式信息和点式信息接收正确; 选择 CTCS-3 等级呼叫 RBC 成功; 等级转换到 CTCS-2 级无错误
	处理检测发现的问题后,填写出入库检查测试记录			测试良好后,出库前发放合格证

续上表

修程	工作项目	单位	周期	工作内容及标准
	检查、核对轮径			轮径尺寸发生变化时，调整参数，保证测速准确
	检查、调整轨道电路信息(STM、TCR)接收天线、应答器信息接收天线，应答器信息传输模块，车底转换盒			轨道电路信息(STM、TCR)接收天线、应答器信息(BTM)接收天线安装高度符合标准； 各部件安装螺栓紧固，外观无异状，密封及防水、防潮作用良好； 连接电缆固定、绑扎良好且不破皮，BTM 馈线电缆弯曲半径符合要求
	检查速度、雷达传感器			速度、雷达传感器安装几何尺寸符合标准； 安装螺栓紧固，外观无异状； 连接电缆固定、绑扎良好且不破皮
	检查 DMI 及连接电缆			各部安装螺栓紧固，外观无异状； 屏幕表面无划痕，按键良好； 连接电缆固定良好，不破损、磨卡且接插牢固
	列控车载设备机柜及柜内模块、器材以及 DMS 设备			列控车载设备主机柜外观无倾斜、龟裂、损伤、腐蚀现象； 单元、模块、板件、继电器等安装螺栓紧固，插接牢固，外观无异状，插接件不破损； 检查隔离开关转换、各单元接地电缆连接良好； 各单元连接电缆绑扎良好、无异状，弯曲半径符合标准，接线端子紧固、不松动； DMS 设备安装良好
二级检修	STM(TCR)感应线圈、速度传感器线圈电阻测试	端	结合动车组二级检修进行	感应线圈 1、2 电阻小于或等于 8 Ω，感应线圈 3、4 电阻小于或等于 8 Ω
	列控车载设备与车体接地电阻测试，电源电压测试			车载设备与车体间接地电阻小于 1 Ω； 直流 110 V，电压范围：77～137.5 V
	轨道电路信息(STM、TCR)接收天线、应答器信息接收天线，速度传感器、雷达传感器，TVM 传感器等设备电缆绝缘电阻测试			电缆与车体绝缘电阻均大于 10 MΩ
	启动试验： STM 信号接收确认检查； 应答器信号接收确认检查； DMI 显示确认； 列车接口检查确认； 制动接口检查确认； 无线通信的确认检查； 等级转换试验			冗余开关切换正常，对应系启动，120 s 内主、备用 DMI 启动正常，并进入待机模式； DMI 按键及语音正常，激活司机室后对应 DMI 无错误报警消息输出，DMI 显示制动测试成功，DMI 显示时间与当前时刻一致；对应 DMI 上 TC 码序与预计一致； 各模块、板件工作正常，指示灯显示正确； 速度分配盘、噪声过滤器、风扇逆变器以及风扇单元，运行正常； 连续式信息和点式信息接收正确； 选择 CTCS-3 等级呼叫 RBC 成功； 等级转换到 CTCS-3 级至 CTCS-2 级无错误
	填写技术履历及测试资料			齐全、完整、准确

(2)列控车载设备高级检修

列控车载设备高级检修同 CTCS-2 级列控系统。

2. 列控车载设备的故障及处理

(1)故障查找、分析及处理的一般方法

故障查找、分析及处理的一般方法有直观法、测量法、分析法、互换试验法等。直观法、测量法、互换试验法的采用同 LKJ 系统。和 CTCS-2 级列控车载设备一样,CTCS-3 级列控车载设备的故障查找也多采用分析法。

对于 CTCS3-300T 型列控车载设备,利用 AE Log 记录数据查看日志,可直接了解设备故障具体信息;利用 JRU 分析软件分析 JRU 记录数据中的故障信息和报警信息,可查看车载设备工作状态,输出制动信息、接收应答器信息、接收无线信息、接收轨道电路信息、DMI 文本信息等。

对于 CTCS3-300S 型列控车载设备,利用 DUMP 记录数据查看设备状态信息,可对应故障代码表,查找并判断故障的具体范围和故障点;利用 JRU 分析软件分析 JRU 记录数据中的故障信息和报警信息,可查看车载设备工作状态、输出制动、接收应答器信息、接收无线信息、接收轨道电路信息、DMI 文本信息等。

(2)主机模块故障及处理

①ATP CU 故障(CTCS3-300T 型列控车载设备)

当工作系 ATP CU 发生故障时,DMI 显示"安全软件失败""ATP CU 故障"文本信息,同时列控车载设备输出最大常用制动停车。

ATP CU 模块是 CTCS3-300T 型 ATP 设备 CTCS-3 级核心控制单元,当 ATP CU 发生故障时,将导致整个系统无法正常工作。ATP CU 故障时,其模块工作状态指示灯显示异常,系统输出制动停车。如软件问题造成 ATP CU 模块工作异常,则重新启动设备后能恢复正常。

此时,应检查 ATP CU 模块工作指示灯显示状态;下载 AE Log 数据进行分析;更换 ATP CU 模块,更换设备后必须进行设备启动试验和功能测试。

需注意,更换 ATP CU 模块后需重新烧写列车 ID、雷达参数、轮径等参数值,烧写后的参数值与原值保持一致。

②制动反馈继电器 BFBR 故障(CTCS3-300T 型列控车载设备)

列控车载设备启动过程中,DMI 显示"主机与 DMI 通信中断"文本信息,系统无法正常启动。

当列控车载设备正常启动时,系统启动程序中有制动测试项目、车载设备向动车组车体输出制动信息,同时检测来自车体的制动反馈信息。当输出的制动信息和采集到的制动反馈信息一致时,则判断制动测试成功。当制动反馈继电器 BFBR 状态不良时,将造成制动反馈超时,系统启动失败。分析 AE Log 数据可发现 BFBR 状态错误,导致制动反馈失败的信息。

此时,应更换异常 BFBR,更换后必须进行设备启动试验和功能测试。

③驾驶室激活继电器 RBA 故障

当动车组运行途中,列控车载设备由完全监控模式转为待机模式(DMI 黑屏),输出紧急制动停车。

RBA 是采集动车组驾驶室制动手柄状态的继电器,当手柄在非拔出位时,RBA 动作,列控车载设备处于工作模式。当 RBA 故障时,相当于制动手柄在拔出位,列控车载设备处于待机模式,同时开启停车监控功能。

当动车组正常运行时,RBA 故障,列控车载设备处于待机模式时,此时采集到的速度值大于 3 km/h 时，将触发“停车防护制动”，列控车载设备将输出紧急制动指令。

此时，应测量继电器采集的驾驶室制动手柄状态信息是否正常；测量 RBA 线圈电阻值和接点动作状态；更换故障继电器，更换设备后必须进行设备启动试验和功能测试。

④BTM 故障

DMI 显示“BTM 故障”文本信息，列控车载设备触发制动停车。

BTM 故障将导致系统故障，列控车载设备输出紧急制动停车。BTM 故障原因主要有软件故障、BTM 主机工作异常、BTM 天线工作异常等。

此时，应检查 BTM 主机面板工作指示灯显示状态；下载分析记录数据，分析判断故障范围和故障点；更换 BTM 主机，更换设备后必须进行设备启动试验和功能测试。

(3)DMI 故障与处理

①DMI 按键失效

在 DMI 上进行相关操作时，某些按键作用不良，功能键不起作用。此类故障是 DMI 按键接触不良或 DMI 内部电子元器件不良造成的，可以尝试多次按压按键，如属于暂时性的接触不良，则故障可能消失。否则，更换 DMI 显示器，进行相关检测试验。

②DMI 功能区显示不正确

DMI 在开机工作情况下，某个功能区显示缺失，或者显示内容不能更新。原因系 DMI 主机内部电子盘故障，造成来自安全计算机的显示信息无法转换到 DMI 液晶屏上。此时，应更换 DMI 主机，更换后进行设备启动试验，进行相关功能测试。

③DMI 无语音提示或报警

DMI 无正常输出语音，报警时无任何声音提示。原因是 DMI 扬声器故障。此时，应更换 DMI 主机，更换后进行设备启动试验，进行相关功能测试。

④DMI 黑屏或花屏

DMI 显示屏黑屏或花屏，原因是 DMI 主机电源模块工作不稳定或显示屏故障，此时，应更换 DMI 主机，更换后进行设备启动试验，进行相关功能测试。

(4)速度传感器故障与处理

①显示速度值与实际速度值误差过大(CTCS3-300T 型列控车载设备)

DMI 上显示的速度值与实际速度值偏差过大，可参考动车组 MON 屏上的速度值。

速度值误差情况基本保持不变，如速度值一直比动车组车辆显示屏速度值高 10 km/h 且基本保持不变，最大可能是车载设备轮径值参数设置错误造成的。

CTCS3-300T 型列控车载设备除轮径参数设置错误外，雷达校准值设置错误同样会造成列控车载设备显示速度误差过大。

此时，应进行轮径参数检查。要求车辆部门提供动车组最新轮径值，核查动车组轮径参数值设置是否与实际值一致，如存在误差，按照动车组车载设备轮径参数调整操作程序进行轮径调整；携带测速仪等设备添乘，检查确认列控车载设备速度值显示是否正确；检查速度传感器状态是否正常；进行雷达校准。

②速度传感器故障(CTCS3-300S 型列控车载设备)

DMI 有“主机与 EVC 通信中断”文本信息显示，同时列控车载设备输出制动停车。原因系速度传感器故障造成的。如果是设备受到干扰或瞬间状态不良时，通过重新启动设备后能恢复正常。故障发生时可以通过查看 TACU 板工作指示灯显示状态判断故障速度传感器工作状态。目前的 CTCS3-300S 分析软件只记录造成“主机与 EVC 通信中断”故障的原因是由于速度传感器故障引起，但无法查看故障速度传感器的具体位置。

此时，应重新启动。如多次发生该故障，则需要更换速度传感器，更换后进行设备启动试验和相关功能测试，同时必须进行动车试验，检查 ATP 速度值是否正确，试验完成后，分析下载数据。

目前，CTCS3-300S 型列控车载设备安装的 3 个速度传感器只启用了 2 个，当任何一个速度传感器异常时均会造成“主机与 EVC 通信中断”故障，随着车载软件的不断升级，后期将启用 3 个速度传感器，当其中任何一个速度传感器故障异常时，不会对系统故障造成影响。

③速度传感器故障(CTCS3-300T 型列控车载设备)

DMI 显示“速度传感器故障”文本信息，此时列控车载设备正常工作。

CTCS3-300T 型列控车载设备安装两个速度传感器，正常情况下，速度信息处理单元对来自 2 个速度传感器的速度信号进行逻辑运算。当其中两个速度传感器发生故障的情况下，只采用正常一路速度信息。因此，当单个速度传感器发生故障时不会对列控车载设备正常工作造成影响。

此时，应通过下载 AE Log 数据，查看速度传感器故障时的记录，判断故障原因和具体位置。如有一个速度传感器故障，需更换两轴速度传感器，更换后进行设备启动试验和相关功能测试，同时必须进行动车试验，检查 ATP 速度值是否有正确，试验完成后分析下载数据。

(5)轨道信息接收天线故障与处理

①动车组运行途中，车载信号掉码

在 CTCS-2 级模式下，动车组运行途中瞬间掉码，输出常用制动。故障原因主要是：接收天线安装位置不达标、接收的天线性能和电气特性不达标、连接电缆接触不良或电阻值过大、轨道信号接收模块工作异常或灵敏度不达标等。

常用分析判断方法有分析记录数据和测量参数两种。

对于 CTCS3-300T 型列控车载设备，可以通过分析 TCR 主机的 CF 卡记录数据，查看掉码时接收到的轨道电路信息幅值，如果幅值满足译码要求，则可判断主机以下至接收天线范围内设备正常。如发现掉码时接收到的轨道电路信息幅值较小，不能满足译码要求，则可判断为轨道电路信息处理主机以下至接收天线范围内设备异常。

直接测量接收天线相关技术参数，如：天线线圈电阻值、连接电缆线间绝缘值，同时可以利用便携式机车信号发码箱对接收天线灵敏度进行测量。常见的故障为接收天线电阻值过大，造成接收灵敏度降低，当动车组运行到轨道电路信息发送功率较低的区段时易造成掉码。

当列控车载设备处于 CTCS-3 级完全模式时，由于行车许可来自 RBC，因此当车载信号掉码时，DMI 上机车信号显示白灯，目标速度和目标距离不改变，不影响动车组正常运行。

经测量发现接收天线电气性能不达标则更换故障天线，更换接收天线后需进行灵敏度测试，检查接收灵敏度是否达标。如接收天线电气性能正常、灵敏度达标，则根据数据分析情况更换轨道电路信息处理模块，更换设备后必须进行设备启动试验和功能测试。

②车载信号不译码

车载信号不译码，车载设备无法接收轨道电路信息，当列控车载设备处于 CTCS-3 级目视模式或 CTCS-2 级模式时，因得不到行车许可，动车组将不能正常运行。

由于车载设备轨道电路接收处理单元采用双冗余设计，发生轨道电路信息处理模块故障或轨道电路接收天线故障的概率较低，发生较多的是接收天线被外物撞击损坏，致使单个天线的两组线圈开路，造成轨道电路信息处理模块双冗余设备失效。虽然发生概率较小，但不排除双冗余轨道电路信息解码单元同时发生故障的可能。

通常的检查方法是观察接收天线外观状态，测量天线内部线圈电阻值；同时观察轨道电路信息处理单元工作指示灯状态。

当列控车载设备处于 CTCS-3 级完全模式时，由于行车许可来自 RBC，因此当机车信号掉码时 DMI 上机车信号显示白灯，目标速度和目标距离将不会改变，不影响动车组正常运行。

接收天线圈开路时，需更换故障天线；轨道电路信息处理单元工作指示灯不正常时，更换故障板件。更换设备后必须进行设备启动试验和功能测试，更换接收天线后需进行灵敏度测试。

(6)无线通信模块故障判断与处理

①动车组在 CTCS-3 级完全监控模式下运行，每经过一个 RBC 切换点时，因无线超时，造成 CTCS-3 级模式转换为 CTCS-2 级模式，之后正常连接 RBC 后，恢复 CTCS-3 级模式控车。

由于备用电台发生故障，当动车组处于 2 个 RBC 通信切换点时，无法正常呼叫下一个 RBC，此时动车组驶出当前 RBC 管辖范围，车载 GSM-R 通信电台将断开与 RBC 的连接状态，发生无线超时现象。此时动车组将输出常用制动，直至动车组运行速度降至 300 km/h(CTCS-2 级模式最大允许速度值)以下时，列控车载控车模式由 CTCS-3 级完全转换为 CTCS-2 级完全模式。动车组运行至下一个起呼点时，唯一正常的电台再次呼叫动车组所在的 RBC 并建立连接。

此时，应检查无线通信模块两个 GSM-R 通信电台工作指示灯状态，进行单呼试验，测试电台状态。具体方法是：将其中一个 GSM-R 电台关闭，利用另一个电台进行呼叫 RBC 测试，如呼叫成功，与 RBC 建立正常连接，再利用另一个电台进行呼叫试验。呼叫试验不成功的电台为故障电台。

对故障电台进行更换时，需将电台内部的列控 SIM 卡拆下，安装在新更换的电台上，更换设备后，必须进行设备启动试验和功能测试。

②CTCS3-300T 列控车载设备启动后，进行连接 RBC 操作，呼叫 RBC 不成功，无法正常连接 RBC。

主要原因是安全无线传输系统故障，可以通过检查 COMC 和 GCD 模块工作指示灯的显示状态判断故障点。由于安全无线传输系统(STU-V 模块)故障可能是由于软件原因造成，在 STU-V 模块工作指示灯显示正常的情况下，一般采取重新启动设备的方式进行处理；如多次重启仍未恢复，则需更换 STU-V 模块；更换设备后必须进行设备启动试验和功能测试。

复习思考题

1. CTCS-3 级列控系统有哪些主要技术原则？
2. CTCS-3 级列控系统有哪些主要工作模式？与 CTCS-2 级相比有何区别？
3. 简述 CTCS-3 级列控系统的结构。
4. 简述无线闭塞中心的配置原则、组成和各部分的作用。
5. 无线闭塞中心有哪些接口？各交换什么信息？
6. 简述 RBC/联锁安全数据通信以太网络的构成。
7. 简述 GSM-R 通信网络的结构。

8. CTCS-3 级列控系统的列控中心如何设置？

9. CTCS-3 级区段的轨道电路如何设置？

10. CTCS-3 级区段的应答器如何设置？

11. CTCS-3 级列控系统对相关设备有哪些要求？

12. 简述 CTCS-3 级列控系统车载设备的组成和设备组成原则。

13. CTCS-3 级列控系统车载设备有哪些基本功能？扩展了哪些功能？

14. CTCS-3 级列控系统车载设备有哪些接口？

15. CTCS-3 如何与 ATO 适配？如何与 5G-R 适配？

16. CTCS-3 级列控系统与 CTCS-2 级列控系统有何异同？

17. 简述 CTCS-3 列控系统设备维修修程和周期。简述 CTCS-3 列控系统设备修程范围。

18. CTCS-3 列控系统故障查找、分析及处理的一般方法有哪些？各适用于何种情况？

19. 如何按 CTCS-3 列控显示屏查询和指示灯判断与处理故障？

20. 总结 CTCS-3 列控系统故障查找的步骤。

第五章

列控车载动态监测及传输系统

第一节 列控车载动态监测及传输系统概述

一、系统概况

DMS由列控车载信息采集装置(简称DMS车载设备)、DMS数据中心和用户终端组成。在国铁集团和铁路局集团公司设置DMS数据中心,在国铁集团、铁路局集团公司和电务段、动车段设置用户终端。

DMS车载设备安装在动车组内,在列车运行过程中,对列控车载设备运行状态信息、应答器信息、RBC报文信息和轨道电路信息等进行实时监测,并将监测数据通过GSM-R网络或公网GPRS实时传回数据中心,经过数据分类、判断、处理和分析,完成列控车载设备及相关地面设备工作状态的实时监测和分析。目前,全路所有动车组均已安装了DMS车载设备,实现了列控设备运行的实时监测,对及时分析和处理列控设备运行故障发挥了重要作用,并形成了国铁集团监督指导,铁路局集团公司数据管理,电务段分析运用维护的管理模式。同时,DMS通过信息扩展为铁路机务和运输调度部门实时掌握动车组运行状态及司机操作状况提供了重要手段。

DMS采用成熟的信号处理、计算机、数据传输和网络通信技术,实现对车载列控设备工作状态的实时监测和预警分析,供维护人员对列控车载、地面设备运行状态的实时监测和分析,科学、快速指导现场维护和故障应急处理工作,提高了维护工作的针对性和时效性。DMS具有实时性、兼容性、先进性、独立性、安全性、透明传输、数据智能分析、管理界面清晰等特点。随着高速铁路和城际铁路的快速发展,DMS作为车载列控设备的监测平台,正在向综合化、智能化、专业化方向不断地完善和发展。

二、系统功能

1. 实时监测列车运行状态

DMS车载设备在动车组运行过程中实时采集动车组的运行速度、经纬度等运行基本状态,并通过GSM-R网络或公网GPRS实时传输至地面DMS数据中心,结合各类线路基础数据库获取列车运行线路、里程、上/下行、运行前方车站、运行前方信号机、所属铁路局集团公司、始发/终到站等运行状态信息,通过用户终端软件进行实时的直观图形显示,实现铁路运输调度、电务、机务等部门用户对动车组运行状态信息的实时监测。

2. 实时监测列控车载设备

DMS车载设备在动车组运行过程中通过与列控车载设备、CIR设备等接口,实时采集列控车载设备的运行状态及报警、应答器状态及报文、轨道电路、RBC报文、CIR设备车次号等信息,并实时传输至地面数据中心,结合信号库、应答器库等电务基础数据库进行综合分析后,通过用户终端进行实时直观图形显示和报警提示,使列控设备运用管理部门能实时监测车载和地面列控设备的工作状态,分析列控系统相关数据,及时指导现场维护,保证设备的正常稳定运行。

3. 智能分析和实时报警

DMS 能够根据车载设备发送的列控动态数据,结合应答器库、信号库、线路库等基础数据库进行智能分析,内容包括非正常停车分析、列控车载设备报警分析、应答器报警分析和轨道电路报警分析等。DMS 通过用户终端软件实现非正常停车信息、列控车载设备异常、应答器异常、轨道电路异常及司机操控安全项异常等报警功能,实时弹出报警对话框,提示设备运用维护管理部门及时分析和处理。

4. 快捷查询和历史回放

用户通过 DMS 用户终端软件可以按照运行线路、动车组编号和车次号不同的检索方式进行数据查询和图形跟踪,同时可以通过选择日期、车号、车次对历史数据进行图形回放分析。用户终端支持数据列表、图形及应答器数据的查询和导出。

三、系统特点

1. 实时性

DMS 是集信息采集、数据分析和功能运用于一体的实时信息处理系统。在动车组运行过程中,系统车载设备采集包括列车运行速度和位置、应答器报文、列控车载设备报警和列车制动等信息,通过 GSM-R 网络或公网 GPRS 实时传送至地面 DMS 数据中心。地面 DMS 数据中心进行集中处理分析后,通过铁路内部网实时传送至用户终端,便于铁路相关部门及时掌握动车组运行状态,及时指导动车组运营管理工作。

2. 兼容性

DMS 安装运用全路各种类型的动车组,并支持各种类型列控车载设备的硬件接口和软件通信数据解析,具备良好的兼容性。

3. 先进性

DMS 采用了先进成熟的信号采集、计算机、数据无线传输、数据传输控制、智能分析和图形化处理技术,同时参考了 ETCS 的技术标准,并结合中国铁路信号的特点和用户需求进一步发展,使系统整体技术具有先进性。

4. 独立性

DMS 是与列控车载设备和地面设备电气隔离的监测系统,其设备独立,功能独立,与列控系统的运算控制逻辑无关。

5. 透明传输

DMS 车载设备所采集的列控设备运行状态信息实时传输至国铁集团/铁路局集团公司 DMS 数据中心,进行统一分析和处理后,通过用户终端进行显示。用户终端显示的列控设备等级、模式、速度、应答器报文、RBC 报文、轨道电路、列控车载设备报警均采集于列控设备,真实反映了列控设备的运行状态。

6. 安全性

DMS 的数据采用电气隔离的方式进行采集列控,不影响列控设备的正常运行,实现了列控动态数据的安全采集。系统通过 GSM-R 网或公网 GPRS 传输的数据进入铁路内部网,并在数据传输中进行数据加密、数据压缩、数据校验,实现了系统数据的传输安全。系统数据库服务器、应用服务器等关键设备采用双机冗余,保证了系统的可靠运用。

7. 数据智能分析

DMS 根据车载设备发送的列控动态数据,结合应答器库、信号库、线路库等基础数据库进行智能分析,包括非正常停车分析、列控系统车载设备报警分析、应答器报警分析和轨道电路报警分析等。

8. 管理界面清晰

DMS 采用列控车载信息采集装置、国铁集团 DMS 数据中心、铁路局集团公司 DMS 数据中心和各级用户终端四层架构,可实现全路动车组监测数据在国铁集团的集中落地和统一分析,并按照铁路管理权限分发和属地化管理要求,向相关铁路局集团公司进行数据转发,实现各级用户终端按照业务类型不同的数据显示和查询,有利于系统的运行维护和管理。

第二节　列控车载动态监测及传输系统结构

一、DMS 硬件架构

1. DMI 物理架构

DMS 由 DMS 车载设备和 DMS 地面设备组成。地面设备主要由国铁集团 DMS 数据中心(包含网络传输部分硬件)、铁路局集团公司 DMS 数据中心及各级用户终端组成,如图 5-1 所示。

DMS 整体设计采用多层物理架构,包括车载设备层、国铁集团 DMS 数据中心层、铁路局集团公司 DMS 数据中心层和各级用户终端层。

DMS 车载设备负责列控信息的实时采集,并发送至国铁集团 DMS 数据中心。

国铁集团 DMS 数据中心负责全路动车组 DMS 车载设备实时采集数据的集中收集、综合分析、分类存储和按照权限将数据分发至相关铁路局集团公司 DMS 数据中心。

相关铁路局集团公司 DMS 数据中心负责本局集团公司数据的接收、存储、分析和按照业务类型分发至各级用户终端。

电务、机务和运输调度等部门根据需要分别设置用户终端,实现列控设备的实时监测、动车组司机操控信息实时监测和动车组运行状态实时监测。

2. DMS 功能结构

DMS 按功能分成信息采集模块、通信网络、地面 DMS 数据中心、系统功能平台、信息安全机制和信息共享服务六大模块,如图 5-2 所示。

(1)信息采集模块

信息采集模块指的是 DMS 车载设备,安装在动车组固定机柜内,通过和列控车载设备接口通信,在列车运行过程中完成列控设备状态和报警信息、轨道电路信息、应答器及报文信息、RBC 报文等列控信息和动车组运行状态信息的实时采集,并对所采集的数据进行存储、处理、组包和发送。

(2)通信网络

通信网络包括 GSM-R 网络、公网 GPRS 和铁路内部网。车载设备所采集的列控动态数据通过 GSM-R 网络直接进入国铁集团 DMS 数据中心,通过公网 GPRS 传输的数据通过国铁集团安全平台防护后进入国铁集团 DMS 数据中心,进入铁路内部网。

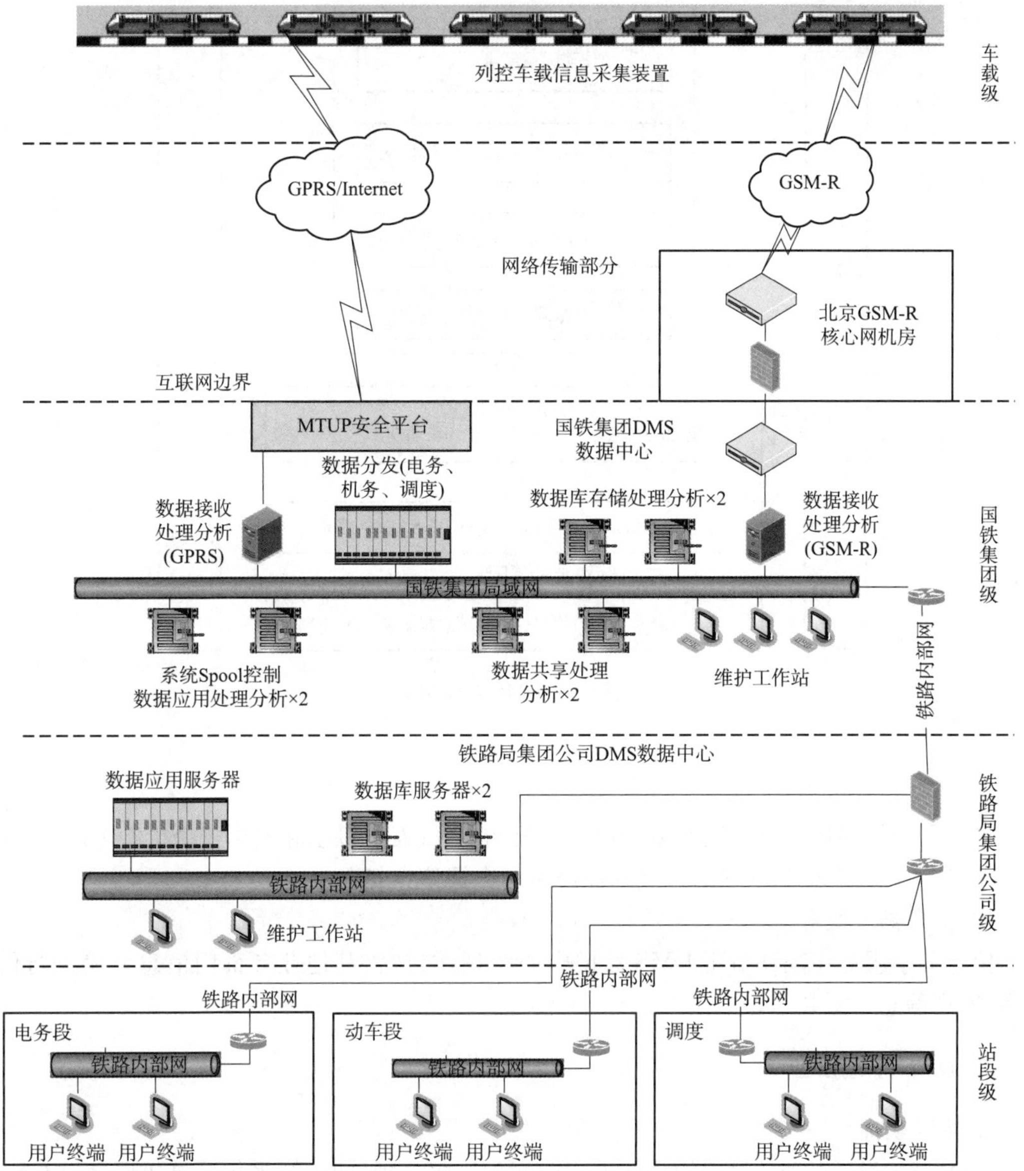

图 5-1　DMS 硬件架构

(3)地面 DMS 数据中心

地面 DMS 数据中心包含国铁集团 DMS 数据中心和各铁路局集团公司 DMS 数据中心两级结构，均部署在铁路内部网内。其中，国铁集团 DMS 数据中心负责所有动车组运行过程中的列控动态数据的接收、处理、分析和存储，并按照权限设置将数据分发至相关铁路局集团公司 DMS 数据中心。铁路局集团公司 DMS 数据中心接收来自国铁集团 DMS 数据中心的数据，并进行处理、存储后分发至系统用户终端。

(4)系统功能平台

系统功能平台主要包括：DMS 管理平台、动车组司机操控信息分析管理平台、动车组运行信息查询平台和基础数据管理平台，分别实现列控设备相关信息、动车组运行信息的实时查询分析及基础数据的导入、维护和管理。

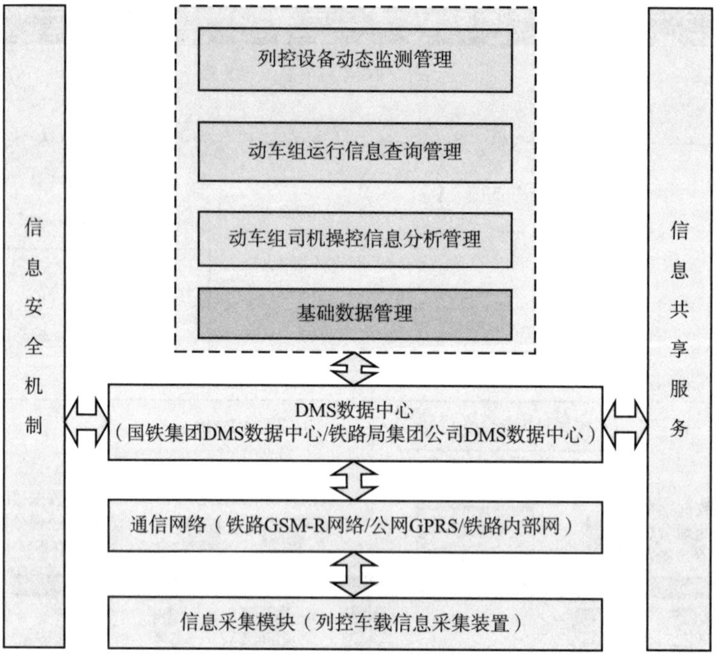

图 5-2 DMS 功能结构

(5)信息安全机制

信息安全机制包括车—地数据传输安全机制、系统安全机制和网络安全机制等内容，保证 DMS 的整体运行安全和动车组车载列控设备的数据信息安全。

(6)信息共享服务

信息共享服务在国铁集团 DMS 数据中心实现，与铁路其他业务部门信息系统进行信息交换，实现信息资源共享。

二、DMS 车载设备

1. 主要功能

DMS 车载设备对列控设备的状态进行监测和采集处理，同时把采集到的数据通过 GSM-R 网络或公网 GPRS 传输到地面数据中心的接收服务器。

(1)信息采集

DMS 车载设备在列车运行过程中完成列控车载设备状态信息和报警信息、地面应答器信息、RBC 报文信息、BDS、轨道电路、司机操控信息及扩展设备信息的实时采集。信息采集具备电气隔离的防护功能。

(2)通信接口

DMS 车载设备具备与各类列控车载设备接口通信的全适应功能，支持 RS-232、RS-422/485、MVB、ProfiBus、CAN、Ethernet 等通信接口方式，实现从 CIR 设备和各类列控系统车载设备获取信息，同时具备对各类列控车载设备通信协议的解析功能。

(3)数据传输和通信网络智能判断

DMS 车载设备所采集数据经处理后通过 GSM-R 网或公网 GPRS 实时发送到国铁集团

DMS 数据中心。DMS 车载设备支持 GSM-R 网络和 GPRS 网络的扫描和通道选择智能判断功能。

(4)上电自检和自诊断

DMS 车载设备具备上电自检功能及远程自诊断功能。

(5)远程控制

车载设备和国铁集团 DMS 数据中心之间通过命令交互可以实现通过车—地网络获取车载设备工作状态和参数配置信息功能。

(6)电源电压监测和传输

DMS 车载设备内置电源监测模块,可以实现车载 DC 110 V 电压的监测和传输,并通过用户终端进行显示。

(7)数据共享

DMS 车载设备为 CIR、线路晃车监测、机车信号远程监测系统等设备提供扩展接口,实现数据共享。

(8)数据存储和下载

DMS 车载设备能记录所获取的各类数据并按照日期记录为数据文件进行存储,支持 U 盘自动下载功能,并能结合"CTCS-2/CTCS-3 数据分析软件"进行数据分析。

2. 设备结构

DMS 车载设备由 DMS 车载主机(以下简称 DMS-T)、GPRS 天线、BDS 功分器和电缆等组成,如图 5-3 所示。

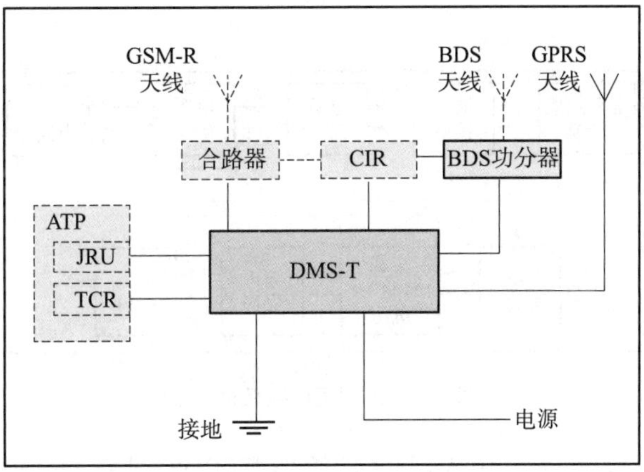

图 5-3　DMS 车载设备结构

(1)DMS 车载主机

DMS 车载主机(以下简称 DMS-T)机箱采用 3U×160 mm 标准机箱结构。DMS-T 包括电源 POWER 插板、CPU 插板、GSM-R 插板、GPRS 插板、BDS 插板、ATP 插板、CIR 插板、CTCS-2 插板、TCR 插板和 MVB 插板等,如图 5-4 所示。

①POWER 插板

POWER 插板将车载 DC 110 V 电源转换成车载设备工作的+5 V 电源,为车载设备提供电源。POWER 插板的结构如图 5-5 所示。

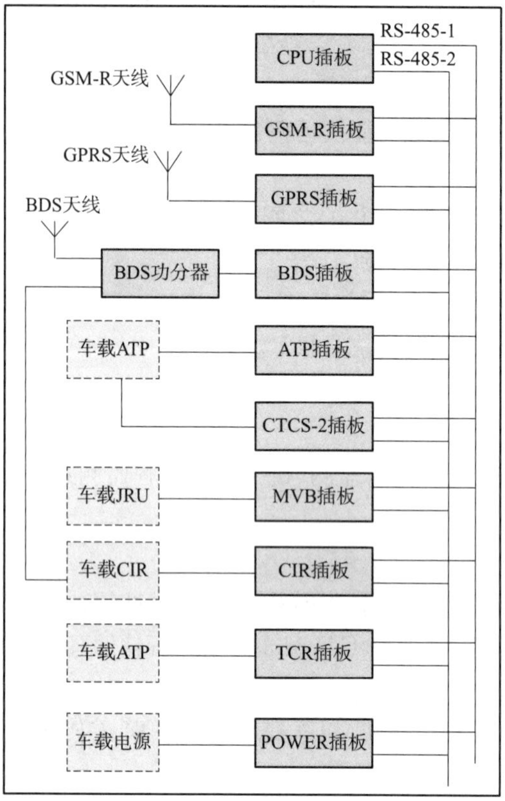

图 5-4　车载主机结构

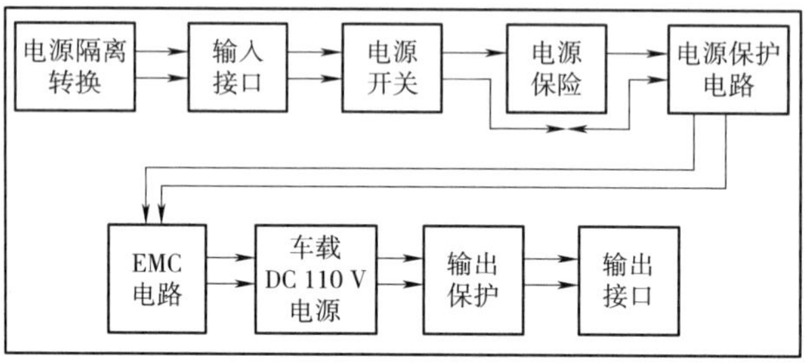

图 5-5　POWER 插板的结构

DMS-T 的工作电源为 DC 110 V，整体功耗小于 50 W。DC 110 V 由 POWER 插板前面板的 V_{in}接口进入，经过电源保护电路、电源调理电路后接入 DC/DC 电源模块进行电压的转换并供后级电路使用，转换效率大于 85%。

电源保护电路包括高性能开关和一次性熔断型熔断器。如果外部电源或电源调理电路异常，电源保护电路立即切断电源，使设备与外部电源完全断开而互不影响。

电源调理电路包括浪涌电压抑制电路、整流电路和滤波电路。浪涌电压抑制电路在电源线间及电源线和地线间并联压敏电阻，当供电电压发生浪涌波动，超过保护范围时，将浪涌能量泄放掉以保证后级电路的正常工作。整流电路保证线路接反时也能正常工作，避免造成损坏，以适应各种车型。滤波电路防止外部瞬间高频杂波干扰内部电源电路的正常工作，又防止电源模块的高频开关信号影响外部其他电路的正常工作。

DC 110 V 电压经调理后进入 DC/DC 电源模块,该模块具有较宽的输入范围,正常工作电压 66～165 V。模块的输入保护电路部分有输入过压、欠压保护功能。模块的输出保护电路部分有电压过载、短路保护和过热保护等功能,并具有空载稳压输出的性能。

②CPU 插板

CPU 插板是 DMS-T 的核心处理单元,接收、处理和发送底板总线上的各设备数据,通过 USB 接口下载存储数据,通过设备维护接口输出设备状态数据。CPU 插板结构如图 5-6 所示。

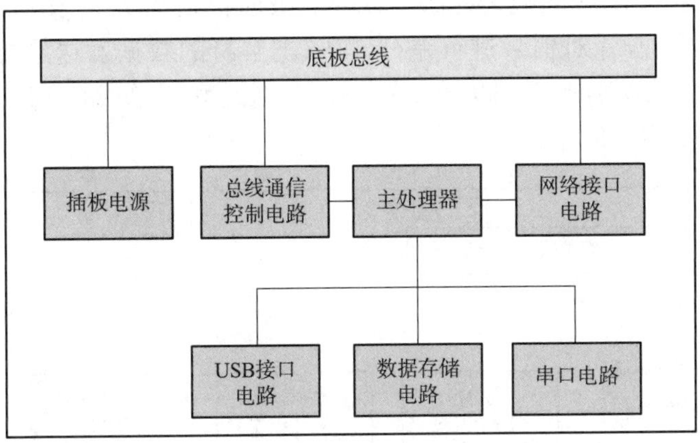

图 5-6　CPU 插板结构

CPU 插板主处理器采用 ARM926EJ-S 处理器 LPC32x0 和 Linux 嵌入式操作系统。LPC32x0 系列可工作在高于 200 MHz 的频率下。嵌入式 Linux 继承了 Internet 上无限的开放源代码资源,又具有嵌入式操作系统的特性,其特点是性能优异、软件移植容易、代码开放,有许多应用软件支持,应用产品开发周期短。

③GSM-R 插板

GSM-R 插板和地面数据中心进行通信,将 DMS-T 的实时监测数据通过 GSM-R 网络发送至地面数据中心进行分析和计算,同时接收数据中心的命令并将命令传送至 CPU 插板内的中心处理器。GSM-R 插板结构如图 5-7 所示。

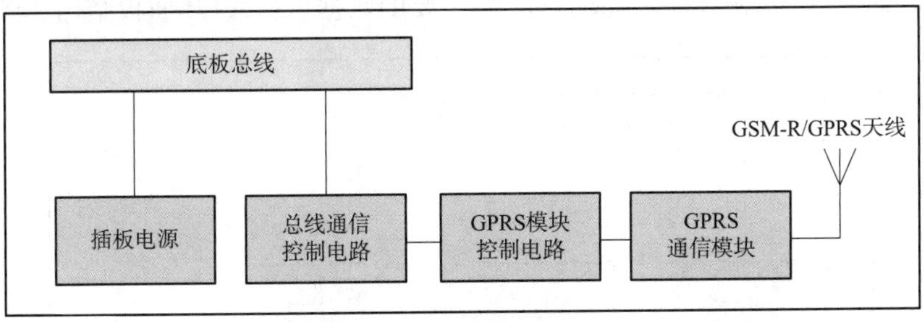

图 5-7　GSM-R 插板结构

GSM-R 插板主要由总线通信控制电路和 GPRS 模块控制电路组成。总线通信控制电路从底板总线收发数据,并将数据转换协议打包发送给 GPRS 模块控制电路。GPRS 模块控制电路通过 AT 命令使模块拨号连接到地面数据中心的静态 IP 上,并通过精简的 TCP/IP 协议与地面数据中心进行数据交换,同时定时监测设备是否在线,通信中断后会自动重拨连接数据中心。

④GPRS 插板

GPRS 插板将 DMS-T 的实时监测数据通过公网 GPRS 发送至地面数据中心进行分析和计算。GPRS 插板的结构等与 GSM-R 插板基本相同。DMS 车载设备通过 GPRS 插板发送的数据通过国铁集团安全平台接入铁路内部网。

⑤BDS 插板

BDS 插板接收和传输 BDS 卫星定位信息。DMS-T 设备和 CIR 设备通过 BDS 功分器共用动车组车顶所安装的 BDS 天线，并通过 BDS 插板前挡板的 BDS 接口进入 DMS-T，通过 BDS 天线接收卫星信号，并对信号进行差分译码，把解析的数据发送给总线通信控制电路。总线通信控制电路提取所需的有用信息，统一打包，通过底板总线把 BDS 数据传给 CPU 插板。BDS 插板结构如图 5-8 所示。

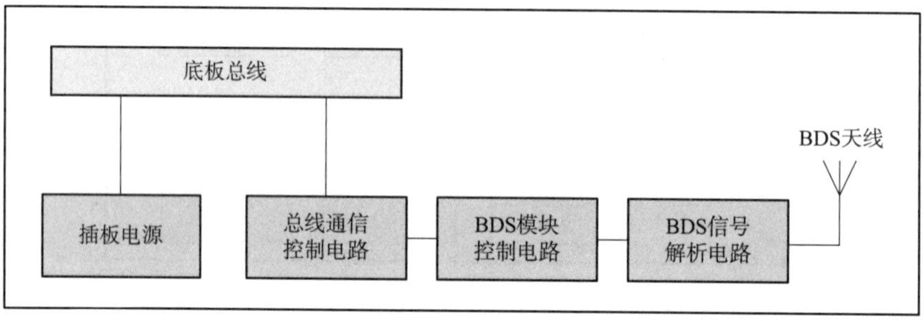

图 5-8　BDS 插板结构

BDS 插板主要由总线通信控制电路和 BDS 模块控制电路组成。BDS 模块控制电路对 BDS 接收模块输出的数据进行解析。总线通信控制电路从底板总线收发数据。

⑥ATP 插板

各种列控车载设备的数据通信接口并不相同，ATP 插板接收列控系统车载设备数据，解析信息主要有：列控系统车载设备时钟、车辆当前运行速度、常用制动速度、紧急制动速度、目标速度、目标距离、当前里程、等级、运行模式、轨道电路的载频和低频、制动等级、司机操作信息、应答器报文等，对于 300T、300H、300S 协议信息中还包括 RBC 信息、DMI 文本信息。列控车载设备数据经过数据解析后形成 DMS 所需要的数据包。ATP 插板结构如图 5-9 所示。

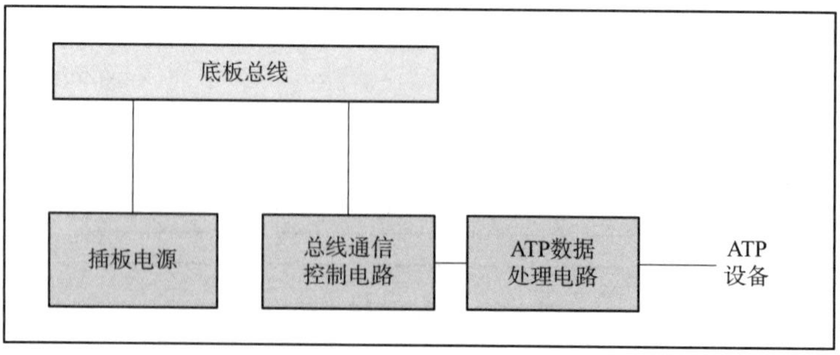

图 5-9　ATP 插板结构

ATP 插板主要由 ATP 数据处理电路和总线通信控制电路组成。ATP 数据处理电路对 ATP 接收模块输出的数据进行解析。总线通信控制电路从底板总线收发数据。

根据不同类型的列控车载设备，设置不同的列控系统车载设备通信接口。

⑦CIR 插板

CIR 插板的 B5 端口，通信接口为 RS-422，接收车次号及司机编号等信息；同时定时向 CIR 设备输出速度、信号机类型和里程标信息。另外，整机系统在底部扩展外部 RS-485 总线，由 CIR 插板定时向该总线发送列车实时速度、信号机类型及里程标等信息。CIR 插板结构如图 5-10 所示。

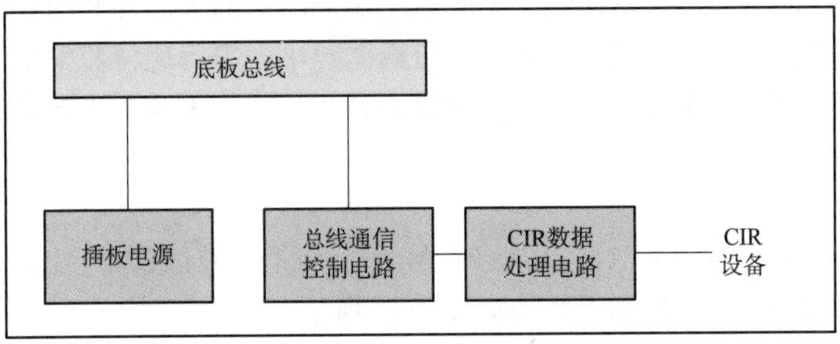

图 5-10　CIR 插板结构

⑧MVB 插板

MVB 插板用来接收 MVB 总线上列控车载设备与 JRU 的通信数据，并将数据解析出来送到 CPU 板。该设备对 MVB 总线上的其他设备来说是不可见的，没有自己的通信地址，仅仅是数据监听。MVB 插板的结构如图 5-11 所示。

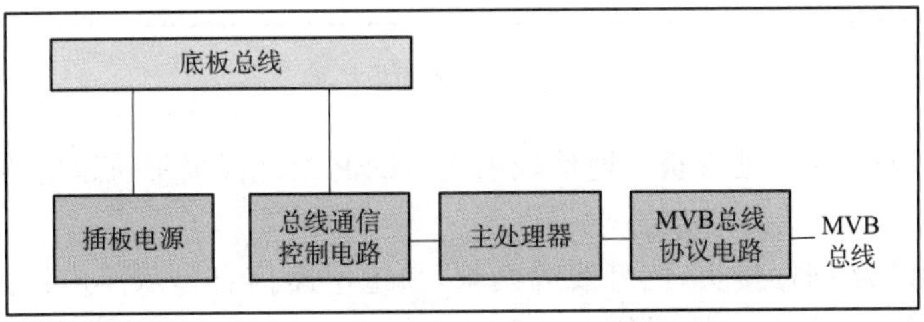

图 5-11　MVB 插板结构

MVB 总线为串接模式，MVB 插板上有 2 个 DB9 接口，为 MVB 总线一进一出接口。MVB 总线的末端需连接终端短路器，短路器的作用是让电路板上的终端匹配电阻连接到总线的末端，匹配电阻为 120 Ω，短接器的阻抗为 0 Ω，连接线缆的特征阻抗为 120×(1±10%)Ω，线缆的分布电容不大于 46 pF/m。

MVB 通信线为 4 根，两个连接器的对应信号线连接在一起。A 路和 B 路互为冗余，A、B 两路任何一路正常，数据就可以正常通信。MVB 传输介质分为：ESD(电气短距离介质)、EMD(电气中距离介质)和 OFG(光纤介质)。目前，DMS 连接的 MVB 总线的传输介质为 EMD，最长作用距离为 200 m，在 MVB 插板的信号入口处采用隔离变压器提高共模干扰的抑制能力。隔离变压器之后采用 5 V 供电的 RS-485 芯片，芯片的最高工作速率可以达到 20 Mbit/s，RS-485 芯片将隔离变压后的差分信号转化为高低电平信号，通过光耦合器，将 5 V 电平转化为 3.3 V 电平。

MVB 插板的数据处理分为两部分，一部分是 MVB 总线数据处理，另一部分是底板总线通信处理。

MVB 数据处理由 FPGA 芯片和 ARM 芯片共同完成，其中 FPGA 芯片解析 MVB 总线链路层数据，主要完成将总线上的串行化信号转换为并行的数据字节，根据 MVB 总线规范，将 MVB 数据帧前导比特转化为特定的通信协议中的格式，数据的 CRC 校验和校验位的去除处理，最后，FPGA 将 MVB 总线上有用的数据过滤出来，通过并行通信线发送给 ARM 芯片。ARM 芯片再根据数据的源地址、源端口、目标地址和目标端口进行分析，将列控系统车载设备发给 JRU 的数据分离出来，并将同一包数据的不同帧数据合并成完整的一包数据。

MVB 插板的总线通信由 ARM 芯片和一片 A3P060 FPGA 芯片共同完成，其中 FPGA 芯片控制总线通信的接口 RS-485 芯片，并将并行数据转化为串行比特流发送出去，同时接收总线上的串行数据流，通过并行总线传递给 ARM 芯片，ARM 芯片对接收的数据进行处理，完成数据交互。

⑨TCR 插板

TCR 插板是轨道电路的读取器，采集 ZPW-2000 轨道电路的信号，计算轨道信号的幅值，解析信号的载频和低频。TCR 插板结构如图 5-12 所示。

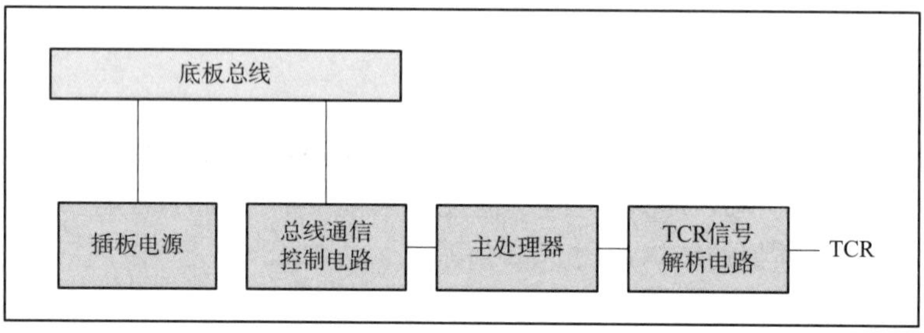

图 5-12　TCR 插板结构

TCR 插板主要由 DSP 处理板和通信板组成。DSP 处理板采集轨道电路信息。通信板为底板总线通信。

TCR 插板接口为 DB9 接头，信号线为两根，轨道电路信息是从感应线圈获得的，采集的信号没有正负之分。信号入口根据各个车型信号来源不一样，有两种模式，一种采用变压器隔离，另一种采用高阻态芯片进行隔离处理。

采集的轨道电路信号经隔离处理后将信号转变为单端模拟信号，分为两路，一路送给 DSP 板进行载频和低频的计算，一路由通信板上的 ARM 芯片进行 AD 采集，计算信号幅值。

信号在进入 DSP 处理之前，先进行滤波处理，滤波电路为带通模式，导通频率为 1 000～3 000 Hz，再将信号放大，便于后续采集处理。信号经过滤波、放大处理后，由 DSP 的 AD 端口进行采集。DSP 的 AD 为 16 位，12 位精度，采样频率 12 kHz。AD 采集后获得的数据存储在 DSP 的内部 RAM 中，当存储了一定的数据后，开始进行快速傅里叶变换(FFT)，得到采集数据的频谱，频谱中能量最大的频点就是轨道电路信号的载频。低频的计算，是采用抽取采样数据，再进行复调制细化频谱分析(ZFFT)，根据傅里叶变换的移频定理，将采样后的频谱进行搬移，再进行低通数字滤波处理，然后在数据中进行抽取，最后对抽取的数据做 FFT 处理，得到低频频率。

通信板的 ARM 芯片也进行 AD 采集，对采集的数据进行计算，得到轨道电路信号的有效值。DSP 板计算的结果通过 UART 口发送给 ARM 芯片，ARM 芯片将数据进行整合，通过底板总线发送给 CPU 板进行处理。

⑩CTCS-2 插板

CTCS-2 插板用来接收 CTCS3-300 型列控车载设备在 CTCS-2 控车模式下的列控信息，接口 X_3、X_4 分别连接列控系统车载设备如图 5-13 所示。

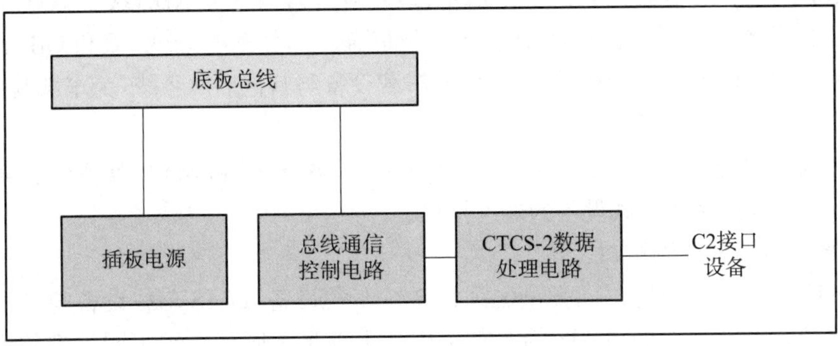

图 5-13　CTCS-2 插板结构

CTCS-2 插板通过底板总线与 CPU 插板通信。两个接口接收数据，均是单向接收，数据处理逻辑是独立的，接收到数据后分别发送给 CPU 插板。

(2)GPRS 天线

GPRS 天线连接 GSM 无线网络，为 DMS 车载设备数据传输建立公网 GPRS 通道。

GPRS 天线主要用来实现 DMS-T 设备和地面数据中心之间通过 GPRS 的实时数据通信。对于不同车型，DMS-T 选用了不同型号的 GPRS 天线，有鱼翅型天线、吸盘式天线、直角便携天线。

(3)BDS 功分器

BDS 功分器保证在 BDS 天线信号低损耗的情况下实现 DMS 车载设备和 CIR 设备对信号的共用。DMS-T 设备和 CIR 设备通过 BDS 功分器共用动车组车顶安装的 BDS 天线。输入的一路 BDS 信号，经信号分配、隔离，分两路输出，如图 5-14 中 J_0、J_1、J_2 所示。J_0、J_1、J_2 均为 TNC-K 插口。J_0 直接与 BDS 天线连接，接收 BDS L_1［(1 575.42±10) MHz］频率信号。J_1 和 J_2 分别连接至两个 BDS 接收机，向 BDS 接收机提供 BDS 卫星信号。J_1、J_2 允许 BDS 接收机输出 3～5 V DC 直流电源，供给 XM-1.5G-2B 天线分路器，同时经 XM-1.5G-2B 内部隔离后输出至 J_0 插口，给 BDS 天线电路供电。J_1、J_2 具有单向直流阻断功能，只允许 BDS RF 信号通过。

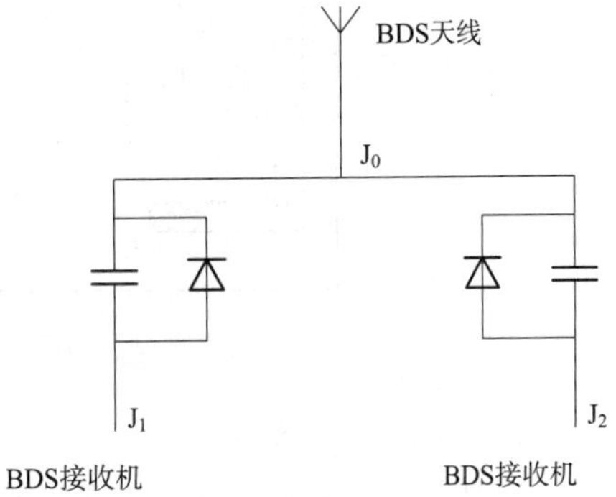

图 5-14　BDS 功分器原理

(4)电缆

电缆用来连接 DMS-T 与列控系统车载设备、车载电源等设备。

3. 接口

车载设备外部接口包括与列控系统车载设备的数据通信接口、轨道电路接口、CIR 的数据通信接口、BDS 天线接口、GSM-R 天线接口及其他监测系统的数据通信接口等。

DMS 车载设备与列控车载设备、CIR、GSM-R 等设备接口，遵照标准的协议和规范，信息采集采用电气隔离或高阻隔离的方式，任何情况下不得影响列控系统车载设备、CIR 等设备的正常工作。DMS 车载设备与列控车载设备接口，获取动车组列控系统车载设备的运行状态及报警信息、列车运行状态信息、轨道电路信息、地面应答器信息和 RBC 报文信息等。DMS 车载设备与 CIR 设备接口，获取动车组运行车次号信息。部分车型 DMS 需和 CIR 设备接口共用车顶 BDS 天线和 GSM-R 天线信号。DMS 车载设备与其他监测系统，为车载其他系统提供列车运行状态信息。

DMS 车载设备能支持 RS-232、RS-485、RS-422、Ethernet 和 MVB 等多种通信接口规范，实现与多种类型列控系统车载设备的通信接口。

(1)列控车载设备监测接口

针对不同动车组所配置不同类型的列控系统车载设备，DMS 车载设备与列控系统车载设备的通信接口方式也不同，DMS 的车载主机为了满足不同动车组不同类型的列控系统车载设备监测，需要连接不同类型的监测接口设备。列控车载设备共有 5 种类型，涉及 RS-232、RS-485/RS-422、MVB、NET 等 4 种接口类型，DMS 车载主机设计了 4 种与之对应的监测接口。

(2)CIR 监测接口

车载 CIR 设备与 DMS 车载设备使用 RS-422 通信接口，如图 5-15 所示。

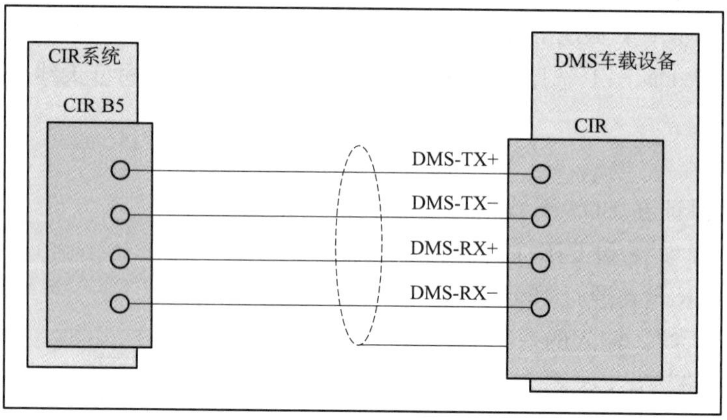

图 5-15　DMS 车载 CIR 监测接口

(3)TCR 监测接口

车载 TCR 设备与 DMS 车载设备使用模拟通信接口，如图 5-16 所示。

三、DMS 地面设备

DMS 地面设备接收车载设备采集到的列控设备工作状态数据，对这些数据进行处理、分析，用户通过用户终端实时监测列车运行情况，掌握列控设备工作状态，为分析设备故障提供技术支持。

DMS 地面设备主要由国铁集团 DMS 数据中心设备、铁路局集团公司 DMS 数据中心设备和各级用户终端等组成，如图 5-17 所示。

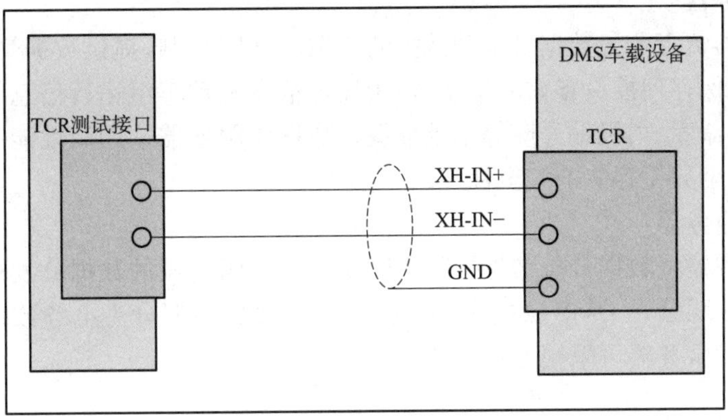

图 5-16　DMS 车载 TCR 监测接口

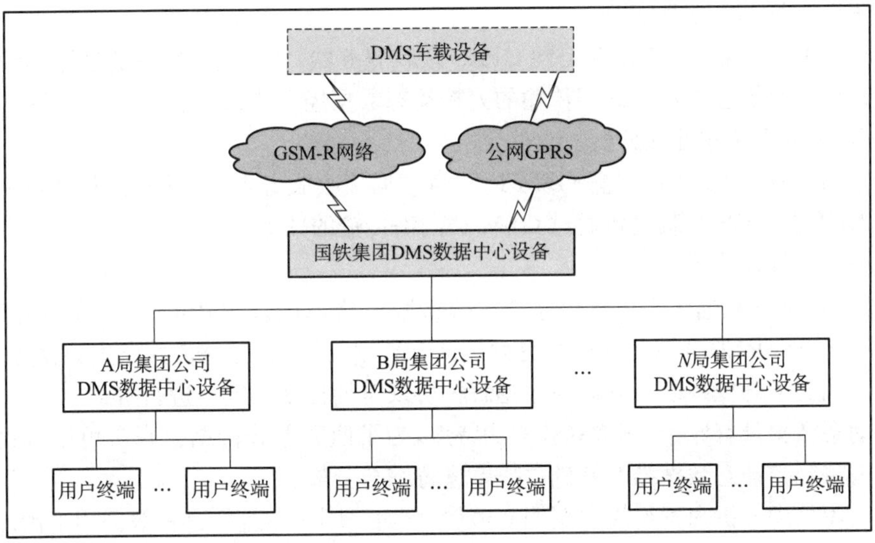

图 5-17　DMS 地面设备

1. 国铁集团 DMS 数据中心

国铁集团 DMS 数据中心对 DMS 车载设备通过 GSM-R 网或 GPRS 网传输的数据进行接收、处理、分析和存储，向铁路局集团公司 DMS 数据中心发送所属中心管辖区域的 DMS 数据。

(1)国铁集团 DMS 数据中心设备

国铁集团 DMS 数据中心设备由数据接收处理分析服务器、数据库服务器、数据分发服务器、数据存储设备、维护工作站及网络等构成，对 DMS 车载设备通过 GSM-R 网或 GPRS 网传输的数据进行接收、处理、分析和存储，向铁路局集团公司 DMS 数据中心发送所属中心管辖区域的 DMS 数据。

①数据接收处理服务器

数据接收处理服务器接收通过 GSM-R 和 GPRS 网传输的列控动态数据，包括数据传输控制、数据解压、数据序列处理和原始数据存储等工作。通过数据接收处理服务器处理后传输给数据应用服务器结合基础数据进行进一步数据分析。硬件配置可采用 PC 服务器。

②数据库服务器

数据库服务器负责业务数据及基础数据的存取和访问控制，提供数据管理服务和数据集成分析服务，用来保存列控设备监测信息、司机操控信息和动车组运行信息等过程业务数据，以及信号库、应答器库、司机编号库等基础数据。数据库服务器选用高性能小型机，采用双机热备方式，保证整个数据存储的安全性。

③数据分发服务器

数据分发服务器将数据分析结果按照不同铁路局集团公司的数据分发权限，将数据分发给各相关铁路局集团公司 DMS 数据中心。根据业务数据类型分为电务数据、机务数据和调度数据。数据分发服务器可采用刀片服务器。

④存储设备

存储设备存储 DMS 和动车组司机操控信息分析系统的基础数据和业务数据。

(2)国铁集团 DMS 数据中心功能

①GPRS 数据接收处理分析

国铁集团 DMS 数据中心设置公网 GPRS 接收服务器，负责动车组在非铁路 GSM-R 网络区段、DMS 车载设备通过 GPRS 网传输的列控动态数据经 MTUP 的接入。

②GSM-R 数据接收处理分析

国铁集团 DMS 数据中心设置 GSM-R 网络数据接收服务器，经核心网机房的 M 接口服务器(GRIS)接收 DMS 车载设备通过 GSM-R 网络传输的数据。

③数据应用处理分析

国铁集团 DMS 数据中心设置数据应用分析服务器，对通过 GPRS 接口服务器和数据接收处理分析(GSM-R)服务器落地的所有列控动态数据的处理和分析，并产生数据库的操作原语。根据不同类型列控系统车载设备数据解析协议对列控动态数据进行解析。

列控动态数据具有原始、离散和独立的特点，为了使数据分析结果真实可用，数据应用处理分析还需将列控动态数据结合基础数据库进行综合分析。

数据应用处理分析内置终端数据均衡模块，可对不同车型进行进程级调用平衡。

④数据集中存储

国铁集团 DMS 数据中心设置数据存储设备和存储管理设备，集中存储基础数据和业务数据。

⑤数据分发

国铁集团 DMS 数据中心设置数据分发设备，为对应业务提供查询下载服务，实现处理后数据通过国铁集团—铁路局集团公司间铁路内部网向各铁路局集团公司应用服务器的分发。根据业务对象可分为：电务相关信息分发、机务相关信息分发和调度相关信息分发。主要功能模块包括：数据分发权限控制、业务数据查询汇总、交路数据分析汇总、查询优化及负载均衡、全路基础数据的统一管理。

2. 铁路局集团公司 DMS 数据中心

铁路局集团公司 DMS 数据中心接收国铁集团 DMS 数据中心发送的数据，对数据进行处理和存储，并与用户终端进行数据通信。

(1)铁路局集团公司 DMS 数据中心设备

铁路局集团公司 DMS 数据中心设备由数据库服务器、数据应用服务器和数据存储设备、维护工作站及网络等构成。

①数据库服务器

数据库服务器负责应用数据存取和访问控制，主要用来保存本局集团公司权限范围内的列控设备监测信息、司机操控信息和动车组运行信息等即时业务数据，以及信号库、应答器库、司机编号库等基础数据。数据库服务器可选用小型机，数据库采用双机热备方式，保证整个数据存储的安全性。

②数据应用服务器

数据应用服务器主要完成数据处理、数据分发和基础数据维护。数据处理指业务数据结合部分基础数据（例如司机编号信息）的处理分析。数据分发指是将数据按照不同业务，分发给不同的站段用户终端。基础数据维护指开放基础数据维护端口，使用户可以根据基础数据的变更即时更新系统所用基础数据。应用服务器可采用刀片服务器。

③存储设备

存储设备存储 DMS 和动车组司机操控信息分析系统对基础数据、业务数据和分析结果等内容。

（2）铁路局集团公司 DMS 数据中心功能

①铁路局集团公司级数据应用处理分析

负责和国铁集团 DMS 数据中心进行通信，通过网络自动由国铁集团 DMS 数据中心下载本局集团公司中心管辖权限的列控车载设备状态信息、动车组运行信息和动车组司机操控信息；负责通过铁路 GSM-R 网络传输的车载 DMS 车载设备数据的存储转发，实现业务数据结合本局集团公司基础数据的综合分析；对电务和运行图信息等基础数据进行维护。

②铁路局集团公司级数据分发

负责为对应业务提供查询下载服务。根据业务对象可分为：电务相关信息分发、机务相关信息分发、运输调度相关信息分发。主要功能包括：本局集团公司数据分发权限控制，本局集团公司业务数据查询汇总，本局集团公司交路数据分析汇总、查询优化及负载均衡。

3. 各级用户终端

根据不同的业务部门，各级用户终端分为电务处用户终端、电务段用户终端、动车段（所）用户终端和调度用户终端。用户终端分别安装 DMS 软件、动车组司机操控信息分析系统软件和动车组运行信息查询软件，实现列控信息、司机操控信息和动车组运行信息的查询、分析、下载，以及关键数据及重点分析数据的存储。为电务维护管理人员提供车载列控系统车载设备、RBC、轨道电路、应答器等实时信息。

电务维护管理人员通过用户终端实时掌握动车组运行状态信息、列控车载设备的运行状态信息和故障报警信息，并及时处理设备故障和隐患，保证安全行车，主要功能如下：

（1）实时监测列控系统车载设备运行状态、轨道电路状态，监测应答器工作状态和报文信息。

（2）实时跟踪、定位动车组运行位置。

（3）对非正常停车、列控系统车载设备报警、应答器报文、轨道电路等异常数据实时提示，定位、回放、导出报警数据。

（4）查看、分析、回放和图示应答器报文，实时解析报文内的限速信息。

（5）查看、统计、回放动车实时运行数据。

（6）实时查看 RBC 数据、应答器报文数据、关键文本、无线和应答器错误信息、事件信息、司机操作、制动命令等功能。

四、系统通信

DMS 通信结构分为三层:车载设备主机内部通信、车—地设备无线网络通信和地面设备网络通信。

1. 车载设备主机内部通信

DMS 采用的是两路高速 RS-485 为载体的设备通信总线,为一主多从结构,两路 RS-485 为上行数据链路和下行数据链路,总线带宽为 10 Mbit/s。设计总线设备容量为 32 个,DMS 机箱内实际插槽位数为 20 个,如图 5-18 所示。

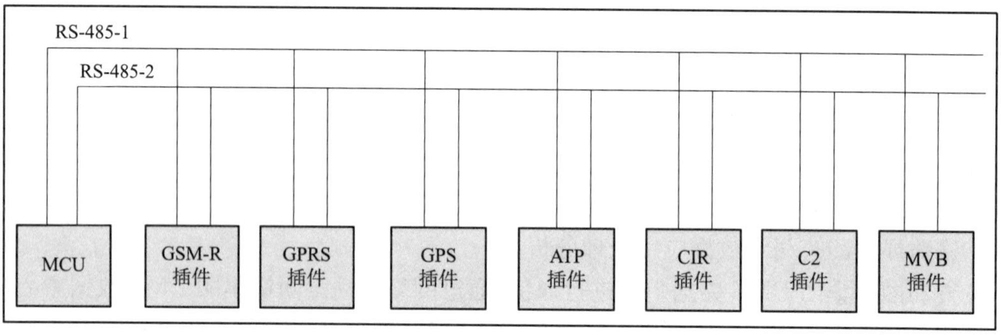

图 5-18　车载设备主机内部通信

2. 车载设备与地面设备通信

车载设备与地面设备使用 GSM-R 网络或公网 GPRS 通信,在有 GSM-R 网络的区段,DMS 的车—地无线数据通信采用 GSM-R 网络,在不具备 GSM-R 网络覆盖条件的区段,DMS 使用公网 GPRS。DMS 车—地网络结构如图 5-19 所示。

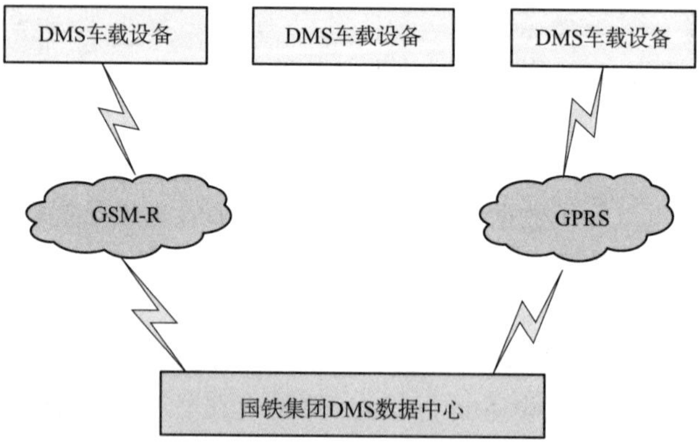

图 5-19　DMS 车—地网络结构

3. 地面设备通信

地面设备网络通信主要是国铁集团 DMS 数据中心设备与铁路局集团公司 DMS 数据中心设备间通过铁路内部网的网络连接,以及铁路局集团公司 DMS 数据中心设备与用户终端的网络连接。DMS 地面设备铁路内部网如图 5-17 所示。

五、基于 DMS 的功能扩展

1. 动车组司机操控信息分析系统(EOAS)

动车组司机是动车组的直接操作人，司机操作是否规范直接影响动车组运行的安全。机务部门需要及时掌握动车组运行状况，尤其是动车组司机的操作情况及工作考核等内容，在DMS运用平台上扩展研发针对动车组司机操作的动车组司机操控信息分析系统，为机务部门规范和提高司机驾驶水平和安全意识提供了有效的手段，对提高动车组行驶安全具有重要的意义。

EOAS包括车载设备和地面设备两部分。车载设备包括EOAS车载记录转储装置、数据转储终端、摄像头和拾音器；地面设备包括EOAS分析服务器和退勤终端等设备。系统通过车载设备完成车载列控系统车载设备、WTD、CIR、音/视频等数据信息的综合采集，并写入转储卡，司机下车时将转储卡拔出带至地面进行退勤分析及音/视频同步分析。EOAS信息扩展系统实现了机务部门三级安全分析需求。

2. 高速铁路列车追踪接近预警系统

如何安全有效地保证动车组列车运营，不仅关系到动车组的运行效率，同时也关系到旅客的生命安全。为了防止列车追尾等突发事件的发生，研发了基于DMS的高速铁路列车追踪接近预警系统。

该系统包括车载设备和地面预警服务器，采用GSM-R/GPRS网络平台进行车—地信息交互。车载设备由卫星定位单元、应答器编号信息接口单元、速度处理单元、预警处理单元、GSM-R通信单元、通信接口单元、预警显示单元、电源单元、卫星天线、GPRS天线和车轮速度传感器构成。地面预警服务器由预警接口服务器、位置服务器、预警分析服务器和数据库服务器等设备组成，同时预留预警监视终端的通信接口。

复习思考题

1. 什么是DMS?
2. DMS有哪些功能?
3. DMS有哪些特点?
4. 简述DMS的硬件架构。
5. 简述DMS的功能结构。
6. DMS车载设备有哪些主要功能?
7. 简述DMS车载设备的组成，其有哪些接口?
8. 简述DMS地面设备的组成。
9. DMS如何进行通信?
10. DMS可扩展哪些功能?

第六章 轨道车运行控制系统

轨道车等自轮运转设备指在营业线上运行的轨道车，以及养路机械、作业车及其他具有自运行能力的检测、维修设备，以下简称轨道车。

GYK系统是专门用于保证轨道车运行安全的系统，是根据轨道车运行和作业特点研制的。它接收轨道电路的信号，对于轨道车运行进行监控、报警，记录运行数据和无线列调通话。GYK设备能有效地防止轨道车"两冒一超"等事故的发生，适应于轨道车流动分散、无固定交路和维护不便的特性，其记录和分析功能也为铁路的现代化管理提供了一种有效的技术手段。

第一节 GYK概述

一、GYK的功能

GYK用于监控轨道车的运行，为司乘人员提供行驶依据，保障安全运行。

GYK能记录轨道车运行和司机操作等状况，并且能对司机通过电台车机联控的语音进行录音和回放，对运行数据和语音数据加以分析，加强了轨道车行车安全的控制管理，对分析事故发生原因、规范司机标准化作业，具有重要的现实意义。

GYK具有轨道电路信号接收、监控、记录、报警、人机交互功能，以及数据分析、语音记录分析、通话记录、信号自检等功能。

1. 轨道电路信号接收功能

GYK能正确接收和显示移频轨道电路信息。

2. 监控功能

(1)速度控制

通过速度控制，GYK能够防止：轨道车越过关闭的信号机、运行速度超过线路允许速度、运行速度超过轨道车编组的最高构造速度、运行速度超过线路临时限制速度、高于规定的调车运行速度进行调车作业、高于规定的限制速度进行区间施工作业。

①轨道车在顶棚速度监控区(CSM)运行时的速度控制

在CSM，按模式限速值+1 km/h确定报警速度曲线、+3 km/h确定常用制动模式曲线、+5 km/h确定紧急制动模式曲线、−5 km/h确定缓解速度曲线。

②轨道车在TSM运行时的速度控制

在TSM，按常用制动模式限速值确定常用制动模式曲线，按紧急制动模式限速值确定紧急制动模式曲线，按常用制动模式限速值−5 km/h确定报警速度曲线，按目标速度确定缓解速度曲线。

③DMI限速窗口显示常用制动模式限速值，限速曲线为常用制动模式曲线。不具备常用

制动控制功能时，DMI 限速窗口显示紧急制动模式限速值，限速曲线为紧急制动模式限速曲线。

④对于不具备常用制动功能的轨道车，当轨道车速度超过常用制动模式曲线，则输出熄火指令；当轨道车速度超过紧急制动模式曲线，则输出紧急制动指令。

⑤熄火指令停车后自动撤除。

⑥常用制动减速后手动缓解。紧急制动输出只能在停车后缓解，司机根据“允许缓解”提示，按压“缓解”按钮后，紧急制动缓解，语音提示“缓解成功”。

(2)防溜控制

①空挡防溜

当轨道车未加载(即工况为空挡)，由停车状态移动时，速度≥3 km/h 或车辆移动距离≥10 m 时，产生防溜报警语音提示“注意手柄防溜”，在 10 s 内按压“警惕”键，可解除语音报警，否则输出紧急制动。

②相位防溜

当轨道车由停车状态移动，若速度传感器相位与轨道车运行方向相反，轨道车运行速度≥3 km/h 或车辆移动距离≥10 m 时，产生防溜报警，语音提示“注意相位防溜”，在 10 s 内按压“警惕”键，可解除语音报警，否则输出紧急制动。

当轨道车运行速度≥10 km/h，继续产生防溜报警，语音提示“注意相位防溜”，在 10 s 内按压“警惕”键可解除语音报警，否则输出紧急制动。

③管压防溜

轨道车速度从≥3 km/h 降为 0，停车后的列车管压力与运行时最高管压相比较，管压下降<80 kPa(一次减压不足 80 kPa)，产生防溜报警语音提示“注意管压防溜”，在 5 s 内追加减压≥80 kPa，按压“警惕”键可解除语音报警，否则输出紧急制动。

(3)警醒控制

GYK 在正常监控模式、区间作业进入、区间作业返回模式，速度大于 20 km/h 时，运行 2 min没有任何操作，GYK 启动警醒控制。开始声光报警时，司机应按压按钮或踩踏踏板，解除报警，若不采取措施则实施制动。

在报警时间内，有如下情况之一时解除报警：

①工况手柄位变化。

②列车管压力 6 s 内变化超过 50 kPa。

③GYK 有按键输入。

3. 记录功能

GYK 具有运行数据记录功能，实时记录日期、时间、公里标、机车信号信息、轨道车工况、运行状态、检修人员/司机操作、系统自检、揭示信息等内容。

数据记录密度应满足对轨道车运行状态进行安全分析和事故分析的要求。记录的数据能够采用转储 U 盘转录到地面计算机系统，通过地面分析软件进行统计、分析及打印。

4. 报警功能

GYK 具有故障报警、警醒报警、轴温监测报警、风压不足报警等功能。

(1)故障报警功能

①单元模块发生故障时，有故障提示。

②机车信号故障、速度信号故障时发出故障报警，输出常用制动命令。

③监控记录单元、自停继电器、电源单元故障时，发出故障报警，3 min 后实施紧急制动。

(2)警醒报警功能

当轨道车速度大于 20 km/h 时,间隔 120 s 进行报警,要求司机按“警惕”键应答,否则实施紧急制动,装置具有警醒功能。

(3)轴温监测报警功能

DMI 正下方显示外温和轴温系统中温度最高的温度位,当某一轴温超过环境温度 55 ℃或某一轴温超过 90 ℃时,发出语音报警,语音提示“轴温异常,准备停车”。司机按“警惕”键,语音停止。

(4)风压不足报警功能

GYK 实时监控列车管风压,轨道车从停车状态开始动车,列车管风压显示如不足 450 kPa 时,语音提示“风压不足,准备停车”,按“警惕”键,即可解除语音报警。

5. 人机交互功能

GYK 具有参数输入及揭示信息输入功能,输入方式为按键手动输入和转储器输入。DMI 具有显示日期时间、机车信号、目标距离、轨道车所在位置公里标、监控模式和制动状态、前进/后退指示、上行/下行指示、线路名称、机车信号制式、列车管风压显示的功能。

GYK 具有声音提示及转储器转储记录数据功能和接口,对轨道车信号状况、限速值变化、司机输入信息等进行语音提示。

6. 数据分析功能

地面分析软件能实现全程记录分析、多重查询、曲线回放、司机报单、统计分析和网络化管理,具体内容有:

(1)全程记录数据分析列表、安全因素报表、司机报单报表。

(2)全程运行曲线图形显示、回放。

(3)历史数据查询。

(4)历史数据统计。按时间、车号、司机信息统计安全因素数据,提供日统计、旬统计、月统计、年统计及任意时间范围内等多种统计方式。

(5)打印报表及曲线图形。

(6)建立数据库,提供网络化管理、服务。

7. 语音记录分析功能

语音记录分析功能用于分析、回放轨道车无线列调通话语音,主要包含语音分析、语音信息筛选、语音播放功能。

语音信息内容包含:编号、开始录音时间、录音长度、结束时间、轨道车号、车站信息、车次、设备号、司机号、公里标等信息。

8. 通话记录功能

记录无线列调通话语音,并记录相应的日期、时间、公里标等信息,具有在 DMI 上监听、放音、查询的功能。

9. 信号自检功能

GYK 自动产生机车信号信息,进行轨道电路接收插件检测。主机自检故障时,提示故障发生的单元。

二、GYK 的主要技术特点

GYK 具有以下主要技术特点:

(1)只存储低于轨道车允许速度的线路固定限速、线路里程断链、长大下坡道、特殊区段、车站信息等少量数据，按照速度分级控制和速度连续控制，生成运行模式速度控制曲线；解决了由于基础数据经常变化、换装频繁或换装不及时，存在数据不准确而带来的安全隐患问题。

(2)根据轨道车运行和作业特点，GYK 具有 5 种监控模式：正常监控模式、目视行车模式、调车模式、区间作业模式、非正常行车模式。模式设置适应轨道车的运用需求，对轨道车实施全程监控。

(3)紧急制动采用失电制动方式，在设备故障或关机状态下，轨道车放风制动，禁止轨道车上线运行，进一步保障了轨道车的运行安全。

(4)增加了 UPS 模块，避免轨道车起机时由于电源电压的大幅波动，造成设备的频繁启动，产生对设备及记录数据的损坏。

(5)主机采用先进的 32 位微处理器，具有较高的运算速度、控制精度、较高的稳定性和很强的数据处理能力。

(6)采用 CAN 总线作为系统内部通信方式进行数据交换和校验，具有高强的检错与容错能力，使传输可靠性进一步提高。

(7)监控模式的制动限速曲线采用实时计算方式。

(8)机车信号模块采用插装方式直接插入到监控主机，可接收和处理各种制式的轨道电路信号，设计更合理，功能一体化。

(9)对速度信号故障、机车信号故障、主控记录单元故障、通信故障等都有故障提示及制动输出。

(10)采用高亮度液晶显示屏作为显示界面，以图形方式预示前方的车站、线路限速的情况，使 DMI 与司机之间更好地交换信息，操作界面更加规范化、人性化。

(11)具备 U 盘输入揭示信息功能，能够解决对乘务员的参数输入、临时限速等揭示信息输入，避免手动输入带来的错误。

(12)支持专用 U 盘转储器转储文件，转储容量大，方便快捷。

(13)语音记录可利用专用 U 盘转储器转储，转储速度快、转储量大；语音记录可 DMI 监听、回放，也可在地面计算机直接回放，操作简单。

三、GYK 的监控模式

1. 正常监控模式

在正常情况下，GYK 根据机车信号信息，按对应的允许速度控制运行。

2. 目视行车模式

目视行车模式是司机控车的固定限速模式。目视行车模式用于出/入库；正常监控遇停车信号(红黄灯、红灯、白灯)或信号突变，停车后，按“解锁”键转入；区间作业遇封闭的停车点，停车后，按“解锁”键；机车信号故障时，停车后，取得调度命令，需继续运行，转入目视行车模式。

3. 调车模式

调车模式是轨道车进行调车作业的固定限速模式，限速值按牵引 40 km/h、推进 30 km/h、连挂 5 km/h 设置。GYK 按模式限速曲线控制轨道车运行。机车信号变化时，GYK 有语音提示，但不控制。此时，防溜逸控制功能有效，警醒功能关闭。

4. 区间作业模式

区间作业模式有 5 种状态：区间作业进入、区间作业返回、区间作业防碰、区间编组、5 km/h连挂。运用区间作业模式时，应先在正常监控模式下调用数据。

5. 非正常行车模式

非正常行车模式具有地面信号确认、绿色许可证、路票、引导进站 4 种状态。另有补机状态，GYK 在补机状态时，DMI 窗口左上角，在控制模式名称提示下方显示“补机状态”，主界面显示“补机”字样。在补机状态下，GYK 只记录，不控制。补机模式不显示地面数据。

第二节 GYK 的设备组成和工作原理

一、设备组成

GYK 由主机(含主控及记录模块、接口模块、语音记录模块、轨道电路信息读取器、电源模块)、人机界面(DMI)、机车信号接收线圈、机车信号机、速度传感器和外部接口(包括无线列调电台、压力传感器、电磁阀、轴温监测装置等)，组成其设备组成结构示意如图 6-1 所示，其主机、DMI 与 LKJ 的相同，机车信号机、轨道电路接收线圈与 JT-C 的相同。

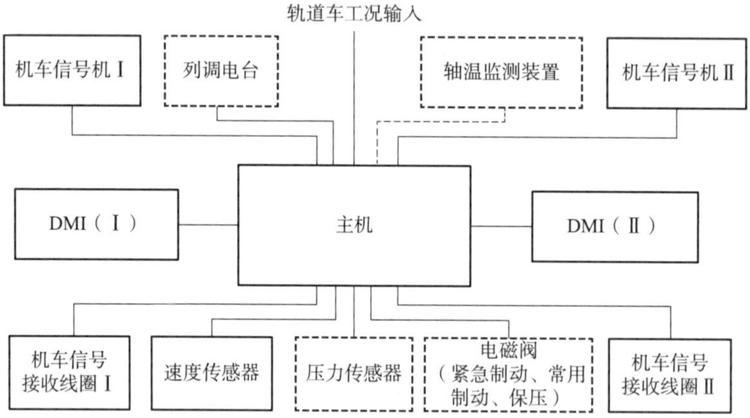

图 6-1 GYK 设备组成示意

二、工作原理

轨道车在区间正常运行时采用速度分级控制，根据机车信号信息，以进入闭塞分区后 700 m 处为目标点，计算产生控制曲线，防止轨道车超速或越过关闭的信号机。

轨道车在区间作业和限速区段采用连续速度控制，以轨道车计划停车地点或限速区段起点为目标点，计算产生连续的速度控制曲线，防止轨道车越过设定的停车点或超过限速区段的限制速度。

当轨道车速度达到控制模式曲线时，GYK 对轨道车实施常用制动、熄火及紧急制动，防止轨道车“两冒一超”。

第三节 GYK-160G 型轨道车运行控制设备

GYK-160G 型轨道车运行控制设备(以下简称 GYK-160G)具有轨道电路信号接收、BTM 信息接收、车辆运行信息接收及处理、监控车辆运行、记录车辆运行信息、显示和语音提示、记录无线列调通话、信号自检、警醒等功能。

一、主要特点

GYK-160G 的主要功能特点如图 6-2 所示。

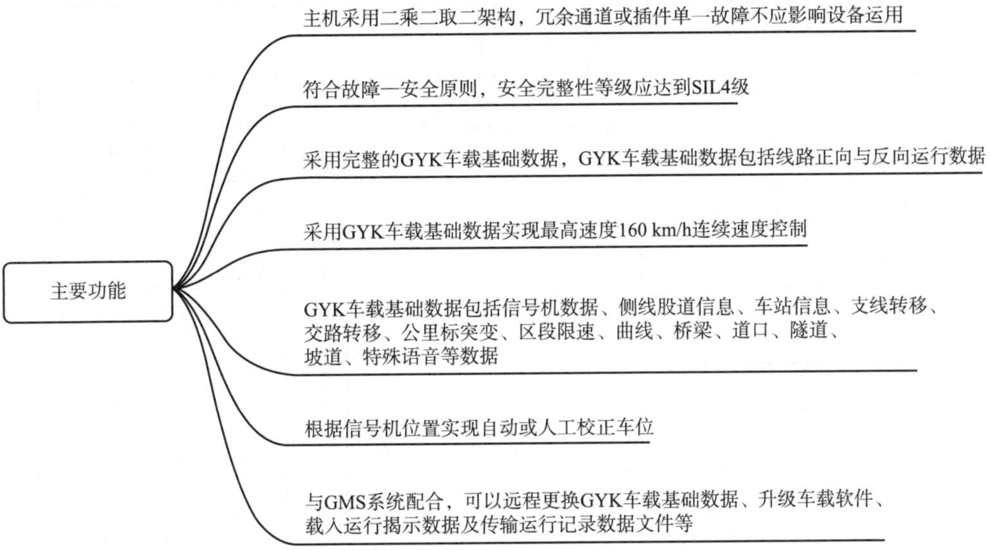

图 6-2　GYK-160G 的主要功能特点

1. GYK-160G 采用双套冗余设计，单套设备故障不会影响设备正常使用。

2. GYK-160G 采用完整基础数据，满足轨道车各种运行需求，解决运行效率低、操作烦琐、坡道、道桥隧、曲线半径等信息无法显示等问题。

3. GYK-160G 设计运行速度为 160 km/h，能保证轨道车在高速运行时安全性、可靠性。

4. 优化 GYK 控制模式，满足特殊场景的作业需求，如车辆救援、区间多段作业、防汛提示等。

二、控制原理

GYK-160G 根据控车数据、机车信号信息、应答器信息（安装 BTM 设备时）和前方目标—距离，自动生成目标—距离速度控制曲线，采用连续速度控制方式，监控轨道车安全运行。

当轨道车速度达到控制模式曲线时，GYK-160G 对轨道车实施常用制动、熄火/卸载及紧急制动，防止轨道车“冒进超速”。

若管理参数中设置“熄火/卸载”为“1-卸载”，运行时触发常用制动后，GYK-160G 同时输出卸载。

三、设备组成

GYK-160G 设备包括主机、DMI、机车信号机及外围设备。GYK-160 设备组成及结构关系如图 6-3 所示。

1. 主机

主机完成信息汇总、处理、控制，主要功能包括监控、机车信号处理、轨道车状态（速度、风压、工况）采集处理、BTM 信息接收、运行状态记录、语音记录、制动输出。

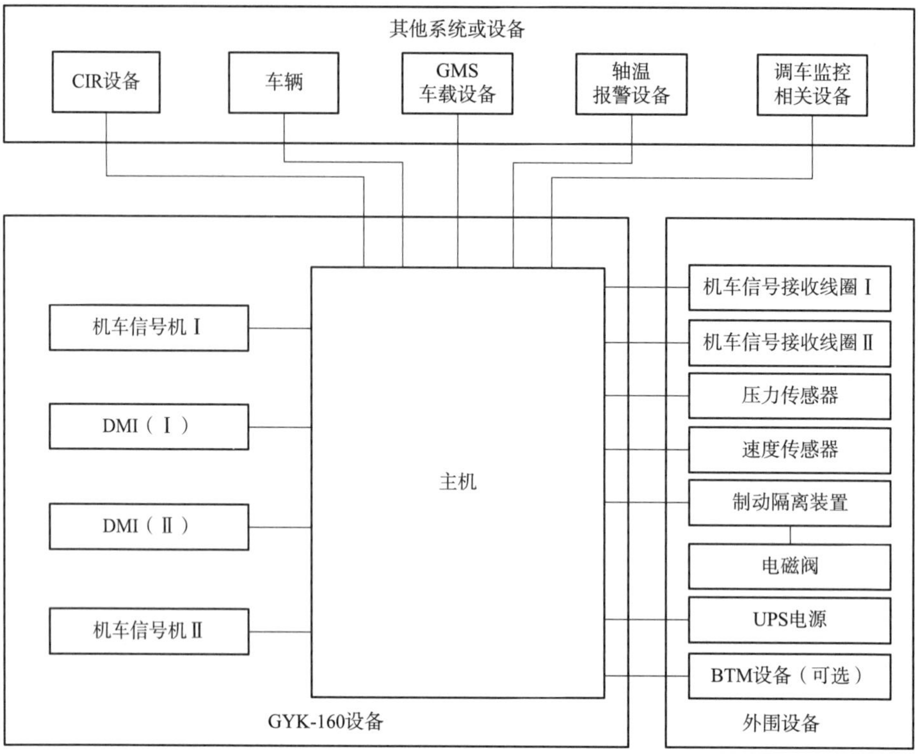

图 6-3　GYK-160 设备组成及结构关系

2. DMI

DMI 是 GYK-160G 设备的显示和操作装置，能根据主机的命令显示轨道车速度、距离、控制模式等信息，实现声光报警、司机操作等功能。

DMI 主要硬件电路采用主备冗余结构，可人工切换。

3. 外围设备

外围设备包括机车信号接收线圈、压力传感器、速度传感器、制动隔离装置和电磁阀、UPS 电源(可选)、BTM 设备(可选)。

4. 接口

接口分为主机与机车信号接收线圈、压力传感器、速度传感器、制动隔离装置和电磁阀、UPS 电源(可选)、BTM 设备(可选)等外围设备的接口，主机与车辆、GMS 车载设备、CIR 设备、轴温报警设备、调车监控相关设备等其他系统或设备的接口。

5. UPS 电源

主机采用 RS-422 通信接口与 UPS 电源通信，获取电源跌落、波动等信息，能够监测、记录外部电源信息，主要用于输入电压跌落时保证 GYK-160G 设备能够正常工作。

第四节　GYK 设备的检修

GYK 设备检修的总流程如图 6-4 所示。

一、作业前的准备

作业前的准备工作流程如图 6-5 所示。

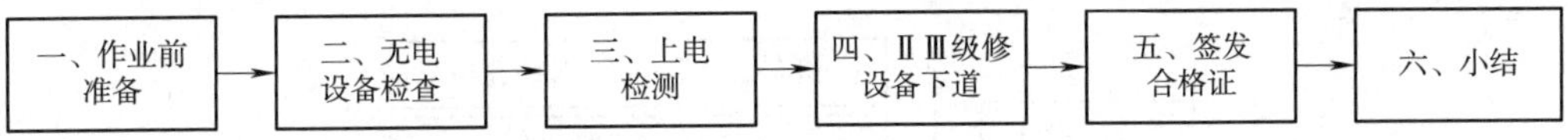

图 6-4　GYK 设备检修的总流程

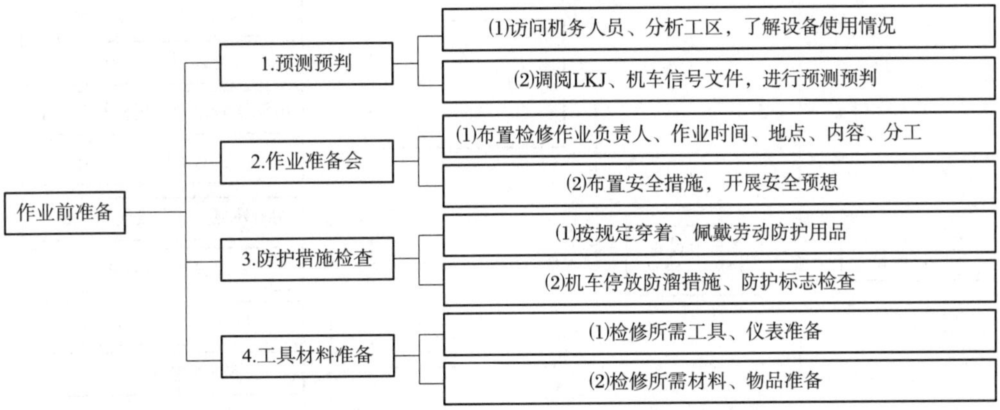

图 6-5　作业前的准备工作流程

1. 预测预判

(1)询问轨道车司机了解 GYK 设备使用情况，对司机反映的异常现象需做好记录，并进行重点试验检查和处理。

(2)对被检 GYK 设备进行分析，针对可能存在的问题，做好检修准备。

2. 作业准备会

(1)布置检修任务，明确作业地点、时间、任务及相关人员分工。

(2)布置劳动安全和行车安全的具体措施并做好安全预想。

3. 防护用具检查

按规定穿着、佩戴劳动防护用品。

4. 工具材料准备

(1)准备检修所需工具、仪表。

(2)准备检修所需材料、物品。

除以上准备工作外，还应有确认轨道车止轮器已加装；在车体两端司机座外侧(对角)分别设置防护标志(展开的红旗或红色灯光)；在轨道车操纵手柄上放置禁动牌。

二、无电设备检查

无电设备检查工作流程如图 6-6 所示。

1. 车下设备检查、检修

(1)检查信号接收线圈安装牢固，螺栓及开口销齐全，开口角度 60°～90°，测量线圈底部距轨面距离在(155±5) mm 范围内。

(2)检查速度传感器安装牢固，外壳无影响安装、密封、使用的损伤；安装垫完整、无破损；传感器插头电缆护套无损伤、破裂或断裂及防水措施良好。

(3)检查压力传感器安装牢固，作用良好。

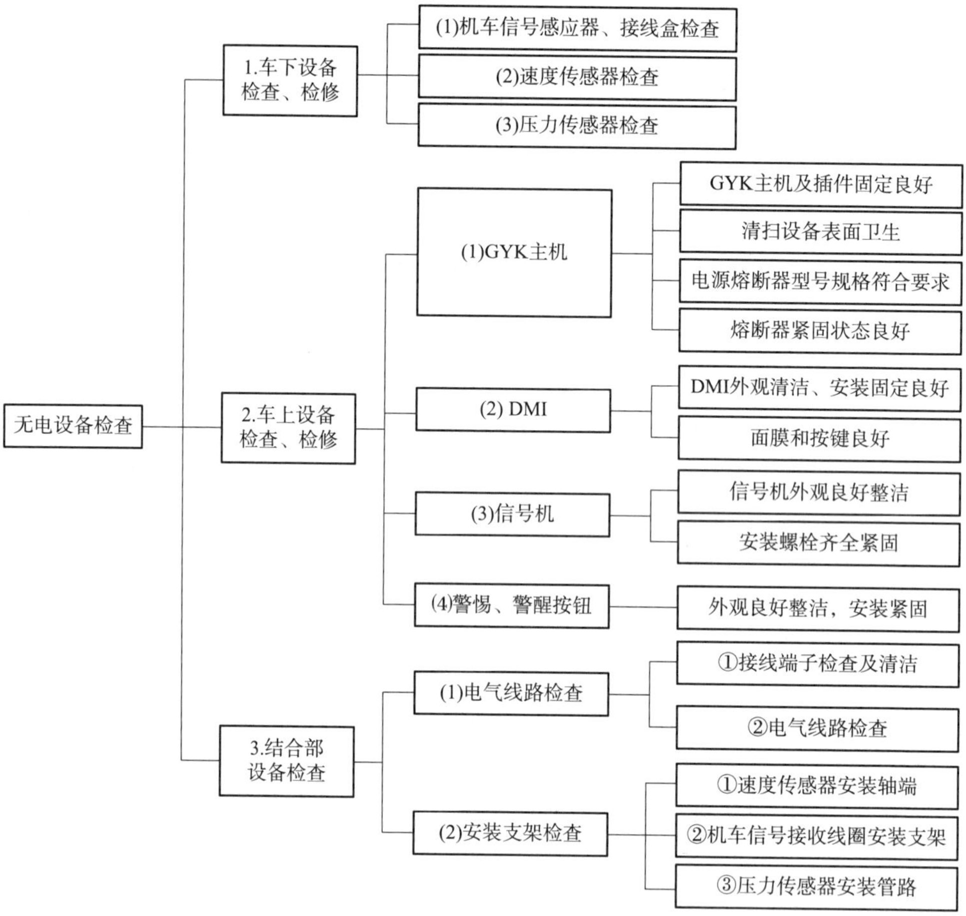

图 6-6　无电设备检查工作流程

2. 车上设备检查、检修

(1)检查 GYK 主机及各插件安装状况，清扫设备表面卫生；主机电源熔断器型号、规格是否符合要求，紧固状态是否良好。

(2)检查 DMI 外观、安装固定状况；检查连线布线捆扎是否整齐、牢固；按键面膜和按键状态是否正常。

(3)信号机外观良好整洁，螺栓齐全紧固。

(4)警惕、警醒按键外观良好整洁，安装紧固。

3. 检查结合部设备

(1)检查电气线路

①接线端子的检查及清洁。

②电缆检查。

(2)安装支架检查

①速度传感器安装轴端检查。

②机车信号接收线圈安装支架检查。

③压力传感器安装管路检查。

三、有电设备检测

有电设备检测工作流程如图 6-7 所示。

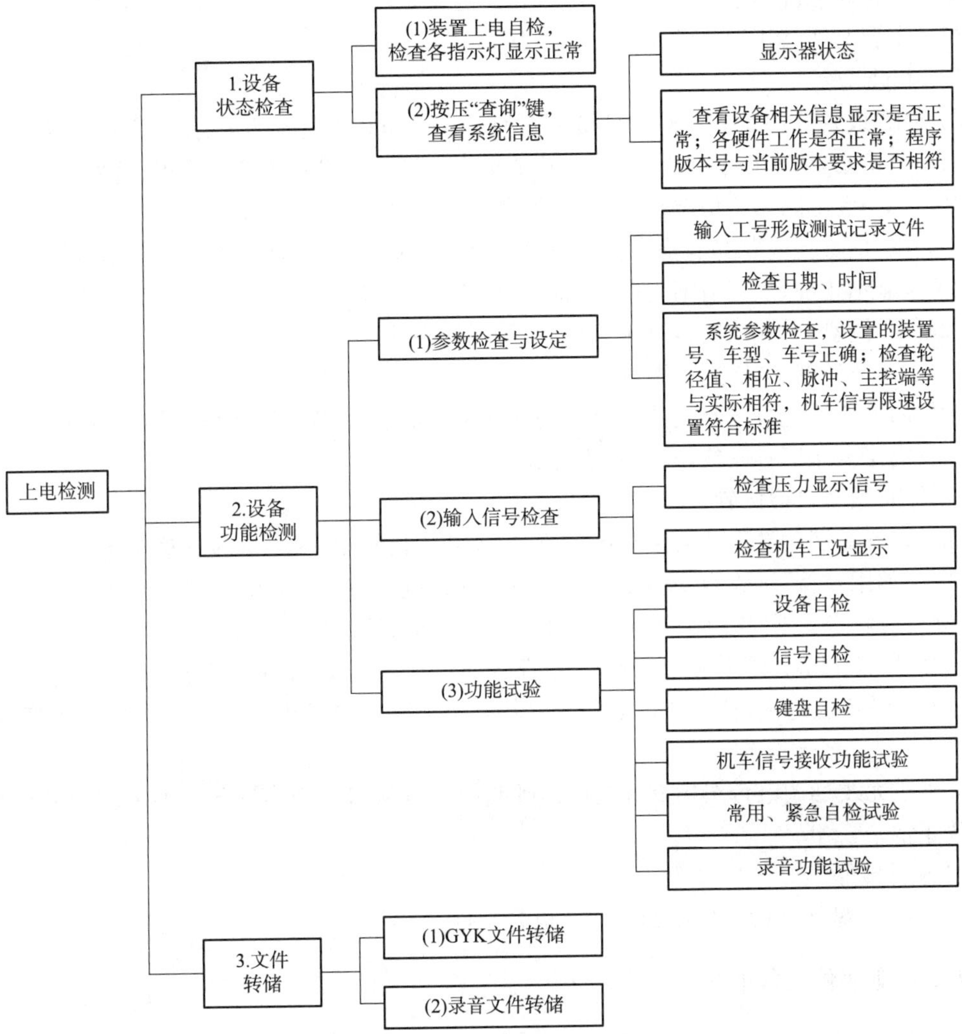

图 6-7　有电设备检测工作流程

1. 设备状态检查

(1)GYK 主机上电，系统启动正常，DMI 显示正确，并伴有正常的语音提示。

(2)进入系统查询信息界面，查看设备相关信息显示是否正常；各硬件工作是否正常；程序版本号和基本数据版本号与当前版本要求是否相符。

2. 设备功能检测

(1)参数检查与设定

①按规定输入作业者工号，建立检测文件。

②校对日期正确、检查系统时间在规定的误差范围内。

③系统参数检查，设置的装置号、车型、车号正确；检查轮径值、相位、脉冲、主控端等与实际相符，机车信号限速设置符合标准。

(2)输入信号检查

①检查压力显示信号

GYK 列车管风压显示与轨道车风表显示误差≤20 kPa。

②检查机车工况显示

机车工况与实际工况一致。

(3)功能试验

①利用“设备自检”功能,检查自检过程和进入工作状态各插件指示灯显示是否正常。喇叭音量调节正常,语音提示清晰、正确。轨道车列车管压力显示正确。警惕、警醒按钮灵活,作用良好。各功能电路自检情况良好,显示屏背光应亮度适当,显示正常。

②利用“信号自检”功能,检查机车信号机显示正常,进行一次完整的机车信号灯位循环试验,灯位应显示正确,语音清晰,提示正常 DMI 应同步正确复示。

③利用“键盘自检”功能检查键盘按键、警惕警醒功能。

按压 DMI 各键和“警惕”“警醒”按钮应动作灵活、接触良好。

④使用发码器进行全制式的信号发码,GYK 接收到发码器的信号后 DMI 和信号机的显示应与发码器发送信号一致,并伴有语音提示。

⑤常用、紧急自检试验

隔离装置的制动隔离开关拨至正常位,熄火开关拨至熄火位,试验制动功能。

选择“常用自检”试验制动功能,语音提示“常用制动”;列车管减压(120±20) kPa,待语音提示“允许缓解”时按压“缓解”键解除常用制动,列车管风压恢复正常。

选择“紧急自检”试验制动功能,语音提示“紧急制动”;列车管减压减为零(或小于 20 kPa),发动机应熄火,待语音提示“允许缓解”时按压“缓解”键解除紧急制动,列车管风压恢复正常。

⑥通过无线列调电台按检查标准用语呼叫(“×月×日×轨道车录音试验”),检查语音录音回放正常。

3. 文件转储

用专用 U 盘转储检测生成的文件及语音文件。

四、Ⅱ、Ⅲ级修设备下车

Ⅱ、Ⅲ级修设备下车工作流程如图 6-8 所示。

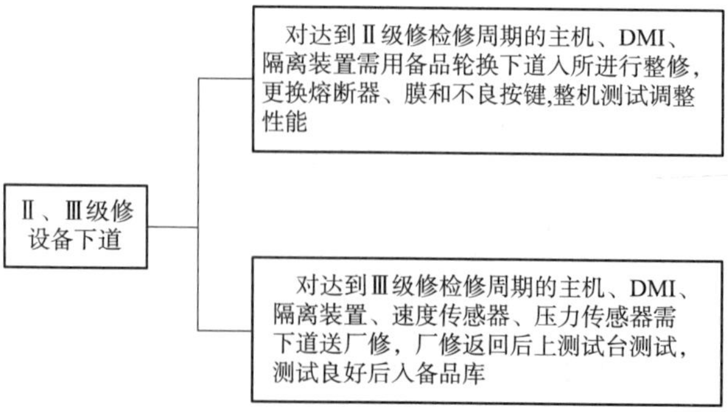

图 6-8 Ⅱ、Ⅲ级修设备下车工作流程

结合Ⅰ级修计划，对达到Ⅱ级修检修周期的主机、DMI、隔离装置需用备品轮换下道入所进行整修，更换熔断器、面膜和不良按键，整机测试调整性能。

对达到Ⅲ级修检修周期的主机、DMI、隔离装置、速度传感器、压力传感器需下道送厂修，厂修返回后上测试台测试，测试良好后入备品库。

GYK 设备完成Ⅱ级修、Ⅲ级修替换上车后，需按上述无电设备检查、上电检测所有内容进行检测。

五、签发合格证

GYK 设备检测功能良好后，由运用单位配合人员签字确认，签发“GYK 设备合格证”。

复习思考题

1. 为什么轨道车要运用 GYK？
2. GYK 有哪些功能？
3. GYK 有哪些主要技术特点？
4. GYK 有哪些监控模式？
5. 简述 GYK 的设备组成。
6. 简述 GYK 的工作原理。
7. GYK 与 LKJ 有哪些异同？
8. GYK-160G 与 GYK 有哪些异同？
9. GYK 与 CTCS-2、CTCS-3 有哪些异同？
10. 简述 GYK 设备的检修。

参 考 文 献

[1] 中国铁路总公司. 铁路技术管理规程(普通铁路部分)[S]. 北京:中国铁道出版社,2014.
[2] 中国铁路总公司. 铁路技术管理规程(高速铁路部分)[S]. 北京:中国铁道出版社,2014.
[3] 国家铁路局. 机车信号信息定义及分配[S]. 北京:中国铁道出版社,2016.
[4] 李凯. 高速铁路列车运行控制技术:CTCS-2 级列车运行控制系统[M]. 北京:中国铁道出版社,2017.
[5] 莫志松,郑升. 高速铁路列车运行控制技术:CTC3-3 级列车运行控制系统[M]. 北京:中国铁道出版社,2016.
[6] 莫志松. 列控车载设备(CTCS2-200C 型)[M]. 北京:中国铁道出版社有限公司,2022.
[7] 莫志松. 列控车载设备(CTCS2-200H 型)[M]. 北京:中国铁道出版社有限公司,2023.
[8] 莫志松. 列控车载设备(CTCS3-200T 型)[M]. 北京:中国铁道出版社有限公司,2023.
[9] 莫志松. 列控车载设备(CTCS2-200H 型)[M]. 北京:中国铁道出版社有限公司,2023.
[10] 莫志松. 列控车载设备(CTCS2-200S 型)[M]. 北京:中国铁道出版社有限公司,2023.
[11] 莫志松. 列控地面设备(TCC)[M]. 北京:中国铁道出版社有限公司,2023.
[12] 莫志松. 列控地面设备(TSRS)[M]. 北京:中国铁道出版社有限公司,2023.
[13] 莫志松. 列控地面设备(RBC)[M]. 北京:中国铁道出版社有限公司,2023.
[14] 林瑜筠. 高速铁路信号技术[M]. 北京:中国铁道出版社,2012.

附录　名称术语英(缩略语)中对照

英文缩略语	中文全称	英文缩略语	中文全称
ADC	模拟/数字转换器	DSW	内部交换机
ALE	适配层	DTO	无人驾驶有人跟车的自动运行
ALM	自适应逻辑模块	DTU	机车信号远程监测车载终端
AM	自动驾驶	DX	数字输入/输出
ATIS	铁路车号自动识别系统	EB	紧急制动
ATO	列车自动运行	EMU	列控车载设备与动车组
ATP	列车自动防护	EN	欧州标准化委员会
BCU	制动控制单元	EoA	行车许可终点
BDS	北斗全球卫星导航系统	EOAS	动车组司机操控信息分析系统
BDU	应答器驱动单元	EOT	列车完整性检查列尾装置
BSC	基站控制器	ESW	外部交换机
BTM	应答器传输模块	ETCS	欧洲列车运行控制系统
BTS	基站	EVC	安全计算机
BUS	总线	FPGA	可编程门阵列
CAN	控制器局域网	FS	完全监控
CAU	紧凑型天线装置	FSK	移频键控
CBI	计算机联锁	GCD	通用保密装置
CPU	中央处理单元	GGSN	网关业务支持节点
CIR	机车综合无线通信设备	GoA	自动运行等级
CO	引导	GPRS	通用分组无线业务
CS	机车信号	GRIS	接口服务器
CSD	电路交换数据	GSM-R	铁路无线通信系统
CSM	顶棚速度监控区、信号集中监测系统	HDLC	高级数据链路控制
CRC	循环冗余校验码	HOT	列车完整性检查列首装置
CTC	调度集中	IC	集成电路
CTCS	中国列车运行控制系统	ICU	逆变器控制单元
DI	数字输入	ID	身份标识码
DIP	双列直插	ISO/IEC	国际标准化组织/国际电工委员会
DMI	人机界面	IS	隔离
DMS	列控车载动态监测及传输系统	ISDN	综合业务数字网
DPRAM	双口 RAM	ITCS	增强型列车运行控制系统
DRU	运行记录单元、车载诊断记录单元	JRU	司法记录单元
DSP	数字信号处理	KMC	密钥管理中心

续上表

英文缩略语	中文全称	英文缩略语	中文全称
KVM	多计算机切换器	SIL	安全度等级
LAIS	列车运行状态信息系统	SL	休眠模式
LAN	局域网	SMT	表面贴
LCD	液晶显示器	STM	轨道电路信息接收模块
LED	发光二极管	STO	有人驾驶的自动运行
LEU	地面电子单元	STU-V	车载安全传输单元
LMA	列车行车许可界限	TAX	机车安全信息综合监测装置
LTE-R	铁路长期演进通信系统	TCC	列控中心
MA	行车许可	TCMS	列车管理系统
MSC	移动交换中心	TCP/IP	传输控制协议/互联网协议
MSU	维修服务单元	TCR	轨道电路信息接收单元
MVB	多功能车辆总线	TDCS	列车调度指挥系统
OC	目标控制器	TDMS	铁路运输调度管理系统
ODF	光纤配线架	TFT	薄膜晶体管
OS	目视行车	TIS	列控联锁一体化设备
PC	个人计算机	TIU	列车接口单元
PDU	数字电源分配单元	TMM	列车管理模块
PPP	点对点协议	TRAU	码型转换和速率适配单元
PRI	基群速率接口	TSG	列车网关
PS	部分监控	TSM	目标速度监控区
PSD	分组交换数据	TSR	临时限速
QoS	服务质量	TSRM	临时限速维护终端
RBC	无线闭塞中心	TSRS	临时限速服务器
RAM	随机存取存储器	TSRT	临时限速操作终端
RBU	无线闭塞单元	UDP	用户数据报协议
RIM	无线通信模块	UPS	不间断电源
RLU	制动接口单元	USB	通用串行总线
RTM	车载无线传输模块	UTO	全自动无人驾驶
RTU	无线通信单元	VC	车载安全计算机
SA	信号授权	VCB	主断路器
SB	待机	VCU	车载安全计算机单元
SDP	速度距离处理单元	VDX	安全数字输入/输出
SDU	测速测距单元	VIA	协议适配器
SGSN	业务支持节点	WCD	速度分配盘
SH	调车监控	WLAN	无线局域网